西方政治思想译丛

自由与财产

西方政治思想的社会史

[加拿大] 艾伦·梅克辛斯·伍德 著

曹帅 译 刘训练 译校

译林出版社

图书在版编目（CIP）数据

西方政治思想的社会史．自由与财产 / （加）艾伦·梅克辛斯·伍德（Ellen Meiksins Wood）著；曹帅译．南京：译林出版社，2025．3．-- ISBN 978-7-5753-0446-7

Ⅰ．D091

中国国家版本馆CIP数据核字第2025TC5310号

著作权合同登记号　图字：10-2018-423号

西方政治思想的社会史：自由与财产
[加拿大] 艾伦·梅克辛斯·伍德 / 著　曹　帅 / 译　刘训练 / 译校

责任编辑　张　露
特约编辑　张　诚
校　　对　蒋　燕
责任印制　董　虎

原文出版　Verso, 2012
出版发行　译林出版社
地　　址　南京市湖南路1号A楼
邮　　箱　yilin@yilin.com
网　　址　www.yilin.com
市场热线　025-86633278
排　　版　南京展望文化发展有限公司
印　　刷　江苏凤凰通达印刷有限公司
开　　本　652毫米 × 960毫米　1/16
印　　张　21.25
版　　次　2025年3月第1版
印　　次　2025年3月第1次印刷
书　　号　ISBN 978-7-5753-0446-7
定　　价　78.00元

献给爱德

目　录

致 谢

我发现比平常更难向所有以某种方式帮助过我完成这部书的人们表达感谢。接近半世纪之前，我开始研读政治思想史，之后又书写和教授政治思想史，自那时起，本卷覆盖的“现代早期”就成为我的特别关注。我就资本主义、帝国主义和民主所写的一切作品，都充盈着我对这个早期历史时刻的思考，这些作品也受到了与同事、朋友、学生（他们可能完全没读过本书）交谈的岁月的启发。我最该感谢的仍然是尼尔·伍德，在我写作本书之前几年，他与世长辞了。

当然，我必须特别感谢那些通读了手稿的人：佩里·安德森和乔治·科米奈尔，他们不吝赐教，评论一如既往地尖锐；还有爱德·布罗德本特，我把本书献给他，他带着他惯有的洞察力和不懈的支持，再次精彩地扮演着“聪慧的一般读者”角色。

我还应感谢弗朗西丝·阿贝尔、罗伯特·布伦纳和戴维·麦克纳利，他们或阅读了部分手稿，或允许我抽出一小部分手稿给他们审读。还要感谢那些对前几部相关著作提出建议的人（在这些著作中已经向他们致谢过），包括对我早先发表的一些作品提出意见并（或）允许我使用这些作品的编辑们。这些作品或启发了本书，或收入了本书，它们包括：‘The State and Popular Sovereignty in French Political Thought：A Genealogy of Rousseau's “General Will” ’, *History of Political Thought* IV.2, Summer 1983, pp. 281—315; ‘Locke Against Democracy：Representation, Consent and Suffrage in the *Two*

Treatises', *History of Political Thought* XIII.4, Winter 1992, pp. 657—689; 'Radicalism, Capitalism and Historical Contexts: Not Only a Reply to Richard Ashcraft on John Locke', *History of Political Thought*, XV.3, Autumn 1994, pp. 323—372; *A Trumpet of Sedition: Political Theory and the Rise of Capitalism, 1509—1688* (London: Pluto Press, and New York: New York University Press, 1997——该书是我与尼尔·伍德合写，但成书中 17 世纪部分是我写的); 'Capitalism or Enlightenment?', *History of Political Thought* XXI.3, Autumn 2000, pp. 405—426; 'Why It Matters', *London Review of Books*, vol. 30, no. 18, 25 September 2008。

最后是文献来源注释：我试图控制脚注数量，并使读者更容易找到本书讨论的政治思想家的引文出处。我没有在注释中标出我使用的某一特定版本或译本的页码，作为替代，我尽可能地标出了原始的章节、段落编号，这些可以在所引著作的任何标准版本中找到。当这种引用方式不够具体时，我则在脚注内加入页码(例如第六章讨论的博丹和卢梭著作)。对于想确定特定译本的读者，在此列出所用译本，后面的章节引用它们时将不在正文脚注中注明：

John Calvin, *Institutes*, transl. H. Beveridge (Edinburgh: Calvin Translation Society, 1845).

Niccolò Machiavelli, *The Prince*, transl. W. K. Marriott (London and New York: Everyman's Library, 1992); *The Discourses*, transl. L. Walker (Harmondsworth: Penguin Books, 1983); *History of Florence and the Affairs of Italy* (New York: Harper Torchbook, 1966).

Charles-Louis de Secondat, Baron de Montesquieu, *The Spirit of the Laws*, transl. T Nugent (New York: Hafner, 1962).

Benedict Spinoza, *The Political Works*, transl. A. G. Wernham (Oxford: Oxford University Press, 1958).

Francisco Vitoria, *Political Writings*, eds. A. Pagden and J. Lawrance (Cambridge: Cambridge University Press, 1991).

第一章　转　型

封建主义的衰落和资本主义的兴起(从其农业起源到工业化早期),宗教改革中的宗教分裂,民族国家的演化,现代殖民主义的扩张,从文艺复兴到启蒙时代的文化里程碑,扎根于弗朗西斯·培根的经验主义或勒内·笛卡尔的理性主义之上的现代哲学与一场科学革命——所有这些重大的历史发展,虽然不时被国家间战争,以及升级至并包含了内战的人民起义、造反与叛乱所打断,但都被归于所谓的现代早期。

因此,不足为奇的是,西方政治思想的正典不成比例地云集于“现代早期”思想家那里。尽管历史学家会对是否把这个或那个名字囊括进来产生分歧,却无法否认这个时代拥有太多的巨擘,从马基雅维利或霍布斯到洛克和卢梭,他们的权威地位同柏拉图、亚里士多德一样不可撼动。然而,所有划分纪元的历史界碑,乃至它们的惯用名称——文艺复兴、宗教改革、启蒙运动,更不必说“封建主义”或“资本主义的兴起”——却常常引发历史学家之间的争执。就此而言,“现代早期”这个名称亦复如此。从表面上看,这是一个完全单纯的、尽管不太准确的描述性标签,大致标示着中世纪和成熟的现代性之间的断代。为简单起见,也因为找不到更好的替代,我们将在这个几近中立的意义上使用这一标签。但这里的问题远比年代学多。无论我们选定哪个日期[比如约1500年(或1492年?)至1800年或1789年甚至1776年],现代早期都预设了一个有别于古代、中世纪,或至少有别于“前现代”的现代观念，预设了一个本身就会引发问题的现代性观念。

已有大量的智识努力用在澄清“现代性”的观念上，我们在后面将有机会遇到它所引发的某些问题。眼下我们这样说就足够了：尽管对于到底是什么
1 构成了“现代”，它是好是坏抑或是道德中立这类问题存在争议，但在“西方”文化中仍有一个根深蒂固的概念，它超越了除此以外几无共识的不同思想流派。即使各民族国家的历史有着明显区别，仍存在着一种独一无二、包罗万象的欧洲历史和现代性降临的叙事，即一个由间断点同时也是转型过程（以根本转变为标志的从一个时代到另一时代的过渡）所界定的叙事。

在这一叙事中，无论现代还可能是其他的什么，它都是一种经济、政治、文化特征的混合体，结合了资本主义（古典政治经济学家喜欢称其为“商业社会”）、法理型政治权威（可能但并不必然地伴随着对其自由主义民主形式的偏爱）以及技术进步——或在市场、国家、世俗主义和科学知识中体现出来的各方面的“理性化”。着重点和首要原因可以多种多样，也可以在现代性的经济、文化、社会各因素之间达成不同的平衡。对于造就了现代时期的那个转变过程，可能也存在着激烈争论。关键的转型可以被界定为封建主义到资本主义的过渡，资产阶级的兴起，向自由的进军，与传统的破坏性决裂，以及其他众多事情。但是，很难找到这样一种“现代”的概念，即在其中“理性”探索的文化、技术进步、市场经济和一个“理性”国家，不是以这样那样的方式或好或坏地紧密联系在一起。[1]

近些年，在某些历史解释中，现代早期和现代之间的分割线被更明确地刻画出来，因为现代早期易于同“中世纪晚期”融合在一起。尤其在政治思想史学家当中，有些人质疑现代早期的概念，理由是中世纪思想家与那些被描述成现代早期的思想家之间并无明显断裂。这种解释认为，在给“中世纪”画上句号的一系列历史转变中，政治观念自始至终具有显而易见的连贯性。但即使在这里，现代性概念以及与此联系的传统叙事同样反复出现。

1　这里的问题或许会被一些辩论搞混，这些辩论与19世纪末20世纪初可被描述为“现代主义”的文化现象有关。无论“现代主义”（或者甚至“后现代主义”）意味着什么，无论它被当作对“现代”及其文化形式的强化还是拒斥，这个充满争议的概念都未在本质上改变传统的现代性观念。

无疑,有些人拒绝现代性这个概念本身。它让一些人心神不安,因为它总是与进步观念相伴相随,而后者带有目的论意味,或者说后者在 20 世纪的
恐怖之后显得可疑。另一些人则反对任何类型的“宏大叙事”,宁愿抛弃“长 2
时段”而聚焦于局部、特殊与偶然。由于“现代性”意味着一种从古代到现代的漫长历史梳理——其中至少暗含着对前者如何导向后者的解释,所以对长时段视域的拒斥使他们无力承担一种现代性概念。

尽管存在这些争论,现代性概念几乎从未受到一种既全盘质疑传统范式又具有长远历史观的视角的挑战。从启蒙运动的进步概念,到马克思主义的历史解释或辉格式历史解释,或韦伯式历史社会学,以及它们丰富多样的遗产,尽管这些最有影响的“宏大叙事”对现代性的判断充满歧异,但都从根本上完整保留了惯常的现代时期复合图谱。对现代性标准叙事的挑战,往往更多地来自各种不连贯或碎片化的历史,来自对历史因果关系乃至历史进程缺乏长时段观察也鲜做阐释的“后现代主义”或“修正主义”解释。即使如此,顽固不化的现代概念仍经常从后门溜回来。

现代早期欧洲?

那么,谈论现代早期政治思想到底意味着什么?“现代”国家的成长,及其由政治、经济、文化方面的民族边界构成的堑壕,无疑是现代早期的一个核心特征,而且它以某种方式影响了那些进入其力场(field of force)的所有形式的政治组织。但是,作为本书主题的西方政治思想正典,在那个时期也同样受到了形形色色的政治形式的塑造:意大利城市国家、让人眼花缭乱的德意志管辖区、尼德兰商业共和国,更不用说还有神圣罗马帝国,它既自觉地返回古代帝国又致力于成为民族国家(尽管最终失败),又与其他世俗的和教会的主权主张者处于持续的紧张关系之中。现代早期的概念不仅包含现代国家或现代经济的崭露头角,还包含文化和智识的发展,后者起源于各不相同的,并不具有明显现代特征的社会政治形式,例如意大利城市国家,文艺复兴在那里开花结果,或萨克森选侯领地,至少据历史传统说法,马丁·路德在那里发起宗教改革。

这些情形大相径庭，不仅体现在其政治形式上，而且体现在公共权力、私有财产权和生产阶级之间特定的相互作用上。这些差别将造成各具特色的政治话语传统。即使当某个时刻，城市国家与君主国（principalities）在神圣罗
3 马帝国薄弱的统治下偶尔结合在一起时（也就是德意志人与西班牙人、意大利人与荷兰人的情况），情形依然如此。当然，意大利人与德意志人，西班牙人与荷兰人，就此而言还有英格兰人与法兰西人，都分享着一份共同的文化遗产；而且我们论述的时代始于特殊的文化统一体的某一时刻，该文化统一体表现为：联合起西欧学者们的拉丁语，整套基督教神学，复兴的希腊古典政治哲学，由欧洲人文主义构成的“文人共同体”。然而，这个共同的智识词汇表只是使各民族传统的多样性更加突出。西方政治理论所承袭的语言在适应不同的背景环境时表现出了非常明显的灵活性；每一种特殊的历史形式都提出了自己与众不同的问题，同一话语传统被调动起来，不仅是为了给出不同的答案，而且是为了回应不同的问题。[1]

尽管存在着这些差异，谈论“现代早期欧洲”是否仍有意义？或者更具体地说，设想西欧是一个有别于其他地区的实体，在本书所覆盖的年代里经历了一种不同于其他地区的历史发展模式，是否有意义？后面我们将更多强调民族发展的特殊性，但是眼下让我们考虑共同的基础。

在这部政治思想的社会史第一卷中，我曾指出，在其所有变化形式中，西方政治理论都是由两种权力来源，即国家与私有财产权之间的显著张力塑造的。所有的“高等”文明当然都有国家，有些还有复杂的私有财产制度；但是，起源于古希腊罗马尤其是西罗马帝国的，在后来的西欧出现的发展，把财产权当作一个独特的权力中心，赋予了其相对于国家的异乎寻常的自主地位。

例如，可以考虑一下罗马帝国与早期中华帝国的对比。在中国，一个强

---

1 《剑桥政治思想史：1450 年—1700 年》（*The Cambridge History of Political Thought: 1450—1700*, Cambridge: Cambridge University Press, 1991），该书当然没有无视民族差异，也确实承认民族话语的不同，它采用了所谓“把主题作为整体来研究的更具启发性的方法”，大部分选择了专题形式而非国别形式来组织材料。它这样做不仅是基于基督教共同体（res publica christiana）的存在，而且主要因为人文主义者的“文人共同体”产生了一个超越民族界限的智识共同体（第 5 页）。无论其优点何在，这种方法都没有公正地处理下述问题，即这一共同的欧洲话语在回应欧洲各国不同的政治、经济发展模式所提出的不同问题时，所造成的应用与阐释上的明显歧异。

大的国家通过挫败大的贵族家族并阻止他们占有新征服的领土,任命中央官 4
员管理新征服的领土,来确立自己的权力。[1] 同时,农民处在国家的直接掌控下,国家保留农民财产作为税收和兵役的一个来源,并确保土地占有的碎片化。相形之下,罗马并未依靠强大的国家就实现了帝国扩张,它由非职业人员统治,在一个小城邦的最小政府中实行土地贵族的寡头政治。尽管农民是公民共同体(civic community)的一部分,他们仍从属于有产阶级;帝国扩张后,由于要征召农民士兵远离家乡服兵役,致使许多农民的土地被剥夺。土地日益集中在贵族手中,(至少在罗马时期的意大利)它大多由奴隶耕作。当共和国被帝国及其官职结构取代后,土地贵族仍继续聚敛庞大财产。在中国,巨大财富一般源于中央政府的官职,然而在罗马帝国,土地仍是唯一稳定可靠的财富来源。即使在其鼎盛时期,相较于中国,帝国也是"统治薄弱"的,主要通过地方贵族的巨大网络来实施管理。

就我们所知,罗马帝国乃是强大帝国和强大私有财产权相结合的首例。这种强有力的,尽管有时并不轻松的合作关系,在罗马的"统治权"(imperium)和"所有权"(dominium)概念中得到表达。当罗马的"所有权"概念应用于私有财产时,它无比清晰地表达了私人的、排他的、个体的所有权及其所包含的一切权力的观念,而"统治权"则界定了一种附属于特定的民政长官,最终附属于皇帝本人的发号施令的权利。在西方法律政治思想史上,私有财产权和公共司法权并非总是如此泾渭分明,然而,罗马人在区分国家的公共权力和财产的私人权力方面确实开辟了新天地——不仅在理论上也在实践上。在中国,国家和劳动被国家占有的农民之间形成了一种直接的关系,在罗马,占有者和生产者之间的基本关系并不存在于统治者和臣民之间,而是存在于地主和某种从属于他的劳动者(可以是奴隶,也可以是作为租户和佃农而被剥削的农民)之间。帝国解体后所剩下的就是这种基本关系,它幸存了下来并成为后几世纪的社会秩序基础。

国家和强大的私有财产权两个权力极点的存在,再加上依靠有产阶级,
很大程度上实施地方自治的帝国统治模式,即使在罗马帝国中也造成了最高 5

1　参见谢和耐:《中国社会史》(第 2 版)(Jacques Gernet, *A History of Chinese Civilization*, Cambridge: Cambridge University Press, 2nd edn, 2005),第三到第五章。

权力的碎片化趋势。最终，碎片化趋势占了上风，留下了一个使农民束缚于地主的人身依附网络。当帝国解体，墨洛温王国、加洛林帝国及后继国家进行过几次权力再度集中化的尝试后，土地贵族的自治权开始在所谓的公共权力私有化、封建“主权分割化”[1]过程中自我伸张，随之而来的是公共职能被下放给地方领主和其他各种独立权力。这种下放的公共权力同时是一种占有权，即支配生产阶级的劳动，(尤其是从虽拥有土地，但在政治和法律上臣属于领主并为其劳动的农民那里)以租金或实物形式占有其产出的权力。由于找不到更好的术语，我们只得将封建主义或“封建社会”这个充满争议的概念，用于指称这种西方特有的主权分割化，它以具有历史独特性的方式赋予私有财产权以公共权力的性质。就我们的目的而言，“中世纪”时期大致可以被这种独特构造的统治地位及其衰落所标识。[2]

这种封建分割化以多种形式和不同程度存在。封建君权在有些地方会比其他地方更强大一些；部分欧洲在不同程度上受到更高权威亦即神圣罗马帝国或教皇的支配。但是，政治分割化甚至影响到那些并不符合典型封建制度的欧洲政治实体。例如意大利，它被称为欧洲封建主义的“薄弱环节”，因为这里占统治地位的是城市贵族，在北方尤为明显，这与其他地方的土地领主阶级形成对比。然而，不仅意大利北部的城市国家具有自身的碎片化统治，这可被称为一种城市封建主义，而且如佛罗伦萨和威尼斯之所以能成为大商业中心，很大程度上也是因为它们在碎片化的封建秩序中作为贸易纽带而履行着至关重要的职能。

无论我们是否选择在“中世纪”和“现代早期”之间划出界限，至15世纪末，我们都能确认一种新的政治权力格局，以及财产权同有别于封建分割化主权的国家之间的新关系。当然，领主和自治的法人团体仍占据着突出位置，但是，正在进行中央集权的君主国(特别是在英格兰、法兰西和伊比利亚

1　“主权分割化”(parcellization of sovereignty)这一说法，见佩里·安德森：《从古代到封建主义的过渡》(Perry Anderson, *Passages from Antiquity to Feudalism*, London: Verso, 1974)，第148页。

2　有关封建主义这个备受争议的概念的讨论，可参见拙作：《西方政治思想的社会史：公民到领主》(Ellen Meiksins Wood, *Citizens to Lords: A Social History of Western Political Thought from Antiquity to the Middle Ages*, London: Verso, 2008)，第四章。

半岛)现在登上了舞台中心,甚至在对不同的政治形式,如意大利城市国家和
德意志公国施加一种新的政治动力。例如,尽管意大利北部曾是神圣罗马帝 6
国和教皇之间的竞技场,对城市国家自治权的挑战却日益来自法兰西和西班牙这样的君主国的领土野心。

关于封建主义的衰落,已经有许多解释。一些历史学家主张,正如封建主义的出现是由贸易萎缩所标示的,或者甚至是由此导致的,商业扩张和货币经济的增长则不可避免地使封建主义寿终正寝;其他人却言之凿凿地指出,贸易和货币是封建秩序的重要组成部分,而非内在地敌对于它。封建主义的衰落常常被归因于黑死病(14 世纪 40 年代影响西欧的流行病)期间的人口骤减;还有人认为,人口骤减使农民在与需要劳动力的领主谈判时获得一种优势,此时领主和农民之间的关系发生了根本转变。一些历史学家指出,农民可能还有另一种谈判优势,即商业扩张过程中城市中心的增长带来的逃生路线。那时,领主试图重新强加并强化农民的依附地位,由此激起了各种各样的人民起义,而且,尽管西方的起义被成功镇压,封建秩序实际上却呜呼哀哉了。

现代民族国家的发展,可以归因于土地贵族对于一种足以防范叛乱威胁、维护秩序的更强大中央权力的需求,或者(也可能同时)可以归因于封建君主感受到了巩固自己地位的强大压力,因为来自农民的收入变得更加不稳定,君主与地主之间就农民劳动力的使用展开的竞争也更加激烈。当贵族的斗争演变成雄心勃勃的领土国家之间的战争时,压力变得更加巨大,正如百年战争中发生的最明显的事情那样,它起初是一场围绕法兰西君权的王朝斗争,后来则变成了法兰西和英格兰围绕领土边界问题的战斗。由于不断强大的奥斯曼帝国(它深深侵入欧洲并控制着东西方贸易路线)的商业挑战和地缘政治挑战,巩固中央统治的领土国家的动机得到进一步强化。

这些因素无论单个还是所有都可能是重要的,但这不是故事的全部。商业扩张、瘟疫、人口变化、农民起义和王朝斗争,这些在欧洲的不同地方都发生过。我们甚至可以承认,作为一种非常普通的动因,它们都在封建主义的衰落中发挥了作用。但是,抛开“诸封建主义”的多样性不说,也存在着各种各样的结果;使封建秩序让位的“转变”也远非一种。例如,西欧的农奴制终结

7 了，而东欧却亲历了所谓的“二次奴役”。即使在我们主要关注的西欧，地主和农民之间的关系也截然不同，例如在英格兰就大不同于在法兰西；这些差异伴随着不同的国家形成路径。在君主与异常团结的贵族阶层合作发展的英格兰，领主掌握了最好的土地，包括因人口锐减而被闲置的地产。在法兰西，君主国巩固了一个贵族家族的统治而反对其敌手，它帮助保证了农民仍占有绝大多数土地，以此作为中央集权国家一个关键的税收来源。

在这些不同的背景下，商业扩张也具有不同的影响。所有主要的西欧国家，更不用说经济高度发达的亚洲和阿拉伯穆斯林帝国，都深入参与了国内和国际贸易。但是，只有在英格兰，一种独特的**资本主义**“商业社会”“自发地”出现了，并产生了一种与众不同，甚至在其他最商业化的社会中也找不到的历史动力。[1] 当资本主义在英格兰出现时，它并不单纯是更多的贸易、更广阔的商业网络，即不单纯是性质不变的数量增加。“资本主义的兴起”不能被仅仅解释成一个量变过程，即接近某个临界量的“商业化”。实际上，当英格兰的经济发展开始一种独特转向，产生了某种有别于传统商业模式，即古老的转让获利形式或“贱买贵卖”的东西时，它还远不是欧洲主要的商业势力。诞生于农村的英格兰资本主义造就了一种新型社会，以及一种独特地由竞争性生产，不断增长的劳动生产率，利润最大化和持续资本积累的强制力所驱动的经济。当欧洲其他经济体后来向资本主义方向发展时，它们很大程度上是在回应英格兰资本主义带来的军事和商业压力。

何种“现代”国家？

在下面几章中，我们将审视西欧几种不同的发展模式，因为它们影响了各民族国家的“话语传统”。但是目前，为了阐明本书提出的语境史，我们可
8 以聚焦于一种影响了所有发展模式的、提纲挈领性的发展：“现代”国家的演

1　参见罗伯特·布伦纳的两篇论文，载于《布伦纳争论：前工业欧洲中的农村阶级结构和经济发展》(*The Brenner Debate: Agrarian Class Structure and Economic Development in Pre-Industrial Europe*, eds T. H. Aston and C. H. E. Philpin, Cambridge: Cambridge University Press, 1985)。也参见拙著：《资本主义的起源：一种更长期的视野》(Ellen Meiksins Wood, *The Origin of Capitalism: A Longer View*, London: Verso, 2002)。

化,特别是英格兰和法兰西"现代"国家的演化。

在《现代政治思想的基础》中,昆廷·斯金纳告诉我们,13 世纪末至 16 世纪末,"一种可得到公认的现代国家概念的主要要素逐渐成型"。他接着阐述自己对现代国家的定义,其视角正如他自己承认的那样来自马克斯·韦伯:

> 决定性的转变在于,从统治者维护"他的国家"(这里仅仅意味着维持他自己的地位)的观念,转变到这样一种观念:存在一种独立的法律和宪法秩序,即国家的秩序,统治者有职责维护它。这种转变的一个结果是,国家的权力,而非统治者的权力,开始被设想为政府的基础。这转而使得能够以独特的现代术语定义国家——它被定义成领土范围内法律和正当强制力的唯一来源,被定义成公民效忠的唯一恰当对象。[1]

斯金纳解释说,至 16 世纪,至少在英格兰和法兰西,这些现代国家的要素已经明显可见。向一种现代的国家话语的转变,他指出,"看来首先在法兰西完成"。这不仅是因为在法兰西,继承意大利人文主义的智识前提已经齐备,更因为在这里"物质前提"得到了更充分发展:"一个相对统一的中央权威,一个日益强大的官僚控制的机构,以及明确界定的国家疆界。"[2]"下一个发生了同样根本的概念转变的国家",斯金纳继续说,"似乎是英格兰",至 16 世纪 30 年代,在那里"这种发展所需要的一系列类似的物质前提和智识前提已经达成了:一个日益具有官僚制风格的中央政府,以及英格兰人文主义者中间对于'政治学'问题和公法问题逐渐增长的兴趣"。[3]

这种表述掩盖了两者既在其国家性质也在其产生的"话语"形式上存在的诸多差异,这些差异也使其他某些关于"现代性",尤其是关于资本主义经济(或"商业社会")与"理性"国家之间联系的标准说法变得可疑。在随后几

---

1 昆廷·斯金纳:《现代政治思想的基础(卷一:文艺复兴)》(Quentin Skinner, *The Foundations of Modern Political Thought*, *Vol. 1: The Renaissance*, Cambridge: Cambridge University Press, 1978),第 ix—x 页。

2 昆廷·斯金纳:《现代政治思想的基础(卷二:宗教改革)》(Quentin Skinner, *The Foundations of Modern Political Thought*, *Vol.2: The Age of Reformation*),第 354 页。

3 同上,第 356 页。

章，我们将更细致地考察从不同历史发展模式中产生的各异的政治话语传
9 统；但是眼下，概括性地、初步地素描出英格兰和法兰西之间的差别，将有助于阐明这里提出的“社会史”。

至少早在中世纪，故事就展开了，那时法兰克帝国正分崩离析，而盎格鲁—撒克逊国家是西方世界最有效率的中央集权管理机构。[1] 中世纪欧洲的一般性特征是我们所称的一种“主权分割化”，即国家权力的碎片化，因为封建领主权和其他自治权力接收了许多在其他时空由国家履行的职能，并把对劳动力（通常是农民的劳动力）的私人剥削和行政、司法及强制的公共角色结合起来。尽管存在贵族的权力（在某种意义上也恰恰因为这种权力的存在），英格兰从未真正屈服于分割化主权；而法兰西即使在绝对主义君主制之下也从未完全克服它，国家的中央集权计划一直停留在议程上，直至大革命和拿破仑时期才实现。

这也意味着，在国家和统治阶级之间的关系方面，英格兰和法兰西也存在重要差别。在英格兰，即使在英格兰法律从表面上看最具有封建性且采邑制度达到鼎盛时，国家中央集权过程也在继续。当诺曼征服从大陆带来封建制度时，它首先也带来了一种军事组织，这种军事组织将权力授予一个中央权威，而且建立在英格兰业已存在的中央集权国家的基础之上。诺曼人将自己确立为英格兰具有一定团结性的统治阶级，他们是一支从事征服的军队，既是大地主统治阶级，又是一种统治权力，而中央国家往往是其工具。此后，后封建国家的中央集权仍是君主和土地贵族的一项合作计划。这当然并不排除激烈的王朝斗争，而且，尽管一些历史学家已经在质疑例如“玫瑰战争”的真实性，但是，为控制一个已经确立的中央国家而斗争的强大诱因无疑存在。16 世纪，都铎君主发起一项国家中央集权计划，它（有争议地）被形容为“都铎革命”，它不是全新的创造，而是建立在由来已久的统一的国家机器上，当宗教改革来到亨利八世治下的英格兰时，这个国家机器将具有国教会的额

---

1 《西方政治思想的社会史：公民到领主》对这些问题有更详尽的讨论，例如英格兰封建社会和法兰西封建社会的差异以及其他。对这些差异的一个重要讨论，参见乔治·科米奈尔：《英格兰封建主义和资本主义起源》（George Comninel, “English Feudalism and the Origins of Capitalism”, in *The Journal of Peasant Studies*, July 2000），第 1—53 页。

外力量。

这个中央集权计划是合作性的，这不仅是下述意义上：中央国家作为君
主和土地贵族在议会中的统一体而发展，这种发展被完美地总结为“王在议 10
会”这句古老俗语。这个合作计划还采取了中央国家和私有财产权之间劳动分工的形式。既然立法权和司法权日益收归中央，贵族也就日益依靠纯粹的**经济**剥削方式获得财富。近来的学术研究表明，小农并非像历史学家有时认为的那样从英格兰农村完全消失了。但事实仍然是，英格兰的领主尽管缺少欧洲其他地方的领主所享有的某些司法权，却掌握了最好的土地，论这些土地掌握在大地主手中的程度，英格兰要大于法兰西，在后者那里，农民财产权占优势。当封建主义在整个欧洲经历危机，而农奴制在西方衰落时，英格兰的地主却处在得天独厚的有利地位上，可以利用他们仍然享有的纯经济权力，甚至当国家变得越来越中央集权的时候仍可以如此。

在这个方面，英格兰地主阶级明显不同于大陆贵族，后者的财富源于某种“超经济”权力，或所谓“政治建构的财产权”，即各种形式的特权、领主权利和司法权的产物。[1] 在英格兰，地产的集中意味着，土地在佃农（他们日益按照市场条件支付经济租金）那里得到程度空前的利用，而无法使用政治建构的财产权的地主逐渐开始依靠佃农在生产和竞争方面的成功。这种独特发展的结果是农业资本主义，之所以称之为“资本主义”，是因为占有者和生产者依靠市场维系自己的生存和地位，因此他们服从竞争和利润最大化的指令，以及持续改进劳动生产率的需要。

由于英格兰大地主与我们可称为资本主义农民的佃农之间的独特关系，英格兰农业史无前例地开始回应市场竞争的新要求。在一种独特国内市场的语境下，地主与佃农之间的这种特殊关系意味着，双方在 17 世纪就已经为了利润而不得不提高土地生产力，以促成他们所谓的**改良**（improvement）。改良和营利性生产成为进行统治的地主阶级的优先策略。这主要并不意味着技术革新，至少最初不是。这更多与土地利用的方式与技术有关，但还意味
着各种新的财产权形式和概念，而这一点更为根本。理论上，农业改良和资 11

1　“政治建构的财产权”这个说法被罗伯特·布伦纳用于各种历史著作。

本主义农业利润提升要求财产的集中。但是，它们首先要求消灭各种妨碍资本主义积累的习惯权利和实践。实施改良的地主和资本主义佃农，需要消除阻碍财产的生产性和营利性使用的事物。

16 世纪到 18 世纪之间，消灭习惯权利的压力日甚一日，例如，通过主张排他性的私人所有权来质疑对公地的公有权，质疑赋予小农无法律明文规定的占有权利的习俗性保有权，排除各种对私人土地的使用权等。这意味着严格意义上的**排他性**（排除其他个体与社群，清除习俗或公共规章对土地使用施加的各种限制）财产权的确立。

经济权力与“超经济”权力的分离，意味着国家中央集权过程和资本主义发展过程是相互紧密交织的，尽管有时候存在紧张。地主阶级与君主之间显然存在冲突，冲突在内战中达到顶点。但是，这些冲突具有特殊的性质和强度，恰恰是因为统治阶级和君主制国家之间的潜在合作关系。很早以前，英格兰统治阶级的利益就紧紧系于一个统一的议会及立法权，它是中央集权国家的很大一部分。贵族也致力于实现一种全国性法律体系，国王与贵族之间的司法权冲突很早就告终了。甚至在 13 世纪初——一个君主与贵族之间暴力冲突的时代，当《大宪章》认为贵族的权利应由其同侪审理时，也并未主张他们对其他自由人的司法权利。普通法（它首先是国王的法）成为同时受到贵族和可以寻求王权保护的自由农民欢迎的法律体系，而法治被理解成君主本身服从法律。

在一个高度中央集权的国家里，这种无比统一的法律体系造就了一种与众不同的“自由”人，他只服从国王，而不服从其他次级领主。地主享有大量的地方权力，但是，离开采邑，在与自由人的关系中，他们作为王权的代理人行动。受控于采邑主权力的土地仍然存在，但是，“自由”英格兰人及其在自由保有的财产方面的个人“利益”（它得到普通法承认且无须接受领主权利要求或义务）是一种独一无二的生成物。相比之下，例如在法兰西，即使自由宪章也没有消解领主义务，而且，即使能够得到王权保护的自由农民也仍需服从
12 领主的司法权。[1]

1 参见乔治·科米奈尔：《英格兰封建主义和资本主义起源》。

随着议会主张自己是普通法的最高解释者，英格兰普通法最终确实开始代表议会权力**反对**王权。在17世纪的内战中，在君主与议会的冲突中，普通法律师倾向于和议会站在一起，对抗同国王结盟的特权法院。但是，这种情形并不是分割化的司法权针对中央国家维护自己。相反，这是对贵族在形成中央国家的那种合作关系中关键地位的一种肯定，那时这种合作关系受到了君主的挑战。同时，统治阶级既要求分享中央国家的公共领域，也主张自己作为地主而非国家官员在财产权的私人领域中的权力。由此看来，与其说问题是一种公共司法权主张，不如说是一种私人权利主张，这种私人权利倾向于保护统治阶级防范王权对合作关系的侵犯，保护财产权和国家之间的劳动分工。

英格兰革命（从17世纪40年代的内战到1688年至1689年间所谓光荣革命）历经了重大剧变。正如我们将在后面看到的那样，它也产生了极为激进的观念。但是，它并没有根本改变英格兰的社会财产权关系，革命前社会财产权关系的资本主义性质并不亚于革命后。因此，它也并没有根本改变议会和君主之间的关系（不考虑"空位期"）。即使我们赋予1688年的解决方案在确立议会至上性方面的巨大重要性，它也无非是巩固了革命前已经存在的东西。在斯图亚特君主不成功地试图确立一种大陆式绝对主义（而这个社会缺乏对任何这类计划的政治支持，更缺乏实施这类计划的社会基础）之前，这些东西就已经存在了。尽管君主与议会之间的这种古老合作计划日益让位于议会至上性（我们不应夸大其程度，即使在18世纪也是如此），国家与财产权之间独特的劳动分工、经济权力和超经济权力的分离却保留下来，而这标示了不列颠与其邻国的不同。

贵族与中央国家之间合作关系的悠久历史，以及议会作为私有财产权的公开代言人的角色，这些意味着不列颠统治阶级整体一直信奉议会至上。但另一方面，主导的历史叙事和主流的政治文化，使英格兰革命期间出现的各种真正革命和民主的传统（平等派、掘地派及其他激进运动的传统）边缘化。信奉民主的人民力量被议会寡头制挫败；而且，虽然他们的遗产从未从不列
颠劳工运动中销声匿迹，但主导的议会制传统更多归功于胜利的有产阶级。 13

在法兰西，国家形成过程大相径庭。如果说在英格兰有一场从封建主义

到资本主义的转变，那么在法兰西毋宁说是一场从封建主义到绝对主义的转变，这种绝对主义不单纯是一种政治形式，而且是绝对主义国家作为一种政治建构的财产权形式，作为一种剥削农民养肥官员之工具。在分割化主权语境下，当一个贵族王朝确立了对其他人的优势地位时，君权从封建竞争中脱颖而出。这个君主国仍会遭遇封建分割化的挑战，不仅有来自王朝竞争对手的反对，还有贵族及各种法人团体，即行会、等级、省和市镇对于独立权力和特权的主张。

君主制确实多少成功地实施了中央集权策略；王家法院也的确出现了，它可以用来保护农民免受领主侵害（很大程度上是为了保护农民阶级作为一种国家税收来源）等等。但是，统治阶级仍然极度依赖政治建构的财产权，也就是依赖源于政治、军事和司法权力或"超经济"地位与特权的占有方式，这与英格兰地主阶级和他们对竞争性生产的依靠形成对比。对照英格兰，在法兰西，农民甚至在 18 世纪仍主导着农业生产，地主和佃农之间的关系也导致了非常不同的后果。例如，法兰西不存在在 17 世纪英格兰非常重要的"改良"文化或改良文献。即使在大革命以后，农村的生产管理和对土地使用的限制仍然在农业中举足轻重。对法兰西地主而言，为了加强自己压榨农民更多剩余价值的权力，政治和法律上的超经济策略仍然比农业改良更重要。这意味着农民更要受到税收的折磨，而非受到对他们财产权的攻击。

国家发展为一种政治建构的竞争性的财产权形式、一种主要资源、一种由国家官员通过税收（它被某些历史学家称为集中于中央的地租）手段进行直接占有的方式。如果绝对主义国家能够掏空贵族的独立权力，那么在很大程度上，它也是通过向一部分贵族提供国家官职的获利资源来替换这些权力而做到这一点的。一种复杂的官僚制得以发展，不仅是为了政治和行政目的，而且是作为一种为官员准备的经济资源，它使国家官职激增并成为一种私有财产形式。

法兰西也不存在像英格兰那样悠久的议会传统。在大革命之前都不存
14 在这种传统。首先，英格兰统一的国家议会及其早先的立法角色与法兰西碎片化的等级议会之间有着鲜明的历史对比。等级议会没有立法职能并按照地区划分——甚至在极为罕见的情况下，即当各等级在国家层面的三级议会

上会面时也是如此。它们还按照法团等级划分,特别是以贵族和神职人员这两个特权等级为一方,以包括资产阶级(更加富裕的无特权阶级,常常是城市贵族)和农民的第三等级为另一方的划分。要等到大革命时期,法兰西才会出现一个代表制立法机构。而且,英格兰和法兰西的一个最明显差别是,在法兰西,即使当等级议会被国民议会取代时,统治阶级的几个重要部分仍然与共和国对立。革命性的转变既创造了一种新的议会制传统,甚至创造了一种激进的共和主义,同时也创造了一种危险的反议会制、反共和主义的结构,它在 20 世纪仍得以延续,并且很大程度上解释了第二次世界大战中法兰西发生的事情。

法兰西法律体系的发展方式也与英格兰截然不同。不仅存在南方遗留的罗马法与北方的日耳曼习惯法之间由来已久的区分,而且在大革命前夕,法兰西仍存在约 360 部不同法典,存在各种与君主竞争司法权的领主权力、地方权力、法团权力,还有挑战国家立法权至上性的习惯法。尽管绝对主义国家在很大程度上成功限制了领主的、地方的司法权,司法权冲突仍然是旧制度恒定的一个特点,也是法兰西法院主要关注的一个问题。贵族和法人团体紧抓不放其相对于民族国家的自治权和独立性,而君主制不断努力吸纳和整合他们。

当君主绝对主义被大革命扫荡时,国家中央集权计划继续进行。法兰西的法治国家(état légal)不是作为一种保护私人权利免受公共侵犯的方式而发展,而是作为中央国家伸张权力反对各种碎片化司法权和独立地方权力的工具而发展。这限制了司法独立性,实际上将它吸纳进了行政机构。这项始于大革命的计划有待拿破仑完成。尽管在 1958 年的第五共和国,司法重新获得了一定自主性,但法律在伸张国家主权、反对各种自主司法权上具有的历史职能,仍是一份强大遗产。

论中央国家和土地贵族的关系,法兰西也极其不同于英格兰。比起英格
兰贵族与君主的紧密合作关系,在法兰西,贵族特权和君主权力之间的紧张 15
关系、不同的超经济剥削方式之间的紧张关系,直到大革命前都一直存在。
同时,贵族阶层本身分化了:一些在中央国家中分享权力,很多仍依靠自己的
特权和地方权力;而且这种分化一直是不固定的。在很大程度上,国家的中

央集权计划可以被理解成旨在克服这种分化的努力，其方法是用来自国家的特权和特殊待遇来替换贵族的自治权力，例如，通过豁免王室税收的特权交换领主的司法权。

在整个旧制度时期及以后，国家公职对于资产阶级来说都是一份受青睐的职业。尽管我们习惯上总把“资产阶级”和“资本主义”放在一起，但法兰西的资产阶级并非在本质上是资本主义性质的。法兰西无疑是一个重要的贸易国家，但是，“资产阶级”中的大多数是城市显贵或各种公职人员，即官员、专家、知识分子；哪怕从事商业的人（他们或许也倾向于用财富购买能使自己成为贵族的官职），也按照司空见惯的非资本主义商业套利原则经营。[1] 当大革命到来时，革命的资产阶级（一般来说正包括这些官员、专家和知识分子）关心的事情，与其说像“资产阶级革命”这个概念通常暗示的那样，是打破阻碍资本主义发展的桎梏，不如说是保护和扩大他们获取国家最高官职的机会，即“职业向才能开放”。实际上，比起其他事情，主要是他们在绝对主义君主制下已经享有的上升途径所受到的一种威胁，激发着资产阶级投身革命，参与资产阶级与贵族的对决。

官职的私有财产权被大革命废除，但国家公职仍是一种肥差，官员可以借此通过税收占有农民的剩余劳动力。即使在大革命以后，甚至在拿破仑以后，国家都继续为资产阶级发挥着这种经济职能。通过国家税收的中介，占有法兰西最多土地的农民继续受到超经济方式剥削。大革命并没有彻底改变国家与小农生产者（他们在绝对主义法兰西时期已经占主导地位了）之间的社会财产权关系。

大革命可能是“资产阶级”性质的，但它谈不上是“资本主义”性质的。尽管其政治原则和遗产远远超出了最初推动它的“资产阶级”的动力，在旧制度
16 和革命后国家之间仍然存在很强的连续性。后革命时期，在法兰西 19 世纪大部分时间中，税收/官职结构的顽强持续性相当引人注目，在这种结构中，凭借国家并通过税收，占有采取了直接剥削农民生产者的形式。不仅经济仍旧

1 关于这一点，参见乔治・科米奈尔：《重思法国大革命：马克思主义和修正主义挑战》（George Comninel, *Rethinking the French Revolution: Marxism and the Revisionist Challenge*, London: Verso, 1987），尤见第 188 页及以后。

建立在小规模农业生产上，而且国家依然作为直接生产者的主要剥削者与这种生产相联系，国家的剥削以税收为中介，为的是官员的利益。

只要读一读马克思在《路易·波拿巴的雾月十八日》中对 19 世纪法兰西的记叙，就可以看到这种结构的持续性如何顽强。他谈到“庞大的官僚机构和军事机构”，一个“可怕的寄生机体”，“法国资产阶级的**物质利益**恰恰是和保持这个庞大而分布很广的国家机器最紧密地交织在一起的。它在这里安插自己的多余的人口，并且以国家薪俸形式来补充它用利润、利息、租金和酬金形式所不能获得的东西”。* 在一种仍以国家官职为最高阶职业的文化中，在一种由世袭官员精英和其专享的高等院校支配的官僚传统中，这种资产阶级传统在 20 世纪仍经久不息，如果不是持续至今的话。

在法兰西，沿着资本主义方向的经济发展很大程度上来自外部，尤其是由军事压力推动的。大革命之后，拿破仑的败北不仅使凯旋的不列颠从资本主义创造的经济增长和财富中获得的优势一目了然，而且使昔日的拿破仑帝国前所未有地感受到了不列颠资本主义的纯经济压力。这个国家通过引入国家引导的经济发展来回应这些外部的紧迫要求。在某种意义上，资本主义发展先于社会转型；而且，对比英格兰，法兰西的资本主义阶级关系更多是工业化的结果而非原因。

现代政治思想？

具有明确领土边界和一个多少统一的主权的民族国家的出现，为西方政治思想的新发展创造了条件，这是千真万确的，但可能并不是按照斯金纳所认为的那种方式。把欧洲领土国家的出现视为一种重要的历史发展，视为对前几个世纪的分割化主权的脱离，这当然有意义。但是，这几乎无助于我们把这些国家描述成“现代的”，因为这个标签掩盖了重要的历史差异，例如我们已经观察到的英格兰和法兰西之间的差异。是绝对主义的法兰西因其复杂的官僚制（一种“理性”国家的标志）而更加现代吗？抑或我们应该将此殊

---

* 译文参见《马克思恩格斯文集》第 2 卷，人民出版社，2009 年，第 564、512 页。——译注

荣颁给英格兰？因为其中央集权国家尽管在韦伯的意义上是“不合理性的”，却针对各种自治权力更彻底地伸张了其主权，而且它很大程度上已不再是一
17 种财产形式。

把“市场经济”的勃发拣选为一种关键的发展，这当然也有意义，但是，什么使一个市场成为“现代的”，区别于“古代的”？在“现代性”肇始之前，世界各地早已存在广泛的商业网络。而且，我们在“现代早期”欧洲看到的贸易是否根据明显不同的原则，即由来已久的贱买贵卖来运作，这一点还很不明了。这不是简单的规模问题，否则16世纪的欧洲为什么比百年前的印度或中国更现代？如果存在一种与古老的商业交易模式的根本决裂，它无疑发生在英格兰（我们在后几章会回到这个问题），伴随着农业资本主义的兴起。但是，在全球贸易网络中，相比例如威尼斯或葡萄牙，英格兰最初完全是个次要角色。那么，它们哪个更现代？如果我们试图寻找由理性国家、“理性”经济、“理性”文化组成的一种现代独有的复合体，如果它存在的话，那么它存在于何处？

如果现代国家的概念所遮蔽的东西与它揭示的东西一样多，那么，谈论现代政治思想意味着什么？在政治思想史研究者中，似乎存在着一种无法抗拒的诱惑，就是去确认西方正典中第一位现代政治思想家。此殊荣通常颁给霍布斯或马基雅维利。选择霍布斯的理由或许与他的政府理论有关，它建立在一种完全世俗的、唯物主义的认识论、人类心理学和伦理学解释之上。或者理由可能是，他（尽管不明确地）把自己的政治理论建立在一种个人自由和权利的概念上。或者仅仅是因为，通过阐发一种明确的主权概念，他绝佳地代表了领土君主国，甚或是“民族国家”对于中世纪治理形式的胜利。霍布斯甚至被称为“资产阶级”思想家，一种与现代市场社会联系的“占有性个人主义”的阐述者。

如果选择马基雅维利，无论是否对其“马基雅维利主义”道德无涉性做出谴责，理由很可能是，他先于霍布斯给出了一种脱离伦理原则或宗教原则的政治学分析，或者甚至可以说，他是第一位政治**科学家**，属于“经验的”而非“规范的”政治学研究一方，站在“事实”而非“价值”一方。或者理由可能是，他的共和主义（尽管更多体现在《论李维》而非他最著名的《君主论》中）调动

古代的公民自主观念,来反对封建等级制并支持更为现代的自由和公民身份概念,在现代共和主义的发展中,这是一个关键时刻——正如约翰·波考克的“马基雅维利时刻”。或者至少可以说,虽然他一只脚站在古代世界,他也是一位“转折性”人物;而且,即使造就他的佛罗伦萨城市国家并不符合现代民族国家的模式,它也毕竟是一个商业中心,可以设想成一种现代资本主义经济的前奏。 18

通过回避“正典”观念并代之以话语环境(它包括一大堆以各种方式对语言“环境”有所贡献但不那么经典的作家),主导英美院校的现代早期政治理论研究领域的剑桥学派将水搅浑,使颁给任何一位思想家现代性奖章都变得更困难。这种进路确有其优势,但是,正如我们在斯金纳那里看到的,它可能只是把问题转换成哪种政治语言或话语,代表着现代对古代或中世纪惯例的决裂。即使当话语传统跨越数世纪历史变迁时,甚至当古代的和现代的政治学语言在冲突中或在矛盾的统一体中(例如在“公民人文主义”,或由此在“共和主义”概念中)得以共存于历史时间中时,古代和现代习以为常的语言依然经久不衰。

但是,现代性概念所有相互冲突的形式,无论是运用于单独一位重要政治思想家,还是运用于一种集体的“话语”,都建立在一些遮蔽了历史进程的假设上。考察历史性的转变甚至决裂,而不强迫性地把它们定义为现代性的首开先河,这岂不是更好?如果我们不理会难以捉摸的现代性研究,那么,我们会发现哪些类型的转变?特别是,在我们现在探讨的时期的政治话语中,我们会发现哪些重要变化?

在中世纪时期,当“分割化主权”盛极时,几乎不存在一种明确的政治领域。[1] 互竞的司法权组成的复杂封建网络与法律关系和契约关系组成的一个复杂组织(当它们不公开冲突时)绑定在一起,这意味着“政治”边界是难以界定的、变动的。主要的“政治”行动者不是公民个体,而是某种世俗的或教会的司法权掌有者,或是某种具有法律权利的法人团体,它具有一定程度的自治权,也具有一个规定它与其他法团和更高权力之间关系的章程。不像古代

1 对这些主题的详尽讨论,参见我的《西方政治思想的社会史:公民到领主》,第四章。

政治哲学那样，法律和政治思想关注的不是描述一个公民共同体内部的公民之间的政治事务，而是厘清交叠互竞的司法权之间的权威领域，或是解决它们之间的相互关系。现代早期领土国家的出现，改变了这些状况（尽管如我们将看到的那样，我们不宜夸大这些转变的速度或程度），创造了一种新的政治领域，各种新的政治身份和与之相符的新的政治观念。

19 最重要的发展之一是新的与政治权威相对的个人权利概念。尽管对于“主观”权利概念何时和如何起源仍存诸多争议，然而，先于且独立于政治权威或实在法的、人固有的权利的观念，无疑源于中世纪教会法学家和哲学家的著作。例如，基督徒的良心这种观念预设了一种理解正当（“客观”意义上的正当，如“正确之事”）原则的人类禀赋和一种遵循它们的责任。[1] 这种责任既意味着一种道德义务，也意味着一定程度上的个人自主性，即尊重或无视这些正当原则的能力。从这种个人自主性中，有可能推演出一种个人自由观念，由此产生某些权利，可能包括一种免受奴役的“权利”，或一种自我保存、自我保护的“权利”；也可以包含对其他人同样权利的尊重，即使仅仅因为“待人如己”的黄金法则。

对于政治思想而言，这些正当原则确实具有某些寓意。例如，坚持个人自主性或自然自由，似乎要求承认，政治权威是由表达同意的个人设立的——这与封建秩序中契约关系的突出地位是一致的。但是，这些都并不必然预示着与国家（一旦建立起来的话）相对的个人的权利。只要政治思想的核心范畴仍然不是公民身份，而是司法权；只要主要政治行动者不是公民个体，而是某种司法权的承载者（某位领主或某个具有法律权利和特权的法人团体），个人权利与对国家的限制之间就不存在显而易见的联系，进而也不需要通过系统论证来证明个人权利并不妨碍几乎无限的国家权力。

例如，一位君主可以诉诸一种基于权利的同意学说来反对教皇或皇帝的

---

1 “权利”的历史难以追根溯源，不仅因为拉丁语的法权（ius）有如此多的不同意思，既可以指由实在法或自然法确立的“客观”正当或正义原则，也可以指个人固有资格意义上的“主观”权利。在现代欧洲的语言中，例如在德语 Recht 和法语 droit 中，存在着相同的复杂之处。因为“客观”正当原则的道德力量源自它们对于理性、负责、自主的个人的有效性，而这同一个个人又是“主观”权利的主体，所以，在西方政治思想发展中，在“客观”正当和“主观”权利之间划出一条泾渭分明的界限就难上加难。

权利主张，从而筑牢自己的权威。在我们看来是一种悖论的事情，在中世纪思想家看来可能没有那么悖谬。政治体的创造与统治的条件有很大区别。政治权威由“人民”（一般被设想成一个法人团体）设立，这个观念与“权威几 20
乎是无条件”的观念是完全一致的，这尤其是因为，反抗不正当权威的权利即使存在，也并非寓于公民个人，而是寓于具有司法权的权威。即使在“现代早期”，仍存在这样的反抗学说，其中反抗政治权威的权利不是私人个体或公民的一种权利，而是官职的一种属性，也就是与另一种司法权对峙的司法权的属性。

一种私有财产权可能得到坚决承认，但即使是这种权利也是在互竞的司法权语境下被思考的，其目的是主张领主自治权，或划出一个私人权力领域，即家主对于家庭成员及所有物的权力，或是一种司法权残余——它被理解成针对更高的“统治权”的“所有权”。

如果对自然权利和自然自由的普遍享有并不能保证普遍、完全的政治权利资格，那么自然平等概念也是如此。正如后面几章我们将看到的，西方政治思想在其大部分历史中的一个惊人特点是，人们之间的自然平等观念并不排斥政治权利的不平等分配；而且，为了使自然平等者之间的统治和支配关系正当化，精致的论证被建构起来。在上帝或自然法面前，所有人都可以是平等的，但是，有些人可能有资格统治其他人。财产和阶级的决定性因素可以压倒所有自然平等。

政治思想家们甚至有可能对女性平等做出一定让步，同时又（例如以她们抚养孩子的职责或男人对强制力量的垄断为由）把政治领域对她们的完全排斥视为理所当然。在承认男人与女人的自然平等上，鲜有思想家超过托马斯·霍布斯，正如在坚持所有人的自然平等上，鲜有出其右者。但是，这些对平等的认可，一点也不阻碍他对绝对主义统治正当性的确信。约翰·洛克对人的自然平等的信念，并未妨碍他对人们之间政治权利不平等分配的观点，或者说，他否认上帝命夏娃服从亚当或女人服从男人，并未妨碍他将女性完全排除出政治。

在西方政治思想中，自然平等与政治不平等的相容性是一个反复出现的主题。正如我们将看到的那样，主权国家（在这里司法权之间的竞争不再具

有核心地位）的出现，将为新的“自然权利”概念创造条件；而且，就此而言，主
权性领土国家的兴起，显然对西方政治理论的发展产生了影响。但是，在塑
造“话语传统”上，欧洲各国之间的差异同样是决定性的。如果我们让视野超
21 越中央集权国家最形式性的特点，斯金纳视为“现代”国家观念来源的两个案
例中的“物质”条件，就会呈现出非常不同的面貌。在某个方面把这两个案例
视为“现代”国家在理论和实践上的典型，这并非不合理；而且，很大程度上正
是出于这样的理由，我们对英格兰和法兰西着墨多于其他国家。但是，即使
我们忽视下述事实：英格兰而非法兰西首先经历了不受“分割化主权”妨碍的
中央集权国家阶段，而法兰西绝对主义甚至在其如日中天时也仍与各种互
竞的司法权处于持续紧张状态中，它们的政治和经济发展模式也是判然有
别的。

这不是否认，英格兰和法兰西分享着一种共同的智识遗产，甚至分享着至少可追溯至罗马帝国（其帝国统治模式和财产权制度）的重要物质根基。这也不是否认，它们的国家历史总是因为临近性、变动的领土边界、战争、贸易、商业竞争，甚至经常性的结盟而相互纠缠、难解难分。但是，我们此处探讨的历史时刻，即领土国家和国家经济体兴起的时刻，恰恰是各有特色的民族国家历史及其不同的发展模式的时期。

我们随后会看到，我们已经观察到的民族差异会对政治思想的发展产生根本影响。例如，法兰西政治理论，特别是以让·博丹为代表的政治理论清晰、系统地阐发了一种“现代”国家主权概念，这不是因为法兰西已经确立了一个明确的、无争议的政治权威中心，相反是因为向中央集中的权力仍在与互竞的司法权缠斗。换句话说，博丹的政治理论反映的不是法兰西统一主权的现实，而是其缺席。16 世纪宗教战争期间，当君主制受到叛乱和关于反抗权利的激进观念挑战时，博丹为了支持国王高于贵族和其他权力的权力主张，提出了单一、不可分割、绝对的权力观念。

这些反抗观念本身深植于中央国家和分割化主权残留物之间的持续紧张关系中。当法兰西反暴君派坚持人民反抗君主的权利时，他们想到的人民并不是私人公民，而是法人团体、地方贵族和地方长官，他们可以主张一种寓于其官职中的反抗权利。主要的反抗论小册子（后面将讨论它们）表达的是

地方贵族和各种法人团体的利益。当他们诉诸某种人民主权时，他们就如官
员主张自己对抗中央国家的司法权利一样；而且，当绝对主义君主制诉诸国
家主权概念反对他们时，它是在宣告代表一种更为普遍的利益，与这些碎片 22
化司法权的特殊性相对立。它宣称代表一种比挑战其主权的特殊主义法团
更具普遍性的法团而行动。甚至晚至18世纪，当革命者挑战既有的法团权力
和特权的等级制时，他们也声称是在代表“国家”法人行动。在法兰西政治话
语和革命传统中占据如此显著位置的平等概念，在很大程度上归功于第三等
级为法团特权而进行的斗争，以及其为获取官职机会，即“职业向才能开放”
展开的战斗。

在君主和统治阶级之间没有如此根本的司法权冲突的英格兰，就不存在用一种不可分割的主权的明确观念来主张一种权力反对另一种的策略要求。实际上，英格兰人往往完全回避主权问题（霍布斯这样的思想家是一个引人注目的例外，而且即使是他阐述的主权观念也与法兰西有明显不同）。“混合政体”观念（为博丹所厌恶）非常契合英格兰的状况和统治阶级的利益。王权与议会的合作关系创造了一种微妙的平衡，两方都没有迫不及待地主张至上权威，以此打破这种平衡。即使当他们的冲突到达紧要关头，当国王威胁到自己与议会的合作关系时，议会派都不急于诉诸他们作为人民代表的主权。若主张反对国王并代表人民的议会主权，他们害怕革命动员起来的真正激进力量中释放出更为危险的人民主权主张，使议会与人民之间的中介性权力失去保护。甚至在议会的共和主义分子当中，一定程度的含糊其词似乎也是审慎的。

国家的特殊结构、贵族与君主之间的独特关系、议会和王权的统一体、一种统治阶级赖以维护其财产和权力的统一法律体系的逐步形成，这些意味着政治冲突一般不会采取各主权碎片之间的司法权之争的形式。这还意味着法团原则比较薄弱。从很早起，国家与个人的关系就不依靠法人团体作为中介，而且政治权利寓于个人而非法团中。

在英格兰，主要的政治关系不是互竞的司法权之间的关系，而是个人与国家之间的关系。比起欧洲其他地方，个人权利的观念在此处必定产生十分不同的影响。正如我们将看到的那样，对个人权利，即私人权利与主权之间

关系的第一次系统讨论，来自一位英格兰理论家即霍布斯，这很重要。尽管
23 他没有为个人反对国家的权利辩护，而是支持绝对主权。同时，在这种语境下，任何反抗理论或人民主权理论都会成为对有产阶级权力的挑战，比法兰西反抗论小册子更甚。当这类理论确实在英格兰出现时，它们造成了一场政治思想的革命，例如，英格兰内战中的平等派坚持，自由有赖于对政府的同意，同意不是通过一次性权力转让而授予的，而一定是持续授予的；不是通过某个声称代表他们的法人团体授予的，而一定是通过个人组成的群众，即议会外的人民授予的。

在国家与经济关系的概念上，英格兰和法兰西的差别也是一目了然的。我们习惯于把亚当·斯密传统中的“政治经济学”与盎格鲁—苏格兰模式的“商业社会”发展联系在一起。然而，第一个使用“政治经济学”一词作为其著作标题的作家是一位法兰西人：安托万·蒙克莱田。我们在第六章将看到，在 17 世纪初，他已经阐发了这样一种观念：商业是一种利用私人利益和激情促成公共利益的手段，因此公民美德不再是必要的。在 1615 年出版的《政治经济学论文》中，他坚称，自利激情和贪欲绝不会威胁共同善，它们恰恰可以成为其基础，而无须仰仗美德或善行。但是，他的论点与不列颠后来出现的论点有关键性不同，而且，此后很长一段时间，法兰西人的论点仍一直不同。法兰西思想家，例如蒙克莱田颂扬温和的商业的利益，他们理所当然地认为，贸易产生积极影响的必要条件乃强有力的君权，以整合并协调各种特殊利益，同时把私人恶德转变成公共利益。这种设想扎根于绝对主义法兰西的现实，这个社会中还没有一体化市场或竞争性资本主义，这里的政治组织仍被一大堆法人团体和特权所肢解。法兰西思想家在思考商业对美德的置换时，一定会想方设法解决这种结构性分裂，而英格兰思想家则不然。[1]

1　君主制被视为必要的统合原则，这个事实足以使上述观点区别于现代国家概念，即国家仅是一种“表达”并“聚合”利益的工具。诚然，正如我们在后面的章节将看到的，私人激情与“恶德”产生公共利益的观念将以一种不同的形式出现在尼德兰，它源于斯宾诺莎的哲学，并在伯纳德·曼德维尔的《蜜蜂的寓言》那里登峰造极。尽管像斯宾诺莎这样的荷兰思想家仍感到有必要用政治调和私人恶德，但在荷兰商业共和国的语境下，一种共和制政体形式看起来可能比一种绝对主义君主制更切实可行。但是，正如我们在第五章对斯宾诺莎的讨论中将指出的，这不是因为荷兰共和主义者已经形成了市场的“看不见的手”思想，而主要是因为一个共和国可以用公职约束私人贪婪。

在 18 世纪,同样的设想出现在孟德斯鸠对君主制的看法中。他告诉我 24
们,不像共和制政府,君主制具有这样的优势:使以最低限度的美德或自我牺牲促进共同善成为可能。私人利益可以成为公共利益的源泉。比起同时代人,孟德斯鸠不那么相信国家之间的贸易是一种零和博弈,但这不是因为他设想通过一种自发的市场机制,共同善将从私人利益的相互作用中自然产生。相反,君主制必须扮演那种调和角色。甚至最羡慕英格兰农业资本主义并将其标榜为法兰西榜样的重农主义者,也分享着法兰西人关于国家在调和特殊利益和法团利益上的首要角色的经典设想;而且,即使在后革命时期的法兰西,在各种拿破仑式的国家概念中,这种观点的深刻印记仍鲜明可见。

英格兰人(或更准确地说,盎格鲁—苏格兰人)的论证在不同的社会和经济条件的基础上展开。在 18 世纪盎格鲁—苏格兰版本的“温和的商业”中,调和私人利益的责任更多落在市场上,落在组织生产的竞争准则上。在创造与维护商业发展的条件上,国家当然发挥着关键作用。但是,国家的目的不是把和谐强加给互竞的私人利益。相反,其作用是为市场运行提供方便,而那种整合是市场的主要目标。

因此,关键的不是商业被描述成公民美德的替代品(后续章节会有更多讨论),而是商业本身在理论和实践上以新的方式被思考。我们现在讨论的是一个比欧洲其他地方更加一体化的竞争性全国市场,这个市场具有一种完全不同于旧的贸易形式的动力。依靠各独立市场之间的转让交易的旧获利形式,看起来确实是一种必然导致冲突的零和博弈。但是,英格兰经济的新动力使得亚当·斯密可以(比如说)把竞争本身视为一种整合力量。这恰好就是约束自利的商人阶层所需要的准则。

在斯密的经济学中,国家无疑扮演着一个重要角色,首先是要确保市场机制按其应然状态运作,这似乎包括提供保护以反对雇主联合起来压低工资等。他还坚信为下层提供教育的重要性。他确实就市场机制的作用提出了有争议的设想,即市场不仅能促进普遍繁荣,而且能促进更为平等的财富分配,而后者是他鼓吹自由市场的一个主要理由(这与我们当代的“自由至上主义者”形成鲜明对比,他们也许承认市场更容易增加不平等,但他们把这当
成一种有益的结果)。斯密设想的市场自由需要国家干预来维系。他也确实 25

相信商人缺乏地主阶级的道德品质或传统，尽管地产的集中同样是一种危险。但是，解决办法不是寻求某种平衡商业的力量。相反，办法必须从商业本身中寻找。一个成熟的商业社会所携有的市场指令，为所有参与者施加了准则，平衡他们并非国家的职能。为了维护市场机制，国家干预是必要的。但是，其目的不是抑制或减轻竞争指令，而是强化竞争指令，防范例如商人的垄断倾向。

斯密对市场机制的分析当然在很大程度上归功于法兰西人，尤其是重农主义者魁奈（第六章会有更多论述）。但是，这份智识债务使法兰西人和盎格鲁—苏格兰人在这个问题，即需要什么来确保“看不见的手”正常运转上的分歧甚至更加明显。两者都把稳定的社会秩序视为一种繁荣经济的前提，两者都认为这要求国家干预。但是，斯密不仅把一种新的商业形式（正如英格兰已经存在的那种）视为理所当然，而且把具有一个统一代表机构的统一国家视为理所当然；而魁奈认为需要一种政治建构的整合力，即一种“法律专制主义”，以此应对碎片化的等级和法团体系，根据重农主义学说，这种国家不仅需要维护，更需要创造一种新的经济形式，它存在于英格兰农业资本主义，但还未存在于法兰西。[1]

在许多历史叙事所描述的“启蒙运动”时代，英格兰资本主义与法兰西绝对主义不同的“政治经济”模式仍会在观念领域中产生影响。即使以不断增长的复数形式谈论“多种启蒙运动”，从而使承认国家差异成为时尚，“（多种）启蒙运动”的观念仍然易于掩盖某些关键差别，本书的结论部分将对此进行讨论。

政治思想的社会史

本书的目的不是扩大正典范围，或为一种对人民力量或民主力量更加公正的、更具包容性的正典著作清单提供论证。它大体限于讨论最普遍地被视

1　对这些论点的重要探讨，参见戴维·麦克纳利：《政治经济学与资本主义兴起：一种再阐释》（David McNally, *Political Economy and the Rise of Capitalism: A Reinterpretation*, Berkeley and Los Angeles: University of California Press, 1990），尤见第121—129页。

为“经典的”政治思想家,或是对那些更普遍被列入正典的思想家,特别是对 26
他们关于正当统治与支配的思想产生实质影响的人们。像其他此类考察一样,即使仅仅出于篇幅考虑,本书也只能略去或简要概括某些思想家,尽管他们就各自的不同方面而言,与本书用较大篇幅探讨的那些重要人物一样重要。甚至对大卫·休谟这样的重要哲学家(他的著作属于哲学正典,但政治理论于他是一种较为边缘的关注)也只能一笔带过。大体而言,我们不会讨论因其国家间关系理论而广为人知的理论家,但格劳秀斯是个明显例外,他对私有财产权和公共司法权的看法与本书主题密切相关。本研究的主要目标是,将我们的社会—语境进路运用于那些其政治思想正典地位得到公认的重要思想家,由此阐明这种进路以及它如何不同于其他进路。

这里应该已经清楚的是,本书提出的政治思想的“社会史”与其他对现代早期西方政治理论的解释不同,这不仅因为它建立在一种质疑传统的现代性故事的历史叙事上。除了其他事情,它的目的是厘清迥然不同的“现代”进程。例如,它区分了“资产阶级”与“资本主义”;它试图将“理性”文化或后现代主义者所谓的“启蒙工程”同资本主义的发展分离;它认为不存在唯一一种包罗万象的历史轨迹,而是存在“几种”西欧通往“现代性”的转型,它们塑造了各异的政治思想传统;至于谈论“现代”国家和“现代”政治思考方式意味着什么,它不仅质疑流俗观点,还质疑近来的学术研究。

对那些有兴趣一探该学科堂奥的人来说,这种社会史也明显有别于其他语境进路,在实质上,在形式和方法上都有区别。像其他“语境主义”方法一样,它不仅要求我们解读文本,还要求我们把文本置于其特定的历史语境下。但是,它所蕴含的“语境”概念有别于其他学派,特别是有别于在英美学界已经主导政治思想史尤其是现代早期研究的语境主义学派,即所谓的剑桥学派。

剑桥学派的进路和我们的社会史都始于这样的假设:要了解政治思想家的观念,我们必须对他们试图回答的问题有所领会。两种进路都认为这些问题是由特定的历史条件造成的。两者都承认,很可能思想家不仅以一种冰冷的理智,而且以一种紧迫感和持续的激情来进行回应,但这两种语境主义方法都不认为,从一个给定语境下某位思想家的处境中可以简单地“直接读取”出观念。毋宁说,伟大的思想家很可能都是这样的人:他们在其历史背景中

选取了一个出人意料的角度进行思考，以此使他们的历史背景被烛照得更加
27 清楚，这个思考角度往往既不投合他们的朋友，又不见容于他们的敌人——例如霍布斯，一位被王室烧毁著作的绝对主义者。即使思想家给出具有个人风格的答案，或试图超越时空的特殊性，他们面对的问题也是以特定的历史形式呈现的，在这一点上，剑桥学派基本会同意我们的社会史。两种语境进路的分歧在于，这些问题采取何种形式，以及它们如何按照历史的具体特点配置。

对于剑桥学派而言，语境是“话语”，即言辞或“语言环境”。社会关系和进程只是作为文字和理论上的对话，或作为高阶政治学的话语往来而得以呈现。剑桥学派的历史学家，如斯金纳确实关心理论家曾经在“做”什么，以及在可用政治语汇的给定范围内，他们为什么在自己时空特定的政治环境中，往往为了非常特定的政治目的，而选择了特定的语言和论证策略。但是，言语在其中得以展开的社会条件被有意排除了。斯金纳的政治思想史所覆盖的时期以重大的社会和经济发展为特点，这些发展在政治理论和实践中昭然可见，他却对它们几乎未置一词。如果有的话，我们也很少了解到例如贵族和农民的关系；农业、土地分配和保有情况或财产权争论；城市化、贸易、商业和市民阶层；社会抗争和冲突。总体而言，约翰·波考克比斯金纳更关注公民社会和政治经济中的语言，而不仅仅是正规政治理论中的话语。但是，他的主题仍是话语和语言。如果还能看到社会关系的话，它们也只出现在文化精英的对话形式中。

政治理论的社会史提出的问题，关乎政治领域本身是如何被政治空间之外的社会进程、关系、冲突和斗争建构的。它们造成了例如英格兰和法兰西不同的国家形成模式与不同的政治话语传统，尽管这些国家分享着共同的政治语言。它提出的问题，关乎社会冲突如何为政治争论设定框架，例如，在英格兰，早在财产权冲突，甚至财产权定义冲突出现于议会辩论、哲学或古典政治经济学争论中之前，它们就已经在地主与平民之间充分表现出来了。

这里的问题不单纯是倾听有别于精英对话或精英对话以外的民众声音。没人会否认，在历史记载中，从属阶级往往是缄默无言的。当然，即使当他们的话语无迹可查时，如果我们多加留意，也可以在他们的主人为了替社会和

政治等级辩护所付出的巨大理论努力中，当然也在各种财产权理论中，觉察 28
到他们与统治阶级的互动。尽管如此，这里的主要问题是，我们应观察何处，以便发现无论民众还是统治者的话语的含义和动机。

对于政治思想的社会史来说，探究思想家之间的关系、他们的言语和文本是不够的，然而，将他们置于非常特殊的政治事件［例如霍布斯或许试图介入的效忠争论（Engagement Controversy）（参见本书边码第 242 页）或洛克几乎肯定涉身其中的排斥法案危机（Exclusion Crisis）（参见本书边码第 256 页）］的历史语境中，也是不足的。无疑，这些历史时刻对塑造政治语言具有深远影响，正如革命性的排斥法案危机争论塑造了洛克的政治观念。但是，对于政治理论的社会史来说，政治思想家面对的问题不仅是在哲学、政治经济学或高阶政治学的层面架构起来的，也是被政治领域、文本世界之外的社会互动架构起来的。

为了辨识这些问题，可能需要对剑桥学派进路完全回避的一种长期历史进程予以更多关注。例如，我们可以把洛克不仅置于排斥法案危机的语境下，而且置于像“资本主义兴起”这样的长期进程的语境下。这不是把他列为我们现在了解的资本主义制度的鼓吹者，也不是认为他对一种成熟工业资本主义的最终发展具有超自然预见，甚至也不是认为他具有一种类似“资本主义”经济的观念。而是说，在洛克本人的时空中，一场财产制度的转变过程（本章和第七章谈论的“农业资本主义”的发展）成为争论对象，并且引发了财产权定义的冲突。那时既有的社会形式正在被挑战或被替代，如果我们从这个生成过程中，按其本来面目来观察这些迫在眉睫的问题，我们就更有可能弄清它们。

无论我们选择把这种新的财产制度称为“农业资本主义”还是别的什么，我们都希望指出，它与随之而来的事物有某种联系，特别是与“商业社会”（它在剑桥学派对 18 世纪英格兰的叙述中具有突出地位）的出现有某种联系。但是，即使我们选择把洛克的短期历史时刻从任何更长期的社会转型过程中抽离出来，至少仍可以说，这些社会转型引发了洛克本人时空中的财产权冲突，而这些迫在眉睫的问题大多是他的思想素材。

确实存在着历史以刻不容缓的紧迫性挤入文本间或话语传统间对话的

时刻，那个时候，社会关系、财产权形式和国家形成过程的长期发展，以特定的
29 政治—意识形态争论（它们满足了剑桥学派的需要）为形式急促爆发。而且无疑在这样的时刻，政治理论往往勃然发展。但是，确认这些时刻是不够的，而且，如果我们没有认识到向如洛克这样的思想家所抛出的种种问题，我们就无法衡量这位思想家，这些问题不仅是由这个或那个政治事件抛出的，而且是由那些在高阶政治的表层之下为人们感受到的，更大的社会转型和结构性紧张抛出的。

本书及其提出的政治理论的社会史，丝毫没有忽视特定政治时刻在塑造观念上的重要性（这种重要性经常在剑桥学派拥护者那里得到绝佳阐述），本书还要更多强调其他"语境化"方法即使没有明确无视，也常常忽视的那些社会语境和历史进程。对可称为深层结构语境和长期社会转型的事物予以思考，完全不意味着对历史具体特点，包括国家差异的忽视。相反，在后面的章节中，我们会敏感地留意这些差异。而且，这些章节将沿着这些线索来组织，它们将在不同的政治和社会语境下，探索西方政治思想发展中的某些历史里程碑。甚至可以说，比起一种探讨"语言环境"（其中的共同词汇可能会遮蔽重要的历史差异）的语境化方法，政治理论的社会史更顺应历史的具体特点。尽管剑桥学派坚持每个历史时刻的特殊性，他们的语言环境概念及其与社会状况的割裂却阻闭了所有历史特殊性，即在不同社会背景下，哪怕共同语言也会具有的含义差别。不同的社会背景不仅会导致不同的答案，而且会给出不同的问题。

尽管如此，当我们考察现代早期西方各种话语传统时，重要的是记住这一点：虽有各不相同的表现形式，国家与私有财产权这两种权力来源之间的张力，以及国家、财产权与生产阶级的复杂三方关系，对整个西欧及其殖民地附庸国的政治思想发展产生了显而易见的影响。如果说本书有唯一一个统领全书的主题，那么，它与我们时代发生的私有财产权与公共权力关系的某些独特转变有关。我们在本章先前部分（在这部社会史第一卷《西方政治思想的社会史：公民到领主》中则以更大篇幅）追溯了从古典时代到"封建"社会，财产权与国家之间关系的发展，而且梳理了罗马财产权极为特殊的影响，即公共权威私有化及公共职能向地方领主和其他自治权力下放。本卷讨论

的是一个碎片化主权正让位于更加中央集权的国家,财产权与国家之间出现
新的紧张的时期。这还是一个随着资本主义到来,财产权与政治权力、“所有 30
权”(dominium)与“统治权”(imperium)史无前例地被结构性地拆解开来的
时期。

后面我们会对西欧私有财产权与公共权力之间的独特张力予以特别留意。我们还会强调其国家差异。但是,目前就一般而言,我们可以说,即使当占有阶级与国家竞争主要由农民生产的剩余产品时,占有阶级也依赖国家维持秩序,这是保障占有的条件,也是控制生产阶级(其劳动使占有阶级维续并富足)的条件。然而,他们也发现国家是个烫手山芋,是他们财产的威胁者,或是与他们争夺臣民劳动形成的财富的竞争者。换句话说,有产阶级常常两线作战,而西方政治思想正典往往反映出这种三方关系。

对权威的挑战来自两个方向。从属阶级反抗他们主人的压迫。然而,主人自身在提防下层威胁的同时,又努力保护自己的自治权,即他们的“自由”、特权、司法权和财产,提防国家的侵犯。这意味着,即使正典一般是统治阶级或其被庇护人的著作,即使在社会和政治等级最为森严的时期,也存在着一种持久有力的传统,对权威、正当性和服从义务的最基本原则提出质询。

西方政治思想正典的勃勃生机归功于这个事实:自由话语既属于反抗其主人压迫的人们,也同等地属于维护其主人权力的统治阶级。在正典的社会背景中考察正典,目的之一是指出,即使在,或者说特别在资本主义已经决定性地改变了财产权与权力之间关系的今天,我们的自由、平等、权利和正当政府的概念仍受到了束缚,因为它们根源于对统治阶级权力和特权的辩护,甚
至民主观念也受到了这份复杂遗产的扭曲。 31

第二章 文艺复兴时期的城市国家

有人说过,“使文艺复兴时期哲学区别于晚后的哲学的最本质因素之一是其充分的国际性特征,这是以拉丁语作为一种近乎普遍的学术语言得到使用为基础的”,它没有被现代的语言界限或国家界限所区隔。[1] 然而,这个时期恰恰是民族国家边界所界定的领土国家正在成为西欧主要政治力量的时代。毫无疑问,这些国家并不是被惯称为文艺复兴(一种常受到当今历史学家质疑的惯称)的文化现象的故国。但是,这种国际性文化起源于一种甚至更具特殊主义性质的环境,即最强烈地依系于地方自治权的意大利城市国家。

诗人和学者彼特拉克因其对古代经典的重新发现和其拉丁语著作而常被称为“人文主义之父”,或者甚至是文艺复兴之父,他因其意大利语诗歌也被认为是一种民族语言和民族文学的主要创立者之一。他对古代的复兴不仅吸引了哲学家,而且吸引了君主、皇帝和教皇,后面这些人出于自己的政治目的而渴望唤回意大利光荣的往昔。在捍卫公民自由及城市国家自治权的过程中,“人文主义”成为后来被称为“公民人文主义者”的思想家们的话语。然而,文艺复兴如火如荼,是在城市国家已经式微时,而公民人文主义达到高潮,是在主要的城市国家的政治独立和经济繁荣受到一种由“民族”国家形成

---

1 C. B. 施密特等编:《剑桥文艺复兴哲学史》(*Cambridge History of Renaissance Philosophy*, eds C. B. Schmidt et al., Cambridge: Cambridge University Press, 1988),第 2 页。这个洞见归功于,或至少最应归功于德国哲学家和睿智的史学家恩斯特·卡西尔。

的新世界秩序最严峻的威胁时。

无论我们把这个时期称为“文艺复兴”还是别的什么，“古代”与“现代”的二分法对我们理解这些悖论都帮助不大。考察公民人文主义[如果它作为一种独立而连贯的思潮确实存在的话（随后对此会有更多讨论）]究竟是具有
古代特征，因为它反抗大型领土国家或民族国家的大势所趋，而且它采用了 33
一种古希腊罗马的话语；还是现代特征多于古代特征，因为它支持公民自由原则、反对君主统治或封建统治，这是件虽有价值却会带来更多麻烦的事情。因此，把这种文化形式描述成过渡性的，或者甚至描述成一种矛盾的综合体，也用处不大。我们可以，而且显然应该留意思想家可用的话语。但是，不沿着某种从古代到现代的抽象连续性来定位这些话语，而是将它们置于极为特定的历史进程中，以此我们就可以更好地理解政治理论家运用这些话语时所选择的特殊方式。

文艺复兴时期的城市国家

对于西方封建领主统治模式而言，中世纪意大利北部的城市国家（我们在《西方政治思想的社会史：公民到领主》中讨论过）是一个例外。土地贵族确实存在着，并且在某些城市国家继续占据着显著地位。但是，罗马帝国崩溃后延续下来的城市集群，以及保留了自由农民（相对于其他地方出现的农奴）的土地保有方式，形成了一种独特的格局：正如在佛罗伦萨那样，由城市精英统治、或多或少自治的城市国家，常常对周围农村行使一种被描述成集体性领主权的权力。一些城市发展成为繁荣的商业中心，作为贸易纽带服务于碎片化的封建欧洲，它们为土地贵族提供商品，为国王和教皇提供金融服务。

尽管这些城市国家背离了封建领主统治模式，它们却具有自己的分割化主权形式。城市公社（civic communes）往往是贵族家族、宗派、党派与法人团体（它们具有自己的特许权、组织、司法权和权力）十分松散的联合。在中世纪，它们也是争夺更大世俗权威的战场。特别是，它们曾经被卷入教皇和神圣罗马帝国之间的斗争。这些斗争通过城市公社内部派别的媒介造成它们的敌对，最突出的是圭尔夫派（教皇派）和吉伯林派（皇帝派）[它们一般但非

总是符合商人阶层和土地领主(signori)的划分]之间声名狼藉的斗争。总体上这些自治的城市是寡头制，而且，即使当更有效的共和政府执掌权力时，它们也从未成功克服自己内部的碎片化。再后来，即使中央集权程度最高的文艺复兴时期各王国，仍被党派、特权、互竞的司法权所割裂。对所有有关公民
34 人文主义的讨论而言，公民秩序从未划出一个与各种私人性法人权力分离的、明确界定的公共领域。

城市公社中的商业活动也并不标志着对封建经济模式的明显背离。它们的商业成功并不像资本主义那样，在一个价格竞争驱动的市场中依赖节约成本的生产和劳动生产率的提升，而是依赖“超经济”因素，即“经济性”生产和交易以外的因素：不单纯是产品质量，还有政治权力、垄断特权、发达的金融技术、军事力量。对于像威尼斯这样的主要商业中心而言，最赚钱的经济活动是对外贸易，在对外贸易中，成功明显取决于军事力量，取决于一种商业与战争的共生关系。威尼斯对东西方贸易的掌控，要求控制地中海东部海上航线，还有意大利陆上的河流、山脉通路。为了维持这种控制，威尼斯人发展了强大的军队，当威尼斯人向其他势力，尤其是拜占庭帝国提供军事援助，以换取贸易特权和开设商埠的权利时，军队自身就是一种可以交易的商品。[1]

一般而言，经济竞争采取的形式是商人之间、城市之间或国家之间为实现对市场的直接控制而展开的权力斗争。城市国家之间战事频仍。主要的商业中心，例如佛罗伦萨和威尼斯，强行将其不太强大的邻居并入更大的城市国家，以此巩固它们的商业主导地位。确实，威尼斯，特别还有佛罗伦萨，将本城市生产的商品，例如佛罗伦萨纺织品拿来交易，大商人世家也的确投资生产。但是，大量财富和权力取决于对贸易网络的控制，这转而不仅有赖于国内生产的商品的质量或价格，还有赖于在市场控制和市场议价上的优势地位，更不必说还有赖于世族联系、恩庇关系、贵族家族之间的个人关系网，以及在寡头统治者中的领导地位。

即使在财富大量投向生产的地方，例如佛罗伦萨，也同样依赖“超经济”因素，特别是依赖城市国家行政体系中的官职。美第奇家族的履历很能说明

1　对这些论点的更多讨论，参见艾伦·伍德：《资本帝国》(Ellen Meiksins Wood, *Empire of Capital*, London: Verso, 2005)，第54—61页。

问题：他们从羊毛贸易中发迹，接着凭借家族联系和在佛罗伦萨贵族当中的个人关系网，不是作为生产者，而是作为为欧洲君主和教皇服务的银行家赢得了最大财富。有三位美第奇自己就成了教皇。这个世家最终作为佛罗伦萨共和国的实际统治者登上其野心之巅，而羊毛贸易被抛到九霄云外。 35

换言之，在文艺复兴时期的佛罗伦萨，政治权力和经济权力以封建方式难解难分地交织在一起，而且，不仅对城市精英而言情况是如此。组织羊毛贸易和其他行业的行会，不仅是经济领域中的主要玩家，保护着成员利益并保护着他们抵御竞争，而且是政治领域中的主要玩家。行会自身具有自治的法团权力，由具有法律效力的章程和规则体系统治。谈论共和国中的**公民身份**甚至可能是误导性的，因为公民共同体中的有效成员身份并不属于个人，而是属于这些法人团体。

各城市国家的内部冲突是由这种政治权力和经济权力的统一体塑造的。商人家族之间的经济竞争从未单纯表现为市场中的竞争，而往往同时是政治斗争。任何家族对高级官职和支配地位的追求，取决于该家族在一个复杂的庇护人和被庇护人网络中的地位，这种追求常常在外部权力的支持下不可避免地卷入派系斗争。甚至有人认为，这有助于解释这些城市国家举世瞩目的文化丰饶以及它们对艺术的赞助。这种赞助不仅创造了巨大财富，而且特别是在手工业行会扮演重要政治角色的时间和地点，例如在佛罗伦萨共和国，它还造成了一种竞取成就和炫耀性消费的氛围。

在威尼斯——即使当它表面上被一个人即总督统治时仍是一种寡头制，问题主要是贵族家族之间的角逐。在佛罗伦萨，其他紧张和冲突也发挥作用。贵族家族的联系或在大行会中的成员身份，提供了进入政治领域的唯一稳定渠道，而且，在佛罗伦萨整个历史上，政治斗争往往围绕小行会的政治地位展开。在领主、富商和行会会员之间存在着为政治领域通道而进行的持续斗争，在大行会和小行会之间也是如此。在行会之外，“瘦人”（popolo minuto）或劳动阶级，包括羊毛贸易中大量熟练和不熟练工人被完全排除出政治领域。只有一个短暂的民主时刻是例外，即 1378 年梳毛工起义，这是佛罗伦萨历史中一个最著名的事件。梳毛工起义者短暂地掌握了政府，随后又在一些小行会成员的支持下获得了行会特权——这意味着进入政治领域的通道。但是，很快“肥人”（popolo grasso）——他们富有的“肥胖”同胞，就在小行会的帮助下剥夺了他们的行会特权和政治特权。

无论好坏，在共和国的思想意识中，这个事件一直是一个栩栩如生的记忆，对马基雅维利来说尤其如此。而且，它最显著地说明了意大利城市国家
36 的公民政治领域（civic domain）的独特性。仅三年后，当英格兰农民起义爆发时，据记载其领袖瓦特·泰勒曾说，“领主没有贵族身份，除非依据民法”，且除国王外所有人都应是平等的。他所要求的不是农民进入公民政治领域的机会，而是某些针对领主权利要求的财产权，可能还有为保护这些财产权而请求普通法法院受理的权利。英格兰的这个例子与梳毛工起义之间的对比是显著的。对英格兰农民来说，问题是领主权而不是公民权。从这个角度看，意大利的例子可能看起来较少是“封建性的”，但是，它之所以独特不是因为它预示了某种现代的个人自主与公民权原则。对梳毛工而言，问题是其上位者的排他性的超经济权力和特权，或“政治建构的财产权”，对英格兰农民而言也同样如此。我们甚至倾向于认为，比起佛罗伦萨劳动阶级分享法团特权的要求，英格兰人针对领主权主张提出的财产权主张与现代各种公民权概念有更多共同之处。

“政治建构的财产权”是真正政治的，也就是说，经济权力所仰仗的超经济权利和特权源自公民共同体，它们不依赖领主的个人权利，而依赖公民法团中的成员身份。正是这一点，使意大利的情况与众不同，也有助于解释文艺复兴时期意大利政治思想的特殊性。社会冲突在公民政治领域中充分表现出来，不仅表现在公开的斗争或有组织的反叛中，而且表现在公民生活的日常事务中，表现在一种城市环境中——在那里，所有个体的和集体的竞争者，经常作为公民或公民地位的渴望者相互正面对质。经济权力和“超经济”力量之间盘根错节的联系意味着，经济竞争或围绕财产权和财富不平等展开的社会冲突，与经常处于公开战争边缘的政治权力斗争密不可分。

“公民人文主义”与马基雅维利

公民政治领域的这种极为特殊的格局造就了独特的政治观念传统。在

很多政治思想史研究者那里，用“公民人文主义”来描述这个主要思潮已经成为约定俗成的事情。对于创造这个词的德国历史学家汉斯·巴隆来说，“公民人文主义”是佛罗伦萨特定的一种混合物，它结合了文化人文主义及其教育抱负、城市共和国对帝国统治的反对及对公民自由的辩护。在他看来，这标志着一种决定性的决裂，从中世纪宗教和封建等级制，转向现代政治自由、经济进步、世俗主义和智识创造性的观念。虽然他在之后几十年发展和修改了对公民人文主义的看法，而且他后来比起初更倾向于把马基雅维利包括进这个传统，但是，他确认这个历史断裂的初衷不单纯是历史编纂性质的，而且 37
是政治性质的。他力图倡导一种作为人类自主性之进步的现代性观念，那时在魏玛德国，这些观念正受到德意志民族主义的反民主派系威胁。

巴隆的观念后来传入英语学界，它顺应了各种英美“共和主义”传统（最著名的例子是约翰·波考克的“马基雅维利时刻”）。然而，近来的学术研究倾向于纠正巴隆对于中世纪与文艺复兴时期政治思想断裂的夸大。经院主义与人文主义之间的连续性，进而还有它们在文艺复兴后期的共存与再生得到了更多关注。但是，这些矫正并没有消除这样的观念，即“共和主义”政治理论，特别是人文主义形式的“共和主义”政治理论，以某种方式把我们引向了现代世界。在随后的章节，我们将对“共和主义”观念本身，特别是它对17世纪英格兰思想家的适用性提出质问。但就目前而言，这样说就足矣：即使我们承认某种类似“公民人文主义”的传统的存在，把意大利文艺复兴时期的政治观念，特别是马基雅维利的政治观念描述成一种向着现代性的突破性进展，也是严重误导性的。赋予诸如马基雅维利的观念以一种“现代”表象的那些特点，恰恰扎根于一种行将就木并很快将让位于“现代”国家的政治形式。这些国家将形成自己的政治困境，并形成旨在应对这些困境的话语形式，而其应对方式是“公民人文主义”或“共和主义”观念力所不及的。

当然，在马基雅维利和例如两世纪前的帕多瓦的马西利乌斯之间存在着重要差异。[1] 甚至可以不太夸张地认为，这些差异的特点与经院主义和人文主义的对比有关。但是，这很大程度上取决于我们是把这些差异界定成语言

1　在《西方政治思想的社会史：公民到领主》中对帕多瓦的马西利乌斯有更多讨论，参见第218—225页。

和话语转变的产物，还是把重点放在社会关系和历史进程上。公民人文主义引入了一种新的政治语言，它与中世纪经院主义泾渭分明，这一点或许属实。在某种意义上，马基雅维利属于人文主义传统，马西利乌斯则不属于，这一点甚至也可能属实。然而，这两位政治思想家都深深地扎根于意大利城市国家，而且，他们之间的差异既与话语转变有关，也同等程度地与城市国家环境的变化有关。

马西利乌斯和马基雅维利之间的差异，也与他们同各自时代的社会冲突
38 的不同关系有关。马西利乌斯关注的不是城市国家的生存或自治，而是教皇派与皇帝派的派别斗争。甚至可以认为（正如本研究第一卷指出的），他对皇帝权力的辩护，较少是由对教皇及其对国内和平之威胁的恐惧推动的，更多是由他对大贵族家族，如米兰的维斯孔蒂和维罗纳的德拉·斯卡拉的支持推动的，（正如土地贵族中的普遍情况那样）这两个家族强烈忠于皇帝（吉伯林派），而马西利乌斯为他们效劳。把马西利乌斯当成现代共和主义的一位先驱，对其学说的这类解释掩盖了那种对领主权力的忠诚，也模糊了这位中世纪晚期思想家所面对的直接问题。

对马西利乌斯来说，问题以中世纪的方式表现为互竞的司法权组成的一个复杂网络。当他描述一个统一的司法权即公民法团（civic corporation）的观念时，他无疑在背离分割化主权的中世纪常规。但是，他非常自觉地以这种方式支持一种世俗权威主张并反对另一种，与其说他是在支持城市公社、反对其他司法权，不如说他是在支持帝国、反对教皇，支持吉伯林派领主、反对其政治对手。土地贵族的封建权力给政治统一和司法权带来的威胁，他对此视若无睹，同时，他的单一的统一公民法团观念代表着一种对自治行会及其反领主权力的明显挑战。他的一个不可分割的公民法团概念只是压倒了次级法团的主张。

马基雅维利的佛罗伦萨提出了不同的问题，他对它们的回应也是由不同的忠诚决定的，这些忠诚或许更具真正的共和主义性质，而且肯定较少偏向领主利益。城市国家作为自治（无论多大程度）单位的生存本身危在旦夕；直接挑战不仅来自各种碎片化的司法权，或教皇权威与皇帝权威之间的斗争，或他们支持的政治派别之间的斗争，而且来自日益中央集权、不断扩张的国

家。最强大的外部力量是正在崛起的领土君主国(territorial monarchies),如法兰西和西班牙。佛罗伦萨的内部失序是由这种新的政治现实决定的。

意大利城市国家已经经历了欧洲的普遍危机,即14世纪的饥荒和瘟疫。但是,即使在好日子里,它们的繁荣和成功也依赖着欧洲封建主义的碎片化治理,而且在强大的领土国家兴起后它们就时日不多了。在彼此间持续的对立和频繁的公开战争中,意大利人特别容易受到欧洲各君主国的领土野心的侵害。当封建碎片化让位于军事优势和帝国扩张的商业优势所维持的中央集中的国家权力时,作为封建欧洲不可或缺的贸易纽带,像威尼斯和佛罗伦萨这样的商业中心的地位衰落了。 39

到15世纪,威尼斯和佛罗伦萨作为独立的城市国家几近孤立。1453年,奥斯曼帝国占领君士坦丁堡,夺取了威尼斯对东西方贸易的控制权,同时,欧洲各君主国威胁着存留下来的城市国家的政治独立和经济繁荣。葡萄牙把商业伸向印度,西班牙获得新世界财富的通道,而法兰西于1494年入侵意大利。法兰西入侵之后的战乱年月(那时法兰西、西班牙和神圣罗马帝国为控制意大利领土而战),使各城市共和国的经济停滞、社会不安和政治动荡急速加剧,尽管文化恰恰在各城市国家衰落的时刻繁荣起来,那时富有的艺术赞助者(更多是食利者而非实业家)越来越热衷于炫耀性消费。

比起其他事情,1494年意大利面临的军事失败和由此带来的政治动荡,最强烈地攫住了意大利特别是佛罗伦萨政治思想家的心思。他们被迫不仅去思考政治兴衰的条件,而且去思考促成或阻碍这些条件的人类根本特性。正是在这种背景下,尼科洛·马基雅维利那代人成长起来,而且其阴影在他的所有著述中都若隐若现。他是一位优秀法律人之子,生于1469年,那时共和政府已经被美第奇家族的统治所取代。尽管家资中等,但他的家族似乎属于佛罗伦萨贵族的一个古老支脉。1494年,接受过古典人文主义教育的马基雅维利作为一名文书开始其公职生涯,时年正逢法兰西入侵和美第奇家族被逐出佛罗伦萨。1498年—1512年,他继续服务恢复后的佛罗伦萨共和国,承担各种内政、外交、军事工作。

美第奇家族卷土重来,马基雅维利被剥夺公职。1513年,由于被指控参与反美第奇家族阴谋,他遭到囚禁和拷打。被释后,他被迫离开权力中心,归隐佛罗伦萨之外的乡下，在那里，正如他写给友人韦托里的一封众所周知的苦闷书信中所言，他白天从无所事事的乡村消遣中消磨时光，

> 黄昏时分，我就回家，回到我的书斋。在房门口，我脱下了沾满尘土的白天工作服，换上朝服，整我威仪，进入古人所在的往昔宫廷，受到他们的热心款待；我在只属于我的精神食粮中汲取营养，这是我天生就适于食用的。在那里，我毫无顾忌地和他们交谈，问他们出于什么动机而做出那些行动，他们亲切地回答我的问题。在四个钟头里，我丝毫感不到疲倦，我忘记了一切烦恼，我不怕穷，也不怕死，我完全被
> 40 他们迷住了。但丁说过，已知的东西不等于学问，除非把它记录下来。他们的谈话对我大有助益，我记下了一切，写成一本小册子《论君主国》（*de Principatibus*）。[1]

由此他创作了其最知名著作《君主论》，尽管后来到 1532 年才出版。关于他对君主的建言，众说纷纭，例如被说成了复职而向美第奇家族献媚的努力；或者甚至被说成写给美第奇家族反对者与其他类似人物的加密信息，它揭示了他们获得和保持权力的方法。无论意图何在，马基雅维利仍隐居乡间。他还在那里写就《论李维》，这本书更明确地表达了他的共和主义信念。后来美第奇家族终于招他供职，但是，他晚期的职业生涯较少凭其公职而闻名，而更多凭其他领域的工作，例如他伟大的《佛罗伦萨史》和戏剧《曼陀罗》。他卒于 1527 年。

在马基雅维利政治思想的形成中，正在兴起的君主国，特别是法兰西君主国具有突出地位。他几度肩负外交使命前往路易十二宫廷，目的是在意大利领土上的各场战斗中，特别是在佛罗伦萨与比萨的斗争中谋求法兰西援助，或者是为了确保佛罗伦萨不被卷入欧洲君主国之间的领土战争。他早期

---

1 转引自罗伯托·里多尔菲：《尼科洛·马基雅维利生平》（Roberto Ridolfi, *The Life of Niccolò Machiavelli*, London: Routledge & Kegan Paul, 1963），第 152 页。［译文采用《马基雅维利全集·书信集（下）》，段保良译，吉林出版集团有限责任公司，2012 年，第 511 页，有改动。——译注］

的任务唤起了这样一种与日俱增的信念：佛罗伦萨应该通过动员自己的公民军（与意大利的雇佣军传统形成截然对比）使自己摆脱对外国势力的依赖。1509年，恢复后的共和国赢得对比萨的辉煌胜利，马基雅维利在共和国中指导组建佛罗伦萨军队。对公民军的强烈信念位于他政治思想的核心。当西班牙支持美第奇家族企图恢复在佛罗伦萨的权力时，共和国再次向法兰西求援而无果，这对马基雅维利的事业产生明显影响。无论他写《君主论》时还有什么别的意图，一种如芒在背的刺激或许就是路易十二对佛罗伦萨共和国的出卖。马基雅维利把法兰西国王的例子当作君主的首要课程，更多是因为他的失败而非他的成功，在马基雅维利看来，他的失败造成了意大利的悲剧。

因此，当马基雅维利阐述他的政治观念时，欧洲的领土君主国总是在他的视线中。在《君主论》结尾，在把意大利从“野蛮人”手中解放出来的热烈呼吁中，他的主要目标昭然若揭。然而，把这种捍卫一个强大而统一的意大利、防范扩张中的领土国家的呼吁，解释成把意大利（或者哪怕其中部和北部地 41
区）统合成法兰西那样的“现代”民族国家的要求，则是一种错误。这些正在发展的领土国家已经变成欧洲的主导力量，但对马基雅维利来说，它们更多是需要抵抗的外部威胁而非需要效仿的典范。无疑，他确实把法兰西作为最好的君主国，因为它的合法性，显然还因为它对贵族的压制。但是，这并不意味着他对新兴君主国的性质已经洞若观火。他可以用与他描述恶名昭彰的切萨雷·波吉亚的词语并没有太大区别的词语谈论法兰西国王。马基雅维利依然根植于佛罗伦萨的城市国家。他确实赞同他的城市的扩张主义野心，如果可能，他也会支持佛罗伦萨对其邻国的统治（佛罗伦萨共和国在其更繁荣的时期曾经享受过这种统治）的扩张，但是，他对城市共和国仍抱有坚定信念。这是《论李维》的真正实质，甚至在《君主论》中也有所表露。

马基雅维利深深扎根于公民法团中，而且，他的“现代”政治“科学”路径，其极为特殊的推动力源自他对一个非常具体的历史时刻中的独立城市国家的强烈情感。时过境迁，此时意大利城市国家的情况已经与他的伟大前辈帕多瓦的马西利乌斯构想其公民法团理论时大为不同。正是城市国家的生存本身受到的威胁，磨利了马基雅维利政治思想的特殊剑锋。尽管是在复活古代观念，但文艺复兴时期的人类自主性和公民自由概念似乎预示着现代性。然而，人们归于马基雅维利的那种“现代”感，却源自意大利城市国家一种极为古老的特征，即维系它的公民价值观和军事价值观的独特混合体。

区别于他的佛罗伦萨史，在马基雅维利的政治著作中，没有迹象表明他写作的背景是欧洲大商业中心之一。商业价值观无迹可寻，商业活动毫不起眼。但是，他著作的精神很大程度上就是这个意大利商业城市的精神。在这个城市共和国中，商业经济生存在一种高度军事化的城市统治下。这个城市共和国整军备武，以便在一种可称为城市和商业封建主义的体系中，抵御外部威胁、统治周围农村、打败商业对手、扩大该城市国家的商业霸权。

正如我们已经观察到的那样，在这些商业共和国中，政治权力和经济权力难解难分地纠缠在一起。就此而言，它们与中世纪社会形式而非现代资本主义有更多共同之处。这些城市由城市精英集体（他们的政治和经济竞争从未远离暴力斗争）统治，它们依靠武力统治周围领土，依靠武力打败商业对手
42 并扩大贸易霸权。甚至富人与穷人或“肥人”与“瘦人”之间的冲突，其特征也是常常濒于暴力边缘的权力斗争。在 15 世纪晚期，外国势力近在眼前的威胁（这些威胁也加剧了内部冲突）增加了军事问题的极度紧迫性。在这些情势下，从军事角度看待公民政治领域的不只马基雅维利一人。

把这些商业共和国的成功归因于城市精英的武士精神，把商业衰落归咎于尚武精神的失落，这些都属稀松平常。谴责美第奇家族统治之腐化的共和主义者，很可能会赞同马基雅维利的友人和批评者弗朗切斯科·圭恰迪尼的观点：“像所有狭隘的政权一样，美第奇家族总是试图防止公民武装起来，并力图浇灭他们所有的男子气概，因此我们已经变得非常阴柔，我们也缺乏祖辈的英勇。”[1] 所有类型的共和主义者可能都会认可这个评价，无论他们是像马基雅维利那样，赞同一种较少限定的公民共和制，即一种广泛政府；还是像圭恰迪尼那样，支持一种封闭政府，即一种贵族在其中具有更重要地位的共和制。甚至可以说，在区分公民人文主义与经院主义哲学上，某种尚武精神

1　弗朗切斯科·圭恰迪尼：《佛罗伦萨政府对话录》（Francesco Guicciardini, *Dialogue on the Government of Florence*, ed. Alison Brown, Cambridge: Cambridge University Press, 1994），第 34 页。

发挥着与其他品质一样重要的作用。

人文主义者最主要以复兴古典作品而著称,其中既包括希腊语也包括拉丁语作品,但在公民人文主义中无疑有一种对罗马的偏爱。对比经院主义传统,人文主义话语的新颖之处类似于罗马对希腊哲学的背离,即典型罗马的对积极生活的兴趣,对修辞学和伦理学本身(较少成体系地建立在宇宙论、形而上学或心理学之上)的兴趣。如果说亚里士多德是经院主义的先知,在公民人文主义中,他则被彼特拉克誉为古代"伟大天才"的西塞罗取而代之,或至少被他补充。亚里士多德倾慕政治生活可能并不亚于他倾慕沉思生活,但是,作为完美的政治家和演说家,西塞罗更直接地表达了共和主义的积极行动精神。正是西塞罗,有可能被乞灵来对抗基督教的尤其是奥古斯丁式的宿命论——这关乎通过人类卓越和行动实现一种此世好生活的可能性。要成就那种卓越,特别是要成就对于积极行动的公共生活至关重要的修辞学技艺,正需要西塞罗来引导共和主义教育观。

但是,罗马的榜样也意味着其他事情。当亚里士多德阐述人是一种政治
动物的经典描述,阐述城邦是表现人类卓越的领域的理论时,他并不关心如
何从危及城邦生存本身的外部威胁中保卫城邦。在马其顿征服希腊之后,作 43
为　种独立的政治形式的城邦实际上已经消亡。但是,这位哲学家拥护甚至
侍奉马其顿的霸权,而且,与亚历山大独特的帝国治理模式(它以表面上自治
的自治市中的地方贵族为中介)相适应,他为帝国统治下的城邦构想了一种
新生命。对亚里士多德来说,马其顿的霸权具有额外的优点,即它取代了激
进的雅典民主,加强了贵族权力以抵制放肆的平民统治。这种微妙的阶级权
力平衡要求压制社会冲突,特别是富人和穷人的冲突,这是这位哲学家主要
的实践关怀。因此,马其顿代理人统治下,帝国驻兵监视下的理想雅典公民,
不是具有斗争精神或具有军人德性的人。

罗马的情况完全不同。这个共和国本身就是一种帝国权力,其征服创造了一个幅员辽阔的帝国,它具有前所未闻的最庞大军事力量。尽管罗马思想家例如西塞罗,像亚里士多德一样信奉一种"混合"政体——在其中平民从属于贵族,但是,在西塞罗的罗马,公民文化的核心是一种军事伦理。这是在佛罗伦萨自治受到威胁的背景下谈论马基雅维利时最需要留意的。他采用了

公民人文主义的“男子气概”或德性（virtù）的观念，将其尚武精神发挥到极致。

《君主论》

在马基雅维利最著名的，甚至可以说臭名昭著的著作《君主论》中，针对任何诉诸道德原则以区分权力的正当使用与不正当使用的政治权力概念，他都摆出了他的“马基雅维利式”挑战。很明显，没有什么正当权威，权力需要以任何必要的手段来维持。马基雅维利希望把这个原则推展到多大范围，仍是有争议的问题。无论他动机何在，无论他是在寻求美第奇家族的认可，还是仅仅被政治放逐中苦涩的反讽意识所驱使，那些把他视为一位“现实主义者”的评注者，无疑比那些把他视为政治罪恶的代表性鼓吹者的人更接近真实。《君主论》和《论提图斯·李维的前十书》之间存在着确凿无疑的差别，无论其程度大小。几乎可以肯定，《论提图斯·李维的前十书》更加准确地表达了马基雅维利自己的倾向，它显示出对共和政体的偏好，这种偏好要求他对好政体做出某些判断，而他在《君主论》中拒绝做出这样的判断。

下述问题已经多有论述：马基雅维利与公民人文主义传统的联系与差异，更具体地说，将《君主论》置于他的同代人所熟悉的一种体裁（人文主义者
44 给君主的建言书）中的何种位置。昆廷·斯金纳写道，正如对于这种体裁的其他写作者那样，对于马基雅维利来说，“君主的基本目标，我们从《君主论》中通篇回响着的一个句子那里学到的，一定是保持地位，即保持他的权力和既有的政府结构。尽管要维护和平，但一位真正的君主必须同时寻求‘确立一种将给他本人带来荣耀，同时惠及他的全体臣民的政体形式’”。[1]

在他对保持地位的含义做出的解释中，斯金纳观察到，马基雅维利明显且公开地背离其他人文主义者之处，在于他坚持认为动用武力的意愿对于一个好的君主制政府是必要的，这与传统人文主义对德性（virtus）或男子气概与力量（vis）也就是强力的区分形成对比；背离之处还在于他对人文主义者的君

1　斯金纳：《政治哲学》，载于《剑桥文艺复兴哲学史》（Quentin Skinner, “Political Philosophy,” in *Cambridge History of Renaissance Philosophy*），第431页。

主美德描述（它既要求最高的个人道德标准，又要求严格遵循正义原则）的不同意见。[1] 但是，这种离经叛道可能较少与就如何最好地维持斯金纳所谓“既有的政府结构”形成的不同观点有关，而更多与马基雅维利对外部军事威胁的集中关注有关，这些威胁使战争居于他的学说的核心。

当马基雅维利谈及（由于他如此频繁地谈及）地位（lo stato）时所指为何，这仍是个学术争论的话题。这个问题再一次聚焦于他心中形成的是一种作为非个人性的法律与政治秩序的“现代”国家概念，还是一种作为个人财产或所有物（dominium）的前现代政治权威观念，抑或是某种处于两者之间的、过渡性的东西。在马基雅维利的“地位”中，仍有许多前现代的个人性成分，因为它强调君主个人的权力和荣耀。但是，即使它也存在一种非个人性成分，它也较少与一种“现代”国家概念有关，而更多与马基雅维利的军事关注和森然逼近的外部威胁有关。

在《君主论》中马基雅维利告诉我们：

> 君主除了战争、军事制度和训练，不应该有其他的目标、其他的思想……武装起来的人同没有武装起来的人是无法比较的。指望一个已经武装起来的人心甘情愿服从那个没有武装起来的人，或者没有武装的人厕身于已经武装起来的臣仆之中能够安安稳稳，这是不符合情理的……因此，君主永远不要让自己的思想离开军事训练问题，而且他应该在和平时期比在战争时期更加注意这个问题。（XIV）* 45

马基雅维利的军事模式超出了战争技艺的范围。在《君主论》中，他不单纯是把战争当作君主的主要关注。他的领导概念、政治道德概念都与军事有关，而且，维护一个成功的政治秩序的条件说到底就是维护一支成功的军事力量的条件。在他看来，理想的情况是通过冷酷领导和民众支持之间的一种复杂平衡，通过残忍行为、频繁背离传统道德的能力和调动普通士兵忠诚的能力，

1　斯金纳：《政治哲学》，载于《剑桥文艺复兴哲学史》，第 432—433 页。

*　译文参考《马基雅维利全集·君主论·李维史论》，吉林出版集团有限责任公司，2010 年，第 56—57 页。——译注

这一点可以得到最佳实现。传统的军事贵族对马基雅维利没有用处,他理想的军事组织是一种公民军,这个事实使成功的条件更加严格。而且就此而言,《论李维》更清楚地表明,他关于军事成功的观点与他的共和主义观念变得难以分离。

马基雅维利对于宗教的看法也是个争议话题,这不仅是因为,特别是在《论李维》中他认为,传统基督教的影响削弱了积极公民生活所需要的阳刚之气,即德性。然而,他的观点与其他人文主义者多有共通之处,因为他挑战的不是基督教信仰,而是经院主义的基督教宿命论,后者要求服从宿命和命运的盲目力量,并把此世微不足道的善(健康、权力、荣誉、名望、荣耀)当作无用和不值得的追求。他仍然与其他人文主义者一样,不仅否认大部分人类生活是由超出我们掌控的机运,即命运(fortuna)的号令所决定的,而且强调宿命或命运或上帝意志施加给我们的限度之内的人类行动范围,他由此来挑战这些信念。命运可以成为一个有德性之人的朋友,而不是超越人类能力和行动范围的毫无怜悯的敌人。一切政治秩序当然都不可避免地会衰落,之后一种新的秩序必将被建立,而这对德性提出了甚至更大的要求。在这个方面,马基雅维利离其他人文主义者同样不远。他背离人文主义传统之处在于,他坚持德性可以与传统道德背道而驰;他坚持尽管有(或者正因为有)人性最顽固的弱点,政治稳定仍是可能的;他坚持有德性之人必须常常做出暴力行为,特别是在新国家的建立过程中。

当然,马基雅维利关于创造和维持一种成功政治秩序之条件的观点,取决于某些对人类行动可以实现的可能性的信念,而且,他的军事原则是由某些关于历史和人性的更根本假设所支撑的。他从未确切阐明他的人性概念,尽管通过强调人类永不餍足的欲望、他们的短视和嫉妒,甚至他们一般而言的不可信,他的确假设了最坏的人性。但对他来说,关键问题在于,因为人性
46 在本质上是不变的,我们可以从历史经验中吸取教益,效法成功的行动,同时不去做那些曾经失败的行动。人类可以适应不同的环境。在一定程度上,他们甚至可以塑造这些环境,并且在如此做时塑造自己,而且,正是那些看起来对稳定和社会秩序产生副作用的品性,可以被引导产生积极的结果。

因此,马基雅维利的军事型政治秩序模式,造成了他在下述方面最为人

熟知的“马基雅维利式”刻薄话，如在创造和维持政治体中武力和暴力的必要性，恐惧在维护领导地位上的重要性（对一位领袖来说，同时被爱戴和畏惧当然最好，但如果他必须做出选择，恐惧一定是首选）；无情地处置对手的必要性，即使这意味着违背最受重视的传统道德原则；等等。

武装与没有武装的对立居于马基雅维利政治理论的正中心。在《君主论》中，他的主要批评指向吉罗拉莫 · 萨伏那洛拉，此人也是佛罗伦萨共和国最著名的领袖之一。作为一名多明我会修士、布道者和先知，萨伏那洛拉于 1494 年美第奇家族被逐时领导佛罗伦萨。但是，马基雅维利说他是一位“没有武装的先知”，与“武装的先知”如摩西，或领袖如居鲁士、忒修斯、罗慕路斯形成截然对比。后面这些人也创立了一种新秩序，但是，不像没有武装的先知，他们能够维持自己的地位。马基雅维利的整个政治理论在许多方面都指向没有武装的先知的失败。

萨伏那洛拉预见到了法兰西的入侵，他谴责佛罗伦萨在美第奇家族治下的腐败和堕落。实际上，起初他预言了这个城市的陷落，这是上帝意志所注定的，为了惩罚其罪孽。但他接着赞扬佛罗伦萨共和国，他宣称，通过清除道德腐化，共和国可以自我恢复。当美第奇家族逃跑并且法兰西人撤走时，这位布道者的可信度骤然提升，而他关于一个不受腐蚀的基督教共和国的设想支配了人们短短几年，“虚荣之焚”（bonfire of the vanities）是其最具标志性的时刻。由于他攻击包括教士在内的道德腐化者，他在教会中树下有权势的敌人。佛罗伦萨人民已经厌倦他的道德主义统治，他失去他们的支持后，被教皇亚历山大六世逐出教会，并于 1498 年被处决。

就论证形式而言，萨伏那洛拉对共和国的辩护本质上是经院主义的。人文主义对人类自主性和卓越的思索，尽管对基督教确实并不陌生，却难以与这位布道者对神意至上的坚定信念相容。他赞颂共和主义的自由，但不是凭借斗争，而是凭借消除腐败和压制公民政治秩序内部的冲突来保护它们。在
他被处决后，仍是佛罗伦萨一支重要政治力量的他的追随者倾向于由大议事 47
会（Great Council）统治的贵族制威尼斯的范例，或封闭政府（在美第奇家族统治之前统治共和国的有限公民政治秩序，得到佛罗伦萨贵族的拥护）时期的佛罗伦萨的范例。

在这些方面，马基雅维利都不同意萨伏那洛拉及其支持者。关于马基雅维利对萨伏那洛拉的态度，人们多有争论。有评注者认为，马基雅维利对这位布道者同等程度地既尊重又谴责，例如在《论李维》中，马基雅维利确实赞扬了他。但是，马基雅维利关于斗争、冲突和武勇的学说与“没有武装的先知”直接对立，与基督教宿命论、与求诸上帝意志来回应法兰西入侵这类灾难的做法截然相反。

《论李维》

马基雅维利相信每个国家最终都会衰落，他的这种确信表面上预示着他赞同在其同代人和前人中司空见惯的关于循环的历史进程的看法，以及关于那些即便是最稳定、最强大的政治秩序也不可避免会衰落（尽管其领袖可能被赋予卓越德性）的看法。在《论李维》中描述不同的政体形式和它们兴衰的条件时，他也（至少在形式上）援引了他的古代前辈特别是波利比乌斯。但很快就水落石出的是，他心中另有想法。他告诉我们，其他写过这类问题的人曾说有三种主要的政体形式：君主制、贵族制和民主制。他接着写道，他们还说实际上有六种，三种好的形式和三种坏的，每种好的形式都有堕落为一种有害的变体的倾向：君主制容易变成暴君制，贵族制容易变成寡头制，民主制容易变成无政府状态。然后，马基雅维利指出，古典作品中的这六种形式都是有害的，“坏的”有害，因为它们本身是坏的，“好的”有害，因为它们如此易于堕落。他告诉我们，为了避免这些基本形式的难以避免的恶，古典作家倾向于选择一种混合政体。

马基雅维利走过场一般把早期罗马史概括成从君主制到贵族制再到民主制的转变过程。但是，很快就可以发现，他与他的前辈根本不同，因为他在处理一个非常不同的问题。他主要关心的不是古人界定的政体形式。他感兴趣的是对他的时空有直接影响的国家形式：首先是意大利城市共和国，它们由从寡头性质到更具包容性的（尽管绝不是民主性质的）公民团体统治；
48 （在某种程度上）还有正在兴起的君主国如法兰西和西班牙，城市国家受到了它们的威胁。他提供了一种不同于古代的分类法，尽管没有系统地阐述它。

这就是君主国与共和国的简单对立,共和国要么是民主制的,要么是贵族制的。而他探究这两种形式的主要目的甚至更为明确:思考维护自由的条件。归根结底,这就是《论李维》的首要主题。就此而言,它提出的问题已然不同于柏拉图在解释政治兴衰时所关注的问题,甚至不同于波利比乌斯——马基雅维利表面上吸收了他的"混合政体"思想。但是,即使他对共和主义自由的关切与同时代的公民人文主义者而非古代的政治循环观念有较多共同之处,他得出的一个观察仍使他走上了一种不同道路。回顾一下这个观察,也使我们能更清楚地认识《君主论》。

在描述兴衰循环时,他写道:

> 因此,这就是所有以前的共和国都在其中运转的循环,无论它们是自治的还是被统治的。但是,它们很少回到相同的政体形式,因为几乎没有哪个共和国有如此强大的生命力,以至于对这些变动能够经历许多次而仍然屹立不倒。往往发生的是,在动荡状态中由于缺少审慎和力量,一个国家臣服于一个组织得更好的邻国。如果不是这样,一个共和国就有可能一直经历这些政体转变。(《论李维》I.2.13) *

这个观察不仅仅是一个序言,预兆着随之而来的对一种政体之优点的评论,据说这种政体混合了君主制、贵族制、民主制这三种主要形式,由此增强了稳定性,就像罗马共和国那样。在这个方面,马基雅维利表面上与"混合"政体的其他鼓吹者有较多共同之处。同时他坚称,在罗马"是平民与元老之间的摩擦导致了这种理想成就",由此他背离了传统。他背离了古典观点,即混合政体是一种合成的(consolidating)寡头统治形式。在佛罗伦萨政治的语境下,他不太需要贵族。尽管他不是一个民主派,但他更倾向广泛政府而非封闭政府,而且,如果要在民主制和寡头制之间选择,他的偏好可能会是民主制。

然而,他的评论表明,对于政体分类,或保护或者毁灭特定政体形式的内部条件,或一者向另一者转变的机制,他都较少关心。他更关心的是国家本

---

* 译文参考《马基雅维利全集 · 君主论 · 李维史论》,吉林出版集团有限责任公司,2010 年,第 151 页,有改动。——译注

身的维持，特别还有其抵御外部威胁的能力。如果政体变迁的循环不被征服
49 打断，那么它们不论好坏都会永远继续下去。政治稳定的根本标准不是任何特定政体形式的品质或持续性，而是国家抵挡外部军事威胁的能力，无论国家的形式是什么。

这并不是说马基雅维利感兴趣的仅仅是军备，而对一个稳定的政治秩序的一般条件或人民幸福的一般条件不感兴趣。但是，即使当他背离《君主论》的道德无涉时，他对外部威胁的关注仍然影响着他就政治成功所谈论的一切。在《论李维》中，他仍然关心国家在外部入侵面前的生存，他一如既往直接和坚定地鼓吹必要时的暴力和欺骗。这里，思考内部冲突的方式仍然与思考国家间战争没有太大不同。但是，现在他把分析扩展到防范外部威胁、维护地位/国家的最基本条件之外。而他的要求比《君主论》中的更为苛刻，因为问题不再仅仅是生存，甚至不仅仅是国家免于外部支配之自由的维护，还有国家内部公民自由的保存。这要求的比免除暴政要多。其根本条件仍然是城市国家的自治，即其免受外部征服的自由，特别还有不依赖外部势力的自由。然而，还有更加紧要的事情。尽管他确实讨论了维持君主国的条件，但他的主要关切是一个自由共和国的奠基和保存。

然而，《论李维》中有多少内容在讨论军务，他对共和政府本身的偏好又在多大程度上是从军事角度铸成的，这一点是引人注目的。共和主义自由或许本身是好的，但一般而言，平民政府也带来了更可靠的军队和更优秀的士兵——尽管他们必须服从领导。甚至可以说，对马基雅维利而言，共和制之所以整体上比君主制政体更好，原因在于它易于造就一支更有效率的战斗力量，正如罗马史已经如此明白地证明了的。

在此，马基雅维利的军事关注和他的共和主义水乳交融。他的军事理想即公民军确实需要领袖，但那是种能够激发行伍之忠诚与爱戴的领袖。普通士兵不能单纯地成为顺从的炮灰，他们必须感受到领袖的尊重并且自身必须具有军人德性。雇佣军一般是由传统军事贵族领导的，而公民军要求贵族从属于更大的公民共同体。当马基雅维利称赞社会冲突的好处（这在他的时代是不常见的，而且与例如亚里士多德式原则形成鲜明对比）时，他所想到的不仅是它在维持公民战斗精神上的效果，还有为了限制贵族而进行持续斗争的

必要性。在这个方面,他甚至背离了西塞罗,西塞罗分享了亚里士多德对贵族主导地位和维护它所需要的那种社会和谐的偏好。50

尽管马基雅维利对共和主义自由的偏爱,在很大程度上是由一种它造就更优秀的军队的信念塑造的,但他的论证的军事色彩不仅仅关乎抵御外部威胁。如果他仅仅是在书写兵法——正如他在自视为最大成就的那本同名书中所做的那样,那么,他特有的“马基雅维利式”原则在应用于日常政治事务时就不会那么骇人听闻。他就暴力和欺骗所说的事情,对一位军事战略家而言根本不陌生。他对一个人要适应时代和既定形势的坚持(这被评注者们认为是对其同代人和前人的标准看法极其明显的背离,那些人用某种普遍的道德标准来衡量政治)也是如此。要知道,对欺骗的鼓吹、对适应变化着的条件之必要性的鼓吹,是最早的军事杰作之一《孙子兵法》的核心,其作者是公元前6世纪中国的孙子。马基雅维利的新颖之处是把这些军事原则运用于政治,而这根植于文艺复兴时期佛罗伦萨极其特殊的条件。

军事性政治模式构成《君主论》的本质,也同等程度地构成《论李维》的本质。他坚称,维护一个共和国需要残酷无情的领导,这种人要准备好违背传统道德,而他的朋友兼老师皮耶罗·索德里尼没有做到这一点。马基雅维利告诉我们,这带来了灾难性后果。但是,欲理解马基雅维利在此对国内自由和秩序的关注,需要更多东西,即对政治失序和衰败的条件进行更细致的观察。在《佛罗伦萨史》中,他以一定篇幅重述了梳毛工起义的事情,把它表现成他的城市的一个历史转折点、无止境的派系冲突和社会冲突的高潮。在一篇作者被认为是梳毛工中一位激进分子的演讲中,他以最具戏剧性的方式总结了何为紧要之事。正如城市贵族的经济竞争表现在政治派系中,城市穷人对劳动报酬不足产生的经济不满也转变成了就行会特权展开的冲突,进而转变成政治权力斗争。这种类型的权力斗争很容易具有战争性质:

> 我们的对手不团结而富有;他们的分裂将给我们带来胜利,而他们的财富一旦成为我们的,就将用来支持我们。但是,不要被古老的血统欺骗,他们借此把自己抬高到我们之上。因为所有人都有同样的起源,都同等地古老,而且自然用同一个样式造我们所有人,我们彼此相似。

> 我们穿上他们的衣裳，他们穿上我们的，我们就看起来高贵，而他们看起
> 51 来卑贱——因为穷与富制造了所有差别……所有取得了巨大权力和财富的人，要么运用武力，要么运用诡计；他们所获得的东西不是靠欺骗就是靠暴力所得，为了掩盖不光彩的获取手段，他们竭力用正当收益的虚伪名号使之圣洁化。那些不精明或不机灵的人不这样做，他们被奴役和贫困压得喘不过气……因此，当机会具备时，我们必须运用武力。命运不会提供给我们比现在更好的机会，当前公民仍一盘散沙，执政团犹豫不决，官员惶惶不安。所以在他们达成解决方案之前，我们可以轻而易举地打败他们。由此，我们或者能得到城市的整个统治权，或者能得到它的相当大一部分，以至于可以使过去的错误得到原谅，而且还有足够的权威威胁这个城市说会在未来某时再兴风云。(《佛罗伦萨史》III.3)

这戏剧性地捕捉到了佛罗伦萨政治的现实，而且可能比马基雅维利著作的其他段落更突出地概括了他对自己的政治理论注定要面对的问题的理解。这里他并不是在鼓吹演讲所建议的暴力，但他看到了事情如何及为何发展到这般田地。他甚至认为这是不可避免的，而且在这种情势下，这要比执政团已经做过的事情更加可取。在《论李维》中，当他对一种成功的共和主义秩序(它同时是一支有效的军事力量)提出建议时，恰恰想要避免类似的血腥结局。

他想要实现的平衡是困难的。公民自由要求贵族受到约束而人民在政治中具有某种地位。更有可能通过公民军而非不堪信任的贵族及其雇佣军而实现的军事成功，也要求社会各阶级之间的某种平衡，而且还要求某种程度的内部冲突，这是人民和贵族之间一种有益的张力。问题在于，内部冲突往往会滑向全面战争。罗马人至少在共和国的帝国扩张时期一度实现了恰当的平衡。他们不是像古代斯巴达或威尼斯那样，靠单纯的寡头统治和对平民的压制而建立帝国。他们通过保民官赋予人民话语权，使社会冲突制度化并得到引导，由此找到了一条寡头制和民主制之间的中间道路。与所有谴责贵族与平民之争的流俗之见相反，马基雅维利认为，正是这些争执保护了罗马的自由。

如果马基雅维利看起来是一位政治“科学家”，或者甚至是一位政治“现实主义”先驱(avant la lettre)，那么，这些品质更多与他立足于自己的城市国

家的政治现实有关，与它的军事性公民文化和它面临的迫近危险有关，而较 52
少与任何现代国家概念或同科学方法的某种亲近性有关。[1] 他的军事性政治模式符合佛罗伦萨国内政治的现实，在那里，政治竞争和派系倾轧往往濒临战争边缘，并不亚于其城市面临的外部威胁。他比其他公民人文主义者更不含糊地确认了这个前提：战争（无论国内国外）的目的是胜利，如果可能的话，要符合道德原则，但如果不可能，就要用残酷的暴力、欺诈和诡计。在佛罗伦萨现实和公民人文主义文化的语境下，马基雅维利的军事模式是一种相对较小的视野变化，但这足以使关注焦点从正当的政治秩序或有德性的君主转向单纯的夺取和维持权力的手段。尤其当马基雅维利以生动、坚定的散文风格表达这一点时，看起来像是一个令人震惊的创新。

因此，恰恰是他对一种实际已成明日黄花的政治形式的信奉，造就了被许多评注者解释成马基雅维利最“现代的”政治观念的东西。他对统治的看法，对获取和维护权力之手段的看法，对公民之间关系乃至君主与臣民之间关系的看法，都扎根于城市国家的条件。对马基雅维利来说，城市国家界定了政治领域。这影响了他的军事性政治模式，而这种模式使他的政治理论在一些评注者看来具有一种现代独有的“现实主义”气息。但是，这也造就了一种公民自由概念，从而使他的观念具有一种在某种程度上（比起正在兴起的，将要塑造现代民族国家新世界秩序的领土君主国那里诞生的政治观念）更为
现代读者所熟悉的味道。 53

例如，在 16 世纪法兰西政治思想经典中，政治领域不是一个公民共同体。

1　路易·阿尔都塞给出了一种不同的对马基雅维利的恒久洞见（如果不是他的“现代性”的话）的解释，参见其《马基雅维利与我们》（Louis Althusser, *Machiavelli and Us*, transl. Gregory Elliott, London: Verso, 1999）。他认为，马基雅维利的独特之处不是他旨在寻求发现一般法则的“科学”路径，而是他对政治“非常时刻”的集中关注。的确存在着不同情形下反复发生的恒常之事，它们也必须得到清晰的理解。但是，它们在不同情形中以不同方式显现，这意味着，在每个特定的历史“非常时刻”中，一般和特殊以不同方式进行组合。根据这种论点，马基雅维利的特殊力量不在于他提出了某些普遍法则，而在于他把握住了非常时刻的特殊性和政治实践的“机运”性质。无论他自己的政治倾向是什么，他的主要关切都是政治行动必定发生于其中的非常状态，它们需要不同的回应方式。这个论点（尽管它可能夸大了西方政治思想史中对“非常时刻”思考的缺失），确实抓住了马基雅维利的进路的某种独特之处。但是，正如我们已经指出的，一种像马基雅维利的进路一样坚定不移的“非常时刻”进路，可能更加为军事战略家所谙熟，而且许多世纪前它已经在中国以大同小异的方式得到了表达。马基雅维利在这个方面的原创性或许仍然在于，他出于并非特别“现代的”理由将这些军事原则应用于政治。

它是各种互竞的司法权（君主、贵族、地方长官和各种法人团体）角逐的领域。当让·博丹概括出一种支持“绝对主义”君主制的论证，并构思出一种后来被称为现代国家演进里程碑的主权理论时，他是在处理君主相对于各种自治程度不一的法团权力的地位问题。即使反绝对主义的论证，也就是胡格诺派的反抗小册子，也与公民的权利和权力无关。相反，当他们主张“人民”权利、反对中央集权君主时，他们所主张的不是公民的权利，而是各种官员、“次级”长官、地方贵族、城市法团和其他法团权力的自治权。

在很早就具备欧洲最有效率的行政体系的英格兰，法团权力要弱于法兰西，而且，即使在君主与贵族关系最为紧张的时刻（从《大宪章》到内战），问题也不是那种界定了法兰西政治领域的司法权之争。政治领域一般被设想为国王与议会的一种合作关系，英格兰人也逐渐开始用人民主权的术语来表述这两方之间的紧张关系。在后面的章节中，我们将回过来讨论英格兰的特殊性，以及那些挑战流俗智慧的激进观念。但现在我们只需指出，即使当保王派和议会派大动干戈时，出于他们自己独特的理由，英格兰人仍不愿意定义一种由公民的权利和权力（区别于议会的权利和权力）所界定的政治领域。正如我们将看到的那样，甚至“共和派”也并不总是清楚这一点：公民权利意味着的东西多于议会（实际上或“实质上”）代表的那种权利，后者并不必然包含选举议会的权利。

相比之下，文艺复兴时期各城市共和国把法团原则和法团自治扩展至公民共同体整体。而且，相比领土君主国的话语，这里产生了表面上与现代人民主权观念，也就是与公民主权观念更为接近的东西。在今天的自由主义民主国家，我们习以为常地认为公民权利是真正现代政治的一个标志。这使得一些评注者可以把“公民人文主义”或甚至文艺复兴“共和主义”当成通往现代世界的一扇窗户等。但是，把中世纪和文艺复兴时期意大利的公民法团成
54 员身份描述成“公民身份”，或许是误导性的，因为它把政治权利归于法人团体而非个体公民。同时，共和主义话语较少与现代国家的到来有关（除了将它视为对城市国家生存的一种威胁），而更多与一种现代已经消亡的政治形
55 式中公民原则、商业原则和军事原则的独特统一体有关。

第三章　宗教改革

即使在正典思想家中，马丁·路德也属于凤毛麟角。可以言之凿凿地论证，如果他未曾出世，历史将是另一番面貌。仅仅出于这个理由，他对本书这样一种社会—语境史似乎就已经构成了特殊挑战。如果一个人的观念似乎能够以如此显著的方式改变历史进程，难道我们不该重新考虑话语的首要性吗？然而，这样提问会误解本书提出的那种语境化的蕴涵。无论我们对这个或那个历史人物的决定性作用有何疑问，政治理论的社会史都不要求我们贬低个人的创造性或世界历史影响。它并不强迫我们认为，无论有没有路德，一场新教运动总会以某种形式出现；它也不认为，即使路德从未存在，也一定会创造出一个，或因此认为新教对真正“基本的”历史进程没有重要影响。

那么，我们该如何提问？我们当然想询问，路德的时空特殊性如何塑造他力求解决的问题的特殊排列方式；我们也想思考，同样的一些观念在不同的语境下被大不相同地运用，为大相径庭的目的服务，这是如何发生的。然而，比起绝大多数其他思想家，在路德这里，我们不得不更多地追问，观念领域中的一种概念变化如何会产生如此重大的历史后果。结果可能表明，我们越是主张路德的世界历史影响巨大，我们就越有（而非越无）必要诉诸一种语境解释。

宗教改革的根源

一些历史学家已经质疑了下述事物：一种被认为是基督教教义中的激进断裂的宗教改革以及对它的回应。他们指出，路德和其他重要新教思想家的
57 观念深植于中世纪教会，那里早已充斥着关于内部改革的辩论和计划；挑战天主教会的制度和正统神学的异端也由来已久。由于正在兴起的领土国家之间的地缘政治竞争，教会中的冲突大幅加剧。例如阿维尼翁教皇日益受到法兰西君主国影响，而阿维尼翁与罗马的相互竞争的教皇权利主张者，开始卷入法兰西与其欧洲邻国的国家间斗争。14 世纪末，这些斗争导致了所谓的西方教会大分裂，它延续了几十年，并帮助催生了改革的氛围和彻头彻尾的异端。

14 世纪和 15 世纪兴盛的大公会议至上运动（conciliar movement）阐发了这样的观念：不是教皇，而是以大公会议为形式的基督徒法人团体握有属灵事务上的最终权威。尽管这场运动后来让位于复兴的教皇统治，但其影响仍存，即便它更多是作为各种世俗宪政理论的一个原型，而非作为一项教会改革计划而具有这种影响。对教皇权力、对教会滥权和腐化更尖锐的抨击来自英格兰人约翰・威克里夫（1330 年—1384 年），还有最重要的波西米亚人扬・胡斯（1369 年—1415 年），他对路德有极深影响。威克里夫和胡斯都否认从教皇到枢机主教到教士的教会等级制组成了教会，他们都号召世俗统治者发起教会改革。他们甚至要求教会财产接受世俗统治，因为教会并不享有所有权，而只具有以良好行为为条件的使用权。

文艺复兴人文主义也发挥了关键作用。实际上，把“宗教改革”与“基督教人文主义”区分开，或许多少有些矫作。人文主义对古代文本的关注可以扩展到《圣经》，这鼓动着神学家调用《圣经》经文来质疑教会当局当时的做法。不消说，印刷术的传播为这种文本质疑带来新的力量。尤以伊拉斯谟为代表的基督教人文主义，可能仍信奉教会的内部改革并对路德宗“宗教改革”疑心重重。但是，即使它并不必然鼓励彻底的反教权主义，至少它鼓励将教会仪轨和正统信条置于批判性检视和个人道德判断之下。所有这些基督教

人文主义的和“新教的”对教士权威的挑战，同时也会直接或含蓄地影响对世俗统治者权力的态度。

诸如此类的观念（不仅有对教会及其滥权的批评，尤其还有对世俗权威的提升）是宗教改革的核心。然而，即使我们承认教会机构最终顽固拒斥必
要的改变，即使我们将路德的观念视为一场具有深刻革命性的神学变革，路 58
德式决裂的重要性与他的神学的新颖性似乎仍不成比例。在其学说的含义或意图与随之而来的变化方向之间也存在着巨大差距——当然这种事情经常会发生在重要思想家身上，但在路德那里尤其明显。稍后我们会论证，这次断裂的规模和后果较少与路德观念的原创性和革命性含义或意图有关，而更多与这些观念所卷入的地缘政治冲突和社会冲突有关。

路德挑战罗马天主教的某些信仰和成规并产生了剧烈影响，这是毋庸置疑的，正如“新教徒”（包括他们所有不同的、往往对立的外表）与天主教会的分裂是毋庸置疑的。我们将考察路德对中世纪天主教之挑战的性质和影响，但是，路德的学说则是另一回事。与他对教会（不只是其腐败还有其司法权主张本身）的攻讦相互纠葛的，是他对世俗政府的看法。尽管他对德意志诸侯偶有尖锐抨击，但在西方正典中，几乎鲜有比其更为坚定的对严格服从世俗权威的辩护。而且我们将看到，这与对中世纪教会赎罪券业务的抨击或路德的因信称义观念一样属于路德宗学说的本质。

新教教义的这个根本方面确实引起了德意志诸侯或欧洲国王们的注意，然而，它又不可思议地转化成了自己的对立面——一种反叛学说。因此，问题必定是，这样一种严格的服从学说如何会具有如此革命性的影响，此外，一种看起来更适合捍卫而非挑战君主权力至上性的学说如何被转化成一种反抗学说。答案就在语境的特殊性中，它既驱使路德阐发他的服从学说，又允许这种学说被转化成其对立面。

马丁·路德

如果说16世纪是西欧领土国家兴起的时期，德意志则与意大利一样是例外。在其他情况下，封建主义的危机意味着正在集中权力的君主制对分割化

主权不断增长的挑战，但在德意志，它却使碎片化治理重获了生机。封建领主权或许被君主制政体取代，下层贵族的封建权力或许已经被削弱，然而，德
59 意志的公国、侯国有力地抵抗着发生在西欧其他地方的那种君主中央集权，并形成了一种新的分割化主权作为替代。

在神圣罗马帝国——它是德意志领土中最接近民族国家的，皇帝的权威受到各地方公国、侯国、城市的自治权力严格而明确的限制。在 13 世纪，腓特烈二世（在一定程度上是在为维护帝国在意大利北部的存续而进行的徒劳努力中）甚至让与德意志地方贵族包括教会首领更多权力。尽管德意志西部的地主阶级一直未能像东部地主阶级那样，加强他们对"二次农奴化"农民的权力，但是，帝国实际上把他们从封建领主转变成了地方统治者，即拥有准国家权力，特别是征税权的领地诸侯。这使他们有途径从农民那里获得不断增长的收入，特别是从较为富裕的农民那里，这类农民即使摆脱了封建依附，仍要忍受最沉重税负。这成为 1524 年—1525 年农民战争中一个主要的不满来源。

特别是在 12 世纪以后，随着皇帝和大公出于行政或商业目的建立起各城市，世俗权威进一步碎片化。这些城市将挑战皇帝和地方诸侯的权力。像意大利城市国家一样，德意志的城市往往统治着周围乡村，它们凭借一种集体性的城市领主权向农民征税。但是，相比意大利人的城市，它们与土地贵族和诸侯处于一种更为不同的关系中。在意大利北部，主要城市可以将其族谱追溯至罗马帝国，而其土地贵族一般弱于封建欧洲其他地方的。相比之下，德意志城市是大领主晚近建立的。即使当它们建立在更高掌权者赋予的独立性之上时，它们仍不得不对抗帝国等级制中的其他权利主张者——从皇帝到诸侯，捍卫自己既是政治的也是经济的自治权力。

像文艺复兴时期的意大利一样，在这里，政治斗争与经济竞争和冲突难解难分。正如德意志诸侯依靠其政治和军事支配地位，能够从城市特别是农民劳动者那里获得收入，同样，商业城市的成功也有赖其超经济权力和特权。例如，北欧汉萨同盟的商业主导地位依赖该同盟的强制性权力，即强制实施垄断、贸易禁令、封锁的能力，这或许需要军事干涉——直至并包括全面战争。相比之下，同盟的主导地位不太容易受到其商业竞争者的纯"经济"优

势，即追求成本效益的资本主义生产者享有的那种竞争优势所威胁，而更容易受到竞争者更强大的地缘政治影响力和军事权力威胁。 60

1519 年，哈布斯堡王朝的西班牙国王查理一世成为神圣罗马帝国皇帝查理五世，他的统治以其同德意志诸侯和自治市当局之间激烈而多样的冲突（更不必说还有农民起义）为特征。查理饱受帝国与其他崛起国家之间竞争的困扰，同时也被西班牙的帝国扩张计划、本土的叛乱和始终存在的土耳其的威胁搅得心烦意乱。他从未成功制服德意志领土上的地方权力。他的统治在马丁·路德的人生中、在宗教改革（它兴盛于神圣罗马帝国的背景下）中具有决定性作用，不仅因为这位皇帝对路德的抨击促使这位神学家集中思想，而且因为对权力斗争中的各路主角而言，路德宗学说被证明是如此有用。

1483 年路德生于一个相当舒适的家庭，他本想投身法律，但很快为教会放弃了法学学习并成为一位奥古斯丁派修士。这种修士生活产生的似乎只有怀疑和绝望。他从布道者和极尽虔诚的母亲那里认识到的基督教，执迷于罪、忏悔和上帝的愤怒。当然，它确实认为，悔改的罪人可以对自己的救赎产生某种帮助，而且神学似乎教导说，即使救赎是上帝恩典而非单纯的德性生活的奖赏，信徒仍可以而且必须参与到一种为了与上帝合作而进行的持久斗争中　　当然总是在教会的帮助下。但是，在路德看来这似乎意味着，在德与罪、上帝与魔鬼之间被拉扯的我们，此生永远无法知道自己的全部努力是否足以取悦上帝。甚至他在修道院采取的极端苦行主义也无法提供确定性或慰藉。当他描述自己的体验时，仅仅是让灵魂转向自己。他的院长约翰·施陶皮茨使他确信，忏悔不是对上帝之爱的找寻——它已经由基督的牺牲而彰显，相反是我们自己对上帝之爱的萌芽，就是此时，他开始摆脱这种困苦的斗争。

路德还被身兼新的维滕贝格大学院长的施陶皮茨说服去从事一种圣经神学的学术事业。路德不是作为任何类型的行动积极分子，而是作为神学专家发起了对教会腐败的抨击。他后来把自己的神学创新归功于一个转折时刻、一场重生，它在他苦苦思索圣保罗学说时降临。“因为神的义，正在这福音上显明出来”，保罗在《罗马人书》1：17 中说：“如经上所记，义人必因信得生”。路德后来述说，当他讲解《诗篇》时，他终于理解了，这段的意思是神的义不是通过惩罚而显明的。相反，在他的恩典中，他仅仅通过信宣示罪人的义——或使他“称义”。换言之，救赎不是人的终生努力的不确定结果，而是
61 上帝随意的、充满爱的礼物。

路德一直没有解决预定论问题，而且关于他在这方面表达的意思，仍争论激烈。可以基于下述理由区分路德宗和加尔文宗：尽管两边的神学家都相信上帝的拣选，但只有加尔文坚持一种“双重”预定论，据此学说，上帝也会选定该下地狱的人。他们宣称，路德从未教导说一些人命定遭受永罚。若果真如此，一些人就会主张，路德仍陷入了一种不可化解的矛盾，这损害了对上帝完全主权的信仰。更好的做法可能是简单接受这一解释：路德有意避开预定论难题，因为在他看来，对这个问题的关注是一种干扰，妨碍我们承认自己的罪，妨碍我们对上帝通过基督给予的恩典和救赎的坚定信仰。正如我们将看到的那样，这还具有加强路德的服从世俗权威学说之功。

无论路德的启示是否如他后来宣称的那样突如其来，“因信称义”学说都是基督教历史上一个革命性时刻。诚然，圣奥古斯丁已经阐述了一种救赎学说，它给作为救赎之路的忏悔和善功似乎只留有极小余地。对他来说，救赎同样是上帝通过恩典赐予的随意的、无功而获的礼物；他也持一种相当坚定的预定论观点。尽管受过奥古斯丁影响，路德却相信，只要他体验到圣保罗的启示，就已经超越了奥古斯丁。

对奥古斯丁来说，上帝恩典的证明不是某种突如其来的东西。它是一个占据此世中一生时间的过程，并且只能在来世完成。而对路德来说，它是上帝在此生赐予的直接、无条件的礼物。奥古斯丁可能和路德同等程度地想要强调，救赎是一种来自上帝的、无功而获的礼物。但是，他的表述可能取决于这样的解释：人在其一生中，依靠着神恩，至少可以在转变自己方面进行少许合作。无论奥古斯丁意图何在，天主教会的权威明显依赖于维持罪人在获得救赎上的作用——当然是在教会神圣干涉的必不可少的帮助下，而且，奥古斯丁式神学在中世纪教皇如大格里高利（590 年—604 年）那里正是被这样解释的。路德则不然，不是因为基督徒的美德和善功对他而言没有意义，而是因为，尽管出于对上帝的爱，它们应该得到自由施展，但它们与赢得上帝的爱和随意的称义之礼了无关系。罪人不是凭借他们自己的义得救，而是在此生

中突然地凭借神的义得救,这意味着,即使他们仍是罪人,也可单单因信而
“称义”。对教会的圣事职能而言,这种学说具有致命的寓意,但它在服从世 62
俗权威方面具有的寓意甚至更深远。

无论路德的因信称义学说于何时成熟(评注者对它何时和如何出现亦有分歧),路德对天主教会权威的挑战起初都并不依靠它。他生涯中最知名的时刻(通常被说成宗教改革的真正发轫),是他在俗称《九十五条论纲》的《关于赎罪券效能的辩论》中对教会腐败,特别是对兜售赎罪券做法的抨击。他于 1517 年将这部作品公之于世,如传统(尽管没有历史证据)告诉我们的那样,将它钉在维滕堡城堡教堂大门上。他的靶子是教皇的权力要求,在路德看来这些权力只属于上帝:赐予救赎的权力,或影响来生之赎罪范围和持续时间的权力。对教皇的这种攻击并不需要他后来所阐述的因信称义学说,实际上他也没有诉诸它。

路德很快受到一道教皇禁令的威胁,这致使他被逐出教会,他的个人命运也开始被教会和世俗掌权者围绕世俗权力分配产生的公共冲突所缠绕。他对教皇威胁的直接回应是 1520 年写的一系列论文,第一篇是《致德意志基督教贵族公开信》。在这篇文章中,他的神学关注明显从上帝与教皇之间的权力安排转向了教会(特别是教皇及神圣罗马帝国皇帝)与德意志世俗权威之间的冲突。

另两篇论文接踵而至,为他成熟的神学铺垫好基础:《论教会被掳于巴比伦》甚为出言不逊,攻击教皇并质疑教会的圣事职能;《论一个基督徒的自由》尽管运用了较为缓和的语言并被敬献给教皇利奥十世,却概述了后来构成因信称义学说的那些原则。在这里,路德在其神学的根基处精心阐述了一种二元论或悖论:人之罪和神之赦免的同时发生,人性有罪且无法克服,却又得到拯救。

路德认为,人类天生是罪人,同时因信仰而成圣徒。他们被上帝拯救,可以自由地侍奉他人。尽管路德的意思可以被解释成因信称义与对善功的自由委身是同时存在的,他却坚称,普通人与任何贵族或国王一样自由并且在影响灵魂的事务上不服从任何主人。但是同时,正如他很快表明的,人性中无法克服的罪使世俗权威成为必要,所有基督徒都应该服从他们。诚然,在

63 这些早期著作中，路德不仅挑战了属世司法权与属灵司法权的划分，而且确立了所有受洗基督徒都是平等教士的原则。一种全体教士（universal priesthood）的观念将被激进力量吸收，成为一种远远超乎路德本人设想的，对包括农民起义在内的反叛的辩护。但是，这种对路德宗学说的激进挪用无法掩盖下述事实：路德对罪与赦免二元共存的解释，既要求对教会司法权的否认，又要求对严格服从世俗权威的坚持。

1521年，在沃尔姆斯会议上，路德被传唤至神圣罗马帝国的等级议会面前。他拒绝收回《九十五条论纲》及其他著作中所表达的观点，被皇帝查理五世宣布不受法律保护。在被逮捕的威胁下，他一度隐迹藏形。尽管有逮捕和惩罚他的皇帝敕令，并宣布藏匿他同属犯法，他还是在爱森纳赫的瓦特堡得到了一位领头的德意志诸侯、萨克森选侯弗雷德里克三世的保护。那时起他开始进行德语《圣经》的翻译，它出版于1534年，此书可以名正言顺地被视为他影响最为深远的成就，其影响超越了德语或路德宗神学。

服从世俗权威的学说

在路德1520年的系列论文中，那些对宗教改革而言具有本质性意义的观念，那些挑战了教会的属灵权威、对圣经解释的垄断及其召集教会会议的专有权利的观念，都是在直接论及教会权威与世俗权威的关系时得到阐述的。无论这些论文在掏空教会权威方面可能有何作用，它们在服从世俗政府方面的寓意都是截然不同的。为了挑战声称教会是人与上帝之间具有特权的中间人的主张，或许只需要像路德在《九十五条论纲》中所做的那样，否认其篡取神的惩罚和赦免权力的努力就已经足够。挑战教会对世俗权力的主张及其对世俗权威的篡夺，则需要更多的东西，但即便如此仍不能给基督徒强加一种严格服从世俗政府的义务。因信称义学说可以实现所有这些目标。

对路德神学的评注，往往把路德对教会的圣事权力、僧侣权力的挑战当作他最伟大的革新。他们说，到中世纪晚期，在教会的圣事权力和它在世俗领域的司法权、它在公共领域中的强制权力、它的“充分权力”之间，一道明确的界限已经确立。确实，路德之前的其他人，如帕多瓦的马西利乌斯已经挑

战了它的世俗权威。但是,路德更进一步。他不仅质疑教会的权威,甚至还 64
质疑其对信徒灵魂的权力,在这一方面尚无人走得这么远。

然而,如果我们沿着路德神学发展的逻辑,那么,引人注目的是它向相反方向的延伸。他最初质疑教会惩罚罪人的权力、逐出教会的权力或者授予有俸圣职或赎罪券的权力,其后则变本加厉,不仅攻击教会的世俗权威,而且支持世俗政府及其对几乎无条件服从的要求。正是在这一点上,因信称义学说变成真正必不可少的。比起它对教会圣事权力的攻击,这个学说在为世俗权威辩护、为服从它的必要性辩护上可能功劳更大。

路德宗的服从教义可以追溯到圣奥古斯丁和圣保罗,他们在罗马帝国历史的不同时刻明确阐述了服从世俗权威的学说。[1] 本书第一卷指出,西方基督教的典型原则是给予恺撒和上帝各自的法律和服从领域。曾经的一个犹太教派,按照圣保罗学说脱离了犹太教无所不包的宗教法——它既适用于信仰事务又适用于世俗的日常生活实践,这时“普世的”天主教会降世了。恺撒与上帝及其各自专有的服从领域的区分,比其他任何事情都更明显地使基督
教尤其是西方基督教区别于其他一神论宗教。[2] 特别是,它使基督教能够成 65
为一种把统治此世的权利让与恺撒的帝国国教。

在君士坦丁皈依之前,圣保罗已经诉诸这个原则来向基督徒提出服从帝国权威的要求。在基督教变成帝国官方宗教后,圣奥古斯丁把服从世俗权力的原则阐发成一种更加不容妥协的学说,它仍然包括顺从异教统治者。他通

1　对圣保罗和圣奥古斯丁的讨论,参见拙著《西方政治思想的社会史:公民到领主》,第144—163页。

2　关于伊斯兰教及其对单一的、涵盖世俗和宗教所有人类实践的神启法体系的信仰导致的结果,存在诸多含混。我们已经开始熟悉伊斯兰教的一支,在它看来,上述法律观要求一种“伊斯兰”国,用原教旨主义神权政治取代世俗统治。但是,这肯定不是中世纪伊斯兰教的特征。对单一的神启法的信念不意味着毛拉(mullahs)的统治,相反意味着不存在一种可与基督教会既有体制及其独立的权威和服从要求相比拟的制度性权力。不存在像监护神学的天主教会那样自主的伊斯兰教权力,更谈不上对管辖整个世俗领域的权威提出主张。不存在构成基督教特征的那种司法权主张和争议,而这为下述观念大开方便之门,即可以不同方式(例如,既可以伊斯兰教神学的方式,同样可以世俗哲学的方式)达至真理(参见本书第一卷对伊斯兰教神学和古典哲学之间关系的讨论)。按照同样的理路,一种世俗政府可以与伊斯兰教神学完美相容——可能还没有西方基督教的司法权冲突造成的任何紧张。基督教神学并不排斥世俗政府宣称其权威是神授的,如果硬要说的话,基督教的二元司法权可以轻易地容纳甚至欢迎一种关于严格服从世俗政府强加给有罪人类的权威的学说,就像奥古斯丁和路德所做的那样。

过把旧的基督教二元论转化成一种更为复杂的二分法而完成了这一步。不再是俗世领域和天国领域，或属世权威和属灵权威，或甚至敬神和渎神的简单区分，奥古斯丁提出了一种上帝之“城”和世俗之“城”二分法，它们是对立的，但在此世又难解难分：前者代表圣洁者、神圣者、选中者、虔敬者和正义者，后者则代表渎神者、不敬者、不义者和受诅咒者，它们贯穿于所有人类社会和所有人类制度，包括神圣的教会机构。由于所有人类和所有人类制度都被不洁和罪污染，在此世中不可能有真正正义和正确的秩序；根据上帝命令，他们必须完全服从世俗权力，世俗权力的目的不是在此世实现某种更高的圣洁或正义原则，而只是维护和平、秩序与一定程度的身体舒适。

对帝国统治下的早期基督教神学家而言，一种关于服从恺撒的学说是相对简单的问题。当帝国让位于中世纪的世俗权力碎片化（教会权威是其中主角）时，这个问题变复杂了无数倍。现在神学家不仅必须面对恺撒与上帝之间的劳动分工及其各自的服从要求，还必须面对帝国与教会或君主与教皇（他们处于从封建领主到公民法团各种让人眼花缭乱的自治权力之中）之间的劳动分工及其各自的服从要求。无须奇怪，大部分基督教神学很快采取了法条主义的司法权论证方式。

没有哪位哲学家或神学家能够一劳永逸地解决教会司法权和世俗政府之间，特别是教皇和正兴起的诸封建王国之间的边界争议，在中世纪晚期这些争议越来越困扰西方基督教世界。但是，至少中世纪基督教神学不得不以一种不同于早期基督教的方式来面对这个问题。在圣保罗时代，阐明归给恺撒和上帝各自领域的原则或许就已足够；在圣奥古斯丁时代，建构一种出世性神学，例如基督教新柏拉图主义——它允许对恺撒的服从与对尘世生存的贬低共存，并建构一种关于从物质世界中神秘解脱的哲学可能就已经足够。但是，在托
66 马斯·阿奎那的时代，面对中世纪基督徒对于一团乱麻的世俗治理和互竞的世俗权力主张之间冲突的关注，神学家们被迫予以应对，甚至予以辩护。

这是一个竞争的时代：正在兴起的王国，如法兰西与其他世俗权力，如神圣罗马帝国的德意志诸侯竞争，而且特别是与教皇权竞争。基督教神学家不仅面对着属灵领域和属世领域之间的争斗，而且面对着基于其进入属灵领域的特权，而同时主张世俗权威的教会权力。阿奎那本人从未在实践方面系统

地阐明自己对属世权力和属灵权力关系的看法,但是,在吸收重新被发现的亚里士多德学说的过程中,他确实找到了一种在宇宙秩序中安顿世俗领域的方法,它保住了教会自身的正当领域,同时稳固了世俗政府的地位。尽管他把世俗政治领域置于一种由神圣到凡俗逐渐下降的等级制中,但他却在更大的架构中(而不是单纯像奥古斯丁那样在必要之恶的地位中)赋予它一种积极功能。属灵领域仍然在宇宙等级制中至高无上,教会也仍在这个领域中享有特权地位。但是,根据托马斯式原则,被赋予实质自主权的世俗政府可以被当成基督徒在此世的最高关切。

在这里,宇宙秩序同样以法条主义方式得到界定,如托马斯区分了各种类型的法:神法、永恒法、自然法和实在法。自然法是神的法度和宇宙秩序可以为人类理性理解的方面,因此既可为教会权威掌握,亦可为世俗政府掌握。政治社会不是上帝直接建立的,而是自然法经由实在法的中介建立的。这种学说向维护世俗君主权威、反对教会权力主张世俗至上性的方向迈出了几步。尽管阿奎那本人是超然的,但他的学说很快被利用,例如被用来支持与卜尼法斯八世斗争的菲利普四世。[1]

路德宗神学破坏了这个灵巧的托马斯主义结构。宇宙秩序等级制被属灵领域和属世领域极为严格的分离所取代,这种分离否定了教会的任何世俗司法权。如我们所见,通过既否定教会在外在领域的司法权,也否定其在内心领域的司法权,不仅剥夺其在世俗事务上的权威,甚至还限制其例行的圣事职能,取消教会职员、教士作为人类接触上帝的唯一官方渠道的地位,路德前所未有地推进了这一步。强制权力只属于世俗政府,基督徒应予以服从。 67

在影响灵魂的属灵事物上,基督徒当然有义务遵从自己作为基督徒的良心,而且,如果被命令以不敬神的方式行事,他们可以有义务不服从。但是,这种义务并不形成一种反抗或叛乱的权利。如果基督徒在良心驱使下不服从,他们仅有接受对不服从的惩罚的义务。真正的基督徒自由属于灵魂,而且与肉体的囚禁完全相容。拒绝的权利保留给基督徒个人的良心,而且不能转化成对世俗权威的积极的、集体的、有组织的反抗。对路德的一种激进解读似

1　在《西方政治思想的社会史:公民到领主》中对托马斯·阿奎那和中世纪神学对司法权的关注有更详细的讨论。

乎认为，世俗权威不会存在于渎神君主身上，而且更为激进的反抗理论会以此种方式解释路德宗学说。但是，这位师父本人很清楚地表明——特别是在农民起义期间最斩钉截铁地表明，君主的不敬神不是反叛的正当理由。

在后来的岁月里，在德意志诸侯们强烈、反复地敦促下，路德会不情愿地接受一种超出他早期信念的反抗权利，但那时的问题是，诸侯是否有权利甚至有责任组成一种反抗皇帝的联盟，这是路德早期所反对的。一些拥护者甚至诉诸罗马公民法，来支持以暴抗暴和不服从不公正法官的权利。一些人援引"私法"认为，一个不正义的统治者可能丧失了他的公共权威，而且实际上变成了一个可以依据自卫理由加以反抗的私人。甚至路德本人也非常犹豫地接受了"私法"学说。然而，尽管确有一些人解释说，这种学说暗含着一种更激进的个人反抗权利，但对路德而言，这个问题严格限定为像德意志诸侯这样的次级权威积极反抗地位更高的皇帝权威的权利。[1] 反叛的诸侯为了证
68 明反抗皇帝权力的正当性所发展出的论证，自始至终被期望以这样一种方式加以阐述：它确保反抗不被构想成一种属于人民的普遍权利。它一开始就注定是为诸侯和其他官员（特别是在宗教事务上）反抗帝国更高权威，甚至以武力迎击皇帝的权利做出的宪制论证（constitutional argument）。即使皇帝因统治不公变成了一个私人，对他的惩罚仍是一种由正当权威来履行的公共职责，而非一种私人权利。

其他基督教神学家已经构思出了各种服从世俗权威的理论，但路德面对着其他神学家实际上未曾遇到的特定问题。例如，帕多瓦的马西利乌斯站在神圣罗马帝国及其在意大利城市公社中的盟友，特别是吉伯林派贵族一方攻击教皇，与他不同，路德主张世俗统治者（有时是国王但主要是地方诸侯）的

1　参见斯金纳：《现代政治思想的基础（卷二：宗教改革）》，尤见第 199—202 页。斯金纳认为路德思想的变化是真实的，但他也竭力强调，路德宗"当然""不惜代价地亟欲避免"任何认为私法学说暗示着个体私人有权利以暴力反抗公共权威的解释，或任何对个体私人和公共官员的混淆（第 200 页）。也参见辛西娅·格兰特·鲍曼：《路德与反抗合法权威的正当性》（Cynthia Grant Bowman, 'Luther and the Justifiability of Resistance to Legitimate Authority', *Cornell Law Faculty Publications*, 1979）第 151 页。"重要的是注意到，在表达这种新立场时，路德只基于谨小慎微、牢牢限定的宪法依据"，只限于次级权威是否能反抗更高权威的问题。私人公民可以拒绝服从他们的皇帝并拒绝站在他一方参战，但"只有具备可以如此行事的公共权威的人（依据法学家的论点，诸侯也包括在内）应该积极地反对皇帝"（第 11—12 页）。

权威，他们与教皇和皇帝都有冲突。为了确立基督徒应服从德意志诸侯的原则，只宣称教会没有公共或私人的司法权是不充分的。这或许足以使世俗事务上的权威平衡由教会向世俗政府倾斜，但是，诸侯丝毫不具有哪怕像神圣罗马帝国皇帝都享有的源自神圣联合的权威，他们对基督信徒的严格服从似乎只能提出一种乏力的主张。在确立世俗统治者甚至异教统治者可以要求基督徒服从的原则上，奥古斯丁已经贡献良多，但是，这里还存在一些漏洞，它们被路德的因信称义学说封死了。

奥古斯丁确实已经论证了，世俗政府是天意注定用来应对堕落人性的。政府的目的仅仅是在无望实现此世正义的有罪人类当中维持和平、秩序和一定程度的舒适，即使异教徒也可以完成这个不算高的目的，并因此可以基于与基督徒统治者一样的理由要求服从。服从原则是靠他的预定论学说支持的，预定论给那些依靠努力获得救赎之人所留的余地，即使有的话似乎也少得可怜。同时如我们所见，在一些解释者眼中，奥古斯丁的救赎观似乎给人的努力与上帝恩典配合留有余地，同时，他对异教的态度，以及他对国家无情镇压异教的支持可以被理解为，比起异教徒或非信徒，基督徒毕竟和世俗权威处于一种不同关系中。一些人甚至倾向于这样解释基于预定论学说的多数有罪人类和选中者之间的区别：这意味着世俗政府对于控制多数是必要的，而少数可能享有某种程度的豁免。

路德决绝地关上了奥古斯丁半敞着的所有门。宗教改革当然产生了各 69
种派别，尤其是再洗礼派，他们相信真正的基督徒只服从上帝之言而非世俗之剑。但是，路德神学显然支持对世俗政府的服从以及基督徒服从于它的需要。无论他对预定论或受罚者与选中者的区分持何种信念，他的因信称义学说实际上使它们与服从世俗权威问题无关，同时它明确主张世俗政府是上帝任命的。

路德接受了奥古斯丁式的上帝之国和世俗之国或魔鬼之国之间的对立。但是，这种对立被另一种区分超越了，即属世领域和属灵领域的区分，以及它们各自对应的权威形式（两者都是神圣的）的区分。神圣“王国”和魔鬼“王国”之间的对立仍是重要的，然而，只有在下述意义上它才能在关于上帝规定的属世领域和属灵领域的论证中发挥作用：它反映了人的二元本性，即基督徒特有的罪与赦免同时存在的统一体，人之罪需要世俗之剑。

因此，属世领域和属灵领域的区分，或它们各自所属的秩序类型的区分，并不对应上帝王国和魔鬼王国的对立，因为如我们所见，两种秩序都是神圣的。路德也没有把属世秩序和属灵秩序安顿于某种托马斯式等级制中。每一种都有其正当的、不可侵犯的领域及其本身的治理方式：属灵领域是圣言的领域，这里没有司法权或强制领域中的事务，后者是世俗政府的独有领域。两种领域之间的界限是明确的，对它们的任何混淆都是魔鬼干的。这种表述封住了教会的世俗要求，同时把世俗权威提升到了同属灵秩序一样神圣的地位。

由服从转向反抗

虽然有服从学说，却总是存在这样一种危险，即对教士权力滥用的抨击可能会使任何世俗权威的宗教正当性都受到质疑，而且，路德宗神学被激进新教徒选择性地援引，来为路德本人激烈反对的那种反叛辩护。沃尔姆斯会议后，当他不在维滕堡时，他的一些追随者推动了比他本人构想的更为激进的教会改革，而且他们的反叛矛头不限于指向教会权威，还扩展到了城市长官的统治。在 1521 年，路德已经以《诫诫全体基督徒谨防暴动和叛乱》一文
70 做出回应。他确实谴责了德意志诸侯，但即使在他 1523 年发表的论文《世俗权威：对其服从限度何在》（它最明确地表达了他对诸侯实际上如何运用其神授权力的保留意见）中，他也从未放弃对服从的呼吁。他确实（必须指出是希望渺茫地）劝告诸侯像基督徒那样行动，而且他也似乎认为，只是出于基督徒之爱和对更需要强制矫正的他人的侍奉，真正的基督徒才有义务维护世俗政府的权力。然而，他的主旨是，尽管基督徒的灵魂受上帝之言统治，但在世俗领域中，基督徒与其他人一样要服从世俗权威之剑，遵守服从义务，无论是因为他们自己的罪还是因为对他人的侍奉。

当路德返回维滕堡时，他试图安抚他最激进的追随者，但这并不能阻止其他人，特别是已经与他决裂的再洗礼派教徒托马斯·闵采尔支持和领导农民起义。尽管闵采尔在痛斥一种所有事物和生物在其中都被变成财产的世界观时无疑也针对了路德，但是，对农民起义的支持并不需要像攻击私有财

产制度本身那样激进的方案。即使抛开这一点，考虑到路德对服从世俗权威的明确坚持，路德宗学说如何能够声援人民起义或许并非一目了然。

路德对教会的攻击可以较为容易地被用来反对教会等级制、教会首领和什一税，这些确实是主要的不满所在。但是，在农民起义期间，对权威的挑战超出了教会司法权，进而包括了世俗权威、日益沉重的税收负担以及财产和权力的严重不平等。要以路德宗术语为这类反叛辩护，需要相当程度的延展。虽然路德提倡基督徒当被命令以不敬神的方式行事时，采取个人的消极不服从，他的激进追随者却以路德从不希望的方式把这个原则转变成了针对“渎神”统治者的集体武装叛乱。他的全体教士学说或全体受洗基督徒在上帝面前平等的学说，以明显非路德的方式被转变成社会平等原则和对所有类型的世俗统治权的挑战。

尽管某些农民起义是被路德宗观念推动的，并且期待得到这位师父的支持，但他们很快幻想破灭。在《反对烧杀抢掠的农民流寇》中，对于服从哪怕行为渎神的世俗权威的义务，路德毫无闪烁之词。无论农民有何种正当的不满，在叛乱行为中他们都犯下了反对上帝和人的可怕罪过，而且因此必须被无情镇压。“因此让每个有能力的人都来秘密或公开地打、刺、杀（反叛者），
要记住没有什么比一场叛乱更加有毒、有害或邪恶。这就像一个人必须杀死 71
一条疯狗的时候；如果你不攻击他，他就会攻击你和你的所有土地。”[1]

这种对诸侯残酷行为的号召，似乎与路德早期对行为不端的诸侯的警告相距甚远，毫无疑问，农民起义使他前所未有地怒火中烧。但是，他对起义的非难，是天衣无缝地从处于他神学核心的对服从世俗权威的坚持中推导出的。当起义最终被德意志诸侯及其军队挫败时，在挑战世俗之剑的激进派别与支持世俗权力并享受其保护的路德宗教改革之间，仍存在深刻的裂隙。最后，路德甚至会在他关于属世权威与属灵权威的严格分界线的基本原则上做出妥协，允许世俗政府为了捍卫真正的宗教而侵入属灵领域，当需要时甚至可以借助武力。

1　路德：《反对烧杀抢掠的农民流寇》，载于《马丁・路德（现代历史文献）》[Luther, *Against the Robbing and Murdering Hordes of Peasants*, in *Martin Luther* (*Documents of Modern History*), eds. E.G. Rupp and Benjamin Drewery, London: E. Arnold, 1970]，第121—126页。

处于新教核心的服从学说，无疑是德意志诸侯的一大福音，这个有利之物当然也不会不引起欧洲其他国王的注意。在领土君主们（territorial monarchs）深度推进其中央集权计划并且（与例如身兼神圣罗马帝国皇帝的西班牙君主不同）不再依赖对天主教会的忠诚的地方，新教教义在君主权力的支持下可以轻而易举地找到用武之地。在英格兰尤其如此。早期信奉正统教义的亨利八世曾撰写抨击路德的檄文，由此被教皇誉为“信仰捍卫者”。然而，尽管他对路德宗的态度充其量是好恶交加的，但新教教义很快应征加入了使君主同时掌控国家与教会的王权至上事业。当詹姆斯一世主张国王的神圣权利时，同样的观念对他来说同样好用。

讽刺的是，虽然对路德宗的解读（误读）曾被用来为农民起义辩护，但最系统、最有影响的新教反抗学说并非源自激进的反叛，而是源自世俗掌权者的权力主张。不应奇怪，这种转变最初发生在神圣罗马帝国，发生在其各种互竞的司法权组成的盘根错节网络中。各种世俗权威主张者之间的竞争孵化出新的反抗权力观念，它们与驱策激进派别或农民起义的反抗权力观念很不一样。农民反叛其上位者是一回事。诸侯反叛神圣罗马帝国皇帝，或城市
72 长官反叛皇帝与诸侯则完全是另一回事。当诸侯挑战皇帝，或城市长官反抗诸侯时，他们当然是在通过为自己掌握的政治权力提出辩护或论证，以追求自己的经济利益，正如市民和行会会员同城市贵族斗争是为了通过更多分享城市统治权而获得物质利益，农民反叛诸侯是为了从什一税和租税中解脱出来。差别在于，在反抗更高权威时，诸侯或城市长官可以宣称他们不是为私人利益，而是为捍卫其公共权力而行动。

结果证明路德神学非常适应这些冲突，而且其成功至少有一部分必须从它以各种方式（取决于任何特定时间里任何特定公国或城市中的力量平衡）服务世俗权力利益的能力来解释。一种糅合了脱离天主教会和服从世俗权威学说的观念复合体，尤其适合服务诸侯和城市当局。无论在精神动机上多么真诚，采用路德宗仍有独特的政治和经济利益。它把各公国和城市从教皇的司法权和税收中解脱出来，同时还挑战着帝国的权威，挑战着把德意志的资源转移到帝国其他领土的做法。

因此，尽管路德本人立刻谴责反叛诸侯和其他世俗权力的农民起义，但

他的服从学说无法阻止诸侯们运用路德宗神学反对神圣罗马帝国，也无法阻止路德支持他们。他们的反抗仍然可以与服从学说相符，因为他们不是作为反抗权威的私人公民发起反对，而是作为反对另一种世俗司法权的竞争性世俗司法权。对于信奉新教的城市精英来说也大抵如此，他们挑战更高的权威较少是为了捍卫公民自由，更多是为了主张“次级”权威反对皇帝和诸侯的权利和司法权。同时，诸侯和城市精英可以诉诸服从世俗权威的学说来抵抗来自下层的叛乱威胁。

1531 年，当皇帝查理五世威胁要以武力镇压路德宗时，在两位有权势的德意志诸侯（黑森方伯和萨克森选侯）的领导下，一些公国和城市组成捍卫新教信仰的施马尔卡尔登同盟。一种反抗理论被构想出来，它授予“次级长官”，即帝国政府的低层，如地方城市官员一种武力抵抗的权利。很明显，此种权利不属于私人公民：绝不应再有农民起义这类事情。实际上，反抗权利与其说是一种权利，不如说是一种职务职责。

路德受到萨克森选侯和其他人反复促请，要他撰文支持诸侯反对帝国或天主教会的政治行动，在这种情况下，路德本人迟疑和勉强地转而接受了这
种观点。最初，他基于狭义的宪制理由支持诸侯，他认为，如果法学家关于帝 73
国宪制和次级官员权利的解释是正确的，那么，诸侯就有资格反抗皇帝。即使在那时，他仍狭义地界定这些公共权威的权利，而且解释说自己思想的转变是因为帝国法律本身，即皇帝自己施加的法律要求一种针对政府恶名远扬的不正义做法的反抗。对德意志诸侯和其支持者来说，反抗仍是一种职务特权，其他权威以暴制暴的权利取决于皇帝本身是否成为一个反叛者——对他的惩罚明显是一种职责。即使当论证从纯粹的宪制原则扩展为自然法论证时，核心问题仍是诸侯的权利，或至少是不服从皇帝要求兴兵反对新教徒的命令的权利。[1] 对路德来说，如果私人公民有什么权利的话，它们也绝不可能

1　路德并非没有诉诸自然法，哪怕仅仅是出于修辞原因，但他的神学并不适合（他也避免）一种系统的自然法理论。路德神学从其第一前提上就使诉诸自然法（例如去判断政府正当性）变得问题重重。因为在路德看来，基督教教义不可能建立在下述假设上：堕落的人类能够遵循或哪怕理解神的意志或自然法。基督教神学必须总是从人类固有的罪这一前提出发。这就是为什么在他的因信称义学说中，救赎仰赖上帝的随意礼物，而不依靠对基督教美德准则的坚守。他的服从世俗权威学说建立在同样的前提上，由此使得论证对世俗权威的服从取决于统治者的美德这种观点变得困难。

超出公民加入其主公的军队以反抗皇帝的权利。

后来在加尔文(如我们将看到的,他本人就是世俗服从的强烈鼓吹者)的影响下,这种对新教反抗帝国威胁的辩护,被转化成一种针对任何妄自尊大的王权的世俗反抗学说。但即使在那时,它仍然(如在法兰西胡格诺派的反抗小册子中)不是一种个人自由的宣告,而是地方贵族和城市官员的自治权力声明。

约翰·加尔文

与神圣罗马帝国的其他城市一样,日内瓦城历来是主教、伯爵和公爵权力斗争的战场,加尔文在这里找到他的精神故乡。在中世纪,日内瓦主教曾是帝国中的一位诸侯,但是,在主教和其他主张诸侯权力的人之间存在着旷
74 日持久的斗争,他们迫切想摘取这个城市的商业成功果实。当萨伏伊王室试图把日内瓦变成一个公国时,这个城市于1526年加入瑞士联邦,以此应对这种威胁,但是,这个联盟很快因天主教城市和新教城市的分裂而瓦解。当1536年日内瓦最终宣告它作为一个共和国的自主地位时,它是在新教旗帜下,不仅出于精神的理由而且出于明显实用和经济的理由这样做的。它还设法维护其作为城市国家的独立性,对抗主流趋势。

在日内瓦确立为一个新教共和国那年,加尔文来到这里,除去1538年到1541年被逐期间,他一直待在这里,直到1564年逝世。1509年约翰·加尔文出生于法兰西,他作为一位主教的执事开始职业生涯。为了获得神职,他在巴黎研习哲学,但之后为研究法律而放弃了神职。在布尔日大学,他开始受到人文主义影响。人文主义的熏陶对他的改宗明显发挥了重要作用,而且像其他人文主义改革者一样,他很快放弃了天主教会。在返回巴黎时,他卷入了改革者与正统天主教徒的冲突,他被迫逃离并于1535年在新教城市巴塞尔定居了一段时间。

正是在加尔文定居巴塞尔期间,1536年他发表了毕生之作《基督教要义》的第一版,这是一部关于他的信仰和他赞成的改革原则的教义问答手册。它最初以拉丁语写成,随后出现了各种法语版本,它们既对神学也对法语产生

了巨大影响。他终其一生都在不断编辑和扩充这部著作。当他从巴塞尔返回巴黎时，发现自己的改革观点在故土法国并不受欢迎，他启程去帝国自由市斯特拉斯堡，但是，受时局所迫他只能绕行至日内瓦，后来他在这里一直待了下去。

在邀请他加入教会改革的另一位法兰西人敦请下，加尔文定居日内瓦。他们在世俗当局指示下起草的教会改革提案，立刻得到城市议事会采纳。1538年加尔文发现自己与议事会存在冲突，而且他再次受到驱逐，但1541年日内瓦世俗当局邀请他回来并继续他的改革计划。时年11月，议事会修订并通过了加尔文起草的《教会法规》，在相当于世俗司法权和教会司法权在城市统治中的劳动分工蓝图中，它详述了教会在其中的组织和职能。《教会法规》实现了下述两者之间艰难的平衡：分离教会与国家职能，分配给每一方恰当领域，同时又根据改革宗信仰原则确立它们在统治城市上的合作关系。对加尔文来说，还存在其他的冲突和危险的时刻，特别是当日内瓦一些贵族挑战 75
《教会法规》，反对世俗司法权和教会司法权施加给他们的清规戒律时。但是，所谓的"放浪子"最终被打败，他们的首领受到驱逐或极刑。

要把加尔文的神学发展和他的政治观念演进分开是困难的。当他还是法学学生时开始写的第一本书是对塞涅卡《论仁慈》的注疏，它不是一部神学著作，而是一部讨论古典文本的人文主义论著。塞涅卡为皇帝尼禄写的著作已经被称为人文主义"君主镜鉴"文体的先驱。说加尔文的注疏意在成为类似的对弗朗索瓦一世的教化固然太过，但他后来对世俗政府之观点的一些根本原则已经在此展露。例如，这里出现了一个重要注解，它援引圣保罗的《罗马人书》第13节，来证明基督教要求服从君主；还有一些地方把君主当作上帝的代牧或代理来谈论，这种观念在他成熟的政治神学中具有核心地位。当他改宗后写作《要义》第一版时，他的神学信条已经与他对世俗政府的观点紧密相连，而且，无论何者在先，加尔文的政治观念都稳固地建立在他神学的最根本信条之上。这种无法分割的联系因为他后来在日内瓦的生涯而根深蒂固。

《要义》第一版题有致法兰西弗朗索瓦一世的献词，它把后面的教义问答手册说成是针对法兰西福音派所面临的威胁对改革宗信仰的辩护。当他努力证明改革宗信仰不会威胁国王权威时，加尔文从两个方面展开论证，他试图表明：篡夺世俗权力的罗马教会代表着一种更为险恶的对君主权威的挑战，然而这位神学家同时反对激进的改革者，特别是否认世俗统治权之正当性的再洗礼派。此书结尾是论世俗政府的篇幅很长的一章，它或许可以被解读成致国王献词的续篇。但是，它也遇到了一系列不同的问题，这些问题不是由天主教会的威胁带来的，而是由这个自由的新教城市内部世俗权威与改革宗教会的独特关系带来的。

有人说过，就像茨温利和布塞尔的神学一样，加尔文的神学是“从自由城市的现实中透出的宗教改革信息的结果”。[1] 属世领域和属灵领域之间极其特殊的关系确实构成了各新教城市的特征，在这些城市里，世俗权威和教会
76 权威以非常独特的方式既分离又交织，这种关系给神学提出的问题不同于路德所关注的那些。当加尔文写作《要义》第一版时，他当然关心法兰西福音派在天主教会威胁下的命运，但他也被迫去处理一系列不同的问题，它们并不关乎国王或德意志诸侯同神圣罗马帝国或教皇的冲突中对立的世俗权威主张。当他维护属世领域与属灵领域之间的区分时，他无法像路德那样依赖于否认教会的任何司法权，他也不能单纯地主张世俗政府的权威高于教会。他不得不去解释世俗权威与教会权威之间的劳动分工，在维护改革宗信仰上两者都具有关键作用，在统治世俗之城上两者都扮演着核心角色。

因此，像巴塞尔或日内瓦这样的城市中，政治生活给新教神学提出了一个特殊任务。对于身处不同语境下的路德而言，这样做就已经足够：把教会职能限定于传布上帝圣言和主持某些圣事，同时维护世俗政府的排他性司法权主张、反对教会的无理要求，对世俗政府则仅仅要求它约束有罪之人。通过强调罪与赦免的二元共存，他的神学实现了这样的结果：虽然人类的罪，他们与魔鬼“王国”的干系要求他们顺从上帝任命的世俗政府，但是，作为一种随意的、无功而获的礼物，上帝那充满爱的恩典使人类“称义”。

加尔文可能更不情愿给予世俗政府一种高于教会的统治权威，但是，在世俗政府自身的领域内，他要求的世俗权力比路德更多，他对世俗政府的观点也因此需要一种不同的神学。他当然赞成路德宗的主要信条，即因信称义

1　伯纳德·穆勒：《帝国各城市与宗教改革》(Bernd Moeller, *Imperial Cities and the Reformation*, Philadelphia: Fortress Press, 1972)，第 89 页。

学说,但他较少强调上帝充满爱的恩典,而更多强调上帝的完全主权。[1] 赦免仍是一份无功而获的礼物,而非因美德、善功或从罪中解脱而得到的奖赏,而基督教共同体中的虔敬生活,不单纯是虔诚基督徒在回应上帝充满爱的恩典中自由承担的侍奉和善功。它源自上帝的无条件意志,即基督徒必须在此世过一种遵从神的管教的生活。

加尔文神学为属世权威与属灵权威的合作关系提供了担保,在这种合作关系中,双方平等地在上帝的主权下行使司法权。这不仅恢复了教会本身的世俗权威,而且提升了世俗政府的地位。政府的职能不仅是在有罪的人当中维护国内和平和良好秩序,而且要在与教会的合作计划中,根据上帝的完全主权向基督教共同体施加一种神的管教。换言之,世俗政府不单纯是一种由 77
上帝规定,对付魔鬼“王国”(当它在人的罪中展现时)的制度。世俗权威与教会共同行动以实现上帝的主权意志。这意味着,尽管教会掌管灵魂,世俗政府照料较为世俗的事务(包括保卫真正的信仰),但在教会维护的虔敬准则与某种较低的、较次要的、较少神圣性的适用于政治生活的准则之间不存在明显区别。

加尔文的预定论学说看起来似乎使问题复杂化。如果人类不是因他们自己的错误或美德而受惩罚或得救赎,那么要求他们按照神的管教的规定生活究竟有什么意义？但是,如果我们不从预定论出发,而从上帝的主权意志出发,就能够更加容易地追索加尔文的论证逻辑：预定论学说(我们的命运完全无条件地依赖上帝决定的观念)直接源自上帝完全的、无条件的主权这种观念,正如关于神的管教和两种司法权领域在维护神的管教上所处地位的观念直接源自此处一样。

看起来似乎是这样,加尔文得出他的预定论学说,与其说是因为它表达了他最深刻的信念,不如说是因为它似乎是上帝完全主权的一个不可避免的结果,而就他对教会和世俗政府地位的看法而言,上帝的完全主权居于核心。在《要义》中,对预定论(既有受罚者的预定也有选中者的预定)的论证可归结

1　弗朗西斯·欧克利:《基督徒的服从与权威》(Francis Oakley, ‘Christian Obedience and Authority’, in *Cambridge History*),第 182 页。

为：我们必须相信它，因为否则就是贬低具有完全主权的上帝的荣耀。但是，在加尔文看来，深入思考它并无裨益。正因为它代表着上帝那无法按照人类标准理解或判断的无条件的主权意志，它必定仍是一个奥秘，而且我们不应妄图看穿上帝对我们来生命运的裁决。谦卑且无条件服从上帝的基督徒所能做的最好事情就是，在此世带着对上帝的信心而行事，相信他赦免的善意和慷慨，在从事他们的世俗职业时就好像他们及伙伴都属于选中者，坚信他们的灵魂还有他们的工作都可以凭神圣恩典而称义。

因此，基督徒必须按照神的管教原则侍奉他们的共同体。这无疑把世俗职业提升到了一个新的令人尊敬的地位，甚至赋予最卑微的人类劳动者一种虔诚敬神的元素。比起路德的职业观念，加尔文的职业观念更加欢迎信徒积极参与塑造他们的此世生活的社会和政治条件，但是，这也意味着世俗政府必须被视为上帝的代理人，而且这为它带来一种很强的服从义务："既然这些
78 官员被称为诸神，任何人都不要认为这个称号没有分量。因为这暗示他们受上帝的委任，他们被授予神圣的权威，且实际代表着上帝本身，以其代理人身份行事。"(《基督教要义》IV.20.4)由此，基督徒应该服从世俗政府，即使暴君也必须被当成上帝的代理人："即使一个品德最坏、最不配享受一切荣耀的人，如果他被授予公共权威，那么他就领受了辉煌的神圣权力——主通过言语将它移交给他的公义和审判的执行者，因此，在涉及公众服从的事务上，他应该像最好的国王一样得到同等的荣耀和尊崇。"(《基督教要义》IV.20.25)基督徒应该服从世俗政府，不仅是出于畏惧，"而且因为他们敬献的服从是敬与上帝，因他们的权力来自上帝"(《基督教要义》IV.20.22)。

尽管在严格性上加尔文的服从世俗权威学说不亚于甚至高于路德的学说，但他立足于自由的新教城市这一点确实造成了差别。当考虑不同的政体形式时，他表达了对集体政府而非国王的偏好，即使理由仅仅在于，人类的缺点使官员相互监督成为有益的。理想的情况或许是一种像日内瓦那样通过长官和城市议事会委员(他们具有保卫城市自由的职责)的中介由城市精英统治的城市。这意味着，大体而论最佳政体是贵族制，或可能是一种混合政体，在其中贵族制被平民政体的因素所软化。然而，加尔文告诉我们，讨论何种政体最佳没有意义，因为这取决于情境，而且，无论如何我们必须假定，无论

给定情境下何种政体类型占优势，它都是上帝任命的。尽管上帝可能会报复“不受约束的统治”，“但我们不要因此猜想要由我们来实施那种报复，我们得到的命令只有服从和忍耐”（《基督教要义》IV.20.31）。

加尔文关于严格服从的观点中没有含糊之处，但这里他引入了一个将对政治理论产生重大影响的限定性条件。“我说的”，他说，“只是私人”；因为存在（可能由上帝任命的）公共官员，他们的职责是“抑制国王的暴政”，如斯巴达的监察官、罗马的保民官、雅典的德谟长（Demarchs），甚至可能还有像法兰西这样的王国中的三级议会（《基督教要义》IV.20.31）。过去这些“次级长官”的公共职责是保护人民、反对统治者暴政。尽管加尔文仅仅止步于这种意见，即存在着公共官员，其职责是作为君主权力的一种约束代表人民利益，
但是，“次级长官”学说将成为各种更广泛、更具战斗性的反抗理论的基础。 79

那些支持世俗当局权力，哪怕支持服从它们必要性的学说，可以被用来支持对权力的反抗，甚至人民起义，这是西方文化的一个诡异之处。其他社会确实也创造了各种反叛学说，但它们在西欧具有极为特殊的形式。封建欧洲政治权力的碎片化，以及此后数世纪随之而来的持续的司法权之争产生了非常独特的影响。关于一种司法权反对另一种的主张，可以被阐发成一种反抗不正当权力或暴政的权利。这意味着反抗观念可以为统治阶级、地主和城市精英采用和传播，但这也意味着他们的利益会塑造并约束西方各种民主概念，当今仍然如此。

新教与资本主义兴起？

那么，我们应如何看待新教与“资本主义兴起”有某种联系的命题。确实，当路德宗在一些大商业中心得以确立后，它变成了一种强大力量。确实，在某些商业城市，城市贵族已经成为食利者而非积极的商人，而且他们限制了他人的政治参与，于是没有政治特权的市民和新商人或许会利用新教教义来挑战贵族统治。甚至这也可能是真实的：新教特别是加尔文宗扫除了教会对商业活动的限制，或者，新教学说特别是加尔文的职业学说，使这些古老真理受到质疑：商业活动或财富获取没有价值，工作是一种诅咒且纯粹是一种

对原罪的惩罚。但是，即使我们承认新教促成了一种“工作伦理”或者它对商人有某些益处，即使我们不考虑它对贵族、君主和国王的同等益处，它与“资本主义精神”的关系仍完全是另一回事。

让我们首先弄清资本主义的含义及其“兴起”的条件。流俗看法，甚至还有大量学术著作把资本主义仅仅当成商业或营利性交易的数量增长。换句话说，资本主义就是古典政治经济学所理解的“商业社会”，在这种社会里，随着城市、市场和贸易的扩张，古已有之的商业实践变成了经济规范。人类很久以前就已经从事着营利性交易，而资本主义无非是其数量增长。这意味着，如果需要任何对资本主义诞生的解释，那么，需要解释的仅仅是市场机会
80 的增加和商业扩张之阻碍的消除。

然而，这种对资本主义的理解没有注意到现代早期欧洲出现的非常特殊的经济原则，它们非常不同于之前哪怕最为商业化的社会中的原则：不单纯是随庞大贸易网络扩张而来的市场机会的增加，而且是全新**强制力**的出现，也就是无法逃避的竞争、利益最大化、持续积累的指令，和永无止境地通过提高劳动生产率降低劳动力成本的需要。在古老的商业交换实践中，哪怕在其最复杂的形式中，这些指令并不发挥作用。交易者发财致富不是通过完全竞争性市场中的有成本效益的生产，而是通过在各独立市场之间议价，即构成前资本主义商业之本质的“贱买贵卖”。为了使资本主义市场的指令开始发挥作用，需要生产阶级和占有阶级之间关系的一场革命性转变，还需要财产性质的变化——正如在英格兰农业资本主义那里发生的那样。

一旦我们将资本主义等同于市场**指令**，对其起源的追寻就必须采取不同方式。于是问题不再是商业机会如何扩大，经济如何获得利用这些商业机会的自由，甚至不再是文化和道德氛围如何转向为营利的正当性辩护，而是社会安排和人类基本需求的产物如何发生了如此根本的转变，以至于它们施加的强制力和必然性全然不同于以往统治人类社会生活的那些。

这不是“新教以某种方式促进了资本主义发展”这种观点最有影响的鼓吹者——马克斯·韦伯和理查德·托尼所讨论的问题，甚至也不是他们之后的支持者和批评者所讨论的问题。这两人都追溯了新教特别是其加尔文宗形式的演化，尤其在英格兰，它演化成一种特殊类型的、鼓励“资本主义”价值

观和实践的清教。然而，两人实际上都没有主张新教**导致**了资本主义的出现。公正地说，在两者的论点中，新教向一种鼓励资本主义（在他们所理解的意义上）的教义的发展，**预设**了某些财产权形式和经济实践的存在，它们即使不是完全“资本主义的”（在他们的意义上），也是“资本主义”萌芽且标志着与封建形式和原则的明显决裂。

韦伯可能比托尼更倾向于强调城市的成长和商业化进程，托尼虽然关注资本主义与商人阶层之间较为传统的联系，但比起韦伯，他更大的兴趣是在英格兰发生的，成为商业和工业资本主义前兆的土地所有权转变。[1] 在追溯 81
加尔文宗向一种有利于资本主义的清教的转变上，托尼或许比韦伯走得更远，而且，他肯定更清楚地认识到既有的经济实践如何塑造宗教观念的结构。但是，两者都认为，如果没有已经存在的倾向于按“资本主义”原则经营的财产权形式和阶级，新教教义就不会也不能被（有选择地）利用和改变以符合“资本主义精神”。如果没有这些先在的“资本主义”要素，依据定义就不存在新教与资本主义之间的“选择性亲和关系”（如韦伯本人所描述的）。

我们这里提出的论点有别于韦伯和托尼的，不是因为它优先考虑“物质”因素而非观念。无论这位德国社会学家，还是这位英国历史学家都没有把宗教观念当成相对于物质决定因素的自主的、首要的因素；两人都对因果性有复杂的认识。本书也不否认因果的复杂互动或观念的效用。它同其他关于新教与资本主义兴起之间联系的观点的最根本不同在于，它以其他观点所没有的方式坚持资本主义的特殊性，坚持资本主义与既往社会形式，包括早先

1　在《宗教与资本主义的兴起》出版十多年前，托尼发表了他的伟大著作《16 世纪的土地问题》，它清晰概括了在清教出现前已经推动着英格兰农业的新的市场原则。托尼那部关于宗教的著作应该在这部书的背景下加以解读，同样，韦伯的《新教伦理与资本主义精神》应该放在他的经济史著作，特别还有他关于城市的著作中。韦伯甚至在古罗马看到了“资本主义”元素，但在他看来，当中世纪城市成为一种“生产中心”，而不仅仅是古典时期那样的消费中心时（也正因为这一点），它预示了现代工业资本主义。但是，对他而言，这种发展似乎是中世纪西方市民阶级的解放和政治地位提升带来的一种自然结果。恰恰在这个论证的紧要关节，存在一个以尚有争议的问题为依据的跳跃。因为在韦伯看来促进了现代工业资本主义的工作伦理，在他眼中不过是古老的营利性交易原则的复杂化，它第一次被解除了束缚并得到了积极的伦理支持。关于这一点的更详细论述，参见艾伦·梅克辛斯·伍德：《民主反对资本主义：重建历史唯物主义》（Ellen Meiksins Wood, *Democracy Against Capitalism: Renewing Historical Materialism*, Cambridge：Cambridge University Press, 1995），第五章。

的商业形式的彻底决裂。虽然韦伯和托尼都非常强调资本主义与封建做法和态度的断裂，但他们都理所当然地认为，资本主义是已经存在于封建主义（甚至更早时期）缝隙中的商业的扩张。在这种观点看来，当商人阶层和商业实践得到解放，并移除了制度、文化或态度上的障碍，且/或建构了前所未有
82 的对商业营利的伦理支持时，资本主义兴起了，而且这两者是前因后果关系。相比之下，本书的论证始于这样的前提：资本主义象征着一种与其他商业形式的根本决裂，其决裂程度并不亚于它与韦伯和托尼视为“封建的”（也就是他们意义上的非商业的）原则和做法的决裂。

从这种视角来看，新教的历史地位会相当不同。一方面，无论我们如何谈论加尔文宗某些信条在支持一种迎合商业利润的生活哲学上的用处，都很少使我们了解关于资本主义兴起的事情。我们可以像韦伯那样，把强调重点放在一种工作伦理上，它在某种程度上直接源自加尔文的预定论、“有限救赎”和“职业”观念；或者，我们可以像托尼那样，强调清教对加尔文宗的革命性修正，这种修正放弃了加尔文本人学说的一个本质方面——服从神的管教的义务甚至还有一种集体主义，从而有利于一种经济个人主义。关于试图利用市场机会的人们所采用的自我辩护策略，或对商业不确定性的心理适应，两人或其中任一人可能告诉了我们一些情况（尽管做这样的判断也需要一定程度的谨慎）。但是，关于向资本家施加的系统性**指令**（它们强迫他们最大化利润而不管他们自身的动机和价值观，也不管他们的贪婪是多么有限），两者都没有告诉我们任何事情。

同时，如果我们承认资本主义指令的特殊性，我们可能会更倾向于思考，何以新教较少与资本主义或者甚至某种商业伦理有关，而更多与明显非资本主义的形式中的权力维持有关。在确实出现了资本主义的社会财产关系的英格兰，或许可以谈论新教与资本主义之间的“选择性亲和关系”，即使仅仅在如下意义上谈论：英格兰新教的**所有**形式，包括圣公会高教会派和克伦威尔的清教都受到英格兰财产权和国家的特殊情况的塑造。但是，不应该让这个特例掩盖宗教改革明显非资本主义的起源和实质。

路德神学服务于德意志诸侯的目的，但它也被城市长官利用，而且当它被一些重要的商业城市采用时变成一股重要的历史力量。然而，路德宗出现

时,德意志的商业城市正处于一个衰落过程中。北欧的汉萨同盟对贸易的主
导权让位于新兴的势力,如瑞典人和荷兰人,而且,一些城市的独立性受到握
有更强大军队的领土君主的威胁,特别是受到具有世俗统治者权力和特权的
教会王公*的威胁。维护城市自治权变成耗费越来越高的事情,这加剧了城
市贵族和其他忍受苛捐杂税的阶级之间的社会紧张。城市长官通过挑战皇
帝和诸侯的权威来维护其城市的自治权,而且他们往往实施反教权政策以躲 83
开教会司法权施加的负担。针对占主导地位的城市贵族,市民要求分享城市
统治权;针对来自下层的威胁,城市精英主张自身的统治。在所有这些斗争
中,路德宗学说都被证明是非常有用的,但其原因与“资本主义精神”无关。

加尔文宗同样如此。加尔文神学明显符合城市长官的需要,不是因为任
何与预定论学说、职业使命或“工作伦理”有关的思想,而是因为他对世俗政
府的详细讨论(这构成《要义》的很大一部分)宣扬了长官是“诸神”的观念。
这种学说对加尔文的日内瓦的城市治理有直接而明显的意义。然而,在一个
所有阶级的经济利益都依赖于政治地位和特权或“政治建构的财产权”的时
代(与资本主义形成鲜明对比),使加尔文宗学说变得对城市长官如此有用的
同一些原则,也可以轻易地为那些寻求保护自己超经济权力的其他世俗掌权
者所用。路德宗既可以被用来服务诸侯的利益,也可以被用来服务城市当局
的利益,加尔文宗同样如此。虽然加尔文专心考虑的是接纳他的城市及其市
政制度,加尔文宗却可以为法兰西地方贵族或者甚至英格兰国王服务。 84

* princes of the Church 这个词当今特指枢机主教,但在历史上主要指身兼世俗君主的神职人员,如本书原页码第 74 页提到的日内瓦主教。——译注

第四章　西班牙帝国

16世纪30年代，在萨拉曼卡大学的讲座上，西班牙多明我会神学家弗朗西斯科·维多利亚就西方基督教关于恺撒与上帝的正当领域的最典型原则，提出了一种有趣的变化形式。他说，

> 以此种方式，凭此种权利，罗马帝国得以扩大和扩张，即通过战争法来接管使他们受到任何伤害的敌人的城市和行省，而且罗马帝国得到了奥古斯丁、哲罗姆、安布罗斯、圣托马斯及其他圣洁博士的辩护，被他们说成正义和正当的。实际上，在那个著名段落里，可以认为这得到了我们的救世主耶稣基督认可："恺撒的物当归给恺撒"等。这也得到了保罗认可，他曾上告恺撒（《使徒行传》25：10）并劝告我们（《罗马人书》13）服从更高的权力，服从那时从罗马帝国获得权威的所有君主，并向他们纳贡。（《论印第安人和论战争法》III.56）

这里不是单纯地以西方基督教的传统方式诉诸"归恺撒"原则，把它当成服从世俗掌权者的依据，而明显是更为特殊地把它当成对帝国的一种辩护。维多利亚对幅员辽阔的西班牙帝国的态度仍然是含糊的。他曾被不同人引用来反对帝国政制和至少模棱两可地支持它。但是，他在萨拉曼卡大学的讲座上阐述的学说，对欧洲政治思想及其自然法、自然权利、战争法和国际法的概念

将具有重大意义。

在维多利亚讲座之后数十年，西班牙政治思想一度繁盛。而且，如果说有一个典型特征使这个话语传统有别于西班牙的欧洲邻国的话语传统，那就是，所谓的萨拉曼卡学派面对的核心问题，不仅来自中央集权国家与各种“分割化主权”之间的司法权之争，而且来自西班牙独特的帝国扩张经历。反思 85
帝国和对待土著居民方式的结果之一是把寓于个体的自然权利的观念提上了议程，而这些观念那时超出了西方政治思想传统在思考国家时所能注视的范围。

国家还是帝国？

16 世纪的西班牙被称为欧洲乃至世界最强大国家，然而，很难说这种说法是基于它在锻造一个“现代的”或统一的民族国家（这种民族国家对其国内领土，或者至少对一个清楚界定的国家司法权领域具有明确程度或多或少的主权）上的卓越地位。确实，斐迪南和伊莎贝拉挑战了贵族的独立权力，并竭尽全力确立西班牙的强大君主制，同时削弱议会（cortes）——它源自所谓西欧第一个议会。他们加强君主权威的重要努力之一是建立了西班牙宗教法庭制度，无论还有其他什么作用，它明显是为了取代教皇对西班牙宗教正统的文化领导权，代之以天主教君主的控制。他们的后继者将继续这项中央集权计划，但是，即使在帝国的黄金时代，即哈布斯堡查理一世统治时期及以后，西班牙仍是一个脆弱的国家实体，它的组成部分卡斯蒂利亚和阿拉贡是两个区别很大且自主的王国，各有其不同的政治制度和传统。

当这两个统治家族联合起来形成一个单一的王国时，每个王国都把自己内部各种法团性、地方性和区域性的分割化主权之间的司法权冲突带进这个联合体。阿拉贡是以加泰罗尼亚为主的一些独立王国组成的联邦，具有自身的司法权紧张关系，它是一种充分发展的封建结构，也是所谓的契约结构，在其中中央权威的权力受到与贵族之间多少带有契约性质的协定的约束。主导帝国计划的卡斯蒂利亚王国没有强大的封建领主权传统，但是，与摩尔人的战争不仅在西班牙产生了一个战争领主阶层，他们对王国的新并入领土具有完全自治权，还产生了一个拥有武装的小所有者阶层。中世纪收复失地运动重新占领摩尔人手中的欧洲土地，与其说它是一个强大王国的功劳，不如说是一种合作关系的功劳。这种合作关系近似君主与军事领袖之间典型的封建交换关系，在其中，有条件的财产权和司法权被授予领主以换取军事效劳。在现代早期，西班牙的很大一部分仍在王室司法权之外：1600 年，其三分
86 之二城镇和半数村庄处于私人控制下，同时，国王没有常备军，没有官僚或文职官员，他一般将税务外包，并在精英的合作下统治各省。[1] 这个王国将形成国内和殖民地的官僚机构，但西班牙国家主权的脆弱性仍是贯穿我们所考察的这个时期的持久主题。

尽管如此，西班牙人却创造了令世界前所未闻的最大海外帝国。这成为这个王国的财富和权力的本体。其繁荣极度依赖于来自殖民地的金银；这笔财富以及不断增长的殖民需求，的确一度刺激了国内经济。在与欧洲其他王国如法兰西的冲突中，殖民财富无疑加强了西班牙的地位。但即使在这个庞大帝国中，西班牙作为一个政治的或经济的国家实体的脆弱性依然暴露无遗。逐渐地，对外贸易中的殖民财富流通较少被西班牙商人掌握，而更多被热那亚和安特卫普商人掌握，而且在殖民统治中这个王国的脆弱性又暴露出来。

帝国在美洲的扩张，效仿了对摩尔人手中欧洲土地的重新征服，以及帝国在非洲和加那利群岛的扩张。的确，西班牙君主一直努力保护他们的王权，并且成功阻止了殖民地出现世袭封建贵族阶层，但他们却是通过把帝国任务外包给追求私人财富的私人征服者来驾驭西班牙的大举帝国扩张的。正如皇室的中央集权过程经常受到国内司法权冲突干扰，同样，君主与私人征服者或他们在殖民地地主阶级中的继承人之间的紧张，自始至终构成帝国的显著特征。

帝国扩张是通过很小的军力实现的，西班牙在殖民地的驻军规模也向来不大。征服也并非旨在消灭土著居民以占领其土地。由于西班牙依赖来自美洲矿藏的金银，通过保留本地人口并剥削其劳动力，帝国统治者可以获得

1　亨利・卡门：《西班牙 1469 年—1714 年：一个冲突社会》（Henry Kamen, *Spain 1469—1714: A Society of Conflict*, Harlow: Pearson/Longman, 3rd edn, 2005），第 160 页。

更多。他们与之交战的文明从游牧的狩猎者到人口密集、具有社会分层和复杂技术的帝国不等。而且，尽管征服摧毁了这些发达文明，征服者却从他们的科技、他们的农业技术、他们推行大规模公共工程的经验中继续获益。[1] 然
而，无论其意图如何，征服最终仍是种族灭绝式的，它传播疾病，并且强加了一 87
种野蛮破坏的剥削制度。

西班牙君主制或许成功地阻止了殖民地形成封建贵族阶层，并避免了出现像议会这样的代表制度，但是，支配臣民劳动力的问题仍然存在。在控制当地的土地所有者和许可他们剥削印第安人的权力之间，西班牙国家必须维持一种艰难的平衡。1500 年宣布例行奴隶制为非法后，殖民势力仿照对摩尔人手中收复的欧洲土地的处理办法，建立了监护征赋制。

理论上，监护征赋制没有授予殖民定居者以土地。表面上看，印第安人承担徭役以换取殖民者的宗教教化和军事保护，但土著居民原则上被承认是土地所有者，即使附近的种植园可能属于监护主并由同一些印第安人耕作。监护主也没有得到正式承认的对土著居民的政治司法权。然而，实际上，在限制殖民者对其臣民的支配或缓和这种制度的严酷性上，这些形式上的，对监护主土地所有权和司法权的限制毫无作用。它变成了一种残忍至极的剥削制度，一点不亚于奴隶制，并且它要对杀害大量印第安人负责。在加勒比群岛的土著那里，它历经一代人的时间自行消亡，在其他地方它的维续也继续招致反对，反对既来自教会，甚至也来自王国（尽管前后不一），王国有自身的理由去设法约束监护主的权力。但是，当修改或废除这个制度的法律得以通过时，这些法律毫无作用。某种形式的监护征赋制很长时间内都是西班牙帝国统治的典型特征，它在其他殖民地土地所有权形式和劳动形式上留下了印记。

君主制确实培植了当地管理机构以抵制殖民者的权力。例如在秘鲁，它创造了一个复杂的国家官僚机构，主要是为了管制矿里的强制劳动。但是，如果不允许当地地主阶级支配土地和其上之人民，西班牙人的国家就绝无可能统治其殖民领地。甚至重中之重的金银也逃出了国王的掌控。王室发现

1　关于征服者与之交战的拉丁美洲人民，参见马克・伯克霍尔德和莱曼・约翰逊：《殖民地拉丁美洲》（Mark A. Burkholder and Lyman L. Johnson, *Colonial Latin America*, Oxford: Oxford University Press, 4th edn, 2001）。

仅凭自己无法开采这片巨大的财富来源，它不得不放弃对矿藏的控制，将其让与当地所有者，或将其出租以换取收益份额。

西班牙日益依赖从殖民地输入的金银而非国内农业和工业，甚至牺牲了殖民地的生产，这一点饱受诟病，被认为是17世纪以后西班牙经济衰落的原因。尽管这些因素在解释这个一度成为世界最强大帝国的势力的骤然衰退
88 上可能非常重要，但同样确切无疑的是，这个世界帝国从一开始就存在一种固有的不稳定性。它的主宰地位既非依靠强大的政治军事力量，甚至也非依靠商业强盛，而是依靠授予殖民地地主阶级权力。后来殖民地统治阶级的反叛和继起的独立战争，与其说像一些历史叙述所认为的那样同殖民地出现一个革命性资产阶级有关，不如说同殖民地的某种艰难平衡的遗产有关，平衡的一边是一个遥远的、勉强行使国内主权的帝国，另一边是以土地所有权为基础的地方性权力。

萨拉曼卡学派

在西班牙成为一个真正的“民族国家”之前很久，它就是一个世界帝国，而且这种独特现实明显反映在西班牙政治思想之中。西欧常见的司法权之争（教会权威与世俗权威之间的，或君主、教皇、神圣罗马帝国皇帝、贵族和城市精英之间的）在此当然都有所展现。萨拉曼卡学派开始兴盛的历史时刻是在查理一世治下，他是斐迪南和伊莎贝拉之孙，后成为神圣罗马帝国皇帝查理五世。而且如我们所见，这个时期充斥着皇帝与教皇还有德意志诸侯之间的紧张，更不必说还有欧洲崛起的诸王国之间的斗争以及土耳其如影随形的威胁。但是，在西班牙政治思想中，这些冲突一般是透过帝国的紧要之务表现出来的。其他统治者，例如法兰西或英格兰的统治者可以宣称是自己王国的“皇帝”，而且这将塑造欧洲的主权概念。但是，在西班牙的情形中，帝国观念较少与王国国内（在此其权力受到与各种竞争性司法权之间或多或少明确的契约关系限制）的主权有关，而更多与对遥远领土及其土著居民的殖民统治有关。

困扰其他君主例如法兰西君主的受争议主权，确实刺激了关于何者构成

正当政治权威的理论争论,但在西班牙,帝国引发了尤为尖锐的问题。国王
宣称对王国国内享有统治权,就好像这是他的私人家务,这是一回事。他主
张自己对遥远殖民领土及其土著居民,特别是自身具有复杂组织和治理方式
的殖民领土及其土著居民的统治,则完全是另一回事。美洲的“高等”文明,
使诉诸传统的家主权概念或自然等级制概念变得更加困难。帝国和监护征
赋制的辩护者确实诉诸了亚里士多德的自然奴隶制概念。但是,具有精巧技 89
术和复杂政体形式的印第安人,无法被当成臣服于自然优越者之权威的自然
奴隶或非理性动物而草草打发,而且建立在这些理由上的帝国主张几乎从一
开始就是饱受争议的。把土著居民缺乏基督教信仰作为使他们臣服于帝国
统治的理由,一旦这样的做法也受到质疑,正视如何界定正当统治的根本问
题就变得愈发紧迫。西班牙的帝国扩张模式已经产生了自己的意识形态需
求,西班牙政治思想家也有特殊理由去思考殖民地臣民的自然权利,或自然
法对他们的帝国主人施加的限制。

宗教改革,特别是新教教义向反抗理论的转变,为处于受争议的中央集权过程中的西班牙王国提出了问题,正如它为欧洲其他君主国特别是法兰西提出了问题一样。但是,帝国征服的现实提出了一个不同的挑战。对这个话题的争论先于宗教改革并且帮助塑造了西班牙的反宗教改革。金银的大量涌入本来已经足以引发神学家之间的激烈争论,他们早已习以为常地就基督徒对财产和财富的正确态度开展争辩。[1] 西班牙人还会创造出新颖的货币和交易理论,它们现已被视为现代经济学的源头。但是,帝国财富是靠蛮力获取的,这个事实使其辩护变得更为复杂。尽管帝国凭相对较小的军事力量赢得了胜利,但西属美洲板上钉钉是一个征服帝国。比起英格兰人在北美的殖民计划,即无耻地想要为殖民者腾出土地,它可能少一些蓄意残杀的性质,但是(或者可能正因如此),西班牙人实际依靠对大量本土劳动力的统治和剥削,由此他们发现更难以掩盖帝国计划的本质。

帝国统治的辩护者非常清楚,他们正在为之辩护的事情实际上是征服,它与被用来支持(并不更少血腥的)英格兰人的商业和农业的和平优点形成

1　参见拙著:《西方政治思想的社会史:公民到领主》,尤其是第 182—186 页讨论了中世纪对财产权的争论,特别是方济各会神学家和多明我会神学家之间的争论。

对比，在某种程度上也与法兰西人的帝国冒险事业形成对比。[1] 同时，因为西
90 班牙的帝国统治是通过暴力强加给自身具有复杂治理形式的高等文明的，为征服辩护就更加困难，帝国的统治还提出了关于殖民地受害者的财产权和主权，进而还有他们的理性和自然权利的根本问题。

由于涉及常见的司法权之争，情况变得更加扑朔迷离。早期对帝国的支持基于教皇捐赠，但是，君主与教皇之间的紧张关系使教皇捐赠成为一种尴尬的辩护，特别是当查理成为神圣罗马帝国皇帝并发现自己与教皇处于冲突中时。教皇捐赠也受到了与西班牙竞争帝国领土权利的欧洲对手的有力挑战，这使得寻找替代性辩护更有用处。

在神圣罗马帝国统治下，帝国可以被表现成一种代表世界帝国或基督教世界秩序的使命的类似事物，正如古罗马帝国宣称代表一种普世秩序行事。但是，反对教皇主张、有利于君主的神学论证，往往也反对“世界帝国”并反对西班牙的征服。萨拉曼卡学派的神学家们认为，尽管教皇是基督教世界的性灵领袖，却不具有对这个世界的世俗权威，教皇（或他代表的教会）也不具有对非基督徒的任何权威。这可以意味着，不存在一个像普世的“神圣”世俗帝国这样的事物，但是，这也针对基于下述理由的对征服的辩护提出质疑，即征服把基督教带给了异教徒或惩罚了违背自然法的野蛮人。

无论是否与教皇有冲突，西班牙王室都有其他理由去鼓励这类反殖民压迫的论点。在控制殖民定居者的封建野心，阻止美洲出现一个新的世袭贵族阶层的努力中，王室有非常实际的理由来欢迎对监护主野蛮行径的攻击和对监护征赋制本身的攻击。君权对奴役增长进行的限制及其废除监护征赋制的尝试，可能部分是真诚地被伦理和宗教关怀驱使的，但毫无疑问，削弱殖民者的独立权力是一项压倒一切的考量。

无论其动机是出于人道主义的对帝国暴行的厌恶，还是仅仅出于保卫君权，质疑西班牙在美洲的统治的神学家和法学家都提出了有力的论证，而这

1 关于西班牙帝国主义意识形态与不列颠和法兰西的对比，一项富有启发意义的研究参见安东尼·帕格登：《世界之主：西班牙、不列颠和法兰西的帝国意识形态（约 1500 年—1800 年）》（Anthony Pagden, *Lords of All the World: Ideologies of Empire in Spain, Britain and France c. 1500—1800*, New Haven: Yale University Press, 1995）。

迫使帝国辩护者改变策略。这对于信奉君主主义的帝国辩护者来说是件极为棘手的事,他们必须攻击监护主,同时又不损害君主的帝国主张。他们可以承认教会或教皇不具有普世的世俗权威,但接着转向(正如维多利亚在评论上帝与恺撒时所暗示的)不那么宏大的主张,特别是转向“正义战争” 91
概念。

从其古典时期的源头开始,“正义战争”传统就已经声名狼藉地充满弹性,它囊括了一切事情,直至并包括最具侵略性、掠夺性的帝国冒险。在其所有不同的变化形式中,正义战争学说都阐明了开战的几点基本要求:必须有一个正当理由;宣战必须由一个正当权威做出并具有正当意图,并且是在所有其他手段都用尽无效之后;必须有一个实现所欲目的的合理机会,手段必须与这个目的相称。然而,这些表面上严格的要求,经过解释后可以与最具侵略性的帝国扩张战争和后来的商业竞争战争相容。正义战争观念已经为收复失地运动效过力,那时胜利者精心制订了处理甚至奴役其牺牲品的复杂法规。

因此,美洲的殖民主义大概无法基于教皇谕令或教会的世俗权威而得到辩护。但是,支持征服的人认为,存在各种开战的正当理由。为了保护“无辜”,或更广泛地说,为了促进“文明”生活的价值观,在自卫时,或在代表一种普世的“人类共和国”(它受到那些违反和平和良好秩序准则的行为或阻碍自由贸易的行为的威胁)时,一种“正义战争”很可能是必要的。由一场正义战争所导致的任何征服都可以确立正当统治,正当统治可以被界定得非常宽泛,以至于可以使奴隶制得到辩护。

争论始于征服的最早时期。1493 年,教皇亚历山大六世(更加臭名昭著的切萨雷·波吉亚的臭名昭著的父亲)发布一份教皇宣告,旨在解决葡萄牙和西班牙之间的帝国领土主张争议。通过“教皇捐赠”,西班牙被赐予美洲土地。从一开始就存在着关于教皇司法权的问题,但是,即使对那些并不想挑战教皇权威,或实际上不想挑战西班牙君主统治殖民地领土的权利的人而言,教皇宣告的含糊之处也引发了激烈争论:他是认可通过暴力手段(也就是通过“正义战争”)的殖民,还是只认可异教徒的和平皈依?无论何种情况,有一点都确切无疑,即教皇理所当然地认为,西班牙确实有确立殖民地的权利,而且它不但有权利还有义务强加基督教信仰。

几十年后，这种争论出现在最著名的辩论，即1550年—1551年巴托洛梅·德·拉斯·卡萨斯与胡安·希内斯·德·塞普尔韦达之间关于西班牙殖民地政权的巴利亚多利德辩论中。此时，辩论发生的背景是关于对待印第安人方式的争议日益增长。1511年，即多明我会修士抵达殖民地之后一年，
92 托钵修士安东尼奥·蒙特西诺已经向殖民者和监护主发布了一份具有开创意义的布道词，“告诉我”，他要求道，

> 你们凭借何种权利和正义使这些印第安人处于如此残酷和可怕的奴役中？你们恃何种权威对这些安静、和平地居住在自己土地上的人民进行令人发指的战争？……他们难道不是人吗？他们难道没有理性的灵魂吗？你们难道不是必须爱他们如爱自己一样吗？

拉斯·卡萨斯自己曾是一个监护主，而且即使当他部分受到蒙特西诺影响开始反对美洲既有的劳动制度时，他仍一度支持对非洲人的奴役。尽管他从不反对帝国扩张并依然确信印第安人应该皈依基督教，但他变成了一个一以贯之的对监护征赋制和武力改变信仰的有力批评者。他的观点确实对西班牙舆论产生了作用，也影响了1512年—1513年通过的旨在管控这项制度的《布尔戈斯法》。但是，这些对改善印第安人的处境并无实际作用，而且显然依旧建立在征服是正当的假设上。野蛮的监护征赋制仍然没有被制止。

拉斯·卡萨斯将阐述一种有力的论证以支持下述观点：印第安人是理性存在者，他们具有复杂的文明并且能够和平地皈依。尽管他的观点还不像后来在巴利亚多利德辩论中阐述得那么系统，但它们明显影响了教皇保罗三世。1537年教皇发布教皇谕令，宣称“印第安人确实是人，尽管他们不能理解天主教信仰，但据我们所知，他们迫切想接受它……”，“上述印第安人”，教皇接着说，

> 和今后可能会被基督徒发现的其他所有人，都绝不应该被剥夺其自由或财产，即便他们不信耶稣基督；他们可以并应该自由和正当地享用

> 他们的自由与财产；他们不应以任何方式受到奴役；如果发生相反的事情则是无效的。

虽然这没有明确取消亚历山大先前的宣告，却可以被如此解读（尽管说服罗马教廷明确撤销它的斗争已经延续至今）。同时，它可以也确实被一些人理解成：为正当征服（也就是正义战争）的可能性留了开口，这种正义战争旨在对那些最终表明无法或不愿和平接受基督教的人强加信仰。

拉斯·卡萨斯仍然确信基督徒有责任改变印第安人的信仰，但是，1539 93
年他向王室提供了一份令人震惊的关于西班牙人野蛮行径的记录。这催生了 1542 年的《新法》（New Laws），它旨在更严格地管控监护征赋制。但这些法律受到监护主的猛烈反对，而且最终丝毫没有改变这个制度。尽管像拉斯·卡萨斯这样的批评者对实践的影响有限，但他们确实设定了理论争辩的框架。在拉斯·卡萨斯备受瞩目地汇报印第安人状况的同一年，弗朗西斯科·维多利亚在萨拉曼卡大学举行讲座，讲义后来以《论印第安人和论战争法》[*De Indis et De Jure Belli*，取自他的《神学沉思录》（*Relectiones Theologicae*）第十二章]为题发表。维多利亚通常被人们当成帝国的反对者而加以引用，但他的论证可以被视为对拉斯·卡萨斯这样的监护征赋制批评者的 种回应。当拉斯·卡萨斯关于印第安人的领土权利的观点已经非常深入，足以挑战任何对其土地的殖民主张时，维多利亚或许已经开始试图在印第安人的人性和理性得到承认的情况下，为帝国征服重新寻找最强力的论证；或者换句话说，他或许想阐述这样一种论证，它既能维护西班牙王室的帝国正当性，又能削弱监护主。这或许有助于解释维多利亚的论证中一些不连贯和含糊之处。但是，即使我们把他解读成帝国的辩护者而非批判者，也恰恰是这种针对帝国问题的交锋把自然权利理论推出了中世纪的界限。这位多明我会修士可以凭其《神学沉思录》被誉为国际法开创者。而且，关于帝国的辩论迫使他和萨拉曼卡学派其他成员以某些方式阐述中世纪的自然法和自然权利概念，而这些阐述方式将对西方政治思想的发展产生重大影响。

需要强调的是，某种源于中世纪的类似个人自然权利的观念，已经在 16 世纪得到了充分确立。尚未充分确立的是它对国家权力问题的影响，或更准确地说，是其限制国家权力的寓意。中世纪神学家和法学家已经留下了一笔遗产，在其中，裁决互竞的国内司法权之争并非个人权利的职能。这种学说也并不想确立一种反抗唯我独尊的王权的权利。当然，有些思想家已经准备在危急状态下容许个人诛戮暴君，也会出现为反抗一切君权辩护的激进派别。但是，在16世纪欧洲的主流政治思想中，反抗或限制君主权力的规范性权利一般仍非基于个人权利，而是基于法人团体、市政当局或地方贵族的司法权主张。

诉诸某些超越政治领域的超验原则，即宣扬某种适用于所有人的、并非
94 源自实在法或国家权威的道德要求，这种做法将在现代反抗理论或有限政府理论中得到充分发挥。但就其中世纪形式而言，不如说权利学说更有可能被用来为王权**辩护**，特别是为王权反对教皇权辩护。政府权威来自“人民”这种观念与形形色色的政治信念相容，其中包括君主权力应该几乎不受限制的信念。诉诸“人民”（作为法人团体）是权威的最终来源这种观念，可能较少是对国家权力的限制，更多是为了支持君主权威，特别是支持与教皇权对立的君主权威。正因为君主的权威来自人民，所以他对世俗领域具有司法权，而教皇无权主张它。

在中世纪思想中，私人所有权也可以轻易地与一种由各法人团体构成的政治共同体概念共存。即使当国家被设想成对财产持有者个人负责时，在中世纪的说法中这仍可以意味着，国家是由作为法人团体，甚至是各法人团体之集合的“人民”组成的并对它负责，“人民”具有为他们讲话或行事的官方代表。[1]

因此，可以在论证寓于个体的权利方面迈出几步，又仍然信奉政治权威源于作为法人团体的共同体的观念。个人固有的自然权利，特别是财产权利

1　在《西方政治思想的社会史：公民到领主》中，我认为，“即使封建财产权（无论它有怎样的条件，也不管它包含怎样的义务）也是归于个人名下的，但这些个人本身乃由他们的法律身份或法团身份所界定。他们不是单纯地作为自由人，而是作为领主，或作为服从封建义务和领主司法权的地主而持有自己的财产”。这对王国对“人民”负责的原则亦有影响，“即使当‘人民’被赋予一种废黜失职国王的权利时，这种权利一般也被归于一种法人团体或其代表，特别是被归于这样那样的封建权贵”（第216—217页）。例如，根据《剑桥中世纪政治思想史：约350年—1450年》（*Cambridge History of Medieval Political Thought*：*c. 350—1450*，Cambridge：Cambridge University Press，1988），“在法兰西，人民废黜国王的权利，通常只有在驳斥教皇可以这样为之的主张的语境下才得到讨论”（第517页）。

的观念可能需要某种解释：它们在何种程度上可以或不能正当地受到国家侵犯。但是，即使说（例如）君主绝不可干涉臣民的财产权，这本身对围绕司法权和政治权威的竞争也没有影响。当政治权威寓于一个法人团体（超越于组成它的众多个人）时，并不会出现个人权利学说提出的概念问题（如果就其本身而言）。并非个人权利观念，而是大于任何个人包括国王的共同体观念，更 95
有可能被诉诸来支持有限、宪政的政府。

换言之，在伸张（私人性的?）个人固有权利和支持君主在其政治领域中的绝对权力之间，并不存在明显的矛盾。君主保障其臣民的私有财产权领域或许是必要的，但是，做到这一点并不需要把国王司法权让给其他某个主权碎片。甚至不如说，正如在法兰西那样，在西班牙的语境下，比起法团权利即寓于法人团体或其官方代表的权利的观念，个人权利的观念（它并不必然包含对司法权或公共权威的主张）对王权威胁更小。个人自然权利观念最明确无疑地卷入关于绝对主义国家的争论的地方是英格兰，在那里，互竞的司法权并不是君主与那些想要约束其权力的人之间的核心问题。

我们将看到，在英格兰，寓于个人的自然权利学说会具有一种不同的含义。由于语境原因，这与法人团体特别还有互竞的司法权在界定政治领域上相对次要的地位有关，国家权力及其限制问题更倾向于表现为国家与组成它的个人之间的关系问题。因此，对于国家权力的限制而言，自然权利学说会具有更明显和直接的寓意。即使绝对主义国家的热情辩护者，例如托马斯·霍布斯也感到不仅必须要解释个人的自然权利如何能够与绝对君主制相容，而且必须要指出这样的国家是且仅仅是由具有固有自然权利而无须法团中介的个人组成的。

在西班牙，对王权的争论在法团司法权的领域中展开，在这种语境下，更多是帝国，而非君主与臣民之间的张力塑造了自然权利概念。像他们的中世纪前辈一样，西班牙思想家确实提出了反对君主侵犯的个人权利，特别是财产权的问题，但是，他们对中世纪托马斯主义观念的阐发受到了帝国的经验的塑造。透过帝国的棱镜来看，自由权利较少涉及西班牙臣民相对于国家的公民权利和自由，而更多与土著居民从监护主的完全奴役中获得自由的权利有关；财产权也要从互竞的殖民地领土主张的角度来看待。

因此，比起后继的、更为熟悉的自然权利概念，例如约翰·洛克的自然权
96 利概念，萨拉曼卡学派那里出现的理论，其意图主要不是勾画个人与共同体之间，或国家与其公民或者臣民之间的恰当关系。西班牙自然权利学说特定地旨在解决帝国正当性的一般性问题和帝国对待印第安人的特殊性问题，而且其表达形式旨在处理西班牙的帝国难题，并无君主国相对其国内臣民的正当性方面的寓意。

为了确立西班牙王室在美洲的帝国权利——主要是其对殖民地财产特别是矿产的权利主张，需要一场多线展开的战斗：反对欧洲其他势力，更具体地说，如我们所见，反对教皇和监护主。西班牙政治思想中的一个讽刺之处在于，那些被西班牙神学家视为能最有效地维护国王地位，回击他所面临的来自所有方向的挑战的论点，即主张土著居民权利的论点。在他们看来，主张印第安人具有司法权甚至可以说是明智的，这样就可以基于他们已经同意接受西班牙王室统治而使帝国统治得到辩护。[1] 然而，承认印第安人的财产权甚至更加重要。教皇捐赠的观念是危险的，不仅因为西班牙君主（尤其是他以神圣罗马帝国皇帝身份）与教皇之间的紧张，而且因为欧洲各种相互竞争的殖民地领土权利主张者持续挑战着教皇的司法权和他以此种方式"捐赠"土地的权威。因此，西班牙君权的辩护者认为美洲土地只能属于土著统治者，这是深思熟虑的，这样他们就具有与欧洲诸君主同样的权利，而欧洲诸君主的财产权教皇无法侵犯。出于这个理由，为西班牙殖民统治寻找其他辩护方式（例如"正义战争"学说）是有益的。主张印第安人的财产权，还具有否认监护主对殖民土地的任何自治权主张的额外优点。同时，赋予印第安人所有权，并非不能与外国人对那些无人占有的物品，例如地下黄金的权利主张相容，（正如维多利亚在《论印第安人和论战争法》中认为的）依万民法这些物品属于第一位获取者。

维多利亚这样一位西班牙思想家，其《论世俗权力》（一部早期的思想录）是针对激进新教的威胁为国王权力的辩护。在后期对战争和土著居民的反

1 为什么萨拉曼卡学派选择论证只有在印第安人已经同意的基础上，查理才可以主张对他们的司法权，正如德意志诸侯"同意"了他们的上级立法权威，一种极其有用的解释参见帕格登：《世界之主：西班牙、不列颠和法兰西的帝国意识形态（约 1500 年—1800 年）》，第 50—52 页。

思中，他转而坚定支持一种寓于个人的自然权利观念，他却没有感到为这种 97
转变进行辩护的必要，或者说他没有试图证明自然权利与王权绝对主义如何共存。对他来说，不需要把个人的自然权利看作对君主权威的挑战。挑战来自一个不同的方向。1528 年，维多利亚已经完成了《论世俗权力》，那是在公社起义（Revolt of the Comuneros），即卡斯蒂利亚人反对查理五世的起义和德意志农民起义之后。他尤其热衷于捍卫君主权威、防范他觉察到的来自激进神学的威胁。尽管在他对世俗权威的解释中有一些模糊之处，然而，在这部著作中，他的主要策略是坚称主权不是源于人组成的共同体，而是源于自然法和神法。诚然，即使在《论世俗权力》中，有时他也认为（而且在后期的讲义中他确实非常一贯地认为）王权最初的确源于共同体，主权者代表共同体统治。但是，在这部思想录中，他的强调重点是世俗权力在自然法中的起源。这些相异解释的共存或许可以看成一种疏忽大意，但对维多利亚来说，这两个命题可能看起来并非如此矛盾，因为国家权力来自人民的观念早就被认为能够与国王的绝对权力完美相容。

在另一部思想录《论教会权力》中，维多利亚指摘了路德宗观点，即全体基督徒都是教士且教会权力是每一位信徒固有的，但是，他对世俗权力来源的论证与路德的并无太大悬殊。如我们所见，路德本人主张服从，反对反抗世俗权威，他把世俗权威视为上帝任命的。因此，维多利亚合情合理地认为，新教教义给世俗统治者带来的真正危险，与其说存在于路德关于世俗权威来源的观点中，不如说存在于他关于教士和教会的概念中，它无疑已经被激进分子加以发挥来为反抗世俗权力辩护而不顾这位师父的反对。

尽管如此，维多利亚也受到了其他托马斯主义者的指责：他没有认识到政治权威直接源自上帝恩典这种路德宗观念带来的威胁。路德**反对**反抗权利，部分是基于世俗权威的正当性不能由自然法标准或正义原则来裁断，因为我们无法设想堕落的人类能够遵循或哪怕理解神的意志或自然法。换言之，对他来说，诉诸自然法会提供一个危险的反叛借口。然而，当新托马斯主义神学家主张政治社会确实基于自然法而且人类灵魂中确实有一种恩典和正义的成分时，自然法对他们而言有一种非常不同的含义。无论他们具有怎样的善心，他们都有非常直接的实际目的。他们当然关心拯救一种能力，即

98 人类在依靠上帝恩典救赎自己的过程中一定程度的合作能力，没有这种能力，天主教会就没有意义，也没有权威。但是，他们同等地关心世俗君主在他们彼此之间、在他们与教皇之间的冲突中的地位。他们从继承自阿奎那的自然法概念中寻求解决方案。

托马斯主义对各种类型的法（神法、永恒法、自然法、人法或实在法）之间的区分，提供了一种维护世俗权威自主性又不否认其上帝意志之源的方法。指向永生和人神关系的神法是《圣经》中神启的主题。这在概念上有别于永恒法，永恒法代表着上帝统治的宇宙秩序的原理。自然法是神的法规中人类理性可以理解的那个方面，尽管它确立了正当政府的基本原则，但只有当它体现在世俗政府制定的实在法中时才存在于政治社会。这里并未太多（在某些思想家那里更少）强调自然法是一种可以据以评判人类立法的标准。毋宁说根本要点在于，尽管政治社会最终基于自然法，它却只凭借人类制度且只通过人类立法的中介才存在。换句话说，政治社会并不直接起源于上帝恩典，而是人类共同体为实现人的目的而创造的。

比起视自然法为裁判世俗权力之标准的观点所蕴含的破坏性可能，新托马斯主义神学家更担心的是一种直接源于上帝恩典的政治权威的概念对世俗统治者构成的威胁。新教激进分子已经危险地阐发了路德学说，其阐发方式似乎暗示着，如果世俗权威是依靠上帝恩典，为了应对人类的罪而建立的，那么渎神的统治者则很难服务于上帝的目的。路德宗原则可以被用来暗示，对统治者的服从有条件地取决于他们的虔诚。这就使下述论点成为可能：对统治者不仅可以消极不服从，而且可以根据基督徒良心的指示积极反抗。

同样让人不安的是可以通过征服正当废黜“渎神”统治者这种寓意，在欧洲基督教君主之间的冲突中，这种观念已经易如反掌地被鼓动起来。当新教卷入君主或皇帝与“次级”司法权之间的紧张关系（例如法兰西宗教战争中逐渐出现的冲突，或尼德兰反对西班牙帝国的起义）时，这类观念尤其具有威胁性。很明显，坚持世俗权威基于通过人类制度体现的自然法要安全得多。

因此，托马斯主义神学家殚精竭虑去推翻新教的政治社会概念和支撑它
99 的因信称义学说。同时，他们对世俗君主的辩护有可能使西班牙帝国的正当性岌岌可危。对新托马斯主义神学家来说，政治社会建立在只通过人类制度

体现的自然法的基础上，这种观念也意味着，唯一直接由自然法产生的统治形式是丈夫和父亲的地位。尽管统治的一般原则来源于自然法，但其政治形式只凭借人类制度，只为保存一个人类共同体才存在。这使西班牙国王在美洲作为皇帝的地位受到质疑，即使他凭借神圣罗马帝国皇帝的身份。他无法基于世界帝国而主张司法权。因此，他并不能比欧洲其他君主更优先地主张对殖民地领土的司法权，而且，在保护他们自己的共同体上，土著统治者与其他由人确立的政治权威享有同等的正当性。如果在新托马斯主义神学那里，欧洲诸君主主张其国内权威的要求优先于皇帝的帝国主张，那么，就必须为西班牙的帝国扩张另寻辩护理由。

维多利亚后来确实放弃了世俗权威直接来自上帝的观念，以及与相伴的政治社会直接由自然所植的观念。在论印第安人和论战争法的讲座中，他从经典的托马斯主义观点出发：政治权威并非直接从神的制度中，而是经由人类立法的中介从自然法中获得其正当性。尽管自然法最终是由上帝制定的，但它是人凭理性可以理解的，并通过实在法由人落实。作为被赋予完全所有权的个体，人自愿地分割了财产权并确立了政治权威。尽管根据亚里士多德式和托马斯式的观念，人自然地是一个“政治”动物或公民动物，政治社会却不是凭自然而是凭法律建立的。

接着，维多利亚采用了非常传统的观点：主权是通过最初为人民固有的权力之转让而确立的。尽管有别于他在《论世俗权力》中的立场，但这种转变并不预示着关于国家权力之限制的观点的重大变化。正如我们已经看到的那样，政治社会凭人类制度而存在的观念，并无任何必然的限制世俗政府的含义。相反，托马斯主义神学家更有可能诉诸这种学说支持世俗权威、反对反抗权利或教皇权力；政治权威最初由人民设立的观念，其包容性大得甚至足以容许绝对君主制。[1] 100

尽管个人被自然赋予一种完全所有权的观念并不必然包含着对政治权威的限制，但它的确意味着，印第安人不应该被他们的殖民主人奴役。反思

1　或许可以在人民对统治者的权力**转让**与无条件的权力**让渡**之间进行区分，但这种区分并不总是明确的。因为即使在一种有条件“转让”的情况下，反叛的条件也可以如此严苛，以至于留给统治者几乎绝对的权力。

着秘鲁的被征服和印加与阿兹特克文明的毁灭，维多利亚排除了任何诉诸印第安人自然低劣性或诉诸亚里士多德自然奴隶理论的辩护。印第安人像其他人一样被赋予了完全所有权，具有自由和所有权。这排除了征服，哪怕是为了强行使他们皈依基督教的征服。帝国统治也不能基于“世界帝国”原则而得到辩护。由于政治权威仅通过人法的中介而建立在自然法之上，就不存在一种其权威直接源于神法或自然法的世俗世界帝国。印第安人的法律和制度与所有基督教政治体具有同等的正当性。如果存在自然法的任何普遍表达，那它也只能存在于全世界各民族共同的法律和习俗中，也就是体现在万民法（ius gentium，不同地翻译为 law of peoples 或 law of nations）中的自然法。

维多利亚论点的效果是缩小了帝国辩护的范围。剩下的唯一理由是“正义战争”理论。然而，正义战争可以使什么正当化，对此他最多也是模棱两可的（甚至在不同著作中是不一致的）。一方面，他似乎排除了非信徒的强制皈依和以世界帝国为名进行的征服。另一方面，如我们所见，他确实援引罗马帝国作为一种武力帝国扩张的正当形式的例子，它不仅得到教父们的认可，而且原则上得到耶稣基督本人的认可。尽管维多利亚对罗马的评论并没有明确地与新世界中的帝国相联系，但对西班牙在美洲的帝国而言，这些评论有显而易见的寓意。更重要的是，他的万民法概念甚至为征服的正当性提供了一个基础。它代表着一种自然的人类共同体，该共同体包含某些普遍原则，例如迁徙和自由交换的权利，包括“交换”基督教信仰的权利。为了保护这些原则，可以对任何阻碍它们的人打一场正义战争。因此，维多利亚认可了蒙特西诺和拉斯·卡萨斯对印第安人作为理性人类有资格享有自由和财产的辩护，他也拒绝了世界帝国的观念，然而他同时为征服进行辩护。我们或许可以做出结论：他完成了一种反对监护主却支持西班牙国王的帝国主义论证。

在萨拉曼卡大学与维多利亚共事的多明戈·德·索托，先于前者宣告了罗马帝国不过是建立在武力的基础上。像维多利亚一样，他捍卫世俗权威，反对在他看来的路德宗的威胁。但是，他提出了更强有力的论证反对帝国统
101 治，1553 年他甚至挖空了“正义战争”辩护的基础。在维多利亚诉诸教父特别

是奥古斯丁的权威的地方，索托拒绝了这种辩护。在缩小罗马帝国可以依靠的正当性理由之范围上，维多利亚已经迈出了几步，但索托走得更远：他宣称，奥古斯丁绝没有认可罗马凭借武力的帝国扩张，他视之为一种不义的世俗荣耀追求，在他看来这不是美德而是罪恶。无论在后来的欧洲人眼中罗马能够获得何种正当性，都无法支持世界帝国原则。但即使是索托也没有质疑基督徒改变印第安人信仰的需要。

1545年特伦托会议召开。它表述了官方的反宗教改革教义，阐明了反对新教异端的论证，并发起了天主教会内部的改革。作为神圣罗马帝国皇帝的查理五世任命索托为他在大会上的神学家。主要的、争论最激烈的问题之一是因信称义学说。

1550年，国王查理五世在巴利亚多利德召集神学家和法学家的审议会，会议由索托主持，就征服和强制印第安人皈依的正当性进行辩论。赞成通过正义战争改变信仰者有人文主义学者、亚里士多德翻译者塞普尔韦达，他代表殖民定居者的利益。1545年他已经发表了《论对印第安人战争的正当理由》。尽管他也是一位多明我会修士，但他的论证主要基于世俗理由，基于亚里士多德的自然奴隶理论。他当然赞成印第安人的皈依，但他把自己的论证建立在这样的理由上：西班牙是一种优越文明，有权利征服这些“野蛮”民族，以便使他们做好皈依的准备。他在巴利亚多利德辩论上阐述了这些观点，那里他的对手是把自己树立成印第安人主要辩护者的拉斯·卡萨斯。

在辩论中，塞普尔韦达诉诸自然奴隶学说，再次把自己的论证建立在印第安人是受激情而非理性统治的野蛮民族之上。他坚称，他们还有违反自然法之罪，犯下“触犯自然的罪行”，例如违背西班牙法律和习俗的食人、偶像崇拜和鸡奸，这也使西班牙人有资格对他们发起一场正义战争。此外，由于印第安人有压迫和杀死他们自己之中的无辜者（他们经常被当作人牲献祭）的习惯，只有通过外部干涉才能使他们的牺牲品得救，这里塞普尔韦达可以利用某种类似维多利亚万民法学说的东西为正义战争提供一种辩护。最后，只有通过征服铺平道路，基督徒的转化使命才能达到结果，正如基督徒皇帝君士坦丁为了转化异教徒于4世纪将他们纳入罗马统治下。塞普尔韦达甚至诉 102
诸《圣经》来支持他对强制皈依的论证。

拉斯·卡萨斯一一回应了这些论点。他没有反驳自然奴隶学说，而是证明亚里士多德式范畴并不适合印第安人，由此撇开了塞普尔韦达对亚里士多德的征引。他们确实是非基督徒，但他们显然是理性的，具有复杂的语言和受法律统治的复杂文明。尽管是少数，一些社群确实出现过偶像崇拜和献祭，但整个历史中许多发达文明都干过这种事情，这也无法作为他们受激情而非理性统治的证据。作为发达、理性的民族，印第安人可以而且应该改变信仰，但不是靠武力而是靠劝化。基督徒也没有任何权利惩罚他们的错误，因为无论国王还是教皇都没有对印第安人的司法权，印第安人不是应由教会纠正的异端，而是可以和平皈依的异教徒。即使偶像崇拜和献祭违反万民法（所有人都有义务防止这类违法），声称违反自然的犯罪应受强制惩罚也有悖教父们如奥古斯丁的教诲。无论如何，两恶相权避其重，而战争即重恶。

弗朗西斯科·苏亚雷兹

这场辩论毫无实践影响，但无疑具有理论意义。尽管挑战帝国正当性的论点非常有力，但它们仍为基于“正义战争”（在这些情况下战争可以被判定为较小的恶）的征服辩护留有余地。在断然排除了世界帝国论证或自然奴隶论证后，结果是把辩护责任交给了“正义战争”学说以及万民法概念，对万民法的违反仍是最令人信服的、一般也是相当灵活的发动战争的理由。这些概念后来融入西方政治思想主流，并非如通常认为的那样，是为了给战争行为设限，而是为了给动用武力追求帝国利益提供辩护。

耶稣会神学家和哲学家弗朗西斯科·苏亚雷兹是这种论点最重要的承前启后者。他也阐发了前人的自然法和自然权利观念，其阐发方式使他被誉为现代早期自然权利传统的奠基者，但他在这里同样留下了一笔模糊的遗产。他表达的观点接近维多利亚、索托和拉斯·卡萨斯论印第安人对自己土地的完全所有权的观点，而且他的自然法和自然权利概念有时被解释成一种多少有些“现代的”，对与国家针对的个人权利的辩护。如果说他的前辈在为
103 土著权利辩护时并不希望损害欧洲君主在国内的世俗权威，那么苏亚雷兹则更明确地表明，自然法与自然权利可以同某种接近绝对君主制的东西完美

相容。

正如我们已经看到的那样,政治社会通过人类立法的中介而建立在自然法之上,这种新托马斯主义原则可以以现代眼光看来违反直觉的方式加以利用:被用来增强而非限制世俗权威、抵制反抗。政治社会凭人类制度,为实现人的目的而存在,同时在一定程度上服从正义和自然法准则这种观念,还有某些权利自然地为个人所固有这种观念,表面上看似乎更适合一种反抗学说而非一种接近王权绝对主义的政治正当性理论。然而,对 16 世纪的欧洲君主国来说,在它们所面临的挑战的特定语境下,一种世俗权威概念,例如西班牙新托马斯主义者阐述的那种,与对世俗统治者的严格服从或者甚至王权绝对主义是一致的,而自然权利学说看起来还不具有很大威胁性。

苏亚雷兹作为一名法学理论家进行著述,他还完善了法条主义的新托马斯主义论证策略。他认为,政治社会是一种人类创造,是由具有群体生活的自然倾向的人建立的,他们为实现纯粹属人的、世俗的目的而创立了政治体。通过共同同意,即同意建立一种政治体并设立具有立法权的政府,自然自由的个人放弃了那种自由。因此,政治权力并非寓于个人之中,而是寓于共同体之中。同时,苏亚雷兹排除了下述中世纪原则:尽管国王大于任何其他个人,但作为法人团体的共同体大于国王。个人同意并不仅仅是对其统治者的权力委托。这是一种彻底的权力**让渡**(alienation),而且其对统治者(无论是君主个人还是其他某种政体形式)的让与使他具备对权力的合法所有权,即一种几乎无条件的所有权。这意味着,即使政治权力不同于家主的自然统治权,即父亲或丈夫的家长权威,统治者享有的作为政治社会标志的立法权也无法在正常的政治事件进程中被撤销或限制。人民保留的唯一权利是保护共同体免受近在咫尺的毁灭的权利。只有在极端情况下,当统治者威胁到国家的存在本身时,反抗才是正当的。但即使在那时,这种权利仍是公共权威的特权而非个人权利。统治者可以被传唤到一个"公共"会议面前接受质询并做出解释,但如果要罢黜他,那么正如我们稍后将看到的,罢黜需要教皇的权威。 104

那么,在何种意义上可以说自然法和自然权利为政治权力设定了条款和条件? 关于这一点,苏亚雷兹往最好里说也是含糊的。在《论法律》中,他把权利定义成“所有人都具有的对其财产或对其应得之物的某种道德权力”(I.2.5)。这暗示权利凭自然而存在、独立于实在法。同时，苏亚雷兹告诉我们，这种道德权利是“由法律规定和衡量的”。那么问题就是，是否可以以任何独立的权利或正义标准评判实在法。他解释说，实在法的正当性取决于共同体的善、取决于正当和正义的事物，在这种意义上，权利似乎是一种可以评判人类立法的标准。但实际上，只有在最极端的情况下，才能反抗或限制统治者具有的立法权；不存在限制它的正式法律文件或程序；统治者可以以他所定义的共同体利益之名践踏个人权利，且在政治生活的正常事务中无处求援以反对这种定义。

苏亚雷兹的著作中还有一个更为复杂之处。他对反抗世俗权威的权利的最强烈主张，出现在他对英格兰詹姆斯一世的《为效忠宣誓辩护》的回应中，《为效忠宣誓辩护》于 1608 年匿名发表，1609 年以国王之名发表。在詹姆斯一世的各种著作中，他比任何政治哲学家都更多地阐述了国王神授权利学说，而且以其最极端的形式主张国王的绝对权威、其在上帝那里直接的和世袭的起源，由此还有国王对任何世俗的或宗教的反抗的豁免。《为效忠宣誓辩护》中所解释的效忠宣誓，是詹姆斯针对宗教改革进入英格兰以来就困扰着英格兰君主的问题(如何应对英格兰天主教徒)所提出的解决方案。当反宗教改革采取了一种好斗的政治形式，特别是当天主教会同查理五世之子、觊觎英格兰王位的西班牙国王菲利普二世形成合作时，这个问题具有燃眉之急。在詹姆斯一世的整个统治时期，仍有一个受耶稣会激发的英格兰天主教徒的派别投身于西班牙的这项计划，而效忠宣誓(它以国王的神授权利为根本前提)的初衷就是对付这种威胁。

在教皇保罗五世的指示下，苏亚雷兹在《为天主教信仰辩护以及驳英格兰圣公会之谬误》中向国王发起进攻。在这里他表现出最淡薄的绝对主义色彩，在这里他最断然地主张看起来似乎是反抗权利的东西。然而，根据他的看法，惩罚的权利是一种司法权行为，因此它总是一种上级的行为；惩罚国王和惩罚其他犯罪者都是如此。在这种情况下，唯一正当的上级是教皇，而苏
105 亚雷兹对詹姆斯一世的大部分回应都致力于主张教皇的司法权。

苏亚雷兹面对的问题不仅是教皇与国王詹姆斯之间的冲突，或天主教与

英格兰新教之间的冲突，还有英格兰宗教改革与西班牙天主教君主政体之间的政治斗争。他的萨拉曼卡学派前辈仍不得不顾及教皇与西班牙国王查理一世（特别是当他作为神圣罗马帝国皇帝查理五世时）之间经常性的紧张。菲利普二世及其子菲利普三世的统治时期是与教皇合作的时期。苏亚雷兹的论点在下属两者之间维持一种复杂的平衡：像他的前辈一样维护西班牙国王的权力，同时论证支持教皇的上级司法权、反对英格兰国王的主张。针对国王詹姆斯诉诸的国王神授权利，苏亚雷斯整合了众所周知的新托马斯主义关于政治权威来源的论证，认为不仅政治社会凭人类制度而存在，而且统治者的权威来自人民。然而，他一只手送出的东西又被另一只手拿了回来，他坚称人民已经向统治者让渡了自己的权力，而且只有在极其罕见、非常的情形下他们才可以行动起来反对他，这种权利是一种公共权威的特权，一种司法权，需要最高上级即教皇的许可。

人们通常认为在自然权利理论的形成中苏亚雷兹迈出了重要一步，这种理论将逐渐把权利置于个人之中，强调个人的自然自由，将自然权利的道德力量与宗教权威剥离，并把它归于符合理性可以理解的原则的、世俗的人类幸福需要。有观点认为，关键一步是离开阿奎那，对他而言，权利意指“正当事物”，即 个行动或一种状况中的“正确”，在某种意义上它与根据自然法何者为正当别无二致。苏亚雷兹开始把权利概念由“事物”（行动或状况）中的正义转变成个人的资格。然而，这样说或许会掩盖他的权利概念与我们更为熟悉的现代早期“主观”自然权利理论之间的一些根本差异。

首先必须强调，寓于一个人之中的，与财产有关或与此人“应得之物”有关的某种“道德权力”，这种权利定义仍与此人的状况或地位联系在一起并为各种有差异的权利留有很大余地。在《神学大全》中阿奎那本人明确表示，某一个人的“应得之物”会根据地位而变化：“某物”，他写道，“以一种方式应由平等者所得，以另一种方式应由上位者所得，以又一种方式应由下位者所得”——根据自然法的原则这就是正义。说反抗权利为某人“应得”不单纯是因为他的人性而且是基于司法权威，这完全符合这位大师的正义和权利学说。每个人都对他自己的财产以及他在自己的特殊状况中“应得”之物具有 106
权利，而且这意味着，例如（像苏亚雷兹表明的）对国王权威的反抗权利不是一种普遍的权利，而是一种职务特权。考虑到这种权利概念，甚至有可能以某种方式构想普遍权利，使它们仍然与绝对王权相容。

因为可用的个人权利学说乃至人民主权学说一般仍被用来支持而非反对王权，所以，当苏亚雷兹把权利观念引向维护君权而非限制它时，他依然沿袭着中世纪的规范。甚至可以说，寓于所有人的权利的观念，甚至还有世俗权威来自人民的观念，恰恰因为这些观念是作为王权的支持力量而非颠覆力量而纳入西方政治思想文库的，所以他在大力主张权利的存在时心安理得。对王权来说，更大的危险是其他人，即反对王权的“次级”公共权威的司法权主张。苏亚雷兹或许把他的权利概念引向反对国王詹姆斯的神授权利概念，但这位西班牙人确保了反抗权利被非常狭隘地界定并且它最终仰仗教皇。如果苏亚雷兹是在限制世俗权威，那也是通过把权利寓于教皇而非“人民”来实现的。[1] 即使不考虑这一点，即使在那些有自己的理由（无论是为了保护国王还是为了支持神圣罗马帝国皇帝）去坚持教皇没有世俗权威的政治理论家那里，主权源自人民的观念也可以随时被用来支持君主权力。

作为一种司法权利的反抗学说在 16 世纪的法兰西登峰造极。法兰西宪政主义者极尽所能地采用了这样一种反抗权利的观念：它源于人民的主权，且寓于互竞的司法权或“次级长官”中。在英格兰，这种理论策略变得不再可行。英格兰人面对一个并不对法兰西人构成影响的难题。当英格兰人阐述反抗学说时（在 17 世纪最为紧迫），那些为议会权利辩护、反对王权的人必须正视这样的可能性：诉诸人民主权有可能会打开更危险的闸门，不仅危害国家而且危害整个社会秩序。反抗权利不可能如此轻易地限定于“次级长官”
107 的职务行为。在这里，国家与个人之间被赋予权利的中介如果不是完全不存在的话，也比西欧任何其他地方弱。在英格兰的语境下，法团身份日渐淡化，经济权力和财产权利也不断同司法权和法团特权分离。这给个人权利学说添加了全新的重任。无须惊讶英格兰会产生更激进的民主观念，包括如平等

1　参见斯金纳：《现代政治思想的基础（卷二：宗教改革）》，第 179 页，它认为，像苏亚雷兹这样的反宗教改革的新托马斯主义者，确实采用了某些非常激进和世俗化的“统治权”概念，但他们同样热衷于为教会和教皇的世俗权力辩护，反对像帕多瓦的马西利乌斯或奥卡姆的威廉这样的理论家，马西利乌斯否认教会的任何强制权力，威廉否认教皇干预世俗事务的权利。

派提倡的新的权利观念。不太激进的英格兰政治思想家,无论是为王权绝对主义辩护还是为议会至上辩护,都将发现自己不得不在无中介的自由平等个人的基础上,以全新的方式建构自己的论证。 108

第五章　荷兰共和国

1598年,年仅15岁的荷兰神童胡果·格劳秀斯陪同“荷兰拥护者”约翰·范·奥尔登巴内费尔特,作为荷兰联省共和国议会的特使前往法兰西宫廷。这项使命的目的是向法兰西争取任何可能的援助,使作为自由共和国的各省份仍然脆弱的独立和稳定免受军事威胁。自1568年(沉默者)奥兰治的威廉一世领导反对西班牙菲利普二世的尼德兰起义以来,尼德兰卷入了几乎不断的冲突中。尽管荷兰共和国于1588年宣告成立,但直到1648年《威斯特伐利亚和约》签订,同西班牙所谓的八十年战争才告结束。纵观这个时期,这个共和国的经济、文化空前繁荣,但其国内政治生活却一直以剧烈的内乱为特征。

奥尔登巴内费尔特在共和国政治制度的形成中扮演了关键角色。由于东印度公司获得的巨大经济成就,他作为其缔造者实际上成为共和国的领袖。后来以国际法先驱著称的胡果·格劳秀斯,在一些评注者看来也是一位重要的自然权利理论家,甚至是一位现代自然法理论奠基者,他起初作为奥尔登巴内费尔特的受保护人,后来作为其支持者开始了他早慧的职业生涯。尽管就像我们将看到的那样,当他与奥尔登巴内费尔特沦为一场极为惨烈的派别斗争的牺牲品时,他们的亲密关系以交恶告终,但是,他的政治观念自始至终扎根于荷兰共和国的政治,扎根于其政治冲突和其庞大商业帝国。本章也会思考另一位跻身正典的荷兰思想家——斯宾诺莎,他或许没有积极参与

公民政治，但他的政治观念以自身独特的方式立足于荷兰共和国的冲突及其独一无二的政治、经济权力格局。 109

荷兰共和国

那个具有西班牙查理一世、神圣罗马帝国查理五世头衔的人，那个生于低地国家，生于佛兰德斯的根特市的人，一直对他的出生地而非西班牙王国的语言和文化更为熟悉。在他统治期间，哈布斯堡王室在尼德兰的省份被视为帝国王室的欧洲宝石——或至少是其主要的摇钱树。尼德兰的商业城市很早就是欧洲经济重要的贸易纽带。在南方，安特卫普市已经成为欧洲的香料、纺织品、糖、金属这些所谓发财生意的中枢；在北方沿海各省中，阿姆斯特丹已经兴起，很快将作为欧洲最大中转站和世界金融中心，成为一些人所誉为的世界最富裕城市，尽管其黄金时代要等到荷兰反西班牙起义以后才到来。无论西班牙本国还是哈布斯堡王室的意大利（帝国对它的统治早已乏力）都无法媲美尼德兰的繁荣，而且，随着正在崛起的欧洲各国之间的竞争激烈化，哈布斯堡王室必定会与日俱增地依赖荷兰各省的收入来强军扩武。当法兰西开始挑战哈布斯堡王室在低地国家的统治时，查理的回应是扩充军力，而其支援则过多地来自对尼德兰商业财富的榨取。西班牙国王（及神圣罗马帝国皇帝）越是依靠低地国家的资源，就越是被迫依赖地方精英规划财务和征收税赋，而这只会加剧紧张。

地方精英一度打算在帝国计划中发挥作用，实际上也是希望从中获益，但是，在君主的中央集权任务和低地国家保护其城市国家的省市自治的坚强决心之间，存在着不可避免的冲突。任何使各省服从西班牙王室管理的努力，都有可能遭到来自一个高度城市化、具有强大城市精英的社会中完好确立的公民政治制度的抵抗。城市权贵抵抗任何对他们的地方权力或庇护网络的挑战。特别是在荷兰省，由于哈布斯堡王室从地方领袖家族之外提拔管理者，或有时从其他不太重要的省提拔管理者的政策，君主与地方贵族之间的紧张激化了。查理之子菲利普二世破坏了其父在低地国家中的亲密私人关系，他更进一步推进了中央集权计划。越来越高的征税加剧了紧张，他一手造成西班牙与其最富裕的欧洲附属国之间的最终决裂。

110 地方权贵与哈布斯堡王室之间的冲突开始同宗教争论纠缠在一起。在不同的省市，教派分歧也有所不同；在忠于天主教会和支持哈布斯堡王室的国家之间，或在新教与地方反抗之间也不存在简单相关关系。但是，摆脱了西班牙统治的北方诸省大多信奉新教，而天主教在南方占据优势。而且，正如在欧洲其他地方特别是法兰西那样，在低地国家，新教教义确凿无疑被用来支持地方精英，反对君主的中央集权计划。起义后，新教自身变成了自由共和国中的一个激烈斗争领域。甚至不同形式的加尔文宗也在政治派系的斗争中势不两立。但是，在导致反西班牙王室起义的冲突中，新教徒联合起来反抗天主教君主对其信仰的攻击。菲利普对新教信徒的猛烈攻击是最后的导火索。

尼德兰各城市的优势地位，在很大程度上解释了起义，也解释了随后荷兰共和国政治、经济、文化中发生的事情。在强大的中央国家阙如的情况下，各省因不同政治传统和经济利益而有隔阂的低地国家，长久以来被相对独立的地方统治者所统治，且日渐被因其城市的商业成功而致富的地方城市精英所统治。荷兰省正在成为欧洲最高度城市化的社会，还具有一个管理着世界上最商业化的经济的强大城市贵族阶层。城市中心具有一种生机勃勃的公民生活，以及各种积极的法人团体，如行会和民兵协会。特别是在荷兰省，甚至还有在文学和文化生活中举足轻重的“修辞学会”(chambers of rhetoric)，16 世纪 20 年代和 30 年代它成为人文主义的主要传播渠道，伴随着对宗教和政治辩论的全部影响。在共和国确立之前很久，城市组织和权威机构就已经越来越多地参与到维护社会秩序和公民福利之中，尤其在北方诸省，这些城市组织和权威机构在起义中扮演着主要角色。

在起义之后的年代，一种新的国家形式，即一种各省的联盟演化出来，各省维持其自治权并在很大程度上受城市的市政管理机构统治。存在一种省之上的统治机构，即共和国议会。但是，在最富裕的省份，最明显在荷兰省，地方统治阶级当中的强大派别有力反抗着中央集权国家的形成，特别是以执政长官(一个沿袭自革命前时期的职位)为体现的中央集权国家。这个职位曾经是主权的代表，它在这个自由共和国中已经成为最接近中央国家官职的职位。尤其是在荷兰省，其财富和权力使它大体上有能力将自己的意志施加给其他省，执政长官，或更具体地说，奥兰治王室（他们宣称这个职位是自己的）的支持者与城市领袖之间的冲突持续存在。当城市贵族，即摄政变得日益排 111
他，且其统治日益变得具有寡头性质，迫使特权较少的阶级支持奥兰治派时，内部紧张进一步加深。

由于日益加深的教派化，起义后的政治冲突进一步加剧。尽管荷兰维持了教会与国家的分离，但官员仍被期待是改革宗教会成员。共和国及其无首脑的多头政府，深深地依赖所谓的“公共”教会维护公共福利并维持政治秩序和训诫。但是，严格的加尔文宗信徒与思想比较自由的牧师之间一开始就存在分歧，在政治冲突时刻这些分歧中将喷出极深的怨毒。在1618年奥尔登巴内费尔特与其对手的较量中，由于阿米尼乌派（在发表对某些正统加尔文宗教义的抗议后被称为“抗议派”）和“反抗议”的加尔文宗（稍后将述及）之间的争斗，政治冲突进一步激化，最终表明这些冲突对奥尔登巴内费尔特是致命的，对他的支持者格劳秀斯是灾难性的。

随后数十年里，各政治派别及其竞争激烈的、把持着城市官职获取途径的庇护网络，试图避免此类灾难性的教派之争。奥兰治派或执政长官追随者与反对执政长官帝王之志的外省和地方权力支持者之间的政治冲突持续升温。一般而言，前者得到严格的加尔文宗信徒支持，后者得到思想比较自由的信徒支持，但是，两大派别都赞同维持公教会统一的重要性。[1] 至17世纪50年代，在荷兰共和国下一场重大危机之前几年，统一分崩离析，政治分裂也由于教派之争而加深。

即使在共和国商业成就如日中天的时期，处于荷兰政治发展和冲突之中心的仍是城市官职的重要性，城市官职不仅是统治工具，还是私人财富和权力的保障。共和国的分权化组织为公职行业创造了一片沃土，所以此类职业在荷兰各城市人口中占很高比例。尽管各类官职通常提供了高收入，但这当然也需要来自不动产或金融的巨大财富以便跻身城市贵族之列，因为成为统

1　乔纳森·伊斯雷尔：《荷兰共和国：兴起、伟大与衰落（1477年—1806年）》（Jonathan Israel, *The Dutch Republic: Its Rise, Greatness, and Fall 1477—1806*, New York: Oxford University Press, 1995），第660—662页。

治精英的一部分会越来越多地要求放弃私人经济活动。但是，城市精英很有理由维持他们的高级官职，它们维续着他们的权力和庇护网络。即使在共和
112 国商业支配地位的黄金时代，一个富有的土地所有者或金融家通常仍会选择用其财富获取此类官职。当欧洲经济在 17 世纪晚期经历衰落时，获取官职被当成收入、权力和庇护关系的一种直接来源而更加得到高度重视。至 18 世纪，当不列颠被资本主义地主的财富支配时，荷兰共和国的公仆是享受最高收入的人群之一。无须奇怪，为掌控官职及其维系的庇护网络而展开的政治冲突激烈异常。

我们已经看到了中世纪和文艺复兴时期的意大利社会，那里的城市贵族从商业活动中汲取了大量财富，但他们的成功很大程度上依赖他们在城市中的地位所带来的特权和权力。在那里，政治冲突也异常猛烈甚至暴力，其定期爆发性更无须赘述，因为利害攸关的不单纯是政治利益和权利。大致相同的逻辑也适用于那个城市国家本身的商业成功。正如意大利商业中心的城市精英的财富依赖于其政治地位、特权和权力，同样，他们的城市国家在与其他对手竞争中获得的商业成功较少依赖竞争性生产，而更多依赖包括军事力量在内的“超经济”优势。

在商业范围和势力上，荷兰共和国确实远胜意大利城市国家。荷兰商业帝国比曾经的威尼斯商业帝国大得多：它最终从波罗的海伸至北美，从东印度群岛延及南非。而且，商业以史无前例的程度成为荷兰人生活的基本条件。这个共和国国内经济的基础完全建立在贸易和维系贸易的商业帝国上。但是，荷兰人和意大利人一样依赖“超经济”优势获取商业支配地位，他们的繁荣也一样不成比例地归功于他们作为中间商而非生产者的角色。没有其远程贸易（使远方生产的商品在整个欧洲流通）上的优势，这个共和国的巨大财富就无从谈起。例如，从这里可以看到荷兰共和国的经济利益立于何者之上：它从自己在奴隶贸易上的重要角色中获得了比从奴隶生产中获得的更多的收益。像资本主义不列颠的商业支配地位确立之前的欧洲其他商业领先者一样，荷兰人通常依赖的不是一个单一市场中的竞争性生产，而是在各独立市场中讨价还价的优势：依赖的是航运优势和对贸易路线的控制，依赖的是复杂金融业务和工具的发展；依赖的是分布广泛的商栈和殖民地组成的一

种细密网络，等等。

荷兰的税收水平高于欧洲邻国，其收入首先用于维持军事优势，由此，荷
兰经济对超经济权力的依赖可见一斑。这个共和国复杂且经常无序的政治 113
组织并不妨碍它成为一架强大的军事机器，一个为战争目的可以非常有效地动员国内资源的“财政—军事”国家，它使荷兰共和国成为“一个为欧洲军事力量设定标准的典型国家”。[1] 在共和国获得商业支配地位的过程中，军事侵略发挥了重要作用，在它的黄金时代及以后：在贸易战争中，在确立垄断地位和建立商栈中，在攻破商业对手的战略壁垒中，军事侵略仍是其经济策略的一个根本部分。一次尤其重大的军事冒险是 1603 年荷兰东印度公司捕获一艘葡萄牙船只，其上的货物价值巨大，大到闻所未闻，大到足以影响荷兰经济发展的未来走向。

然而，在这个共和国的“黄金时代”，商业和生产之间存在紧密联系。商业本身产生了必须由工业生产和技术革新（特别是造船技术革新，军事技术革新自不待言）来满足的需要，而且，荷兰经济从其他来源，例如纺织工业和鲱鱼渔业中获利颇丰。“发财”贸易为从烟草和糖到奢侈纺织品的繁荣的商品出口贸易带来了重要的工业生产。在这个高度城市化的社会，甚至农业生产也在对商业机会做出反应的过程中得到发展。尽管越来越多的劳动力从农村转移到城市，但农业生产力却因为领先所有欧洲对手的技术革新而得到增强，而且，这个共和国几乎是一个食品净出口国。正如城市人口膨胀有助于共和国在航运、贸易并最终在金融上获得不断增长的优势，日益扩大的城市部门也为农产品提供了新的市场，为利用新的营利机会提供了新的资金来源。农业中的城市投资者成为农村景象中的一个主要特征。

荷兰农业受到生态因素限制，这些因素限制了其轻松生产像谷物这样的基本食物的能力。然而，这个共和国的商业支配地位，特别是赋予其获得波罗的海沿岸谷物的特权渠道的贸易控制权，意味着荷兰农民可以专心从事从黄油到鲜花的半奢侈品生产，并在一个又大又繁荣的市场中销售。城市消费者和农村生产者之间一种独特的失衡，为国内商业利润创造了与日俱增的机

1　简·格来特：《现代早期欧洲的战争与国家》（Jan Glete, *War and the State in Early Modern Europe*, New York: Routledge, 2002），第 141 页。

114 会。即使农业生产者变得依赖市场以获得谷物和其他必需品，数量相对较小的农民的生产能力却因为对不断增长的商业机会做出反应的城市投资而得到极大增强。

荷兰共和国的商业成功使一些历史学家把它描述成第一个“现代”经济体，甚至有人认为荷兰起义是第一场“资产阶级革命”。[1] 但是，无论它多么商业化，取得了多么令人瞩目的生产进步，它依然是按照常见的非资本主义原则运作的，特别是它依赖于超经济权力。自始至终，公职对荷兰精英的重要性不亚于它们在例如绝对主义法兰西的“税收/官职”结构中对法兰西精英的重要性。而且正如我们已经看到的那样，荷兰的商业支配地位依赖各种超经济优势，特别是航运和军事技术上的。一般而言，荷兰生产者并不按照资本主义方式行事，即在一个竞争性市场（在那里优势取决于劳动生产率的提升）中对成本价格压力做出反应。提高生产力的技术革新较少与提升竞争力有关，而更多与增加数量以便在一个增长的市场中占据优势有关。

只要国外和国内市场在扩大，荷兰生产者就可以利用不断增加的机会，城市精英也可以继续对营利性生产进行投资。但是，1660 年以后，当荷兰经济开始衰落，除英格兰以外的所有西欧经济体都陷入危机时，财富精英缩减土地投资，最终缩减工业生产投资，转而更多采用“超经济”策略。传统贵族力图牢牢把持官职并限制其获得途径（正如法兰西贵族后来在革命前的危急时刻所做的那样），公民政府也变得更具狭隘寡头性质。从流通而非生产中获利的商人实施前资本主义商业策略，寻求更赚钱的手段，例如通过恢复特权垄断（如重新确立荷兰西印度公司或某个公司对航海图的垄断）来交易其他地方生产的商品。1720 年衰落加速以后，为“发财”贸易和出口产业准备的工业生产总体上坚持了一段时间，而且，至 18 世纪中叶，非生产性的食利者，

1　特别参见简·德·弗里斯和艾德里安·范德伍德：《第一个现代经济体：荷兰经济的成功、失败和坚持（1500 年—1815 年）》（Jan de Vries and Ad van der Woude, *The First Modern Economy: Success, Failure, and Perseverance of the Dutch Economy, 1500—1815*, Cambridge: Cambridge University Press, 1997）。我对荷兰经济的讨论大多依赖这部非常重要的著作，但我也得出了一些不同的结论，正如我在《市场依赖问题》（Ellen Meiksins Wood, 'The Question of Market-Dependence', *Journal of Agrarian Change*, Vol. 2, No. 1, January 2002）第 50—87 页中详细解释的那样。

特别是摄政中的食利者带来了那时最大的财富。欧洲经济危机期间及以后，土地投资乃至生产投资的缩减与英格兰的情况形成鲜明对比，在那里，危机 115
和农产品价格下降刺激了生产性投资的**增长**，投资主要来自地主，为的是提升劳动生产率和成本收益，他们以资本主义生产者的方式在一个一体化市场中对竞争指令做出反应。

荷兰在英格兰所谓1688年光荣革命中的作用，绝妙地说明了17世纪晚期荷兰经济发展的方向。在这里，荷兰共和国的大量金融资源并没有像在黄金时代那样被用于提高生产，而是被用于以军事手段获得超经济商业优势。荷兰省尤其依赖商业利润，并且在17世纪晚期受到法兰西重商主义来袭（其对荷兰船只的干涉及其苛刻的关税）的强烈影响。对这个商业盈利率问题的更好解决方法是通过与英格兰结盟打败法兰西重商主义，而只有当某个朋友坐上英格兰王位时结盟才是可能的。荷兰共和国动用其资源支持奥兰治的威廉竞标英格兰王位。对英格兰人来说，革命看起来或许是“光荣的”并且很大程度上是兵不血刃的。但是，从荷兰人的角度来看，这完完全全是一场入侵，牵涉荷兰军队对伦敦的占领，荷兰军队非常期待不仅同英格兰人而且同法兰西人打一仗。这次军事冒险也不仅是地缘政治竞争的一个经典案例。它是一次确凿无疑追求私人利润的商业投资，不仅得到国库还得到阿姆斯特丹证券交易所的资金支持。

一种内乱文化

早在荷兰起义之前很久，尼德兰的文化和智识生活就已经生机盎然并富有创造力。在富裕的商业城市中，有一个很大的艺术品市场，像往常一样，这个市场包括教会。国际商业中心中的战略位置和高度集中的城市人口，促进了有活力且不易控制的观念传播，公民文化造就了文化教养相当高的公众。低地国家特别是荷兰省，正在成为相对开放的、虽有一些限制但基本在智识和宗教上宽容的社会，这使荷兰共和国成为受迫害的外国知识分子和宗教避难者向往的归宿，它正是因此闻名遐迩。至17世纪，共和国已经成为锐意创新的欧洲思想的一个重要中心。例如，1630年，勒内·笛卡尔从法兰西移居

荷兰，他的著作不仅对哲学和科学有深远影响，而且被直接卷入政治斗争的
116 思想家所吸收。其他塑造了我们时代的智识风潮——文艺复兴晚期的人文主义和新教的宗教改革都在这里，特别是在荷兰省深深扎根。人文主义开始渗透进既有教育体制；以鹿特丹哲学家伊拉斯谟为代表的基督教人文主义实际上是荷兰人的创造。1490 年到 1520 年间，它在低地国家比在北欧其他部分得到更迅速的传播。[1]

尽管伊拉斯谟不信任路德，也对公共冲突深恶痛绝，但他的学说在促进低地国家宗教改革中发挥了关键作用。比起法兰西、英格兰或斯堪的纳维亚，在尼德兰说荷兰语的地方，路德宗作品得到更广泛的传播。而且，与北欧其他地方不同，低地国家的宗教改革不是由政府实施的，而是由一个文化上已经做好接受它的准备的人群自下而上实施的。[2] 不仅对天主教会而且对地方精英来说，这种大众新教都是某种不安的来源。在他们反对天主教君主的行动中，无论宗教改革具有怎样的吸引力，他们显然都有理由害怕那种曾经激发德意志农民起义的激进路德宗。尽管加尔文宗在低地国家姗姗来迟，却被证明更符合省市领袖的品位。它为反抗学说奠定了一个基础，这些反抗学说可以被用来反对西班牙王室，同时它们宣扬“神的管教”以约束群众。

在法兰西宗教战争期间，在反对新兴绝对主义君主制的斗争中，以胡格诺派小册子为体现形式的加尔文宗反抗理论将发挥最显著的作用（下一章将加以讨论）。同样，在低地国家，加尔文的“次级长官”学说对城市精英有显而易见的吸引力。说到底，这种学说就是为城市长官的世俗权威而设计的。在胡格诺派的反抗小册子中，反抗正在步步进犯的君主不是寓于普通公民或个体私人的权利，它是官员或“次级长官”的权利，源自法人团体、贵族或城市官员具有的某种司法权——更多是一种公共职责而非私人权利。在反对西班牙王室的斗争中，荷兰的加尔文宗信徒本来无疑会对此类反抗观念产生共鸣。但是，低地国家的地方精英与法兰西的地方贵族有很大不同，后者是在反抗法兰西国王的绝对主义计划时接受了新教信仰。对胡格诺派贵族来说，主要问题是保护剩下的封建领主权，维持或恢复他们自己的自治权或司法

1　乔纳森·伊斯雷尔：《荷兰共和国：兴起、伟大与衰落（1477 年—1806 年）》，第 47 页。

2　同上，第 78、80 页。

权。某种形式的宪政主义学说足以服务于这个目的。低地国家，特别是北方
沿海各省，其中最明显是荷兰省的城市精英增进的不是封建领主权，而是公 117
民自治和集体性（尽管是寡头性）的城市政府。这进一步抬高了所谓共和主义自由观念的价值，这种自由概念等同于公民自治。

自由辞藻被奥兰治的威廉一世本人运用以支持反西班牙起义。他以中世纪法团主张其自治权的方式援引各省的“自由与特权”，但是，他也为人民免受西班牙王室奴役的自由辩护。在执政长官与城市精英后来的冲突中，执政长官的对手转而用这个口号反对奥兰治王室，他们主张抗衡君主力量的共和主义自由，以及一种他们称为“真正的自由”的意识形态。

这种共和主义自由的意识形态将对荷兰政治思想产生关键影响，但其要旨往最好处说也是含糊的。在这个共和国中，不存在反民主的君主制与较民主的共和主义之间的简单对立。共和主义力量通常由富裕的城市精英代表，他们以牺牲民众因素为代价获得了统治地位。他们热情洋溢地鼓吹公民在自我统治上的积极角色，但他们也同样热情洋溢地努力限制完全政治权利（特别是担任官职的政治权利）的获取机会。作为摄政的城市权贵开始在一个狭隘的政治基础上建立自我循环的城市寡头政体。例如，比起西班牙属尼德兰南部的手工业行会，荷兰共和国的手工业行会对城市政府的影响要小。这不仅是因为富有的商人反对行会对其商业活动的限制，而且或主要是因为城市精英与更具人民性的力量围绕政治权力和官职获取机会展开的政治冲突。特别是在乌德勒支市，行会和公民军的起义成为十年社会冲突的主要动荡来源，而这次社会冲突导致 1618 年奥尔登巴内费尔特被罢职以及他和格劳秀斯被捕。

就其起因和党派忠诚而言，这场社会冲突和荷兰曲折的内乱史中的其他冲突一样，具有政治性质，但值得注意的是，格劳秀斯此时已经确立了自己作为一种有限和寡头式共和主义的理论家的地位，同时，反奥尔登巴内费尔特政变的主要策划者和受益者是威廉一世之子毛里茨，这场政变得到人民力量支持。在父亲死后，他作为奥兰治亲王和执政长官成为联省共和国最有权势的人。后来在 1650 年—1672 年“执政长官空位”期，即自由共和国的最好时期，若说人民的政治地位有什么变化的话，那就是受到了更多限制。虽然“奥

兰治派”很难说是民主派，但当执政长官职位恢复时，或许无须惊讶于人民力
118 量推举另一位奥兰治亲王回到这个位子。

从一场危机到另一场，其深层的现实或许可称为一种政治建构的商业社会，在这种社会里，经济利益同超经济权力、政治地位与特权不可分割。具有获取官职的特权途径的城市贵族疑神疑鬼地守护着其公民权力，守护着他们对自我循环的统治精英及其庇护和被庇护网络的支配，同时，作为他们财富来源的庞大商业帝国更多依靠强制权力而非生产。这不仅导致了与敌对国家的战争，而且导致了剧烈、频繁的政治冲突。这也使我们更多理解黄金时代（从起义和共和国确立到17世纪晚期的危机）中的荷兰政治理论。

胡果·格劳秀斯

在胡果·格劳秀斯那里，荷兰共和国独特的政治和经济权力格局得到理论萃取。1583年他出身于代尔夫特一个迭出官员的摄政家族。如我们所见，他很早就开始了政治生涯，而且他毕生都在理论和实践上致力于捍卫荷兰商业帝国及其城市贵族的利益。16岁的他与奥尔登巴内费尔特出使法兰西宫廷回程后不久，他被荷兰省法院承认为律师，之后被荷兰省和泽兰省最高法院承认为律师。1601年，他成为荷兰省议会（states of Holland）的史官，并奉奥尔登巴内费尔特之命撰写一部荷兰反西班牙斗争史。

当1603年荷兰东印度公司的船队举世瞩目地截获承载贵重财宝的葡萄牙船只“圣卡塔琳娜号”时，公司委任格劳秀斯撰写辩护词，反驳对这个法律上受质疑的行动的强烈反对声音。尽管部分是出于慎重，他生前从未完整发表论文《论印度》，但1609年发表的《论海洋自由》初步奠定了他作为国际法和自然法理论家的声誉。他被迫去解决的问题既是法律上的，尽管公司的捕获行为以及它未经国家授权而扣留捕获物的行为之合法性是成问题的，也是道德上的，他需要回应反对声音，反对甚至来自公司股东，特别是其中的门诺派教徒。对于这一系列法律、道德和宗教上的反对，格劳秀斯的回应是一种关键建立在自然法学说上的论证。

格劳秀斯继续担任各种公职，并于1613年成为鹿特丹首席长官

(Pensionary),这使他跻身荷兰摄政之列。与此同时,奥尔登巴内费尔特与西班牙签署休战协议,休战协议在欧洲,在荷兰摄政之中得到广泛支持,却激起激烈的派系之争和民众抗议。这些政治争论开始与一场重要的神学争论搅
和在一起,神学争论发生在阿米尼乌的追随者之间,阿米尼乌是莱顿大学神 119
学院院长和严格的加尔文宗信徒,共和国在奥尔登巴内费尔特治下的宗教宽容政策、同天主教西班牙的休战协议,他皆予以反对。特别是在荷兰省,抗议派开始代表摄政一派及其观点:公教会是世俗政府的伙伴——如果不是从属的话。反抗议派教义变成反对摄政政权的集结旗,联合了从旧贵族和奥兰治派到小手工业者和手工业行会会员的摄政政权反对者,形成混合联盟。

格劳秀斯已经把自己树立成奥尔登巴内费尔特政权和寡头共和制理念的主要代言人。在 1602 年—1610 年的几部著作中,他阐述了一种有限共和主义学说,认为保护自由、稳定和美德的最好方式是一种协商式政府,但它限于一种封闭的寡头制,由类似荷兰摄政这样的人掌舵,并依靠某些方法使他们的时间完全献给公共事务。[1] 在可被称为一种"混合政体"的政体中,执政长官或许具有一种有限的地位,但城市寡头显然至上地统治着。奥尔登巴内费尔特正是为这种贵族共和制辩护,反对执政长官和来自加尔文宗的批评者。当反抗议派呼唤英格兰介入以保护荷兰教会免受阿米尼乌派教义影响时,阿米尼乌派(抗议派)与反抗议派之间的争论造成了一种直接的危险。奥尔登巴内费尔特请格劳秀斯率一个代表团赴伦敦,协商解决荷兰共和国与英格兰之间关于东印度群岛的争议,同时劝阻国王詹姆斯支持反抗议派。

在这场神学争论中,格劳秀斯的立场是谨小慎微的。一方面,他完全支持奥尔登巴内费尔特政权及其(有限的)宽容政策,反对严格的加尔文宗立场。在阿米尼乌派和反抗议派的斗争中,他和奥尔登巴内费尔特确实更接近阿米尼乌派的观点:尽管救赎是由恩典赐予的,但人类具有自由意志且能够接受(或拒绝)通过对耶稣基督的信仰而赐予的救赎,这与严格加尔文宗对预定论的信念形成对比。既然在此意义上救赎依赖于信仰,那么似乎可以得出,宗教宽容应该延及所有信徒,而不论其教派差别。另一方面,尽管他支持

1　乔纳森·伊斯雷尔:《荷兰共和国:兴起、伟大与衰落(1477 年—1806 年)》,第 421—422 页。

良心自由，却小心翼翼地不将它做过多扩展。最终，作为政府盟友的公教会仍是最高的信仰裁决者和最高的社会秩序维持者。为了维护稳定，良心和表达自由必须受到限制，必要的话需动用强制。

120 在接下来的几年里，奥尔登巴内费尔特政权的权力仍不稳固，到1616年社会动荡已经危如累卵。经济压力影响了制造业城市，激化了对寡头政权的反对，反对主要来自手工业者和外来纺织工。正如中世纪和现代早期欧洲难以计数的其他反叛案例一样，高昂的粮食价格驱使一些人（值得注意的是包括手工业者的妻子）进行抗议。但是，正如荷兰共和国一贯的情况，经济上的不满与对参与城市政府机会受限的抗议无法分离。一场武装起来的人民反抗议运动出现了，它同时挑战摄政的排他性权力。

格劳秀斯再次参与了争论，为了用人文主义学术支持摄政所理解的公教会，反对那些认为其学说不符合基督教真理的人，他阐述了一种自成一格的基督教寡头共和主义。随后几个月里，宗教和政治争论在一场围绕国家主权展开的最后斗争中达到高潮，对战的一方是荷兰共和国议会，以共和国武装司令、后来的奥兰治亲王毛里茨为其代表，另一方是各省议会，或更具体地说，是荷兰省及其摄政。毛里茨赢得了这场战斗，奥尔登巴内费尔特被捕，随后以叛国罪被处死，格劳秀斯被判终身监禁，没收全部财产。

格劳秀斯后来在妻子帮助下越狱，其越狱方法使他时至今日仍在荷兰小学生中无人不知。他藏在一个让人以为是装书的箱子中被带出并逃往法兰西。在那里，他抱着返回荷兰并重任公职的希望，写出了奠定他当代声誉的第二部重要著作——《论战争与和平法》。写作此书时，欧洲大部分处于几乎持续的战争（被称为三十年战争的一系列冲突）中。在这部书中，他对荷兰商业帝国主义的辩护考虑到了这期间的各种事件，荷兰东印度公司在此期间参与各种军事冒险，以便捕获船只、占领对手的商栈和要塞。当他拒绝支持法兰西反对荷兰，以致惹恼黎塞留时，他被迫离开法兰西。他最终设法回到了母国，却无法自持地卷入时下争论，被迫再次逃离。这次目的地是瑞典，在那里他成为瑞典公民，进而成为瑞典驻法兰西大使。他再未能重新开启在荷兰的事业，卒于1645年。

格劳秀斯的主要著作阐述了一种意识形态，它完全适合为确立商业霸权而采取的“超经济”策略。而且,构思这些著作显然是为了给荷兰(特别是通过战争方式)追求商业支配地位的极特殊实践提供辩护。为了建立他的论证,他不仅创制了一种战争与和平理论,还阐发了一些权利和自然法概念,在 121
一些评注者看来,这些概念为现代自然法理论奠定了基础。[1]

在《论海洋自由》中,格劳秀斯为东印度公司俘获葡萄牙船只及其上财宝辩护。公司成立于1602年,得到了特许状赋予的东印度贸易垄断权,以及建立商栈和控制贸易路线的要塞的权利,在其他准国家权力中,它特别还具有建立原则上用于防卫目的的军事力量的权利。尽管“正义战争”学说具有灵活性,也具有为帝国辩护的历史,但它无法被轻易改造以容纳私人企业的利润追求,更不用说容纳一种很难称得上是防卫行为的,厚颜无耻的海盗行为。在后来的《论战争与和平法》中,格劳秀斯将阐述更为系统的战争理论,但在《论海洋自由》中,他着手证明的是,这次由私人贸易公司而非主权国家发动的,不是单纯自卫而仅仅是出于商业利润的军事侵犯是按照自然法和万民法实施的。

为了对公司的战争行为辩护,他着手证明,所有国家必须可以通达东印度群岛,因为万民法要求贸易自由;教皇捐赠并没有产生一种正当的权利主张,因为异教徒具有公共的和私人的所有权,不能仅仅因为他们是异教徒而被剥夺;海洋和航行权利不能成为任何私人的领地,而葡萄牙人却这样做;不存在排他性的与另一国家进行贸易的权利。他从这样的前提开始:存在一个普世的人类共同体,它受到某些生存所需的、普遍的社会性原则统治,这些社会性原则基于人类理性可理解的自然法。上帝创造了世界各地区,它们有不同的、不完整的维生资源,而且,由于世界被如此创造以至于没有哪个地区具有实现自足的方法,所以一个理性原则是,必须存在各地区之间的自由贸易,阻碍自由贸易违背万民法。

在论证过程中,格劳秀斯开始铺陈一种财产权理论。尽管他提出了类似维多利亚所处理的关于美洲“所有权”那样的问题,但是,在《论海洋自由》中,比起

1　对格劳秀斯的一种挑拨性的和有说服力的解释,参见理查德·塔克:《战争与和平的权利:从格劳秀斯到康德的政治思想与国际秩序》(Richard Tuck, *The Rights of War and Peace: Political Thought and the International Order from Grotius to Kant*, Oxford: Oxford University Press, 1999)。

移民者的权利，他更关注荷兰商人利用海洋、使用航路并获得商业成果的权利。这与荷兰的商业策略是一致的。与他们帝国的对手不同，荷兰人的主要兴趣不是对新发现的领土进行最初的殖民，他们的策略也较少与建立殖民地有关，而更多与商业霸权有关。即使当他们后来确实建立了例如在南非的殖民
122 地时，其初衷也是为了补给商船。无论如何，在《论海洋自由》中格劳秀斯的意图不是为殖民辩护，也不需要阐述一种可以支持对已占领领土的权利主张的财产权理论。需要的只是为公司在公海上的武装进犯行为提供辩护。

在《论海洋自由》问世的1603年和他写作《论战争与和平法》的1625年之间，荷兰人为占领其他帝国势力内的，例如西班牙和葡萄牙的商栈、要塞和殖民基地而采取了一系列军事行动。此时问题已不单纯是维护海洋自由，而是占领敌对国家宣称已经为己所有的领土，以此对抗这些国家的势力。即使领土占领与其说是为了生产财富的殖民，不如说是为了促进商业霸权，这仍要求一种更为积极的财产权理论，它正是格劳秀斯在后一本著作中发展出的。但是，在《论海洋自由》中，他不是为殖民领土的占领和保持辩护，而是为荷兰东印度公司的商业活动辩护，反对其对手的贸易垄断，在这里，他更关心的并非什么是财产，而是什么**不是**财产。

像之前的其他人一样，他在开篇把世界当作共同财产，它被人类制度所分割，以应对不断增多的劳动分工，并应对人类的罪带来的结果。诚然，格劳秀斯承认，这种制度尽管是人为约定创造的，却符合自然法和万民法，因为它对维护社会秩序是必要的。甚至有一些评注者认为，他把财产权描述成一种如此深植于人性和社会生活需要的制度，以至于他的理论接近一种视财产权
123 为自然权利的理论。[1] 但是，在《论海洋自由》中，他的目标是为可被主张为财

---

1 究竟是格劳秀斯认为不存在自然状态中的财产权且财产完全依赖于同意，还是他确实设想了某种非常接近自然权利的东西，它仅仅需要同意来承认而非创造财产权，从而使他向洛克所设想的自然财产权观念迈出了重要一步，这一点在评论者之间多有争论。但是，可以认为，视财产为约定的学说和视财产为自然权利的学说之间的差别被夸大了。许多思想家都是从这样的前提出发的：世界最初是一种共同所有物，它由于人为约定或法律而被划分成私有财产，然而，他们仍把财产权看成一种神意设立的神圣权利，设立它或是为了应对人类之罪带来的结果，或是为了给人类生存必需的社会合作和劳动分工提供条件，它符合人类可理解的理性原则，具有自然法的全部效力。在后面的章节中我们会论证，洛克同传统的决裂，与其说与他主张财产权是一种自然权利有关，不如说与他把财产权建立在占有、使用，或者哪怕劳动之外的东西上，把财产权建立在交换价值的生产上有关。

产的事物划定一些界限。由于他的主要关切是为海洋自由做论证，质疑商业对手例如葡萄牙人对海洋所有权的主张和对贸易路线的独占，所以在这里他的主要目标是否认海洋中存在任何财产性利益的可能性。他坚称，只有对于可以为个人所消费或转换的事物，我们才能享有财产权。海洋无法成为财产，因为像天空一样，它无法以此种方式被占有或使用，因此是一种共同所有物。他还认为（与传统的政治司法权概念相反），出于同样的理由，无法成为私有财产的东西也无法成为国家的公共财产，因为私有的和公共的财产权如出一辙。在财产权所预示的那种控制哪怕从原则上讲都不可能存在的地方，国家司法权也是不可能存在的。

不难看出，如何基于这些理由使军事干涉得到辩护，并反驳那些人，他们的唯一错误是主张一种此前为止都得到承认的国家对临近水域的司法权，或管制某些渔场和贸易航线的权利。当然，这个原则并不妨碍荷兰人自己想在某些地方达到的事实上的贸易垄断，在那些地方，他们赤裸裸地强迫本地居民进行贸易，通过向他们强加条约（也就是格劳秀斯在《论战争与和平法》中为之背书的“不平等”条约）来确立垄断权，同时挑衅性地排挤其欧洲对手。

格劳秀斯被称为自然法之父，或至少是其首位“现代”阐述者，因为他阐发了一种并不依赖神学根据的自然法概念。这是一种每个有理性的人都能理解的理性诫命，对所有人都有约束力而无关信仰。他的著作被一些评注者认为是自然权利理论的重大进展——如果不是唯一重大进展的话，它阐述了一种“现代的”“主观”权利概念，与托马斯·阿奎那为代表设想的“客观”权利形成对比。正如我们看到的那样，对阿奎那来说，权利意指“正当事物”，即在一个行动或一种状况中符合自然法的“正确”或正当之事，而格劳秀斯把权利寓于个人，它是一种个人固有的道德权力或资格。其他评注者反驳这些主张格劳秀斯开创性的观点，例如他们认为，苏亚雷兹已经迈出了开创性一步，或者甚至认为，“主观”权利可以追溯至 12 世纪和 13 世纪的神学和教会法。无论格劳秀斯的观念是真正原创性的，还是很大程度上循常习故的，他的论证都是在独一无二的历史条件中、在回应特定理论需要中以新的方式展开的。

在《论战争与和平法》中，格劳秀斯一开始就界定了法，并陈述了他的自然法概念。人类是社会动物，他们不仅具有一种强烈的社会倾向，而且因理

124 性而有能力推断创造和维持一种社会秩序需要什么。这些社会秩序原则可以为理性所理解,因此它们是所有理性存在者的自然法,在它们代表着维持人类生存和幸福所需的社会秩序基本要求的意义上是如此,在它们为人性所固有这种更广泛的意义上也是如此。在令一些同时代人惊愕的一个命题中,他认为,即使上帝不存在,或他与人类事务无关,这些自然原则也运行着。有充分的证据表明他的全能存在和他对遵守自然法的神圣褒奖,因此我们可以而且应该设想自然法来自上帝,并且服从他就要服从自然法。

人类创造了一种社会秩序来满足其自然需要,且他们是通过彼此同意来实现这一点的,这产生了一种源于自然法的义务,该义务也适用于人类为维护其社会安排而颁布的国内法。这些法律是特定于特殊共同体、为其自身需要而设计的,但是,也存在着超越任何特殊政治共同体边界并调节各共同体之间关系的法律。这些法律可以因同意而存在,但还存在不成文法,即源于自然的理性原则。战争本身并不能逍遥于这类法律之外。而且,尽管特殊国家的法律无法适用于战争行为,但这些共同的法律,即万民法仍有效力。正如个人对旨在维护社会秩序的法律承担一种义务,而他们仅凭自己无法满足社会秩序的要求,同样,最强大的国家有时也需要其他国家的帮助,或出于贸易目的,或仅仅为了自卫。在这个意义上,它们属于一个也是由法律统治的国际共同体。接下来的论证是由这个原则引导的：自然法必然包含诸权利,即个人固有的道德资格,尊奉它们是正确的理性规定的。也存在政治权力而非自然创造的权利,包括财产权,但是,一旦经由国内法确立,尊重它们的义务就是一种自然正义原则,并且具有自然法义务的性质。

在"序言"中界定了法并界定了适用于战争的法的一般含义后,格劳秀斯接着思考战争中何为正确或合法,或什么构成"正义战争"。他首先着手证明,战争并非不符合自然法或福音书之法,之后通过区分公私战争表明,某些私人战争,即未获法律授权者发动的战争仍然可以是合法的并与自然法一致的,自然法许可为避免伤害而进行的进犯行动。当然,坚持自然法适用于战争行为或许本身就暗示着对战争的限制,且把格劳秀斯当作一位论战争限制的理论家来引用也并非不合理。但是,正义战争概念一直具有声名狼藉的灵

活性，它可以被轻松用来为最具侵略性的帝国主义战争辩护。格劳秀斯施加 125
的限制，在任何方面都不会妨碍、在许多方面还会支持荷兰人，特别是除了追求私利别无目的的东印度公司采取的最具侵略性的行动。

格劳秀斯认为，战争归根结底是针对自我或财产的权利受到侵犯而进行的一种防卫，而且他把整个政治理论建立在自我保存是第一和最基本的自然法这一原则上。这意味着，个人和国家被允许，甚至有义务为自己获取“对生活有用的事物”。尽管在此过程中，他们不可以伤害那些并未伤害他们的人，但自我保存是首要的，他们也有权利为避免伤害而进行进犯行动。最终表明，至少对于国家和荷兰东印度公司这样的私人行为体而言，格劳秀斯的伤害概念具有非常广泛的许可范围，同时，战争中的私人行为体和主权国家受到的道德限制是微乎其微的。

存在受某些共同法则约束的某种国际社会，这种观念被认为是格劳秀斯对国际法和一种和平的世界秩序的重要贡献之一。但是，他的论证与其说是与私人行为体或国家对他人负有何种义务有关，不如说是与他们为自我利益而惩罚别人的权利有关，这种惩罚权利不仅发生在保护自己免受攻击中，而且似乎“先发制人地”发生在纯商业竞争中。“格劳秀斯，”理查德·塔克总结说，“为一个国家最为广泛的一系列开战权利背书，这些权利可在当时的演出剧目中得到使用。”[1]一方面，格劳秀斯主张，国家无法具有个人在自然中本来就不具有的权力，国家像个人一样必须受到同样的道德原则统治。另一方面，这种观念及其在政治理论上一般具有的所有广泛寓意，被格劳秀斯加以阐发来为东印度公司辩护，理由是，个人像国家一样，甚至先于国家具有惩罚那些加害他们之人的权利。

这不仅意味着一种非常广泛的国际惩罚权，而且最终意味着一种占领领土的权利。为了支持这种权利，格劳秀斯必须发展他的财产理论。在《论海洋自由》中，证明海洋无法被主张为财产就足矣。但是，现在要为领土占领辩护，则需要更多东西。只有当某物可以被占有、可以被个人消费或转换（对土地可以如此，对海洋却不行）时，它才可以成为财产，在如此主张后，他现在解

1　理查德·塔克：《战争与和平的权利：从格劳秀斯到康德的政治思想与国际秩序》，第108页。

释了这个论点的另一面：如果有用之物未被使用，它们就不是财产，因此人们可以占领其他人闲置不用的土地。格劳秀斯认为，没有本地当局能够正当地
126 阻碍自由通行或对闲置土地的占有，任何这样做的尝试都会受到军事手段的正当挑战。

但是，与海洋不同，由于土地原则上可以转变成财产，它也容易受政治司法权影响。格劳秀斯从不否认，本地当局保留着对土地的一般司法权，这是荷兰贸易公司原则上承认的，他们努力获取这些本地当局的许可，甚至为使土地免受他们管辖而向他们支付代价。但是，基本原则仍是：废置土地或贫瘠荒地不是财产，且可以被那些能够也愿意耕种它们的人所占有。格劳秀斯的论证显然与罗马法的无主之物原则有密切关系，这一原则规定，任何“闲置物”，例如未被占有的土地在被使用（在土地的例子里特指农耕使用）前都是共同财产。这将成为一种常见的为欧洲殖民活动的辩护。[1]

很快就清楚的是，在界定自我保存的终极权利时，格劳秀斯更加关心的远不是个人的权利，而是像荷兰东印度公司这样的“私人”行为体的行动。在他的论证的开头部分，在陈述了什么构成一场合法战争这个基本命题并解释了公私战争的区别后，格劳秀斯用一章来处理臣民反抗其上位者的权利的问题，这有重要意义。正是在这里，而不是在讨论国家间战争或私人公司军事行动的地方，施加给进犯行动的道德限制是最不含糊、最严苛的。在适用于个人相对国家的权利时，自卫权利被非常狭义地界定，而且，格劳秀斯提出了一种完全传统的反对反抗权利的论点，他不仅实际上否认私人个体的任何此类权利，甚至还质疑“次级长官”的权利。

尽管存在这些对个人权利的严格限制，但格劳秀斯对开战和反开战条件煞费苦心的阐述，却使得为荷兰东印度公司截获葡萄牙船只或占领西班牙要塞和商栈辩护成为可能，因为这些商业对手主张海洋支配权和贸易垄断权，已经违反了自然法。以格劳秀斯的话语为荷兰的排他性贸易权利（也就是垄

1　关于这个原则及其运用——特别是英格兰人，以及法兰西人（较少程度）的运用，还有西班牙帝国意识形态中缺少这个原则的原因，帕格登在《世界之主：西班牙、不列颠和法兰西的帝国意识形态（约 1500 年—1800 年）》中进行了有益的讨论。参见第 77 页各处。在帝国主义采取驱逐本地居民的移民殖民方式的地方，这个原则显然更有用，但它对西班牙人及其明显由征服形成的帝国没有用。

断权)辩护同样是可能的,因为这些权利已经通过条约或同意而得到确立,他 127
明确表示,这些条约或同意并不因为是强者强加给弱者的(其方式不仅有正义战争,还有单纯的公开恐吓)就更少正当性。葡萄牙人非法地主张其对海洋的财产权,而这种财产权是不可能存在的。这使荷兰东印度公司具有为保护自由商业而进行武力干涉的权利,因为商业是一项生存条件,所以自由商业最终基于自然法和自我保存的权利。另一方面,荷兰人通过占领领土并主张对它的财产权而正当地要求对贸易路线的支配,即使当土地仍处于主权司法权之下时荷兰人也可以这样做,主权司法权无法干涉公司的财产权;或者,即使仅仅是通过心照不宣的武力威胁将其更高意志强加于人,只要与他们正式承认其主权司法权的弱势势力达成协议,公司就可以获得垄断特权,甚至获得对有主之地的使用权。

格劳秀斯的论证中有一些重要的理论策略,它们标志着政治思想史的一次突破,尽管不完全是一些人主张的格劳秀斯的"现代"创新。自从罗马时代区分两种不同的权力形式:"所有权"和"统治权"以来,大部分西方政治思想关注的都是财产权和主权或司法权之间的关系。[1] 在解释财产权如何产生、个人如何获得对任何给定物的财产权时,格劳秀斯在《论战争与和平法》中的观点并未明显偏离那些神学家和法学家的悠久传统,他们坚持认为,最初全世界是一种共同所有物,并且私有财产权并非因自然,而是因同意而存在——尽管它同样与自然法一致。即使我们像一些著名的评注者那样(参见原文第 122 页注释),把他的论证解释成朝着视财产权为自然权利的方向更进一步,它也不是对先前的明显偏离。他的论证造成真正有趣的转折的地方,是他关于财产权和司法权关系的观点。不仅所有权和司法权是相互独立的——正如格劳秀斯之前的其他人出于各种不同理由所强调的那样,而且它们作为领土主张具有平等地位。这意味着,即使当无主之地处于主权司法权治下时,它也可以被该司法权之外的占领者宣告为财产。

这里真正新颖之处不在财产权概念中。在下一章我们将看到,一种独特 128

1　参见我的《西方政治思想的社会史:公民到领主》,那里讨论了中世纪对这个主题的争论、以财产权和司法权争论为表现形式的教会权威与世俗权威之间的斗争,以及"主权分割化"(这使财产权和司法权之间的界限更难以界定)产生的复杂问题。

的社会形式，即资本主义，与一种新式帝国主义如何产生出一种真正全新的财产权概念，它背离了占有或使用形成财产性权利这种传统。对于荷兰商业帝国主义的目的而言，某种类似这些传统理论的东西已经足以提供论证，允许荷兰东印度公司对荷兰共和国以外的某个主权国家司法权治下的领土提出财产权主张。为了这个目的，司法权观念的某种变化比财产权观念的某种创新更为重要。格劳秀斯开始更激进地把司法权推出政治思想的中心位置，这产生了重大的，却并非出于本意的结果。

格劳秀斯关于自然法和"主观"权利的观念，主要不是联系互竞的司法权而提出的，甚至也不是在思考公民与国家之间关系时提出的。是国际舞台上一个贸易公司的行动产生的极为特殊的问题，决定着他的论证方向。他面对的是荷兰东印度公司提出的全新的概念问题。这个第一家跨国合资公司由追逐商业垄断权和利润的投资者创立，它也履行在其他帝国势力，特别是荷兰共和国的主要对手葡萄牙人和西班牙人那里属于主权国家的那些职能。当然，在前资本主义欧洲，公共权力和私人占有的联合稀松平常。毕竟，在这样的一些社会（那里统治阶级的财富经常依赖强制力，并且收入来源于从封建领主权到国家官职的各层司法权）中，这是一种常见模式。但是，公共权威如此盘根错节地与商业霸权联系在一起，这是在其他社会，甚至在意大利城市国家也找不到的。私人财富仍严重依赖超经济权力和强制措施，同时，当这些权力并不直接来自官职时，其目标是贸易霸权——例如武力维持的垄断权。城市精英把公共利益等同于商业利润，在受这些城市精英统治的荷兰共和国，主权国家和商业企业之间有一条模糊的界限，这一点在若干年后将得到直截了当的证明，那时荷兰人出于纯商业理由用军事行动把奥兰治的威廉推上英格兰王位，这次军事行动得到阿姆斯特丹证券交易所的资助。

格劳秀斯的意图并不是削弱荷兰的国家主权（尽管他或许试图削弱支持荷兰省的国家议会）。换言之，他的意图不是质疑国家对最高司法权的主张，他也从未质疑西班牙或葡萄牙的国家主权。他只是单纯地为一种无司法权的行为体主张某些正常应该同司法权和国家主权联系在一起的权利。他面
129 临的任务是为公司的准国家权力，特别还有它追求私利时采取军事行动的权利辩护。因此，在这种情况下，问题不是互竞的司法权——这是以往相对于

政治权威的权利话语的典型特征。这不是公司要求其自治权和司法权、防范国家或其他世俗或教会权威入侵的问题。也不是针对公共司法权的权利主张,保护一种共同承认的私人权利,即财产权的问题。这里的问题是一个商业公司相对于其他敌对国家的准国家权力。在解决这个问题时,格劳秀斯以前所未有的方式将权利与司法权分离。

荷兰东印度公司并不要求公共司法权,格劳秀斯也没有代表它提出此种要求。但是,确实有某些权利(可能包括私人固有的自卫权利)概念可供他随意使用,例如苏亚雷兹所阐述的权利概念,即"所有人都具有的对其财产或对其应得之物的某种道德权力"。无论苏亚雷兹以此种方式表述权利概念时意图何在(而且正如我们所指出的,应该当心不要夸大他的表述与阿奎那的表述之间的差别),格劳秀斯的意图都是一目了然的。公司参与军事冒险的权利被类比为没有司法权的,除"人"以外别无共同身份的私人个体的权利。他接着归给个人某些通过扩展可以适用于其他私人行为体的权利。他通过宣称自我保存的权利是终极权利实现了这一点,这种权利毋庸置疑为个人和国家共有,且它必定同等地适用于私人行为体和公共当局。

因此,格劳秀斯关注的不是私人个体的权利,而是贸易公司相对于竞争国家的准国家权利。然而,由于他不是把这些权利当作与主权国家竞争的公共司法权,而是当作私人行为体的权利来加以主张,所以意料之外的结果是朝似乎是"现代"的方向推进了权利话语,他以一种比之前所有人都更精致和系统的方式把"主观"权利赋予个人。概念上的结果是使寓于私人(主权个人)的权利与国家的主权权利平起平坐。

巴鲁赫·斯宾诺莎

仅在格劳秀斯去世后几年,因威廉二世之死,执政长官职位空缺。其他省效法荷兰省,选择让这个职位继续空缺。而且,在1650年—1672年所谓的
第一个"执政长官空位"期,在大议长扬·德·维特领导下,城市贵族享受了 130
一段权力未削减时期。正是在这个时期,巴鲁赫·斯宾诺莎臻于成熟。他对哲学和神学辩论的参与是激进的和饱受争议的,但他首先是一个哲学家,而

非格劳秀斯那样的政治人物。尽管如此，他在政治上还是有所介入，而且他的政治忠诚似乎献给了共和主义精英。他批评自己的朋友和盟友，但这些忠诚仍明显反映在他的政治哲学中。维特本身是斯宾诺莎的朋友和保护人。在对这位哲学家产生最大影响的人中，也有商业精英和维特的支持者，例如阐发了共和主义观念的兰伯特・范・费尔台森和考特兄弟，特别还有（尽管看起来吊诡）那些援引霍布斯为主要权威的人。

1632 年斯宾诺莎生于阿姆斯特丹，他是一个举家在尼德兰避难的葡萄牙犹太商人的儿子。巴鲁赫受到了很好的犹太教教育，他甚至可能接受了为成为拉比而准备的教育。然而，他很快被逐出犹太社区，还受到天主教会谴责，原因无疑在于那些预示着后来其伟大著作《伦理学》的那些观念。他后来与持自由思想的新教徒建立起联系，这些人受到笛卡尔哲学影响，他们中就有把霍布斯式观念带到尼德兰的笛卡尔式共和主义者。尽管他后来使像费尔台森这样最初支持斯宾诺莎哲学冒险的人感到震惊，但他与这些笛卡尔思想圈在哲学和政治上的密切关系是确凿无疑的。1672 年，德意志人和法兰西人入侵尼德兰，维特遇刺，奥兰治派恢复执政长官一职，并在人民力量支持下确立了政权，而斯宾诺莎直到 1677 年逝世前都觉得受到了这个政权的威胁。

1663 年斯宾诺莎开始思考笛卡尔哲学，但很快他就开始阐述自己的独特见解。在 1670 年的《神学政治论》中，他对支持奥兰治王室的那种反动新教发起了挑衅性攻击，其时宗教自由和共和主义自由正受威胁。像其他笛卡尔式共和主义者伙伴那样，他力促宗教宽容；像他们一样，他呼唤哲学自由，认为哲学有别于神学，甚至具有解释《圣经》的自由——这一点在荷兰的教派之争中有明显的政治寓意。但是，他遵循这些原则到了极致，而他的朋友并非总愿意如此。最终，费尔台森，这个最初的朋友与宗教和哲学问题上的合作者，谴责斯宾诺莎为彻底的无神论者。

131 在《伦理学》中所阐述的斯宾诺莎哲学的指导原则是上帝与自然的统一。对这位哲学家来说，谈论一位凭自己的意志，为自己的目的而创造了宇宙的超验创造者，似乎是无意义的。只有唯一的实在，我们可称之为自然；如果上帝是其原因，他也是一种内在原因，他不是在自然之外，而是作为自然的原理施展其内在必然性。这是否使斯宾诺莎成为一位泛神论者甚至无神论者，引发了玄奥晦涩的辩论，但有一点是确定的：在否定任何形式的超越于或外在于自然的超验存在，或者任何物质与精神二元论上，他比列入西方哲学正典的任何其他人都走得远。人也属于自然；正如全部自然是绝无仅有的唯一实在，谈论人的思想或精神与物质的划分也是没有意义的。同时，我们对这个绝无仅有的唯一实在的分享使真正的人类知识成为可能。人类身体的物质复杂性，表现在人类复杂和独一无二的理解唯一实在（人类是它的必要部分）的能力上。尽管作为自然生物我们受激情驱使，但我们具有一种独一无二的认识和理解驱使我们之力量的能力，我们不必成为自身激情的奴隶，或不加批判、不加反思地遵从宗教，我们可以过一种符合理性的自由生活。我们将看到，这些原则如何反映在斯宾诺莎的理想政体观中。

斯宾诺莎是一位开创性哲学家，他的哲学观念具有超越学院辩论界限的激进寓意，这一点当然无可辩驳。虽然他早已在哲学正典中享有一席之地，但他的政治观念是近年来才开始得到复兴的。令人惊讶的是，这股复兴潮流的主要主题是这位哲学家的政治激进主义。阐述这个主题的不仅有像乔纳森·伊斯雷尔这样的主流历史学家，他把斯宾诺莎置于一种“激进启蒙”的中心，还有从安东尼奥·奈格里到艾蒂安·巴里巴尔这些马克思主义思想家。[1]伊斯雷尔超越了那些把斯宾诺莎及其理性的自由概念视为“自由主义”奠基者之一（如果不是唯一的话）的政治思想史研究者。根据伊斯雷尔的看法，“民主，激进平等和性别平等；个人生活方式的自由；完全的思想、表达和出版自由；立法过程和教育中宗教权威的消失；教会和国家的完全分离”，这些现代观念都要归功于激进启蒙及其在斯宾诺莎那里的源头。[2] 伊斯雷尔进而认为，无论我们是否把后来 18 世纪北美和法兰西的革命运动直接归功于斯宾诺
莎的影响，实际上都是他发明了现代民主。如果考虑到马克思主义评注者认 132
为，斯宾诺莎阐述了比伊斯雷尔所想到的自由主义民主更为激进民主和平等

1　麦克尔·哈特、安东尼奥·奈格里：《帝国》（Michael Hardt and Antonio Negri, *Empire*, Cambridge, MA: Harvard University Press, 2000）；艾蒂安·巴里巴尔：《斯宾诺莎与政治学》（Etienne Balibar, *Spinoza and Politics*, London: Verso, 1998）。

2　乔纳森·伊斯雷尔：《一场思想革命：激进启蒙与现代民主的智识起源》（Jonathan Israel, *A Revolution of the Mind: Radical Enlightenment and the Intellectual Origins of Modern Democracy*, Princeton: Princeton University Press, 2010），第 vii—viii 页。

主义的学说，他们为他提出的主张看起来更夸张。

斯宾诺莎的形而上学、“一元论”和“自然主义”，以及他对超验存在的否认，对马克思本人及以后的左派思想家具有强烈吸引力，其中原委并无太多神秘之处。毫无疑问，这些观念代表着对所有政治、教会或文化上的既有权威的有力挑战。一些为激进的斯宾诺莎形象辩护的马克思主义者也被他所吸引，因为这里有一种他们所理解的去除了目的论的唯物主义，它主导了马克思主义的各种历史概念，这些历史概念深受启蒙传统的进步概念和黑格尔式哲学影响。但是，斯宾诺莎的政治哲学应另当别论。他的民主概念远比眼下的各种解释所认为的更模糊、更矛盾。

归根结底，在实践中，与他理论中的民主最接近的政体是荷兰共和国，特别是荷兰省，它具有一个明确由富裕的商业精英支配的公民秩序。他确实偏向这样一种共和制：它得到更多的人民支持，支持来自倾向于同奥兰治派和执政长官站在一起反对城市精英的下层阶级。按理说这会要求某种与摄政偏爱的自我循环、内部增补的寡头制不同的东西，但是，完全看不出来斯宾诺莎的民主定义与他生活于其中的那样一种城市共和国（那里的高级官职仍是财富的特权）有什么不一致之处。在他的理想“民主”中，政府不应是内部增补新成员的，但他也小心翼翼地避免把公民团体的包容性或获取官职的机会当作民主的一种标准。

在《神学政治论》中，斯宾诺莎把民主描述成最“自然的”国家形式，它最符合自然自由，最不可能犯下危害自我保存的愚行（《神学政治论》XVI）。他还告诉我们，最“绝对的”主权形式，“如果这种东西存在的话，实际上就是全体人民握有的主权”。但是，后来在未完成的《政治论》中，他提供了最详细的民主定义。他强调，民主制和贵族制之间的差别在于，在贵族制中，“统治的权利完全依赖于推选”，而在民主制中，“它主要依赖于一种天生的权利，或一种因幸运而获得的权利”（《政治论》VIII.1）。一种稳定和成功的贵族制应该有一个庞大的贵族阶层，但是，即使全体人民都被允许加入贵族阶层，只要加入权利是由明示选择而非由某种一般法或继承权所决定的，它就仍是一种贵
133 族制。同时，即使那种一般的或世袭的权利局限于少数人之中，一个国家仍可以是“民主的”。他接着解释：

> 在贵族政体中，任命特定个人成为贵族，完全取决于最高议事会的意志和自由选择。因此，投票权和担任国家公职的权利绝对不是世袭的，而且任何人都不能凭借法律要求得到那种权利。但是，在我现在要讨论的(民主)国家里，情况正好相反。在这里，凡是父母享有公民权的人，或出生于国内的人，或很好地服务国家的人，或因法律承认的其他理由而具有公民权的人，所有这些人，我要说，都可以合法地要求在最高议事会上投票的权利和担任国家公职的权利。除非他们是罪犯或声名狼藉者，否则不能否认他们的权利。
>
> 所以，如果一个国家的宪制规定：只有达到一定年龄的年长者，或达到法定年龄的长子，或是向国库缴纳一定金额者，才有权利在最高议事会上投票或掌管公共事务，那么，即使由于这类规定，其最高议事会可能比前述的贵族政体中的最高议事会小，这个国家仍然必须被称为民主政体。因为其被任命统治国家的公民并非由最高议事会择优遴选的，而是依法委派任职的。(《政治论》XI.1—2) *

因此，按照斯宾诺莎的标准，一个由商业精英统治的寡头共和国，加上一个小的、行使统治权的排他性议事会和一个哪怕有限的公民团体，完全可以不受任何妨碍地被称为“民主的”。[1] 但是，在早期著作中，他从未否认那些看起来支持民主的东西。而且，并非自明的是，他把按传统定义仍像是一种贵族制或甚至寡头制的政体命名为民主制，这对他为何如此重要。那时“民主的”远远不像现在这样是一个享有盛誉的词。在现代早期欧洲，对民主的认识仍源于其古代最初的含义，即(普通)人民或者甚至穷人的统治，它更像是一个表 134
示谴责的词，使人想起幽灵般的暴民统治，在有产阶级中则使人想起对其存在本身的威胁。即使那些赞成“混合”政体(在其中国王和贵族权力被一种“民主”因素所冲抵)的人，通常也支持寡头统治。因此，斯宾诺莎没有直接明

* 译文参见《政治论》，冯炳坤译，商务印书馆，1999 年，第 144—145 页，有改动。——译注

1　或许应该强调，不能简单地通过援引让·博丹阐述的那种区分(下一章我们将予以论述)，即主权性质与政体形式的分区，来解释斯宾诺莎的民主概念。例如，博丹能够谈论一种可以是“民主的”君主主权，只要其国家官职并非像在“贵族制”政体形式中那样，只能由贵族或者有财富或有德性的人获得。但是，正如此处所引的段落清楚表明的，这并不是斯宾诺莎的想法。

显的理由走得那么远，把民主的优点赋予一种本质上是寡头式的共和主义。说到底，谁会因这样一种命名而受到鼓舞？存在可想到的已经被它说服的听众吗？

我们可能会被诱惑着这样想：斯宾诺莎坚持使用“民主”一词，就好像它实际是一种高度赞扬，这表露了他真实的民主信仰。这或许意味着，至少在早期他确实是一位民主人士，而且一旦宣告了对民主的忠诚以后，在后期著作中他（受失败打击的影响）完全被迫地、某种程度上难以让人信服地仅仅为了一致性而重新定义民主，以便使他早期的赞扬仍可适用于一种并非明显民主的国家形式？奥兰治派的血腥胜利和执政长官职位的恢复得到了人民力量支持，这或许要求某种重新思考，就好像是这样：既然斯宾诺莎已经坚称民主是“自然的”主权形式，他现在就要寻求一种民主定义，它可以包容某些远不民主的形式。

然而，更有可能是另一种逻辑在运作。我们已经看到了，政治权威来自“人民”并基于同意的观念，如何可以被用来支持除民主权力以外的任何东西，甚至被用来支持君主，反对教皇和人民反抗。斯宾诺莎的学说中也存在这种因素。在《神学政治论》讨论民主的过程中，他迈出了惊人一步，这似乎表明，哪怕他在早期著作中关于民主的说法，也很难说是对民主国家的认可，不如说是使其他不甚民主的形式正当化的手段。他告诉我们，他有两个理由去深思熟虑地思考民主国家：第一，它似乎是最自然的形式——一个看起来并非规范性判断而是经验性观察的命题，即民主最接近人的自然状况；第二，

> 这最有助于实现我的目标：讨论一个国家中自由的好处。因此我忽略了其他政体的基本原则。实际上，我们再无必要为探究其权利而了解这些政体是如何产生的——现在仍经常产生，因为我刚才的论述已经说得足够清楚了。因为，无论谁享有主权，无论是一人、少数还是全体，无
> 135 疑都有一种按其任何意愿发号施令的完善权利。（《神学政治论》XVI）

这意味着，正如民主国家中的人民一样，贵族和国王在其各自的国家形式中同样有权享有最高权力，因为他们最终都源于同样的基础（《神学政治论》

XVI）。换句话说，这些其他形式可以从其民主起源那里获得正当性。

但是，斯宾诺莎对民主的描述仍有某种独特之处，需要加以解释。如果我们将他的论证置于荷兰那个特定历史时刻的政治辩论语境中，就更容易追寻其论证逻辑：当时政治思想家，例如支持维特的费尔台森和考特兄弟的主要目标是使执政长官完全不享有任何国家权威。同时，新近从尼德兰南部来到荷兰并且不属于当权摄政之列的考特兄弟，尤其支持一种更开放的共和制，其贵族的门槛更少限制，由公民在大会上选举。这显然也是斯宾诺莎赞成的立场。这里马基雅维利和意大利城市共和国的影响已经非常明显——尽管就荷兰的商业利益而言，威尼斯模式或一种封闭政府比马基雅维利的佛罗伦萨广泛政府模式更为理想。当然，根据考特兄弟的看法（对维特来说也是如此），统治权应该局限于富裕阶层，理想而言甚至公民团体都不应包括平民，但是，寡头统治者虽局限于富人，却不是从内部自我增补的——摄政贵族就日益变成这样，尤其当欧洲经济危机发生在这个共和国中时。唯有当获得官职的可能性更为开放时，才能有助于驾驭私人贪欲服务公共利益。

对于这些寡头共和主义者来说，主要的理论需求是不计一切代价排除任何混合政体观念。自古罗马以来，这种古典观念经常服务于为寡头式共和主义提供支持，甚至格劳秀斯也诉诸过它。但是，现在它被奥兰治派用来为执政长官职位辩护，他们主张这个职位可以保护人民免受寡头的过度权力，等等。如果时政不允许共和主义精英承认“混合”主权理论，就必须找到描述荷兰寡头统治的其他方法，它必须剔除君主制因素。对考特兄弟来说（对斯宾诺莎来说更是如此）有一种额外需要，需要用更开放的寡头阶层替换从内部自我增补的摄政，并寻找使民众感情疏远奥兰治派的其他方法。这提出了一个全新的难题：如何把一种“民主的”因素引入寡头式共和政体，同时又无须承认可分割的主权。

正是在这种精神氛围下，荷兰共和主义迫不及待地采用了霍布斯及其不可分割的主权理论。他的论证维护一种单一、不可分割的主权，这显然给他们留下深刻印象。但是，他们并不像霍布斯本人那样，用它来支持一种绝对 136
君主，而是用它来支持一种公民共和制、反对执政长官分享国家权力的要求。根据霍布斯式原则，荷兰人可以主张，奥兰治王室和反对公民政府的教士都不能对共和国的国家权力提出正当要求。

霍布斯不是第一位论证不可分割的主权的政治思想家，但他的论证基于独特的理由，这对荷兰人有特别的吸引力。与让·博丹不同，他主要关心的需要不是同各种与君主竞夺司法权的法团权力斗争（其中理由我们将在后面章节以更长篇幅论述）。相反，他把自利个体之间的冲突当作自己的核心主题，这些个体高于一切的动机并非分享公共权威，而仅仅是确保自我保存。

看来这符合荷兰人的目的。正如对英格兰人那样，对他们来说，问题不是法团司法权之间的冲突。当然，在荷兰起义期间，西班牙君主的敌人已经有代表性地提出了各种对特殊司法权、特权、自由的主张，以及对"次级长官"反抗君权进犯的权力的主张。但是，在起义过程中，随着君权反对者日益要求一种自由和主权性的共和政府，冲突的性质改变了。当共和国已立，出现了各种主张主权属于"人民"全体的新学说。主权体现在贵族和城市贵族中，但他们不是被设想为"次级长官"，而是在原则上被设想为主权者人民的代表。[1] 在斯宾诺莎的时代，当共和主义精英挑战执政长官的权力时，他们不再作为竞争性司法权或次级长官权力的主张者来对抗他的权力。他们质疑执政长官职位的存在本身，支持一种单一、不可分割的主权。

他们以明显的霍布斯式术语思考人性和国家目的，认为人类是受其激情驱使的造物，追求他们的私利和自我保存这个主要目标。他们坚称，一个稳定的国家需要使这些激情得到平衡，这只能靠一种不可分割的主权来实现。在荷兰语境下，这有一层特殊含义：目标不仅是实现自利个体之间的平衡，更具体地说，还有实现一种政体形式，它鼓励财富追求，维护商业霸权而又不在对立的公民利益之间制造不稳定，同时保护商业精英的地位。

137 这些论证中的荷兰特有要素是我们所谓的政治建构的商业社会。这不仅意味着，荷兰的霍布斯主义者预设了一种社会，在其中商业利益和超经济权力、政治地位与特权不可分离，还意味着，在他们看来，即使在这种深度商业化的社会中，经济利益的和谐也必须通过政治手段实现。和谐的关键手段不是后来盎格鲁—苏格兰商业社会模式中的那种，即市场的"看不见的手"。但

1 参见《荷兰起义》(*The Dutch Revolt*, ed. Martin van Gelderen, Cambridge: Cambridge University Press, 1993)导言。

它也不是法兰西“政治经济学”中的那种绝对主义君主制。在这个商业社会中，实现政治稳定与和谐的最好方式是财富与公职对接的共和政府。[1]

后来创造了“公共利益”源自“私人恶德”这个著名观念的是一个荷兰人，即18世纪早期在英格兰进行写作的伯纳德·曼德维尔。但是，类似观念已经由法兰西的安托万·蒙克莱田提出（正如我们已经看到的）。甚至在更早的16世纪的英格兰，托马斯·斯密斯勋爵（第七章有对他的更详细论述）已经指出，相互竞争的经济利益可以得到调和并融合成一种共同善。正如对法兰西人（进而还有托马斯·斯密斯）那样，对荷兰人来说，把个人贪欲转变成共同福祉需要国家的积极引导。即使曼德维尔也一直强调政治引导的作用，这与亚当·斯密形成有趣的对比。尽管在保障一个真实竞争市场的条件上，斯密确实指派给国家一种重要角色，但他指望市场自身能够规制相互竞争的利益。斯密的观念扎根于一种资本主义市场，这种市场只存在于英格兰，别无他处可寻，甚至像荷兰共和国这样完全的商业化社会中也没有。荷兰独有的是一种由小心平衡的共和主义制度产生的商业和谐概念，通过将财富与公职对接，这些共和主义制度将引导自利追求去促进共同善。

如果说霍布斯关于人性、激情、民政长官的主权的观点为荷兰共和主义者提供了基本材料，那么，为了适应共和主义的要求，需要对一种最初旨在为绝对主义君主制的主权背书的论证进行大幅修改。当然，霍布斯许可一种复合主权者，但他建构论证是为了明确，一种不可分割的、真正至上的权力最完
美、绝对地存在于由一种君主制加以体现的一个单一、不可分割的思想或意 138
志中。对霍布斯正如对荷兰共和主义者来说，“混合政体”不是一种选项。但是，要为一个寓于共和主义领导集团中的主权，为一种如此不可分割以至于执政长官在其中无一席之地的共和主义权力做出最大可能的论证，需要更多东西。

无论斯宾诺莎期望通过背离霍布斯来实现其他什么目的，他肯定都力图

1　那些“斯宾诺莎式马克思主义者”（抽象地）将斯宾诺莎置于一种“市场资本主义”语境中，他们的论点恰恰倾向于忽视荷兰商业体系的独特之处。在我们此处所谓一种政治建构的商业社会（加上关于其经济权力和超经济权力统一、关于政治手段协调利益的全部设想）的语境下，斯宾诺莎的政治哲学看起来会更连贯，也更容易理解。

保留霍布斯式关于不可分割的权力的理想位置的原则。确实，一个主权必须表达一种共同意愿。斯宾诺莎的理论面对的挑战是，这样一种共同意愿如何能够从众多的思想和不同的激情中产生。但毫无疑问，霍布斯认为，君主制是把个体自我利益的杂多性转变成公民统一团结的一种最好、最稳妥方式。按理说必须要找到一种论证，它将赋予一种复合主权者以优先性，而在霍布斯的理论中这种优先性为一位君主所享有。

简单来说，斯宾诺莎的论证是，只要政府得到臣民支持，政府通常就是稳定的。表面看起来，如果人民与政府有直接的利害关系，就更有可能形成广泛的人民支持。主权的范围越广泛，它就越“绝对”，这恰恰因为，如果一个主权表达了人民的共同意愿而较少趋向于脱离他们的共同利益，那么按定义来说这个主权是更强大有力的。

但是，论证转而变得比初看起来模糊。例如，这意味着民主制，即包含广泛个人和利益的包容性多数统治，必定比更少包容性的形式即贵族制更稳定和可靠吗？显然，当斯宾诺莎引入全体人民所握有的主权更“绝对”的观点时，他的意图并不是为民主制辩护，而是证明一个具有“足够规模”议事会的贵族制比一人统治更“绝对”。换言之，一个更开放的贵族阶层统治的共和国在此意义上是更“绝对的”。这个段落甚至认为，这种贵族制是现实世界中所能想到的最接近“绝对的”。同时，如果王国为了共同善而统治，他们也可以得到人民支持（或许即使他们不这样也可以得到人民支持？）。在他们能够保持自己权力的地方，君主制和民主制同样有权统治。斯宾诺莎甚至认为，在历史上君主制更为稳定，而民主制倾向于退化成其他形式，如贵族制。

这或许意味着，对民主优越性的主张较少与稳定或安全有关，而更多与自由有关？即使在这里也存在模糊之处。这位哲学家确实认为，民主是“最符合个人自由”的形式。但是，他也告诉我们，自由并不在于单纯按照我们的快乐和激情行动，这可能与我们的真正利益背道而驰。真正的自由意味着按
139 照理性行动，而人类的倾向往往与此相反。这意味着，需要严格服从一个按照共同善行动的主权、一个唯一的立法权威，不管这主权是民主制还是君主制。实际上，一种完全放任破坏性激情或哪怕只是无用激情的民主制，要比一种为人民利益而统治的君主制更少自由。

尽管斯宾诺莎的哲学体系以及他关于自然、理性或宗教的观点可能是激进的，但是，仅仅依凭他就特定政治形式之优缺点所明确说过的话，其力量是不够的，实际上不足以维护一种不存歧义的，支持他对民主（通常含义上的民主，无论是古代还是现代民主）的信奉的论证。他小心翼翼地建构其民主定义，以使它能够包括一种寡头共和制，对这个惊人事实人们也无法视而不见。而且，鼓吹这位哲学家的民主激进主义的人们所抓住的很多言论，在他那里是用来支持这种共和主义寡头制的。尽管如此，可以公平地说，无论他意图如何，他的论证方法以明显前所未有的方式打开了民主的大门。

鼓吹斯宾诺莎的民主激进主义的两位主要学者是这样概括他们的论证的：他们说，霍布斯"在对一种超然的政治机构进行现代建构方面发挥了奠基性作用"，而斯宾诺莎是"内在性"哲学家，他绝佳地表达了所有权力和权威都内在于且源出于群众的观念。艾蒂安·巴里巴尔得出了类似的，却更细致的论点。他认为，斯宾诺莎提出了先前所有政治思想家都没有提出过的一个问题，至少作为理论分析的对象，"国家权力的基础在人民之中，也就是说，在'群众'自身内部形成的运动中"。[1]

通过考察斯宾诺莎的论证是如何联系霍布斯的"群众"概念而展开的，我们可以评判上述主张。这两位哲学家都从同样的前提出发，正如斯宾诺莎在《神学政治论》中说的："每个人都有与他的权力同等的权利。"（II.8）但是，如果说他以类似霍布斯的方式把权利等同于能力或权力，那么正是在这里，由于他的自述，他最明显地背离了这位英格兰哲学家："我总是"，他在《书信五十》中这样答复朋友对他与霍布斯之间差别的问询，"保留完整的自然权利，而且我坚持认为，只有当一个国家的主权在权力大小上超过其臣民的权力时，它才有支配其臣民的权利"。

对斯宾诺莎来说，与他的哲学"自然主义"一致，这里的重点是"自然"，权
利概念也是以"自然主义"角度界定的，权利被等同于能力或权力，没有任何 140
规范性意义。霍布斯似乎同样认为，对于个人在追求自我保存时有权力或能力去做的任何事，他们都有一种自然权利去做。然而，由于他的主权概念许

1 哈特、奈格里：《帝国》，第 83 页；艾蒂安·巴里巴尔：《斯宾诺莎与政治学》，第 56 页。

可向一个主权进行无条件的权利转让——由此要求臣民有权选择为促进自我保存所需要做的事，所以，在斯宾诺莎看来，霍布斯限制了自然主义原则。如果主权因为个人自愿的权利转让而要求无条件的统治权利，那么权利看起来就保留了一种规范性因素，而不是与权力完全同义的。[1]

表面上看，斯宾诺莎将权利和权力的明确等同，这是比霍布斯本人所能设想的更明确地诉诸权力之特权（prerogatives of power）。据说霍布斯曾遗憾地对他的朋友约翰·奥布里说，斯宾诺莎超过他，已经“略胜他一筹，因为他（霍布斯）不敢这么大胆地写”。[2] 但是，斯宾诺莎的大胆表述与其说是对强权创造权利（might makes right）原则的声明，不如说是对任何认为自然权利可以让渡的观念的拒绝，还是对群众政治身份的维护（这一点可争论），这是他与霍布斯形成鲜明对比的地方。

在早期著作中，霍布斯（第七章将以更长篇幅讨论他）把民主制描述成“设立而成的”最初主权形式，也就是说，最初的主权形式不是通过强力，也不是通过“占有”或征服创造的，而是“人类智慧的一种凭空创造”，创造者是“聚集在一起的许多人……他们由群众的集会和同意产生”。从这种最初形式中产生了其他形式——贵族制和君主制。（《法的要素》XX，XXI）当他在后期著作中阐述其契约观念时，霍布斯放弃了这种表述。在《论公民》和《利维坦》中，他不再寻求解释政治权威的历史起源，而是强调向主权的自愿权利转让是绝对的、无条件的，因为群众无非是个人没有联系的集合，不具有政治身份。

霍布斯在以全新的方式应对“群众”问题。无论哪种主权最初都来自人
141 民或意见一致的个人组成的一个团体，这种观念如我们所见长期以来都是西方政治思想的一个传统，而且这并不必然暗示着人民的政治权利——在国家内部或反抗国家的政治权利。诉诸它通常是代表一种司法权主张反对另一

1　正如我们将在之后章节中看到的，在斯宾诺莎或许不知道的著作——《利维坦》中，霍布斯通过修改自己的论证而显得更接近斯宾诺莎，这里他认为，权利转让并不像在《论公民》中那样是无条件的，统治权利甚至可能是有条件的，取决于维护它的事实上的权力——霍布斯可能意在为克伦威尔的掌权辩护并使那场推翻国王的革命正当化。

2　《托马斯·霍布斯传》，载于约翰·奥布里：《名人小传》（‘The Life of Thomas Hobbes of Malmesbury’, in John Aubrey, *Brief Lives*, ed. John Buchanan-Brown, London: Penguin, 2000），第441页。

种，例如君主用它反对教皇，宣称作为人民的法人代表而行动的“次级长官”用它反对国王。但是，正如我们将在第七章看到的，对霍布斯来说，“群众”是一个新问题，尚无政治理论家严肃对待过。正如在英格兰语境下个人权利语言具有一种不同的含义，那里的法团权力相对薄弱，而且私人个体与国家之间一种新的、无中介的政治关系已经取代了各种司法权之间的古老竞争，同样，“群众”及其政治身份问题也具有一种新的意义。

在早期著作中，他采用了一种尽管较少基于法团主义假设，但与他的前人并无太大不同的论证：作为个人之集合的人民已经通过转让其权力创造了主权者。他用这个论点来支持王权反对议会。但是，在《论公民》中，他面对着一个不同的问题，即议会之外的人民承担的政治角色，他们蜂拥走上街头并主张一种新的政治身份。这不单纯是一个追溯主权（无论是君主主权还是议会主权）在一群意见一致的个人那里的最初起源问题。霍布斯面对的问题是群众对自己直接的政治能动地位的主张。他的回应仅仅是说，群众没有政治意志或政治身份：“当我们说人民或群众意欲、命令或做任何事时”，他坚称，必须理解为国家自身“凭借一个人的意志，或更多人的共同意志（这只能在一个会议中实现）命令、意欲和行动”（《论公民》VI，注释1）。只有当一群个人让位于一个统一的主权时，才有可能谈论一个政治社会。

因此，霍布斯以前所未有的方式与群众权力的“内在性”周旋。可以说，
即使他的目标是证明，群众唯一的政治作用就是放弃和转让其政治能动地 142
位，但在凸显群众作为政治权力直接的、无中介的“内在”来源这个问题上，他走得仍比哈特和奈格里或巴里巴尔所认为的要远得多。他确实超越了那些在持久的司法权竞争中诉诸法团“人民”或同意的中世纪思想家所提出的任何东西。《论公民》可能为荷兰共和主义者的辩论设定了话语框架。但是，任何试图把霍布斯的论点从一种绝对主义君主制论证转变成一种开放的寡头共和制论证的努力，都需要一种精妙的平衡术，一方面要进一步确立群众的“内在”权力，另一方面要维持城市精英的支配地位。

当斯宾诺莎在早期著作中把民主制描述成最“自然的”、最接近个人自然自由的国家形式时，他与霍布斯的早期观点，即民主制是“设立而成的”最初国家形式并无千里之遥。两位思想家都不是在做道德判断，而只是在推演一

群个人最有可能通过哪些方式离开自由的自然状态，设立政治社会。但是，后来两人都放弃了这种表述，尽管是出于不同的理由、以不同的方式。像霍布斯一样，斯宾诺莎在后期著作中不再追寻主权最初的历史起源。他甚至不再提起一种原初契约是主权自然的或最初的来源这种观念。但是，与霍布斯不同，他似乎避开了任何可能暗示一种最初的，然而有条件的自然权利转让的历史性或规范性表述，并视群众的政治身份为理所当然。他为一种二次契约留有余地，通过这个契约，已经作为一个政治实体存在的人民把权力转让给国王或贵族。他甚至还认为，大多数贵族制最初都是民主制（《政治论》VIII 12）。这确实意味着贵族制和君主制有权统治，甚至可能意味着现实中的民主制通常并非稳定的。但是，在斯宾诺莎的表述中，至少在原则上群众的政治身份是没有改变的。权利仍然与权力同义，这意味着主权仍有条件地取决于权力的维持，很可能还取决于获得和保持人民支持的能力。[1]

这看起来为那些从斯宾诺莎政治理论中发现了一种民主本质的论点增加了可信度，但这仍然完全符合知名的荷兰寡头派信奉的理想政体观：由开放的城市富裕贵族阶层统治的商业共和国，在这里，共和主义制度和源于官
143 职的利益有助于把私人贪欲疏导向共同善的追求。斯宾诺莎可能比他的某些同胞更倾向于一种更具包容性的选民团体，而且《政治论》吸引人地为一种更明确的民主论点敞开了可能性。正当斯宾诺莎准备讨论特殊的民主形式时，这部著作戛然而止，他说他对这种特殊的民主形式最感兴趣（理由尚不清楚）：一种包容性的民主制，其公民团体包括所有独立人、所有服从自己政府的法律（有别于服从其他政府的居民）并示范正派生活的人。尽管如此，他苦心孤诣构思出的对民主本身的定义，并没有否认对平民（更不用说女人，其自然弱点看来为公民团体对她们的普遍排斥提供了理由[2]）的排斥，而且这个定义具有这样的优点：它可以拥护一种考特式寡头制而无须承认分割的主权。

没有其他地方比斯宾诺莎的如下言论更能表明荷兰霍布斯主义的理想：

1　我们在下一章中将看到，霍布斯在《利维坦》中又一次接近这个论点。

2　在他对民主的讨论中，斯宾诺莎以一定篇幅（《政治论》XI.4）讨论了是否将女人排除出政治领域，以及她们对男人权威的服从是因自然而存在的，还是仅仅因制度而存在的，他总结说原因（和正当理由）是她们的自然弱点。她们的权力并不与男人的平等，因而权利也不平等。

国家应该建立

> 在这样一些法律上，它们并不寻求让多数人过智慧生活——因为这是不可能的，但至少要让他们受那些于国家最有用的激情的统治。因此，如果富人不能节约的话，至少应该尽一切努力保证他们的贪婪获利心。因为，如果这种普遍和持久的获利激情被争求荣誉的渴望所加强，那么，大多数人无疑将竭尽所能地用体面的方法增加他们的财富，以便谋取官职并避免巨大耻辱。(《政治论》X.6) *

斯宾诺莎在这里概括的一般原则是不存疑义的：贪婪获利心是一种，甚至可能是唯一一种对国家最有用的人类激情，而且，通过把财富变成获取官职荣誉的手段，可以驾驭这种激情为公共利益服务。对这位哲学家的如下意见，即原则上当主权寓于全体人民之中时它最“绝对”，无论我们持何种想法，在现实世界中，受贪欲驱使的商业精英所统治的一个共和国，似乎最有能力把自利个人的激情引向共同善，而且这看来既适用于一种贵族制，也同等适用于这位哲学家的“民主制”。当贪婪附着于共和国官职上时，人类激情的统治最容易转变为理性的统治。

如果对比其他地方的政治发展背景来思考斯宾诺莎的“民主制”，我们就
可以对它获得一些更全面的看法，那些地方带来了各种真正激进的群众概念 144
以及群众对政治能动地位的主张。当这位荷兰哲学家仍是孩童时，在英格兰的街头上和观念领域中，政治领域正在被“人民”重新定义。我们已经看到，霍布斯如何感到不得不应付这些人民向政治领域的不请自入。但是，还存在着对群众的“内在”权力更加激进的表达。例如，当斯宾诺莎15岁时，在英格兰内战过程中，克伦威尔军中发生了一个史上绝无仅有的事件，即所谓的普特尼辩论。在辩论中，有关政治权利和统治的根本问题不仅被哲学家或神学家所讨论，而且被激进分子和士兵所讨论，后者真正为“群众”，为自耕农、工匠和普通士兵组成的“乌合之众”讲话。这些非凡的辩论记录文献或许够不

* 译文参见《政治论》，冯炳坤译，商务印书馆，1999年，第140页，有改动。——译注

上霍布斯或斯宾诺莎著作那样的正典地位，而且，尽管其理论影响重大，却是一种不同性质的影响。但是，普特尼辩论，更不用说英格兰革命中出现的更激进的民主观念，展示了一个远远超越斯宾诺莎“群众”观念的民主思想的
145 世界。

第六章　法兰西绝对主义

1484 年到 1560 年间，相继几位法兰西国王拒绝召集三级议会，即各地区性等级的全国大会，剥夺了法兰西各代表机构唯一的重要职能：批准征税的权力。它们重新被召集是在宗教冲突期间，那时为维持军队而进行的索取增加了税收负担。从 1560 年到 1614 年，三级议会又间歇召开了几次，但没有多大效果，它最终在混乱中解散，直到 1789 年之前都再未召开。直到大革命之前，法兰西都没有全国性代表大会，更不用说一个全国性立法机构。至少就此而言，君主政体的中央集权计划成功了，“绝对主义”国家取得了胜利。

但是，三级议会的失败不能简单等同于君主的成功。不如说，国民议会的阙如既表明了君主的权力，也反映出法兰西的国家碎片化。与英格兰君主制不同，法兰西君主制是在对立封建家族之间的长期竞争中缓慢诞生的；而在英格兰，君主制是作为封建领主与国王之间的合作计划而逐渐形成的。法兰西绝对主义从未完全克服王朝斗争的遗产或互竞司法权的分割化和特殊主义。

这个王国确实用一个在西欧无可匹敌的官僚机构成功确立了自己的权力机构。但是，这不单纯是它强大的标志或现代“理性化”的标志。为了获得对手的支持，君主的主要策略之一是以国家官职为主要形式的恩惠分配。而且在很大程度上，官僚集团的增长是收买潜在的自治司法权主张者的一种结果，收买方式是诱之以有利可图的国家官职，更不用说还有在国内外战争中

掠夺的机会。直到大革命，甚至直到拿破仑时期的国家，分割化主权的遗产
147 都持续塑造着法兰西的政治理论和实践。

一种压榨和贪污体系？

在16世纪初，法兰西是欧洲人口最稠密的国家。在约1 800万人口中，80%—90%的大多数人是农民。虽然原则上他们是自由的，且其土地所有权是有保障的，但他们仍然经常受各种封建义务的约束，他们也首当其冲地忍受着日益增长的国家税负。16世纪晚期，君主发起大规模国家转型，扩大官僚体系并提高与之相伴的税负，其税收体系之成形，不仅是为了向国家计划提供资金支持，而且是为了向一个“大型分赃体系”，一个“半制度化的压榨和贪污体系”提供资金支持。[1] 通过向部分贵族和大部分资产阶级提供官职肥缺作为个人致富的手段来笼络他们。

官职的分配无疑加强了对王权的支持，但也在忍受负担的人中引起越来越多的不满，甚至官职的受益者也被证明是不可靠的。当君主政体不仅用官职分配来巩固其权力基础，还卖官鬻爵以增强其财政实力时，这创造了一个新的王朝买官者阶层，在17世纪他们本身变成了君主权力的一个反对来源。即使当“绝对主义”君主制看起来已经牢固确立时，正如地方法律体系的繁复那样，地区性和法团性的分裂依然持续。

不断增长的税收和特权性的税收豁免当然足以引发不满，但是，国家中央集权过程已经造成了日渐复杂的社会分工。在一个其君主作为对立贵族家族之间结果不确定的竞争产物的国家，王朝斗争始终猛烈。同时，正在进行中央集权的君主不仅受到承担税负的无特权阶层的挑战，也受到未被王国

---

1 罗宾·布里格斯：《现代早期法兰西（1560年—1715年）》（Robin Briggs, *Early Modern France 1560 - 1715*, Oxford: Oxford University Press, 1977），第3页；朱利安·富兰克林主编和翻译的《16世纪的宪政主义与反抗：奥特芒、贝茨、莫尔奈的三篇论文》（*Constitutionalism and Resistance in the Sixteenth Century: Three Treatises by Hotman, Beza, and Mornay*, ed. and transl. Julian Franklin, New York: Pegasus, 1969）导论，第16页。还参见戴维·帕克：《法兰西绝对主义的创制》（David Parker, *The Making of French Absolutism*, London: Edward Arnold, 1983）对这个时期法兰西国家的概述。

收编并捍卫其司法权的贵族的挑战。还存在着特权等级与无特权等级之间和各等级内部的冲突。第三等级以几种方式划分：富人和穷人、资产者和农民、市民和村民。因此，对君主的反对一直不是明确的。尽管资产阶级力图保护自己免受过度压榨，但他们也有理由支持君主，以便加强其地位、反对贵
族，或为了有机会获得国家官职。甚至农民也会寻求国王的保护来对抗贵 148
族，而被国家收编的贵族与捍卫其剩下的领主权和地方自治权的贵族针锋相对。

尽管如此，当王权国家增强时，反对也会增强。宗教争议使分界线更加分明，随之而来是数十年冲突，在冲突中，王朝斗争由于这样那样的教派之争和地区性叛乱而复杂化。在法兰西断裂的政治体中，在把不同的反对力量和地区统合进一个或多或少团结的反抗派别上，宗教异议发挥了极为特殊的作用。反抗观念和人民主权观念确实超越了宗教界限。但是，胡格诺派虽然是一个少数派运动团体，却在引发可谓欧洲第一次对王权的组织化反抗上发挥了与人数不成比例的巨大作用。法兰西新教因不同理由而对不同阶级有吸引力，然而，只有在，并因为它被部分贵族，特别是部分地方贵族接受时，它才造成了一场有力的政治运动，在他们看来，以高卢教会为形式的天主教已经成为君主政体和王国集权野心的信条。法兰西宗教战争留给西方正典的最重要的政治观念，正是那些改造了新教教义以适应主张其地方自治权和特殊司法权的地方贵族和城市当局利益的政治观念。

法兰西的宗教改革和宗教分裂无疑使政治异议具体化，但是，宗教冲突的形式一开始就是由政治界定的，是由特殊的国家构造塑造的。作为一种反对力量的法兰西新教，以及其教义向反抗理论和“宪政主义”理论的转变，从属于一场更大的政治斗争。在通常被称为宗教战争的一系列血腥冲突中，1562 年爆发并持续数十年的天主教徒与胡格诺教徒的斗争，同贵族家族之间为掌控君位而展开的斗争以及君主和贵族之间的冲突纠葛交错。同时，宗教冲突尤其增加了为国王军队提供财政支持的税负，从而使已经存在的社会不满进一步加深。作为一种私人占有工具的君主国的发展，总是与各种竞争性的“超经济”权力和“政治建构的财产权”形式形成紧张；它为维护自己的权力而对增加和分配官职的依赖，不会比对财政稳定的依赖更少；这种国家的成

长：它不仅是一种维护秩序和保护有产阶级私有财产的工具，而且本身就是一种私人资源，所有这些也都以特定方式设置了政治议程，并进而决定了宗教争论的形式。

149 当然，互竞司法权之争并非为法兰西特有，但是，中央集权君主与其他的自治权主张之间的对立发挥了独特作用。在西欧其他主要君主国里，分界线以不同形式划定，政治话语也沿着不同分界线展开。在英格兰，不存在对中央集权国家的根本挑战，中央集权国家同等服务于君主和贵族的利益。而且，尽管英格兰内战惨烈异常，君主和议会（他们共同组成中央集权国家）之间的斗争，并不是以中央国家和其他局域性司法权之间斗争的形式展开的。在西班牙，至少对系统性的政治神学理论家而言，比起王国本身，帝国才是一个更能引起争论的问题。在16世纪的法兰西，在绝对主义思想和反抗理论的形成过程中，君主和地方性司法权之间的斗争发挥了核心作用。

宗教改革、新教的传播、宗教战争，继之的胡格诺派衰落和天主教联盟兴起，这些使潜在的社会冲突白热化，并为围绕税收与什一税、特权与免税权、地方贵族寡头的权力以及王权绝对主义本身展开的斗争提供了意识形态工具。斗争的目标和强度、社会联盟的性质和范围，因地区差别与地方特权的差别而有所不同，但是，部分农村爆发了暴力的农民抗争，有时还有农民与城市各阶层联盟的地区性叛乱。这些暴动最初可能是反对税收和什一税的叛乱，最终则是对整个权力和特权体系的攻击。

这个时期的政治观念在所有学识层面都是丰富的：概括了三个等级怨言的陈情书（cahiers de doléances）；胡格诺派的反抗小册子；博丹的政治哲学，而且它们都反映了法兰西独特的国家构造。法兰西与英格兰政治观念的对比是有启发意义的。英格兰人而非法兰西人最愿意采用“混合政体”观念，而且他们早在法兰西人之前就已经阐述了相互分离的权力的观念。当我们考虑到是英格兰人而非法兰西人具有一种更确实的不可分割的主权，且即使“混合政体”理论家也坚持一种中央集中、不可分割的主权时，这看起来或许是吊诡的。但是要知道，“混合政体”与一种真正统一的、中央国家主权为议会和国王分享的国家是完美相容的。在英格兰的语境下，混合政体观念或分立权力观念根本不以一种碎片化主权为基础，相反，它们以一个统一的主权国家

为前提。法兰西人所面对的是一种不同的权力配置，是各主权碎片之间更持久的斗争，这呼唤着不同的理论策略。 150

英格兰的土地所有者发展出了私人性的、越来越具有“经济性”的占有方式，他们从来没有把国家当作一种直接资源而过多依赖。中央国家也没有真正受到法团机构、地区特权和政治上自治的城市公社的挑战。对英格兰有产阶级而言，王室税收绝对不具有它对法兰西人的那种地位，这个国家也从未出于与法兰西相同的理由去挤压或保护农民。

当英格兰财产所有者寻求保护并加强其越来越具有“经济性”的占有方式时，他们可能会为保护其私有财产权免受王权侵犯而斗争，为确立作为财产所有者联盟的议会的至上地位而斗争，通过确立“有限政府”为阻挠绝对主义君主制的强化而斗争，同时他们还要防范来自下层的威胁。法兰西有产阶级面对的国家既是剩余劳动力的争夺者，又是获得剩余劳动力的一种途径，这些有产阶级围绕税收、官职的增加和分配方式而斗争，与其说他们为限制国家而斗争，不如说他们经常为得到国家财产或妨碍他人得到国家财产而斗争。英格兰平民在反对地主加强其经济性占有权力时，为反抗将公地和荒地圈为私有而斗争。法兰西农民更多受“政治性”剥削形式压迫，他们造反反对王室税收和领土特权。英格兰人主张其个人权利，法兰西人为其法团性和地区性特权辩护。

如果英格兰人关心的是国家与私有财产权的关系，那么，法兰西人关注的则是**作为**私有财产的国家。法兰西的反绝对主义不仅是对政治暴政的反抗，还是对作为一种私人压榨工具的国家的进攻。人民的反抗也常常对准国家的剥削。而且，就不满的对象而言，以领主直接压榨为形式的剥削不如税收（或其他人的免税权）那样沉重，正如地主可能较少关心经济权力，例如圈地权的丧失，而更关心免税权和政治特权的废除。

法兰西政治话语将长期专注思考国家的税收或官职结构和位于其下的断裂政治体。正如欧洲其他地方经常发生的那样，这里的主要问题通常与司法权之争有关。但是，对国家作为一种私有利益的角色的强调，即君主国及其不断增长的行政和财政机构被认为是一种私人占有工具，使法兰西政治争论与众不同。当然，这些问题并非法兰西特有，但是，当国家变成不断增长的

官僚阶层手中一种主要的私人占有工具时，这些问题以特殊的力量，以欧洲
151 其他地方所不具有的方式和程度呈现在法兰西人面前。

因此，居于这个时期法兰西政治思想核心的是一种碎片化的政治体，它由许多特殊主义成分组成，而把这些特殊主义成分统一起来的因素是另一种特殊主义权力、另一种私有利益。君主制的拥护者必须为君主的统治权利，特别是分配官职和征收税负的权利辩护，方法是否认他的特殊性并主张他代表公共或普遍利益，超越其臣民或竞争性司法权的所有私人和特殊利益。他的反对者可以反驳说，君权本身不过是私人性和特殊性的，只是一种反对其他私有利益的私有利益，各种次级司法权才真正代表“公共”利益。

围绕法兰西君主制展开的大多数争论关心的正是下述问题：公私关系，以及谁能够宣称代表公共原则来反对众多私人利益和组成法兰西政体的各种司法权。赞成中央集权君主制的论点宣称，国王体现了与其臣民的私人性质对立的国家公共方面，需要一个单一的至上意志把各种特殊利益拧在一起并形成共同善。王国的辩护者，例如博丹可以主张主权者的意志就是法律，因为国家（它对所有私人个体、家庭和法团来说是公共的）只有通过对主权者统一意志的共同服从才能建立起来。反对君主中央集权任务的论点不仅关注分裂政治体的特殊主义成分，也关注国家机器本身的特殊性和把它当作私有财产使用所导致的后果——官职激增并成为贪污手段、行政腐败、税收负担。

这些冲突并不必然使君主主义者与君主国反对者势不两立。对立双方经常卷入一种王权主张反对另一种的王朝斗争。但是，即使某些追捧一个雄心勃勃的王朝家族的人，也经常会拥护次级司法权的主张，反对集中的王权。即使支持某种君主制，或效忠某一王族反对另一王族的贵族或地方长官，也有理由坚称王权源于贵族和其他公共官员并由他们所创造，他们因此有权利废黜国王。这些“次级长官”反对君主的普遍性（与自己的特殊性形成对比）主张，他们尽管为其特殊司法权辩护，却也会承认从一个统一意志或思想中产生的公共利益或共同善。但是这时，“特殊和单独的”君主的统一、普遍化
152 意志被“多个思想合成的一个思想”所取代，后者就是作为人民的公共代表行动的贵族、“次级长官”或地方当局所合成的一种集体意志。

从陈情书到宪政主义

让·迪布尔格是维埃纳大主教区法官,是地方等级议会和全国三级议会中第三等级的代表,1579年—1580年这个国家最血腥的区域叛乱之一就发生在他出生的那个省,1576年他为多菲内第三等级起草陈情书并呈交布卢瓦召开的全国三级议会。[1] 他运用哲学原理和古代经典来支持他的等级具有代表性的抱怨和改革提议。他列举的不满集中在:其他两个等级的特权,尤其是免税权;无用却高薪的官职激增,世俗和教会方面皆然;压在普通人民身上的税收负担;不公平的政治结构,它赋予特权等级权力优势,使他们能够操控财政体系,牺牲第三等级为自己牟利。在这些怨言,即资产者、工匠和农民共同的怨言之外,他还加上了自己的阶级,即资产阶级关心的一些特殊问题,以及少许与农民特殊利益相关的不满。

迪布尔格提议的解决这些不满的措施包括:加强第三等级,减轻其税负,增加其在政府和等级议会中的政治权力,加强地区代表机构的地位。还有这样一些建言,在其中资产阶级对地方寡头和领主特权的不满与农民对农村管理的抱怨汇合一处。恢复国王的某些地方管理权以减少领主的地方性权力,这个提议很明显部分针对上述问题,然而,迪布尔格同时力劝削减王国官僚以减轻税负。

迪布尔格举出哲学论证来支持这些改革提议。特别是,他借鉴例如柏拉图的正义概念和西塞罗的基于各种社会等级之间和谐平衡的自然秩序概念,发展了法团平等原则。根据迪布尔格的看法,西塞罗所概括的这种据说自然的原则规定了要维护社会平等,不是个人之间的平等,而是作为法人团体的三个等级之间的平等,还有各地区、各城市之间(特别是就税额评定而言)的 153
平等。在这份哲学思辨和政治行动主义的混合体中,他表明自己"既熟稔古

1　我依据的是勒华拉杜里的《罗芒狂欢节》(Le Roy Ladurie, *Carnival in Romans*, New York: George Braziller, 1980)对布尔格和其他律师的记载。*

*　译文参见勒华拉杜里:《罗芒狂欢节》,许明龙译,商务印书馆,2013年,第76页及以后。——译注

代伟大作家，又深知当代普通人民（他们对柏拉图或西塞罗的话一无所知）的热望”。[1]

迪布尔格的主旨是基于社会秩序的有机统一和和谐，为各等级之间的法团平衡，尤其是税收方面的平衡辩护，这在其后继者那里仍是表达抗议的焦点，在血腥起义时期之后，这些后继的地方律师仍在他的地区为第三等级斗争。在攻击贵族的免税权时，为了确立国家的根本统一和其各部分的相互依存关系，他们引证了各种有机体比喻——国家的奥体（mystical body），或在古人（从毕达哥拉斯到柏拉图、亚里士多德）中流传广泛的音乐的和谐比例比喻。他们试图用这些方法来证明贵族对社会整体的义务和第三等级在维持政治体上的根本职能。

这些抗议者并不是民主分子。他们是有钱人，本质上代表城市资产阶级的利益。他们争取的平等是一种允许他们支配自己法团内部次要成员的法团平等，也是一种承认社会整体等级结构的比例平等、差别平等。“我们……不像贵族谎称的那样主张人民统治、主张平等，”克洛德·德拉格朗热于1599年说，“而是主张我们的特权与（他们）平等。”[2]换句话说，这与其说是例如农民或工匠可能希望的对特权体系的攻击，不如说是对获得特权的要求。“第三等级需要和声学法则，而非数学法则，”安托万·朗博写道，“他们不想把平等变成法律……他们需要平等的法律。但是，他们并不要求遵循算术法则的平等法律，也就是说，不要求万物在重量和形式上平等。他们要求的是不同部分组成的和声学平衡。建立在比例平等与和声学平等上的秩序和法律使全体统一，这对国家的生存是必不可少的。”[3]

这些作为“身体”、有机统一体的国家概念，往往与一种大于各部分之和的公共或共同利益概念相伴，与一种高于并相对于构成政治体的各特殊成分的统一原则相伴。无须赘言，诉诸这种共同利益是为了证明，贵族必须使其
154 特殊利益和特权服从整体利益：“贵族使用地方特权，就好像这些特权只属于他们，”1598年，让·樊尚抱怨道，“贵族认为他们只为自己而生。但是，按照

1 勒华拉杜里：《罗芒狂欢节》，第68页。
2 同上，第357页。
3 同上，第358页。

修昔底德引述伯里克利的说法，一个人首先应该爱公共利益，(并)认为自己并非为自己，而是为世界而生。”[1]

对这些资产者和远非激进的抗议者来说，国家的统一以及“多”必须服从的“一”具体体现在国王身上，樊尚称之为“共同福祉之父”。[2]“追求统一，”朗博解释说，“并不意味着把一切变成平等的，音乐中的统一正是一国中的君主制。”[3]无须惊讶这些律师会采用这种观点，因为第三等级可以从君主篡夺某些法团权力(但不是他们自己的)中实际获益。这些地方律师的法团平等主义建立在一种社会观之上，在这个社会中，国家的统一与各组成部分的“和声学”平衡，表现在国王的主权之中并由它加以维持。就此而言，他们是博丹真正的门徒。

相形之下，胡格诺派理论家鼓吹彻底向王国造反。毋庸置疑，很多胡格诺教徒完全是被宗教信念推动的(尽管类似的观念后来被天主教联盟采纳)。但是，同样可以肯定，很多人，特别是那些把这场运动变成一种强大政治力量的社会成员中的很多人，是被其他低于精神层面的利益驱使的。胡格诺派的反抗得到的支持从未超过法兰西人口的10%—20%，但它吸引了地方显要、贵族和官员不成比例的支持。特别是在法兰西南部，新教徒一度控制了相当多的城镇；16世纪60年代，至少在法兰西某些地区，胡格诺运动囊括了近半数贵族，特别是那些其封建权力的丧失没有得到国家官职补偿的地方小贵族。

胡格诺派不仅抨击特权和庇护体系或财政和行政腐败，而且将批评的矛头直指君主制本身及其官僚机构，这里的王国官职，包括国王职位都被当成一种私有财产。这并不必然意味着他们反对君主制观念本身。最有影响的胡格诺派反抗小册子《反暴君论》，其作者被认为是那瓦尔的亨利的坚定支持者。那瓦尔的亨利后来成为法兰西亨利四世、波旁王朝开国之君，后来这位国王自己就激起了对其中央集权倾向的反对，对此他以典型的“绝对主义”方式予以利诱(或威逼)。亨利(在再次改宗天主教之前)是一位新教徒，这个事 155
实当然不是无足轻重的。但是，仅仅基于胡格诺派反抗者的教派忠诚来解释

1　勒华拉杜里：《罗芒狂欢节》，第353页。
2　同上，第353页。
3　同上，第359页。

他们对他的支持，可能也是在回避问题。新教特别是加尔文宗对各种“次级长官”的吸引力无疑值得列入考虑，这恰恰是因为，当他们的权力和自治权受到中央集权君主威胁时，新教教义为他们的权力和自治权提供了支持。

任何政府若不在某种意义上基于被统治者的同意就不是正当的，国王的权威源自某种同“人民”订立的原初契约，这种观念如我们所见并不是新的。国王（作为国王而非个人）大于任何其他个人，却小于人民共同组成的共同体，这种观念也不是新的。对国王统治的同意是有条件的，国王的正当性取决于条件的履行，在阐述这个原则上，法兰西反暴君派确实超越了其他人。但是，正如对他们的中世纪前辈一样，对他们来说，人民仍是一个集体性的法人团体，它是不朽的，而个人方生方死。

反暴君派的反抗小册子常常被说成是现代宪政主义和现代“人民主权”观念的发轫。但是，我们已经知道，这很大程度上取决于“人民”的含义，这是一个在西方政治思想史中具有很多含义，服务于许多不同政治目的的灵活词语。这种情形中的“人民”不单纯是私人个体的集合。个人不是国家的基本组成部分，国家是由法人团体，例如行会、等级、省或市镇组成的；“人民”既不是作为个人，也不是作为一“群”个人，而是作为一个集体性法人团体享有政治权威。反抗暴虐权力的权利甚至责任都不属于个体公民，而属于“人民”集体，或者更准确地说，属于代表这个集体的官员。实际上，反抗暴虐权力的权威乃至责任，严格来说完全不是一种个人权利，而是一种基于职位的职责。此外，得到辩护的权利并不是在常规基础上（例如在定期选举中）给予或撤回同意的权利，而是在非常时期，即君主未能坚守契约并暴虐地统治时的反抗权利。

这无疑有助于解释，在法兰西这样一个大部分信仰天主教的国家，在一场既是宗教的又是政治的战争中，新教徒的观念（至少当中央集权君主开始与地方领主和地方长官的司法权发生冲突时）为何会吸引大量地方贵族和市
156 政官员。即使类似观念后来被其他人照搬并为了更民主的目的加以发展，即使这些观念确立了宪政、有限、可问责政府的重要原则，它们也没有什么特别民主或“现代”之处。这些观念源于肯定领主独立权力的古老中世纪原则。胡格诺派的人民主权学说与主张普通公民的民主权利无关，更多与保护古老

的封建权力、特权、司法权免受中央集权国家侵蚀有关。胡格诺派应对国王无度行为的方法是加强其他司法权的权力。尽管对长官或“公共会议”权威的论证被阐述成对“人民”不可转让的反抗权利的辩护，但是，这不是公民的私人权利，而是官员或加尔文宗所说的“次级长官”的公共职责，坚持这一点既是为了主张与国王相对的自治司法权，又如我们在其他某些新教教义中已经看到的那样是为了反对人民造反和农民起义。

因此，胡格诺派“宪政主义者”的民主程度，并不比16世纪其他仍求助君主制的抗议者更高(在某些方面还更低)。无须奇怪，大量胡格诺派成员和他们的一些代言领袖都来自小贵族、地方贵族阶层，在一个强有力地进行集权和篡夺的君主制的成长中，正是地主阶级中的这个部分得到最少，失去最多。各类西方政治思想史中最普遍引用的、最著名的胡格诺派宪政主义者——弗朗索瓦·奥特芒、狄奥多尔·贝茨、菲利浦·迪普莱西—莫尔奈都属于领主家族，他们代表的社会利益也显著反映在反抗小册子中。

第一个重要文本——奥特芒的《法兰克高卢》(1573年)被写成一部法兰西宪政史，而非一目了然的政治小册子，它着力证明，按照法兰西传统，国王仅仅是一位长官、一位官员，而且，即使原则上他终身享有这个职位，也可以被免职。最终权威(近期已经被暴虐国王们不正当地攫取)正当地属于一个集合了各等级的“公共会议”，其诸多权力之一是设立和废黜国王。法兰西新教徒的精神领袖、加尔文在日内瓦的后继者贝茨，在其《长官的权利》(1574年)中，从类似的法兰西宪政传统的概念出发，却阐述了一种更为普遍的反抗学说，
它明确把反抗权利赋予“次级长官”。[1] 长官的权威来自人民，但他坚称反抗 157
是一种公共职责而非私人权利，它不属于私人公民，而属于公共官员，“可以承担这项职责的有公、侯、伯、子、男和城堡主”，还有“城镇中被选举的官员”。[2]

最有影响的胡格诺派反抗小册子《反暴君论》(发表于1579年，但可能成

1　在加尔文宗学说中存在某些为一种更具包容性的反抗权利辩护的尝试，其做法是把“次级长官”的含义扩大到包括每一个作为自己的“长官”而行动的私人个体。但是，这种扩展(实际上严格说来)显然违背了原始学说的含义和意图，而且，在胡格诺派小册子那里，意图是非常明确的。

2　狄奥多尔·贝茨：《长官的权利》，载于富兰克林主编的《16世纪的宪政主义与反抗：奥特芒、贝茨、莫尔奈的三篇论文》，第110页。

书于 1574 年—1575 年)，被认为是与那瓦尔的亨利亲近的迪普莱西—莫尔奈的作品，他把贝茨的学说发展成了向当朝国王造反的公然号召。这本小册子从这样的前提出发：国王并非异于他人，统治者与被统治者之间也不存在自然区分。它坚称国王是人民创设的，但谁是“人民”谁不是很快就变得清楚：

> 当我们说到全体人民时，我们指的是从人民那里得到权威的人，也就是低于国王的长官，他们由人民选举出来或以其他方式确立……我们指的还有等级议会，它正是一个王国的缩影，涉及所有公共事务……
>
> 在每一个正当设立的王国中，这种角色是国王的官员、贵族、领主、显要，以及以不同组合组成正常会议或非常会议的各等级所选择的其他人……尽管这些官员个别而言低于国王，集体而言却高于国王。[1]

莫尔奈确实非常犹豫并附有谨小慎微的限定条件，他认为，可能有一些例外情况，那时私人个体被上帝拔擢，作为解放者行动。然而，尽管他对反抗的号召可能比其他胡格诺教徒激进，但他的论点大体上站在“次级长官”一边，这里的“次级长官”不是一种比喻意义，即包括每个作为自己之“长官”而行动的私人个体，而是指公共官员：

> 我们这里说的不是私人个体，他们无法被视为一个共同体的基本组成部分，就像木板、钉、铆无法被视为船的组成部分，或石头、房梁、灰浆无法被视为房的组成部分。我们说的是一个省或一个城镇，它们是王国
> 158 的一部分，正如船头、甲板、船舵是船的组成部分，或房顶、墙壁、地基是房的组成部分。我们说的也是掌管那个省或城镇的长官。*

胡格诺派的反抗观念被称为现代宪政主义发展中的一个里程碑，这主要是因

---

1 菲利浦·迪普莱西—莫尔奈：《反暴君论》，载于富兰克林主编的《16 世纪的宪政主义与反抗：奥特芒、贝茨、莫尔奈的三篇论文》，第 195 页。(关于这本小册子的作者仍有争议)

* 译文参见拉博埃西、布鲁图斯：《反暴君论》，曹帅译，刘训练校，译林出版社，2012 年，163—164 页，有改动。——译注

为他们把一个主权共同体当成一切政治权威的最终来源，它通过代表“人民”的制度来控制统治权力，以此行使其主权。但是，他们的人民主权概念与其说是“现代的”，不如说是守旧的。在为特殊司法权，即各等级和“次级长官”辩护时，他们照搬了那些早就被君主用来正当化其权威、反对如皇帝或教皇的原则，那些君主宣称权力来自“人民”，甚至基于他们的抽象同意。尽管这类观念有时确实可以被改造以服务于更激进的目的，但是，君主和“次级”掌权者之间的紧张，更多与中世纪的司法权冲突有共同之处，而较少与现代的为人民主权或哪怕只是为限制国家权力而进行的民主斗争有共同之处。

他们的论证再一次建立在一种法团性的、等级制的社会概念之上。由于反抗权利不属于作为私人个体的“人民”，而属于作为正当设立的掌权者、长官和法人团体（等级议会或以官员为代表的城镇和地区）的“人民”，所以权利不是个人的，而是法团的。实际上，在这种论点中（这里的问题不是单纯地诉诸君主来纠正各等级之间的不平衡，而是号召向君主本人造反），法团主义论证的平等主义方面退却了，而且，在“人民”权利雄辩滔滔地得到表达的每个时刻，这个论点限制人民权利的功能都会昭然若揭。

为了论证反抗权利基于“人民”设立国王而非相反的原则，胡格诺派反抗运动改造了熟悉的多中统一观念，即从一个单一的统一意志中产生的共同善的观念，这种观念曾被其他人用来为国王权力辩护。很明显，他们没有放弃这种统一观念，他们也没有把共同善定义为仅仅由私人利益和权利组成其内容的公共利益。他们仅仅改变了统一意志的来源，把它从君主变成人民的“公共会议”。他们的大部分论证都依靠国王的私人、特殊身份与“人民”（体现为其官员和会议，也就是“多个思想合成的一个思想”）的公共、普遍身份之间的对比。国王作为一个人是“特殊和单独的”，[1]他的职位的威
严、其公共身份来自人民，人民被这些人代表：管理他们的贵族、城镇长官，以 159
及（与贵族的封建利益一致）“构成王国一部分”并被确立为“一些地区的守护

1　奥特芒：《法兰克高卢》，载于富兰克林主编的《16世纪的宪政主义与反抗：奥特芒、贝茨、莫尔奈的三篇论文》，第78页。

者"的公、侯、伯、男。[1]

胡格诺派宪政主义者实际上采用了王权拥护者最重要的话语，以彼之道还施彼身。而且，他们之所以这样做，是因为这种惯用话语非常适合表达他们在一个被当成私有财产的国家中的不满。尤其是它提供了有用的语言，可以用它来主张各等级有权掌控两种重要"公共"职能，即分摊税收和分配官职，这两种职能是许多不满所指向的核心。他们论证说，尽管"特殊和单独的"国王可以随意处置其私有财产并任命自己的个人顾问，但是，必须小心地区分他的私人财物和王国的财物　　公共资金和公共官职，管理后者的职权正当地属于那些组成王国集体"思想"的"年老而有经验的政治家"。[2] 这种理论策略可以被视为与个人统治相对的"现代"公共概念的重要进步，但是，比起现代的非个人国家，它所设想的"公共"领域更像是各种封建司法权的复合体。

全部要点总结在这个问题中："国王是王国的所有者吗？"更具体地说，"国王对王国财物或公共财物享有私有财产权吗？"[3] 回答当然是，否。并且，"我们还要问，国王的地位是一种所有物，还是一种职位。如果它是一种所有物，那么难道它不至少是这样一种形式的所有物——将它授予出去的人民仍保留着对它的私有财产权？"[4] 至于征税权，既然税收是为了"公共目的"——特别是战争行为，它就不能是国王的职权，正如公共领域不是他的私有财产。"为了保证税收将用于公共目的"，它们必须得到各等级授权，根据的原则是人民"就集体而言……是王国的正当所有者"，且其官员就集体而言是唯一真正的公共存在。

胡格诺派反抗运动在法兰西或许已经失败，但是，反暴君派的小册子很快被其他地方，特别是尼德兰和英格兰的反抗运动拾起。抛开其反抗理论的

1　菲利浦·迪普莱西—莫尔奈：《反暴君论》，载于富兰克林主编的《16 世纪的宪政主义与反抗：奥特芒、贝茨、莫尔奈的三篇论文》，第 195 页。

2　奥特芒：《法兰克高卢》，载于富兰克林主编的《16 世纪的宪政主义与反抗：奥特芒、贝茨、莫尔奈的三篇论文》，第 79 页。

3　菲利浦·迪普莱西—莫尔奈：《反暴君论》，载于富兰克林主编的《16 世纪的宪政主义与反抗：奥特芒、贝茨、莫尔奈的三篇论文》，第 174 页。

4　同上，第 175—177 页。

所有局限，反暴君派确实清晰表达了一种相对激进的同意理论。他们确实远
远超越了那些理论——它们认为创立政治权威的原初协议或契约是人民向 160
一位统治者的无条件权力转让，且后世人也受这个原初协议的约束。例如在中世纪世俗和教会权力之争中，为了捍卫国王权力、反对教皇，曾有人主张皇帝或国王的权力不是来自教皇，而是通过"人民"来自上帝。这与反暴君派的观念截然不同，后者认为国王的权威来自"人民"，或许来自国王和人民之间的某种契约，而且当国王滥用其权威、违反契约条件、违背"人民"利益行事时，他们有权利反叛，乃至武装反抗。因此，认为他们对西方人民主权、社会契约、代表机构至上性理论，或至少对"宪政主义"理论有重大贡献，并非没有道理。但是，这也是西方政治传统之局限的另一种证据：这些观念旨在重申封建权利、反对进行侵蚀的君主，它们为一种等级制的政治体和寓于贵族或城市长官的法团权力独立性辩护，反对一种积极公民身份和人民权力的概念，然而这些观念却被奉为**民主**观念发展中的经典。

让·博丹

在更为抽象的哲学层面，博丹处理着同样的政治问题丛。他最著名的主权理论聚拢了那些在16世纪斗争中得到争论的问题。他寻求解决这些问题的立足点，与我们已经讨论过的那些第三等级的律师代言人多有共同之处，而且，实际上博丹本人就是1576年布卢瓦召开的全国三级议会上韦芒杜瓦第三等级的律师和代表。无疑，当他写作《国家六书》（其主权理论于此书中出现）时，他部分是受这种愿望驱使：维护国王的主权，防范以胡格诺派反抗运动为最集中体现的反叛和内乱危险。但是，他也希望对国家结构、官僚机构，以及特权和免税权造成的不公平的义务分摊进行改革。

博丹于1529年或1530年生于昂热，是一位富裕的裁缝大师之子。尽管他后半生的宗教观点仍是一个有争议的话题，但他年轻时加入了加尔默罗会。接着他在巴黎研习哲学，在图卢兹研习法学。他的早期著作在精神倾向
上是人文主义的，而且他似乎把人文主义当成向所有公民提供一种统一教育 161
以及一种单一宗教，并由此增进政治和宗教和谐的方法。在他看来，旋即发

生的法兰西宗教战争是“真正的信仰”面临攻击时的一种必然；而对他来说，宗教统一显然是国内和平的一个条件。虽然宗教多样性是对政治秩序的威胁，但他后来明确表示，某种对异议者的暂时妥协和一种有限的，当然并非永久的宗教宽容是比暴力好的统一国家的方法。

1560 年，博丹成为巴黎高等法院成员。随后几年，他创作了自己最重要的政治著作：1566 年的《易于理解历史的方法》，说明了统治国家需要的广泛的历史和法律知识；1576 年的《国家六书》，使他作为一位主权理论家的声名得以奠定。国王开始向他咨询国务。作为第三等级代表和后来的议长，他对特权等级采取强硬立场，但他也在财政和宗教问题上质疑国王，反对这位君主拒绝向新教徒妥协并试图把“人民的财产”据为己有。

至 16 世纪 80 年代末，这个国家深陷王朝和宗教危机。随着国王和几位竞争者相继遇刺，那时作为拉昂一名保王主义官员的博丹，虽然自己信奉国内和平和至少一种有限的宗教宽容，却感到不得不加入天主教联盟。王朝斗争与教派之争再一次难解难分，而且两者都和典型的司法权斗争相互纠缠：例如，各主要城市（及其长官）往往站在吉斯公爵和天主教联盟一边，而贵族一般拥护新教徒国王那瓦尔的亨利。就此而言，各种划界方式反映了各等级与君主之间由来已久的复杂关系；根据博丹的等级和身份，大概可以预料到他所处的一方。当那瓦尔的亨利即位，成为法兰西亨利四世时，这位国王仍处在强大的天主教联盟的压力下。但是，在重新皈依天主教会后，他最终颁布了 1598 年《南特敕令》。这种教派妥协可能是博丹为维护国内和平所希望的，尽管博丹已经于 1596 年死于瘟疫折磨。

关于博丹主权理论的构成，以及它在他的两部最重要政治著作《易于理解历史的方法》和《国家六书》之间经历的变化，多有争论。前一部著作确实概括了不可分割的主权观念，但是，直到后一部著作，这种观念才开始与“绝对”权力观念联系起来。说博丹是一位“绝对主义”拥护者，这可能是误导性
162 的，如果我们的意思是他支持无限君权的话。毫无疑问，他自始至终是王权至上的信徒。即使在他不包含明确的“绝对”权力概念的早期著作中，不可分割的主权观念也已经明确提出了。尽管这确实阻碍了贵族或“次级长官”是共同的或竞争性的主权主张者的观念，但这不排斥自然法或基本法对统治者

施加的限制，也不排斥各等级或贵族依据法兰西法律传统享有的重要的职位权利。在后一本著作中，博丹把不可分割的主权观念与一种更明确的“绝对”权力观念，也就是一种包括所有正当国家职能的全面权力观念结合起来。但是，即使这时他也从没有忽视等级和法团的政治角色。

博丹政治思想的一位优秀评注者认为，“绝对”主权观念是对博丹早期著作中某个不一致之处的一种令人遗憾的解决方案。诚然，不可分割的主权观念看起来与对主权的限制有矛盾，而他对次级长官传统权威的认可和对国王的某些行动需经各等级或高等法院同意的确信，暗示了对主权的限制。但是，这位评注者指出，博丹的解决方案是对法兰西传统话语的一种离经叛道，也不太适合法兰西的情况。他本可以“把统治者的主权定义成绝对的（除非涉及较狭义界定的自然法和基本法），并承认其职能在国王、高等法院和各等级之间进行分割”，这样更好。[1] 这位评注者接着论证说，但是，在坚持不可分割性观念后，一种“绝对主义”就成为必然逻辑，而且，在新的历史环境下，随着胡格诺派运动及其反抗学说的兴起，这种逻辑必然对博丹而言更加有力。

然而，无论博丹的不可分割的主权观念中有哪些逻辑不一致之处，它确实是针对法兰西的状况而阐发的，而且，它虽然有创新之处，但在术语上完全不会使同时代人感到陌生。尽管《国家六书》比前一部著作更深入地回应了武装反抗问题，但可以认为《易于理解历史的方法》和《国家六书》都试图限制贵族的自治权和一直困扰着这个君主国的“主权分割化”。同时，这两部著作 163
都为次级掌权者和法团保留了重要职能。即使在后一部杰作中，尽管他鼓吹国王的不可分割且绝对的主权，博丹也明显对提升三级议会地位坚信不疑，例如他坚称无其同意不可征税。实际上，他的主权理论离那些地方律师的观点并不太远，后者依靠君权在一个碎片化的政治体中维护统一，依靠它矫正

1　让·博丹：《主权论》（Jean Bodin, *On Sovereignty*, ed. Julian Franklin, Cambridge: Cambridge University Press, 1992）导言，朱利安·富兰克林编，第 xxii 页。还参见富兰克林：《让·博丹与绝对主义理论的兴起》（Franklin, *Jean Bodin and the Rise of Absolutist Theory*, Cambridge: Cambridge University Press, 1973）；富兰克林：《主权与混合政体：博丹及其批评者》，载于《剑桥政治思想史：1450 年—1700 年》（'Sovereignty and the Mixed Constitution: Bodin and his critics', in *the Cambridge History of Political Thought: 1450 - 1700*, Cambridge: Cambridge University Press, 1991），第 299—328 页。

其各法团组成部分之间的社会失衡——部分是通过将特权等级的封建特权据为已有的方式。

在建构其主权理论时，博丹关心的不仅是阻止胡格诺式的反叛，还有解决法兰西国家及其政治“分割化”固有的根本结构问题。无论他想代表第三等级削弱传统贵族的权力，还是想给互竞司法权的无政府状态带来秩序，以此不经意地加强统治阶级，他都希望把他们特殊主义的、半封建的权力转移给君主，否定贵族特权和官职的所有者凭（世袭或其他的）私有权利享有它们，并使它们取决于主权者的权威。紧要问题不仅是至上和最终的权力之所在，而且是**统一体**之所在，这个统一体是一个由地区和法团碎片组成的体系之一体化来源：“一个国家若没有一个主权来统一其各个成员——无论是家庭、社团或法团，就不是一个真正的国家。形成一个城市国家的既不是城市，也不是其居民，而是他们在主权统治者下的统一体。”[1]

因此，博丹的主权概念就某些方面而言是对封建残余的攻击，但它也以一个仍按照封建原则、法团主义原则组织的政治体为前提。他对**不可分割的**权力的信奉必须从这个角度来理解。因为与国王分享“主权”的代表机构恰恰会加剧法团碎片化和政治分割化，而这是博丹设计的主权旨在克服的问题。但是，他并没有构想一个以根本不同方式所组织的社会，一个像英格兰那样的社会，它较少分裂成法团碎片，而是被英格兰议会那样的统一代表机构整合进一个统一国家。总之在某些方面他的论证旨在加强某些法团原则，他也视法团为维护社会纽带的根本。主权的职能是整合并协调这些必要的特殊成分。

164 尽管如此，博丹还是对基于主权所在的国家形式和基于土地、官职和荣誉的分配原则的政体形式进行了重要区分。例如，一个君主国可以是以贵族制方式或民主制方式统治的，这取决于主权者君主选择如何授予荣誉、晋升职位。这种区分表明，无论权力和官职如何分配，这些权力最终都存在于主权者手中，而且实际上是依靠主权者的意志使它们如此分配的。官员或贵族的权力并非凭私有权利，而是凭主权者（理想而言是以一位君主为体现的主权者）的授权而被人享有。就此而言，国家与政府的区分，以及暗含的至上的

1　让·博丹：《国家六书》（Jean Bodin, *Six Books of the Commonwealth*, ed. M.J. Tooley, Oxford: Basil Blackwell, 1967），第 7 页。

立法权与从属的执行权的区分，有助于强化博丹的攻击，攻击指向封建特权和贵族无政府状态，以及其他对脱离主权者的政治权力提出私有权要求的主张。这种封建的权力“分割化”，而非英格兰议会制意义上的“分割的主权”，仍是他坚持主权不可分割性指向的主要靶子。无论他区分国家形式与政体形式还有什么其他意图，他显然都意欲维护和加强君主的权威、反对其他特殊主义的政治权力主张。

或许，在一个本身并非根本上分裂或分割化的政治体中，分割的“主权”和有限政府的观念更容易得到阐发：一个像英格兰那样的国家，它有一个相对统一的贵族阶层；没有大陆的那些“土皇帝”；其城镇缺少大陆城市公社具有的政治自治权；它还有为统治阶级准备的统一代表机构，即全国范围的、代表有产者共同体而非被地区和等级内在地分裂的议会，它实现了“封建集权化”。反映在议会中的英格兰国家统一，使“分割的主权”具有较少威胁性和较多可行性，或者，可能是统治阶级的相对统一和强大使之成为必然。无论如何，议会很早就得到了立法权——至少是阻止国王立法行为的否决权，这实际上使对博丹而言构成主权的那种权力在国王与议会之间被分割。相比之下，法兰西君主的权力部分建立在国家的地区碎片化和贵族行使的独立权力之上，在这个方面（如果不是也在其他方面，例如其财政权）它很大程度上仍不受代表机构限制。简言之，博丹的主权概念，正是针对法兰西的历史状况阐发的。

政治经济学

因此，居于博丹政治理论核心的是一种仍然封建的、法团主义的、碎片化
的社会秩序和一个中央集权的主权国家之间的紧张关系，这种紧张关系是他
所处的时空所独有的。统治阶级的剥削方式是一种仍然基于国家分割化的 165
经济权力和政治权力的混合，从这个角度而言，统治阶级仍是封建性质的。
君主国的税收或官职结构只是把这个经济权力和政治权力混合体收归中央，
并形成了被描述成一种“收归中央的封建地租”的国家税收体系。然而，当国
家试图统一国家权力碎片时，它同时又是反封建的。

这种紧张被这个时期的经济学说（博丹本人对它们所有贡献）绝妙地捕

捉到了。这些经济理论的最大特色是“政治”领域和“经济”领域的统一，是一种把“经济”看成政治建构的实体的观点，和一种把君主看成协调者的观念：君主协调被认为本质上分裂的商业秩序中相互冲突的利益。商业的确有助于物质繁荣，也应该得到鼓励。但是，在一个基于各独立市场之间“贱买贵卖”的商业体系中，商业活动是具有社会破坏性的，而君主国的职能就是像统一政治特殊主义成分那样，整合特殊的、冲突的经济利益。经济不是被理解成一种一体化的、自我维持的机制，而是被归入政治共同体之下。同时，国家本身及其税收/官职结构是一种政治建构的财产权形式，既是一种公共的政治制度，又是一种私人的经济资源，这与英格兰的经济大相径庭，那里纯经济性占有方式发展得更为充分。

构成法兰西政治体和经济之特征的根本悖论，在于其法团主义根基与一个日益成为全国性的经济体之间不可克服的紧张，该经济体要求一个更加一体化的市场和内部贸易壁垒的减少。像博丹的政治理论一样，同时代的经济学说既依靠某些法团的权力、特权和自由的维持，又依靠一个强有力的君主政体对它们的超越。

正是在这种语境下，博丹引出了国家与家庭的类比。他认为，家庭是国家的起源，也是其基本组成单位；家政是优良统治的模型。他反对亚里士多德和色诺芬对家政和治国技艺的分离，他认为，“经济”技艺，即亚里士多德归入家政范围的关于善之获取的知识，同样为“社团”“城邦”所共有。反过来说，权力、权威和服从，这些明显特定属于政治领域的事物，也属于家庭领域。在这两种情形下，管理的目的都是获取善，也就是家庭或国家的给养和繁荣（当然是作为一种更高意义上的良善生活的条件）。在一个唯一首领（家庭中
166 是父亲，国家中是国王）的至上权威下，这个目标最容易达成。家庭和国家的一个根本差别是国家具有公共性质，与家庭的私人性质形成对比，这意味着前者以后者的私有财产为前提，且前者必须尊重后者的私有财产。

博丹阐述的家庭与国家类比，展示了一个被一位绝对统治者支配的国家，这位绝对统治者指导和鼓励公共“经济”，以便促进善之获取并增进国家繁荣，正如父亲管理家庭那样。此外，由于国家的统一像家庭一样应该基于和谐与“爱”，所以，国家管理的任务是通过创造一种基于“和声学”正义的平

衡，来协调并黏合政治体各组成部分。这个类比预设了一种“绝对主义”君主制，它掌控一种“重商主义”经济，同时尊重和保护私有财产，并（有选择性地?）尊重和保护其臣民的法团自由。

因此，赞成绝对主义君主制的论点并不限于政治领域。绝对主义意识形态的大部分力量来自那些论证其促进经济繁荣之作用的主张，而且，尤其是在这个基础上出现了“开明专制”观念。一种成功的商业经济依赖一个不可分割的主权来协调冲突的利益，这种在博丹著作中已经出现的观念，仍是法兰西社会思想中反复出现的主题。作为社会整合根本工具的国家，甚至会出现在重农主义者的著作中，他们在 18 世纪阐发了一种开创性的经济理论，它像现代“经济学”那样把经济当成一个具有自身内在运行原理的系统整体。

甚至“政治经济学”这个术语的起源，也应归功于位于博丹的君主制理论底部的那种家庭与国家类比，及其关于国家在经济中的整合作用的假设。如我们所见，以在博丹那里似曾相识的语言和逻辑，这个类比出现在安托万·蒙克莱田的著作中，他即使没有真正发明这个术语，也至少写下了第一本题目中包含“政治经济学”一词的著作：发表于 1615 年的《政治经济学论文》。他根据君主应该像父亲关照家庭之幸福、和谐、繁荣那样仁慈地统治这个原则，敦促进行鼓励经济活动的改革，特别是要通过保护法团自由和平等来加强第三等级，把政治体整合成一个全国整体以促进贸易，依靠一个强大的中央国家对其冗繁、腐败的官职和税收体系进行清洗。蒙克莱田最终对君主作为改革发动者的角色失去希望，并加入反对行列。但是，在《政治经济学论
文》中，他的写作属于温和改革者的传统，这些改革者希望国王纠正权力和特 167
权不平衡并保护他们，同时整合政治体和贸易体系。

蒙克莱田提出了一个饶有趣味的机制建议，通过这个机制或许可以实现“政治经济学”希望达成的结果。在一个后来在不同的时间地点变得耳熟能详的构想中，他指出，自利激情和获利欲望绝不会威胁共同善，反而可以成为其基础。换句话说，蒙克莱田提出了某种非常类似自私利益的效用的观点，而这将成为 18 世纪以英国人（或者更准确地说，苏格兰人）为主的，对“商业社会”的解释的基础，该解释认为商业社会有能力促进共同善而无须依靠不

确定的人类美德和仁慈。[1] 但是，在蒙克莱田的论证中，这个原理运行的社会背景不是具有一体化全国市场、受自身竞争指令驱动的英格兰资本主义。对蒙克莱田而言，在法兰西的条件下，实现利益和谐的机制不是由一个立宪议会制国家维护的“看不见的手”，而是作为整合与协调之推动者的绝对主义君主制本身。在这个构想中，积极行动、有力干涉的君主是“私人恶德”转化成“公共利益”的条件。君主与利益和谐的这种联系在法兰西政治思想中经久不衰。

蒙克莱田的建议的主要目标是鼓励经济活动、促进贸易。他对自利激情是公共福祉之基础的提倡，显然意在为第三等级特别是商人辩护，他承认商人更经常地受自利和贪欲而非对公共利益的关心所驱使。他认为，这些自利激情不应成为把这些人当成“一种奴隶”一样排除出公民团体（例如像亚里士多德可能会做的那样）的理由。[2] 正是这些欲望推动着商人，还有农民、工匠和律师承担并良好完成国家所依赖的那些必要、有用的工作。

管控这些活动并在其中确立秩序，这种工作属于“国家最高仲裁者”及其官员，官员的职能是保护王国的权利，“特别是每一个城市”的权利。[3] 对这个自我利益网络的管控，不仅要通过保障公平价格、消灭腐败商业行为和欺诈、
168 移除贸易壁垒来实现，而且要通过下述方法来实现：[例如通过王国制造业（royal manufactures）体系]引入并管理一种劳动分工和专业化（相比商业更成功的英格兰和德意志，这是法兰西目前缺少的）以此弥补人类“意愿”的“不一致”。

因此，再一次地，公共管理技艺或“政治经济学”在于维护一种微妙的平衡，平衡的一边是保护法团自由和地方特权（特别是对资产阶级至关重要的第三等级法团自由和城市公社自治特权），另一边是把这些特殊主义成分统一进一个“和谐的”政治体和一个一体化的全国经济体中。再一次地，“政治经济学”概念预设的这个社会，留下了其封建、法团主义出身的痕迹，然而它又将一个强大的君主国视为理所当然。

---

1 安托万·蒙克莱田：《政治经济学论文》（Antoine de Montchrétien, *Traicté de l'oeconomie politique*, ed. Th. FunckBrentano, Paris: E. Plon-Nourrit & Cie, 1889），例如第 38—39、140—144 页。

2 安托万·蒙克莱田：《政治经济学论文》，第 141 页。

3 同上。

绝对主义文化

至宗教战争结束,法兰西实际上已处于社会危机和经济崩溃中。16 世纪 90 年代的特点是饥荒、人民起义和疫病,那时农业受到严重搅乱,许多耕作者被迫离开土地。王权国家看起来是对无政府状态唯一可行的解决方案。在君主权威的主要对手中间,反对声音衰弱了。同时君主也发起了改革,其中包括取消某些免税特权,由此重新分摊税负。但是,17 世纪再次经受内战折磨。随着三十年战争的结束和 1648 年《威斯特伐利亚和约》的签订,碎片化主权的余波卷土重来,并因战场返回的贵族士兵掠夺团伙和新的官宦世家而进一步恶化。在福隆德运动时期,围绕司法权、税负,或国家官职和税收利益获取机会展开的斗争以新的形式死灰复燃。在 1649 年—1652 年的一系列叛乱中,对国王的反对浪潮接连不断,反对来自捍卫自己限制君主的权力的巴黎高等法院,主张自己自治权的贵族,反抗征税的人民力量,最后还有王朝竞争者。

君主以巩固中央权力作为回应。接下来是通常所谓的法兰西"绝对主义"时期:曾赋予新教徒重要权利的《南特赦令》的撤销;为加强中央国家、削弱贵族而进行的财政、军事机构改革;国家为促进商业和工业发展而发起的一个综合性规划;为统一法律体系并创造一种法兰西民族文化而进行的努力——从王室对艺术的赞助到法语的标准化。

尽管绝对主义国家在 17 世纪的动乱(福隆德运动和农民起义)中绝处逢生,但是,注定与这个国家的本性形影不离的不满来源,即一个地区和法团碎 169
片化体系中的税收、特权、免税权、行政腐败,一直是社会抗议和改革提议指向的靶子。绝对主义一直未能克服国家碎片化。用单一的进行协调的意志统合碎片化的社会秩序,用单一的主权把法团网络整合进一个有机的、等级制的总体中,这种观念也将继续塑造着法兰西政治思想。它还促成了一种社会概念,在这种社会中,包括经济关系在内的社会关系总体都被纳入**政治**共同体。这种集合体将一直主导法兰西社会思想,直到大革命及以后。

法兰西政治权力的"分割化",封建特权的存活及其向新形式的恩惠与私有性官职中的扩展,地区和法团特殊主义的顽固存在,所有这些无论从君主还是从“人民”的角度来看，通常都要以统合它们的单一、统一思想或意志这个观念来加以理论应对。无论是被好争吵的、自掘坟墓的封建贵族的需要所驱使，被第三等级的不满所驱使，还是被君主制本身的私有利益所驱使，君主制的辩护者建议：封建特权和对政治职位与权力的私有权利应该被君主据为己有，以便建立如博丹所描述的那种单一、至上、不可分割的主权。在温和的“宪政主义”学说中，国王意志被赋予更真实的公共性：它铲除以贪污腐败的行政为形式的特殊主义叠层，它受到代表机构的节制或听取代表机构的意见，但不受与他们分享主权的限制。

即使在对王权绝对主义更激进的攻击中，国家的公共意志也不像在英格兰那样通常受到与它相对的私人利益或个人权利主张的反对。他们也没有把共同善界定成本质上由私人利益组成的一种公共利益，以对抗某个侵犯私人权利的国王提出的公共性主张。作为替代，绝对主义国家本身的公共性受到质疑，而公共意志的所在位置转移了。一个特殊主义体系中的普遍性原则在理论中转变成了代表机构、“人民”官员、“中间团体”。即使在共同善被设想成源于私人利益和谐的情况下，国家（更具体地说，君主）往往仍被描述成必不可少的和谐推动者、能够整合法团特殊性和局部利益的统一意志。国家本身、其特殊主义和私有性质造成的威胁、被当成私有财产的冗繁行政机构的增长，这些问题受到的反对较少来自那些保护“私人”领域免受“公共”侵犯
170 的努力，而更多来自那些把“私人”国家变成真正的公共事物的提议。

在波旁王朝治下，此时已经广为人知的论点，即以君主为体现的一个统一意志是在一个无法克服碎片化的国家中维护社会秩序的绝对必需之物，被推向了新的极端。1681 年身为路易十四的王太子家庭教师的主教波舒哀发表了《论普遍历史》，从而使这种论点超越了先前所有极限。作为国王和高卢教会的坚定支持者、新教徒和教皇的反对者，他将自己的“哲学性”历史的开创性著作作为课程内容向年轻的王太子讲授。第一卷覆盖了从世界之初到查理曼统治时期的“普遍”历史，其中心部分是古罗马史和基督教兴起史。在波舒哀死后，有人从他的笔记中重新整理出了他对直至 1661 年晚近时期的记载。这部巨著意在证明，世界历史是神意规定的，为的是一个统一的天主教会的利益；其主要结论之一是，为了实现上帝的意图，需要一个单一、不可分割

的君主主权者作为这个单一、统一的教会的亲密伙伴。

在接下来的世纪,即“启蒙时代”,法兰西绝对主义文化将呈现出一种非常不同的形式,但绝对主义国家仍处于启蒙运动的中心。尽管存在许多国家的启蒙运动,但诞生了标志性的启蒙哲学家的国家是法兰西。这是一种新型知识分子,其教育现代读者的使命已经由《百科全书》最鲜明地昭示了,它提出“不仅要包罗学术界已经覆及的领域,还要涵盖所有人类知识支脉”,不仅为了学者的利益,而且为了改变“通常的思考方式”。这个时期被认为是欧洲一个独特的世界主义时代,法兰西可能更是如此。有理由把“启蒙运动”当成这样一个时期:那时“大发现时代”,即商业和帝国扩张(这提供了接触欧洲以外世界的物质、文化财富的机会)的那三个世纪,已经促使欧洲人的思想和“文人共同体”超越了其狭隘的空间界限。受人文主义智识遗产和一场科学革命的鼓励,这种空间拓展给普遍主义的世界和人权视角带来了新生命。然而,法兰西“启蒙”改革者虽有世界主义的信念和包罗万象的雄心,但他们依然在解决特定于法兰西的问题,它们关乎私有性国家、恩庇、税收和卖官鬻爵。

由于国家长期以来一直是一种主要资源,甚至在大革命和拿破仑时期之后都如此,因此,抱怨通常较少指向国家作为一种占有工具所固有的恶,而更多指向阻碍分享其收益的机会不平等。如果说(正像于根·哈贝马斯的著名
观点指出的)启蒙运动创造了一个新的“资产阶级公共领域”,它外在于且独 171
立于国家,允许保持一种新的批判距离,那么,这与主张“资产阶级”利益防止国家侵犯,或者与划定一个外在于国家并为资本主义发展服务的新空间没有太大关系,而更多与资产阶级要求进入国家并分享官职收益有关。难怪当传统贵族试图重申其特权,尤其是获取官职的特权时,“职业向才能开放”的口号在革命前夕的各种运动中引发了如此强烈的共鸣。

启蒙哲学家们将绝对主义国家和教会暴露于批判性审视之下,更不乏对它们的讽刺挖苦。他们(尽管其中一些人比另一些人更激进地)以无与伦比的智慧和雄辩提倡“开明的”自由和宽容原则。他们的不敬和对迷信的打击震撼了许多同时代人,也激怒了既有权威,这有时带来危险的后果,包括身陷囹圄。即使当他们的政治观点远非民主或表现出对普通人民的轻蔑时,他们的教育使命就其本性而言仍是解放性的。因为法兰西启蒙运动的绝大部分

巨擘，如伏尔泰、达朗贝尔、霍尔巴赫、狄德罗的智识力量与其说归功于系统的哲学创新，不如说归功于这种教育计划。

德尼·狄德罗可能比其他所有人都更好地抓住了法兰西启蒙运动的这个特殊性质和精神。这并不是说，他的观点在启蒙哲学家中是典型的。尽管他向“开明专制”眉目传情（他被邀请到俄罗斯给叶卡捷琳娜大帝当顾问），但他要比例如伏尔泰更加民主，更少表现出对“普通”人民的轻蔑。在像女性权利和殖民主义罪恶这样的问题上，可以说他的看法比一般标准更为进步。但是，他有特殊资格成为法兰西启蒙运动的代表，因为是他比其他人更多地维系了《百科全书》，也是他最清晰地阐明了在一个包容而广泛的教育使命中收罗所有知识的工程，这个工程通过改变“通常的思考方式”挑战了教会与国家。他本人涉猎广泛、风格多变的著作会赢得例如黑格尔和马克思这些思想家的崇敬。但是，在某种意义上，他的见解之力量依赖于对体系的有意识拒绝。他确实可以被称为一位独特的哲学唯物主义者，然而，把握其对变化和不确定性的强调的最好方式，可能不是严格的哲学和政治理论，而是像《拉摩的侄儿》这样的特色作品。这部讽刺性对话录囊括了令人眼花缭乱的各种话题，充满混乱和矛盾，作者
172 的立场扑朔迷离，然而，它却不可思议地成功嘲弄了启蒙之敌。

但是，在法兰西启蒙运动的璀璨群星中，可以说至少有两个人在社会和政治思想方面有系统创新。像启蒙哲学家总体而言那样，孟德斯鸠和卢梭这两位在西方正典中最具创造才能和广泛影响的人物，属于一个更大的“文人共同体”——它受到超越法兰西范围的文化发展的良好培养。然而，对这两位原创性思想家来说，尤其引人注目的是其政治观念深深扎根于特定的法兰西绝对主义话语之中的程度，以及其政治观念的独特特征在大不相同的方面归功于这种特定话语的程度。

法兰西启蒙运动对批判理性的信奉，在某种意义上是对王权绝对主义的回应，这是老生常谈。但是，强调绝对主义文化的影响，其内涵要比仅仅说法兰西艺术、文学是在王室的奢侈资助下繁荣起来的更为丰富，并且/或者要比以下说法更为丰富，即绝对主义国家激发了一种对立文化，由此诞生了高扬理性、宽容、公民自由和个人自主，反抗一个不宽容的教会和一种“迷信”文化所支持的一个专横国家之压迫的“启蒙时代”。认识到自 16 世纪到大革命期

间接连不断的不满，这也是不充分的。纵观这个时期，位于绝对主义国家中心的持续紧张关系，给思想家们提出了特定问题并以特殊方式设定了辩论框架，因此可以说在这种更深层的结构意义上，这些紧张关系也依然处于法兰西智识生活的中心。这在卢梭和孟德斯鸠那里最明显不过。

孟德斯鸠

当孟德斯鸠于 1734 年发表其《罗马盛衰原因论》时，已经存在一种悠久传统，即关于作为各竞争性司法权对立面的法兰西君主制，其起源和正当性的争论。16 世纪的那些古老论点，例如奥特芒试图诉诸法兰西历史传统来挑战君主权威的论点，在 18 世纪遭到了替代性历史解释的还击，例如将君主权威的起源追溯至罗马帝国的历史解释。这些论点转而又受到支持贵族封建权力的历史主张的质疑，后者坚称绝对君主制代表一种历史中的腐化。

从这个对立中会产生王权论和贵族论的斗争，也就是信奉不受约束、不可分割的君主主权的人和信奉受贵族与法人团体自治权限制的君主国的人之间的争论。不管孟德斯鸠的政治哲学中还有其他什么模糊之处——这些模糊之处使评注者可以把他描述成从反动信徒到坚定共和主义者的一切形 173
象，他的同时代人包括启蒙哲学家都可以毫不迟疑地将他列入贵族论一方，无论是出于善意还是恶意。

例如，在致孟德斯鸠的一封信里，爱尔维修写道：

> 说到我们的贵族和我们所有层级的小专制者，如果他们能理解你，那么他们怎么赞扬你都不为过，而这是我从你著作的原则中发现的一个缺点……团体精神从四面八方缠住我们；这是一种以社会大部分为代价建立起来的权力。我们正是被这些世代相传的篡夺之权统治着。[1]

站在贵族论一方，并不意味着反对君主国，正如那些指责孟德斯鸠为君

1　转引自佛朗茨·诺依曼为孟德斯鸠《论法的精神》(Montesquieu, *The Spirit of the Laws*, New York: Hafner, 1962)撰写的导言，第 xxvii 页。

主主义者的共和主义者（不只是法兰西的，还有美国的共和主义者，考虑到他据称对“美国建国之父”的所有影响）所表明的那样。主张与绝对主义君主制对立的自由原则，同时仍坚定委身于贵族信条，这也并无不同寻常或矛盾之处。但是，支持贵族论确实意味着否认绝对主义国家的某些最根本原则，而它们正体现在王权论中。而且，理解孟德斯鸠表面上模糊之处的最有效方式，就是把他放在那个极具法兰西特色的争论的语境中。同时，那些使他加冕现代社会学开山祖和/或现代政治科学（甚至政治经济学）创始人称号的概念创新，恰恰也源于他与法兰西绝对主义意识形态的批判性接触。

孟德斯鸠生于 1689 年，那时正是不列颠形成“平衡”政体的历史时刻，他后来在经典著作《论法的精神》中将这种政体奉为模范。他来自一个古老而显赫的穿袍贵族家族，法兰西社会的这个组成要素将在孟德斯鸠政治观念中占有核心位置。他作为律师供职于波尔多高等法院，后成为院长，正如我们将看到的，这种经历突出地体现在他的政治理论中。作为相信可买卖的官职是对中央国家产生约束的人，他卖掉了自己的院长职位。

如果说启蒙哲学家早期的运动是从宫廷精英中开始的，那么，孟德斯鸠则以其 1721 年《波斯人信札》的发表成为第一位超出沙龙谈话范围的人，这有重大意义。正如伏尔泰 1734 年发表的《哲学通信》那样，孟德斯鸠这部辛辣诙谐的书信体小说促进了启蒙运动，在小说中法兰西社会被一位波斯访客
174 以外人眼光加以审视，正如罗伯特·达恩顿所说，它“既机智又智慧”，糅合了“放浪不虔之言和对专制主义与不宽容的严肃反思”。[1] 但是，与伏尔泰不同，孟德斯鸠以 1734 年的《罗马盛衰原因论》和继之的《论法的精神》开启了一个更具野心的智识计划。也正是在这里，“启蒙时代”法兰西话语的绝对主义根源最为一目了然。

绝对主义思想促成了这样一种社会观，它把社会当成由一位“绝对”君主体现的政治权威所建立的一个连锁的整体、一个系统的社会关系总体。绝对主义辩护策略造成的结果是鼓励了一种总体化的社会世界和人类历史观点，这对社会理论的发展产生了深远影响。孟德斯鸠的“哲学性历史”正如其社

1　罗伯特·达恩顿：《乔治·华盛顿的假牙》（Robert Darnton, 'George Washington's False Teeth', *New York Review of Books*, 27 March 1997），第 35 页。

会和社会变迁理论一样属于这个传统。表面上看,这样的说法与其他对其著作的解释背道而驰,那些解释把他视为现代社会学的开山祖,认为他对作为一个自足实体、一个有自己内在逻辑的关系网络的“社会”的发现,造成的结果是取代了“政治”作为人类共同体之统一力量或组织原则的地位。根据那些解释,孟德斯鸠思考的“法”与其说是人类创造性和政治能动性的产物,不如说是一个给定社会系统及其内在系统需求的本性的必然产物。确实,孟德斯鸠强调系统各要素,即经济的、生态的、文化的还有政治的要素之间的内在联系,但是,他的“社会学”依然无可避免地是政治性的,且深植于绝对主义思想传统中。社会是系统性整体,每个社会都有其特殊的凝合与变迁原理,孟德斯鸠的这种解释是一种在绝对主义论证的地盘上挑战绝对主义论证的尝试,它提供了一种并不必然导向绝对主义君主制的社会整体(涵盖了从历史、政治到经济的一切事物)理论。同时,即使绝对主义君主制不再是社会凝合不可或缺的条件,政治能动性仍位于他的“社会学”的核心。

波舒哀的哲学性历史试图在一种宏大的、无所不包的解释中把握人类历史总体,可能最主要就是这部著作启发了孟德斯鸠去书写他自己关于罗马的哲学性历史,它不单纯是对事件和人物的描述,而是对一个按照自身内在原理兴起和衰落的社会秩序整体的解释,它是那位主教的“绝对主义”世界观的
对立面。《罗马盛衰原因论》提出的一些主题,将在《论法的精神》(他在西方 175
政治思想正典中的地位主要是由这部匿名发表于1748年的著作奠定的)中以一种不同的形式得到发展。在《罗马盛衰原因论》中,孟德斯鸠的意图不仅是提出一种替代性的罗马史记载,而且是质疑把路易十四当成普遍历史中一个神意命定的行动者的主张,由此抗衡对王权绝对主义的辩护。作为替代,他提供了一种罗马帝国与基督教兴起的“自然”史、一种只有人类行动者的“哲学性”历史,它与波舒哀的神意命定的普遍历史形成鲜明对照。

《罗马盛衰原因论》不是一部完全的理论著作,但是,我们已经可以从中察觉到那些将在《论法的精神》中得到发展的原则。在孟德斯鸠的历史中,不存在目的论或人类之上的任何宿命。罗马史作为一种“自然”进程展开,而基督教的兴起不过是这种自然史的一部分。它并不比其他罗马制度享有更具特权的历史地位,它也可以以同样的方式被解释。但是,如果历史是一个自然进程,这并

不是说它仅仅按照不变的自然法则发展。人类能动性创造了自身的复杂性。同时，历史不单纯是伟大个人的产物。尽管唯一的历史行动者是人类，他们却是在特定的语境下行动，也就是在特定的、具有自身内在变化原理的制度、惯例、盛行的文化或人民“精神”下行动。在此意义上历史原因是普遍的：任何特殊原因的结果，例如一次军事失败，是由一个“普遍”原因决定的，即是由一个特定社会的制度框架和其中风行的人民精神决定的。罗马早期诸王被一个共和国取代，这不是因为个人的英雄壮举，而是因为国王们创造了一种消除了贵族中间性权力的绝对君主制，且这种君主制都不能长久。共和国在权势和规模上实现了伟大，这不是因为伟大的个人，而是因为共和秩序和维持它的特殊公共精神。然而，它最终注定衰落，因为这个共和国的本性和精神鼓励甚至要求持续的征服和扩张，而共和制只有在一个相对较小的领土上才能存续。帝国扩张，尽管对这个共和国而言是自然的，却也是它衰落的原因。

《论法的精神》是一部极为不同且更具野心的著作，但是，《罗马盛衰原因论》中出现的普遍与特殊的混合（内在于特殊社会形式中的“普遍”原因）是孟德斯鸠这部最有影响的经典著作的指导原则。这部庞杂的著作覆盖了从法兰西到中国及以外的广阔时间和地理范围，它确实被承认是一部扛鼎之作，但也被指摘为自相矛盾、不合逻辑、难以理解，其野心远远超过了才华。但是，
176 其缺点至少在一定程度上是其长处的对应面，是作者力图在社会、政治变迁的普遍法则与特殊政治形式的独特运转原理或“精神”之间，保持一种理论平衡的创新尝试之结果。

“我已经”，他在前言中写道：

> 首先思考了人，思考得出的结果是，在千差万别的法律和习俗中，人并非仅仅受到奇思异想的指挥。
>
> 我已经列举了一些基本原则，而且我发现，特殊实例自然地遵循它们；所有民族的历史不过是它们的结果；每种特殊的法都与另一种法相联系，或取决于另一种更普遍的法。（《论法的精神》）*

---

* 译文参见孟德斯鸠：《论法的精神》上卷，许明龙译，商务印书馆，2012 年，第 3 页，有改动。——译注

把世界中展现的众多社会形式和文化平等地视为“自然的”，其结果之一支持了对多样性的宽容。孟德斯鸠接着向读者保证，他的意图不是非议无论哪个国家的法律。他坚称，他的目标仅仅是阐明每种政府所基于的运转原则和促成其成败兴衰的条件。“每个国家都将在这里发现其基本原则所基于的理由”。提出改变方案的责任“只属于那些如此幸运以至于生来就能够洞悉一个国家的整个政制的人”，而他自己仅仅乐于“为每个人爱其君主、国家、法律提供新的理由”，“劝勉统治者更多学习他们应如何发号施令的知识”*。但是，随着孟德斯鸠讨论的深入而变得昭然若揭的事情是，无论他的科学意图多么公正中立，他对所有法律“精神”的揭示说到底还是旨在促进法兰西既有国家的改变。他的宏大科学计划不可避免地是由一个政治纲领的特殊需要所塑造的，这样说并不为过。

孟德斯鸠从这样的前提出发：社会和政治变迁是人类理性可以理解的。但是，要理解人的社会和政治实践，就不仅需要辨识自然万物共同的、固定不变的法则。当然存在普遍、不变的自然法则，它们作用于人类正如作用于其他自然物。“作为物质存在者，人像其他物一样受不变的法则统治”，但是“作为理智存在者，他不断地破坏上帝确立的法则，并以自己的规则改变它们”（《论法的精神》I.1）**，这些改变和破坏不是无法理解的。作为孟德斯鸠研究对象的人“法”能够被科学知识理解的程度，并不比自然法被科学理解的程 177
度低。[1] 但是，千差万别的社会形式和习俗，更不必说变幻莫测的人类激情、无知与错误，这些意味着仅发现自然法自身（例如像霍布斯那样，他试图把物

* 译文参见《论法的精神》上卷，第 4 页，有改动。——译注

** 同上，第 11 页，有改动。——译注

1 在《政治与历史：孟德斯鸠、卢梭、黑格尔和马克思》（Louis Althusser, *Politics and History: Montesquieu, Rousseau, Hegel and Marx*, London: New Left Books, 1972）中，路易·阿尔都塞就孟德斯鸠完成的方法“革命”，特别是他对“法”的重新定义提出了一个重要论点。阿尔都塞认为，尽管其他思想家已经使自然法概念世俗化，却“仍保留了旧解释的神学结构，保留了其作为一种被**自然**的直接表象掩盖的理想的特征。对他们来说，自然法既是一种**规范**（义务），又是一种必然性。他们的所有需要都在一种仍非新定义的法的定义中找到了庇护和支持。”但是，孟德斯鸠“意在把对法一词的旧解释彻底驱逐出它目前仍占据的领地。并让现代定义（法是一种关系）走上神坛，支配从上帝到石头的所有存在者。‘就此而言，一切存在者都有其法；上帝有其法，物质世界有其法，高于人的智灵有其法，兽有其法，人有其法’（《论法的精神》I.1）”（第 35 页）***。

*** 译文参见《论法的精神》上卷，第 10 页，有改动。——译注

理原理及其运动法则运用于人类动机）是不够的。我们必须寻找每种特定社会形式内在的凝聚力和逻辑。

我们当然可以从某些共同的、根本的人类动机出发，正如霍布斯在描述自然状态时所做的那样。孟德斯鸠也确实简要反驳了霍布斯的观点：单纯的恐惧和支配他人的意愿很难解释人们如何能在社会中生活，人类动机要复杂得多。但是，这位法兰西哲学家对这类根本动机不太感兴趣，他更感兴趣的是特定社会形式产生的复杂事物。他建议我们可以从这个简单命题出发："没有任何社会可以离开一种政体形式而存在"，所有既有政体形式也都以某种方式与自然相符。但是，这样说并未告诉我们什么。"这样说更好"，他接着说，

> 最符合自然的政体是与人民（政府为他而立）的性情和倾向最为一致的政体……（法律）应该适合它为之而立的人民，因此如果一个国家的法律适合另一个国家，这是罕见的巧合……它们应该顾及每个国家的气候、土地性质、位置和范围、居民的主要职业——农夫、猎人还是牧人；它们还应顾及政制所能承受的自由程度；顾及居民的宗教、爱好、财富、人数、商业、风俗习惯。最后，它们彼此相关，需要考虑到它们的起源、立法
> 178 者的意图，以及它们据以确立的事物秩序。应该从所有这些方面去思考它们。（《论法的精神》I.3）*

孟德斯鸠接着详细探究了决定政体和法律形式的各种各样的因素，包括著名的对非社会性决定因素，如气候和地形的长篇大论。但是，他仍建构了对一种熟悉的组织原则，即一种形式上的政体类型学的分析。他确立了三种政体：共和制、君主制和专制，每一种都以保障其生存的特殊结构和特殊激情或精神为特征。这种分类当然是对古代的民主制、贵族制和君主制（及其腐化形式）划分的离经叛道。但是，像孟德斯鸠著作中许多其他地方一样，它源于马基雅维利：他没有提出民主制与贵族制，相反像马基雅维利那样提出了共

---

* 译文参见《论法的精神》上卷，第 15 页，有改动。——译注

和形式，在其中“人民”或其某一部分掌有最高权力，因此它可以是民主制，也可以是贵族制。但是，孟德斯鸠以自己的特殊方式既背离了古代分类，又背离了马基雅维利，他提出了君主制与专制的区分：专制的独特特征是“一个人按自己的意志和任性指挥一切”，相比之下，在君主制“这里一个人按照固定的、已确立的法律统治”（《论法的精神》II.1 * ）。

诚然，古人确实有一种“专制”统治的概念。**专制**（despotes）一词就其原初含义而言仅仅指家主或奴隶主，希腊人将这种含义加以延伸，开始运用于他们对亚洲的帝国统治形式的理解，它与希腊各种政制形成对比。在 16、17 世纪，各种思想家（例如博丹、格劳秀斯、霍布斯和洛克）用这个词指这样的政权，它们实际上奴役了臣属的人民，或至少剥夺了其权利，这些政权可以基于正义战争理由正当地做这些事。当孟德斯鸠阐述他的政体形式分类（它系统地将“专制”作为三种主要形式之一包括进来）时，这个词已经成为法兰西反绝对主义话语的一部分，它指责的不是亚洲“专制主义”或帝国对臣民的统治，而是特指欧洲的一种君主制及其对本国人民的统治。在《论法的精神》中，孟德斯鸠让专制形式成为整部著作的一个核心组织原则。

因此，孟德斯鸠提出了两种形式标准来区分主要的政体形式：国家由一人还是更多人统治，这使共和制有别于君主制和专制；国家是否由“固定的、已确立的法律”来统治，这使共和制和君主制有别于专制（尽管正如我们很快将看到的那样，这个标准并不像它初看起来那么明确）。可能具有重要意义的是，国家由少数还是多数统治这个在古代分类中核心的问题，并不享有与 179
上述基本标准同等的地位：贵族制和民主制都是共和形式。但是，这对马基雅维利来说同样如此，在他看来，政治世界是被君主国和城市共和国的竞争所支配，而封闭政府与广泛政府的区分相形之下是不太重要的，尽管他倾向广泛政府。当然，对孟德斯鸠而言，要害问题有所不同。他的政体形式分类似乎旨在推进一个特殊议题：促成一种君主制，在其中，依靠“固定的、已确立的法律”的统治从贵族和其他中间团体的自治权那里得到保障。

那么，孟德斯鸠对政体形式以及维持每一种政体的极其特殊的“法的精

---

* 译文参见《论法的精神》上卷，第 17 页，有改动。——译注

神”的划分，如何服务于这种意图呢？尽管他阐述了民主共和制和贵族共和制的区别，但他对共和形式（无论民主性质的还是贵族性质的）的分析所传达的最重要信息却是，它们是极难（如果不是根本不可能）维持的，维持它们需要极高程度的正气或美德，专制国和君主国则不需要这些。维持民主制法律和制度的原则或“精神”是一种公民美德，是一种对法律和国家之爱，它与其他更简单的人类激情的倾向相悖。它很容易被“不平等精神”取代，后者促使人们把自己的私人利益和地位放在其公民同胞之上；或者相反被过度的平等精神取代，它使人们倾向于违抗统治者以便自己管理一切。贵族制依靠某种“节制”，它要求贵族违背自己的偏好和野心行事，他们的偏好和野心自然倾向于增加他们与普通人民之间的差距和不平等，不可避免地具有腐化和打破稳定的效果。换句话说，共和制对公民制度、集体凝聚力和献身公共利益提出了沉重得超乎寻常甚至不自然的要求，以至于只有在小型的，异常同质或一体化的社会中，这些要求才能在一定时间内得到满足。

因此，孟德斯鸠对共和制的讨论，实际上使共和形式无法成为像法兰西这样的国家，或者乃至欧洲其他新兴势力的可行选择。但是，它确实为政治生存奠立了某些基本法则，可以用于分析其他形式。例如，我们可以分析君主制形式，探索维持它的原则，这个原则可类比于公民美德，但并不对人民提出共和制提出的那些要求：

> 在一个君主政体中，用政策处理重大事务时尽量少地借助美德，正
> 180 如在一台优良的机器中，工匠的技艺减少了动作，少用发条和齿轮。
>
> 国家的存续并不依赖对祖国的爱、对真正荣誉的渴望、对舍弃自我的渴望、对牺牲自己最宝贵利益的渴望，以及所有英雄美德，我们对古人的那些英雄美德高山仰止，却只能从传说中寻得飞鸿雪爪。（《论法的精神》III.5）*

君主制的基本原则是荣誉，“这是每个人、每个阶层的成见”，它取代了政治美德，而且当伴以法律的力量时，它能够像美德本身那样服务于政体的目标

* 译文参见《论法的精神》上卷，第34—35页，有改动。——译注

(《论法的精神》Ⅲ.6)。

但是,有一些非常特殊的条件独自使君主制能够维持自身而无须要求公民美德,离开这些条件,一人统治就纯粹是专制。依法统治是君主制中某种很特殊的因素。在论述“法律与君主政体性质的关系”时,孟德斯鸠表明,最终区分守法君主制与专制形式的是“中间、从属和依附的权力”的存在,这些权力居于人民和按照基本法统治的一人统治者之间。甚至可以说,“固定的、已确立的”基本法,其存在正以这些中间权力为前提:

> 这些基本法必然以使权力畅通行使的中间渠道为先决条件,因为若仅凭单独一人瞬息变化、任意无常的意志统治国家,则一切都无法固定,当然也不存在基本法。(《论法的精神》Ⅱ.4)*

专制形式中没有这些中介,这意味着,即使专制主义披上固定、已确立的法律统治的外衣,它实际上还是按统治者的意志和任性统治的。其运转原则既不是美德,也不是荣誉,而是单纯的恐惧。从某种意义上说,专制确实是自然的,它是被人类极易产生的激情推动的。当其他国家形式的维持原则被损害时,这些国家形式易于腐化,而专制国家就本性而言一开始就是腐化的。

这把我们引向了另一个更根本的国家类型划分,即“宽和”形式与极端形式的划分。腐化的真正危险到来,不是在“国家从一种宽和政体变成另一种宽和政体,例如从共和政体变成君主政体或从君主政体变成共和政体时,而是在它从一种宽和政体退化成一种专制政体时”(《论法的精神》Ⅷ.8)**。当然并非无足轻重的是,特定属于贵族制的原则[“宽和(节制)”原则]成为好政体的一般美德。而且,孟德斯鸠接着明确表示,有别于专制的君主制是
“宽和”的,这恰恰是因为它的维持有赖于保留自治的贵族权力。比起“宽 181
和”这种美德的确切定义,孟德斯鸠归因于它的结果和他指示的维护它的方法更能揭示他所谓“宽和”的含义:一个“宽和政体只要愿意,无论何时都可以放松其发条,没有任何危险”,不像专制,在那里公共秩序的唯一保障是恐

* 译文参见《论法的精神》上卷,第 26 页,有改动。——译注

** 同上,第 140 页,有改动。——译注

惧驱使下的盲目服从；而且，最终使这种“宽和”得以可能的是政府各种权力之间的一种特殊平衡：

> 要形成一种宽和政体，就有必要混合各种权力，调节和中和它们，使之运作起来，如同增加一方的重量以使它能制衡另一方那样。这是立法上的一件杰作，偶然很难成就它，审慎也很难成就它。（《论法的精神》V.14）*

罗马共和国实现了这个罕见的成就；在孟德斯鸠的时代，他认为它独特存在于英格兰——尽管他所描述的英格兰政体形式在现实中与他为法兰西设想的君主制有所不同。

这里我们遇到了孟德斯鸠著作最有争议的问题之一：他提出的是不是“权力分立”——在这个词现在通常所理解的含义上。辩论围绕他对美国“建国之父”和隐晦写入美国宪法的“权力分立”（尽管从没有明确提到这些词）有没有影响展开。“建国之父”确实引用了孟德斯鸠，他们甚至可能在确立孟德斯鸠作为这个观念创始人的声誉上立下了功劳。然而，尽管孟德斯鸠的权威言论被多次引用，但美国关于“分”权以及“分”权旨在促进的“制衡”的学说产生的结果与孟德斯鸠的意图相去万里。

他告诉我们“每个政府中都有三种权力：立法权、涉及万民法事务上的执行权、涉及公民法事务上的执行权”，最后一种可被称为司法权（《论法的精神》XI.6）**。但是，他对“宽和”政体的解释似乎从一开始就表明，他所设想的权力分立不同于美国宪法形成的那种。平衡、宽和政体的最可行形式是君主制，他还接着告诉我们，欧洲大多数王国是“宽和”的，因为君主虽然掌有立
182 法权和执行权，却把司法权留给臣民。[1] 然而，很快就明确的是，权力“分立”

* 译文参见《论法的精神》上卷，第 79 页，有改动。——译注

** 同上，第 168 页，有改动。——译注

1 阿尔都塞认为，说孟德斯鸠提出了“权力分立”，这种想法很大程度上是一种历史幻想、一种“神话”（《政治与历史》第 5 章）。在这一点上，阿尔都塞是正确的。但还应补充说，虽然关于孟德斯鸠的意思存在争论，但以下论点并无特别新颖或惊世骇俗之处，即他从未设想过现在通常意义上的“权力分立”。某些美国人认为孟德斯鸠主张过的观点，他自己从未打算主张，在历史学家中可能对这一点形成了更普遍的共识。

并不是三种主要统治职能属于不同机构这种含义。毋宁说，理想而言这些职能是结合的，但寓于不止一个权力容器中。

在孟德斯鸠看来，理想的“权力分立”显然一定需要一种君主受到其他权力来源制衡的君主国。在英格兰（被他说成现存的最有助于自由的政制）的例子中，立法权体现在“王在议会”的经典结合中。但是，对他来说似乎有一个不同的，可能更好的选择，它更多与法兰西的状况相关。在告诉我们“中间、从属和依附的权力构成君主政体的性质”，在君主政体中“基本法必然以使权力畅通行使的中间渠道为先决条件”后，他接着解释说，“最自然的中间和从属的权力是贵族的权力。这在一定意义上对君主制是根本的，君主制的根本原则就是，没有君主就没有贵族；没有贵族就没有君主”（《论法的精神》II.4, 15—16）* 。

这种对“中间”权力的特征描述表明，有两个不同的紧要问题。区分国家的不同职能，并坚持某种或其他职能不应完全掌握在同一些人手中，这是一个问题。然而，以孟德斯鸠的方式谈论贵族，就引发了一系列不同的问题。[1] 问题不仅是立法权、执行权和司法权之间的关系，而且是自治司法权相对于中央国家的生存。

这里我们可以回到《波斯人信札》，就孟德斯鸠关注的事物寻求一些指引。这些信的日期被设定为 1711 年—1720 年之间，穿越了法兰西的国家危机时期，危机的顶峰时刻是 1715 年，那一年路易十四驾崩，继任的摄政王最初看起来会遵守进行实质性变革的承诺。“在位如此之久的君主，已不在人世了”，1715 年郁斯贝克向磊迭写道（第 93 封信）** 。郁斯贝克接着思考似乎将要打开的可能性，引人注目之处在于，他的主要关切是高等法院。这些古老 183
的制度

---

* 译文参见《论法的精神》上卷，第 26 页，有改动。——译注

1 这些问题的差别可能在法兰西更容易体现。参见阿尔都塞《政治与历史》对作为势力（puissance）的权力与作为权力（pouvoir）的权力之区分的讨论：“因此我们遇到了**两种权力**，执行权与立法权。用孟德斯鸠的话说，有两种**权力**，但有三种**势力**。这三种**势力**是国王、上院、下院，也就是国王、贵族、‘人民’……因此，著名的**权力分立**不过是确定的**势力**，即国王、贵族、‘人民’之间精心设计的**权力**划分。”（第 90—91 页）然而，即使这种说法可能也没有完全把握住孟德斯鸠的想法。

** 人民出版社 1958 年版译文为第 92 封信。——译注

> 类似任人践踏的废墟，但总让人想起人们的古老宗教中一些有名庙宇。它们现在只关心司法问题，除非发生某些不可预见的事情使它们重新恢复活力，否则它们的权威将继续衰弱。这些伟大团体顺从着人间一切事物的命运：它们向摧毁一切的时间屈服，向削弱一切的道德腐化屈服，向碾压一切的至高权威屈服。

但希望在于：

> 摄政王想取悦人民，他目前看起来尊重这个公众自由的庇护所。他好像意欲重建庙宇和神像，他已经规定，它们应被视为君主的支柱和一切正当权威的基础。

在《论法的精神》中，孟德斯鸠似乎恢复了这样的希望：这些“伟大团体”“公众自由”的化身可以使法兰西君主制恢复原状。比起其他制度，高等法院更符合他对“宽和”政体之本——“中间团体”的解释。而且，透过法兰西政治传统的这个独特特征，而非透过英格兰的“王在议会”，我们才可以理解孟德斯鸠对权力之间“平衡”的模糊解释。

高等法院体现了法兰西君权和其他司法权之间复杂关系中的所有独特紧张。高等法院在王权扩张中发挥了关键作用，是保障国王在各省政令畅通的通道。但是，作为可买卖的职位，它们已经成为职位所有者，即具有与国王相对立的自治权主张的穿袍贵族的世袭财产，而且，在人民和法兰西宪政自由的名义下，它们开始成为君主制的对立面。有别于英格兰议会那样的代表制立法议会，它们已经成为名副其实的法院。但是，它们也混合了司法权与其他国家职能，即行政或执行职能——至少在被路易十四削弱之前曾经如此，如孟德斯鸠在《波斯人信札》中认为的那样。它们享有范围广泛的管治权，从宗教和道德到贸易和工业。但是，它们最重要的政治职能是登记国王政令，或诉诸进谏权反对它们，进谏权是抗议国王政令的权利，它被路易废除，又被摄政王恢复。这种权利可能并非特别有效，也可以被国王规避，但在法
184 兰西公众眼中，高等法院相当成功地把一个靠买官得到职位的半封建寡头集

团的利益与保护法兰西的自由等同起来。

孟德斯鸠本人的政治经历源自波尔多高等法院，他对这个机构的仁慈和清廉不抱幻想，甚至还严厉批评他的同僚。但是，在某种理想化的解释下，高等法院对他来说无疑代表着典型的“中间权力”。它是穿袍贵族的典型机构，穿袍贵族这个集团由于其处于大贵族和人民之间的位置，可以履行必要而独特的职能（《论法的精神》XX.22）。高等法院结合了三种“分立”权力的所有方面，它作为使王权畅通行使的渠道发挥作用，又保留了一定程度的贵族自治权和地区自治权——这些自治权得到买来的职位（孟德斯鸠对此表示支持）权利的保护，以此“平衡”了君权，同时也不会严重损害一个根本上碎片化的国家中理想而言由君主建立的政治和法律统一。一种“宽和”政体的模式出现了，在这里，由于保留了一定程度的碎片化和地区特殊性，保留了贵族权力在行政、立法、司法**所有**这些国家职能中的自主性，强大、稳定、中央集中的权力受到了制衡。即使在理想化形式中，这种模式也绝对更接近法兰西绝对主义的现实而非英格兰的模式。

孟德斯鸠试图实现的政治平衡是法兰西特有的。他显然认可一种强大的中央权力，甚至会提倡一种全国统一的法律体系——英格兰此时已经具有了这种法律体系，而法兰西虽有国王的绝对主义抱负，却尚未实现它。但是，他仍把自由等同于贵族和法团自治权的保存，这与英格兰人国家的情况大相径庭。

孟德斯鸠对司法权的讨论既是模糊的，又是能说明问题的。他告诉我们，在三种权力中，“司法权在某种意义上接近于无，这样就剩下两种权力”（《论法的精神》XI.6）*。同时，司法权又是这样一种权力，它被“人民”所掌握是界定宽和政体的最关键因素。而且，既然宽和政体是自由的最低条件，那么就有理由认为，正当建立的司法权是自由的最终保障。只需指出孟德斯鸠对司法权提出的要求中相对放宽的部分，或许就能够调和这两种表面矛盾的关于司法权重要性的说法。例如，有人指出，他主要被称为“最伟大的自由主义思想家之一……不是因为他众所周知的对英格兰宪政的尊崇，而是因为他的刑法和惩罚理论”，因为对他来说“实现自由的唯一最重要的要求是，只有 185

* 译文参见《论法的精神》上卷，第 190 页，有改动。——译注

极少恶行应该被法律界定为罪行”。[1]

这似乎减少了高等法院作为司法机构的权力，但它作为“中间权力”的角色并不单纯依赖它作为法院的职能，还依赖贵族在**所有**国家职能而不只是司法职能中享有的一定程度的自治权。孟德斯鸠可以提倡一种挑战法兰西法律碎片化的全国法律体系，同时要求保存既低于又高于法院的高等法院。他对犯罪和惩罚的观点确实很重要，但在这里使用容量过大的“自由主义”概念需要谨慎。如果认为这预示着一种“现代的”思想转向，那么可能会遮掩以下方面：他的司法权概念仍扎根于法兰西绝对主义，他的“自由”仍被等同于分割化主权和贵族自治权的残余。

商　业

法兰西高等法院解释了孟德斯鸠“权力分立”中的含混之处，英格兰模式则无法解释它们。但是，英格兰模式还有另一个特点，表面看来，孟德斯鸠对它的推崇较少有模糊之处。《论法的精神》对商业给予了大量关注，作为一部表面上看起来是论述政治和法律的著作，这种关注是不同寻常的，或者更准确地说，孟德斯鸠认为商业所扮演的政治角色要比“经济”角色更多。例如，英格兰不仅是商业成功的首要典范，而且象征着一种自由与商业的独特混合体。“其他国家，”他说，“让商业利益服从政治利益；相反，英格兰人让政治利益向商业利益让步”（《论法的精神》XX.7）*。就商业精神渗透整个社会的方式和程度而言，它同样是绝无仅有的，因为甚至贵族也参与商业活动。为了避免显得是在批评，孟德斯鸠向我们保证：“他们比世界上其他民族更懂得如何重视这三种巨大利益——宗教、商业和自由”。

英格兰人在另一方面也是独一无二的，这个方面明显关系到商业与自由的联系：唯有他们成功地结合了君主制与“实用”商业——有别于奢侈商业。君主国通常致力于获得“一切助长这个国家的骄傲、享乐和任性奇想的东

1　朱迪斯·史珂拉：《孟德斯鸠》（Judith Shklar, *Montesquieu*, Oxford: Oxford University Press, 1987），第 89 页。

*　译文参见《论法的精神》上卷，第 392 页，有改动。——译注

西”，而在共和国中，通常更加鼓励“放眼世界各国，从一国带来另一国需要的
东西”的贸易（《论法的精神》XX.4）*。君主国往往也不信任商人阶层，而共 186
和国倾向于保护他们的人身和财产安全。“因此，商业上的大事业不适合君主政体，而适合共和政体”。在所有这些方面，英格兰都是一个明显的例外，它看起来既在政治中也在商业中结合了君主制因素和共和制因素。

据说孟德斯鸠对商业的详尽讨论激起了法兰西人对政治经济学的兴趣，而且，正是法兰西思想家们不久后创作了开创性的经济理论著作，赋予“政治经济学”一词新的生命和含义。甚至在盎格鲁—苏格兰“古典”政治经济学家之前，弗朗索瓦·魁奈及其重农学派已经被认为推动了现代经济学发展中的重要突破。因为他们最早把经济当成一个系统的整体，在其中生产、交易、消费过程统一于一个相互依赖的“流动循环”，而且，尽管出于稍微不同的理由，他们同样认为英格兰是典范。

孟德斯鸠绝不是那种技术意义上的“政治经济学家”，但他确实有几分相信这样的观念：经济，或商业网络是一种自我维持的机制，放任它按照自己的原理运行，就不仅可以促进国家内部的自由，还可以促进国家之间的和平。尽管他清醒认识到商业和战争或殖民征服之间的联系，但他确实在质疑国家间贸易是一种零和博弈这种通常设想上迈进了几步。至少对于有足够动产资源用来交易的国家来说，与其他差不多具有同等禀赋的国家之间的贸易，有助于使交易各方联合并富裕起来。那些只有很少可交易财富的国家应该远离贸易，哪怕是为了获得自己没有的东西而进行的贸易：“因贸易而赔本的国家不是什么都不缺的国家，而是什么都缺的国家。”（《论法的精神》XX.23）**

同时，孟德斯鸠告诉我们，“商业精神使国家联合，却不能同样使个人联合”（《论法的精神》XX.2）***。商业精神取代了所有仁爱的、道德的德性，把一切降格为金钱。在某些方面商业可能发挥了公民美德的作用，但它自身无法充当社会纽带，或充当把私人恶德自动转化成公共利益的经济机制。这再一次表明，为了调和利益并保障共同善或哪怕仅仅是保障公平，需要政治权

* 译文参见《论法的精神》上卷，第 389 页，有改动。——译注

** 同上，第 403 页，有改动。——译注

*** 同上，第 388 页，有改动。——译注

威。由此，问题是何种形式的国家可以履行这个职能，同时维护自由。英格兰人的国家看起来是典范。但是，在标题使人放松警惕的“一个奇思异想”一节，孟德斯鸠插入了一些对法兰西的评论，其中暗示的另一种选择与我们已
187 知的他的政治偏好形成共鸣：

> 有些人有感于某些国家的做法，臆断在法兰西应该制定允许贵族经商的法律。但是，这些法律将是摧毁贵族的方法，也不会带来贸易的好处。这个国家的做法是极为明智的：商人不是贵族，但可以成为贵族。他们有望获得贵族身份，又不会被贵族身份实际的不便之处缠身。他们要受到提拔、超离本业，最可靠的办法是把本业做好、做成功，而这通常带来的结果是大量财富……
>
> 用金钱购买贵族封号的可能性使许多商人大受鼓舞，他们投身于可以获得它的环境中。我不去检视这种用金钱换美德的交易的正义性。对某些政体来说，这种做法非常有用。（《论法的精神》XX.22）*

因此，正如在斯宾诺莎那里一样，当把财富变成获取职位荣誉的手段，以此驾驭对金钱的贪欲为公共利益效劳时，商业就可以服务于公共利益。但是，与法兰西的状况相符，对孟德斯鸠来说，公共利益的主要推动者不是荷兰共和国的那种共和主义寡头，而是买官者，更具体说是“介于大贵族和人民之间的穿长袍的人”，也就是充当“法律保管人”的穿袍贵族（《论法的精神》XX.22）。看起来，当商业产生的财富被用来购买官职时，它能最直接地为公共利益服务。

几年后，重农学派援引英格兰农业资本主义模式来建构他们的政治经济科学。在某些方面，孟德斯鸠确实是他们的先驱。但是，重农学派以他所没有的方式系统地发展了“经济”本身有其内在的、自我驱动的逻辑这一原理。凭借这一原理以及他们促成的自由放任口号，重农学派通常被认为不仅是政治经济学的奠立者，而且是“自由主义”经济学的奠基者，他们影响了例如亚当·斯密和其他古典政治经济学家。

然而，在法兰西特有的语境下，重农学派指派给国家的角色大大不同于

---

* 译文参见《论法的精神》上卷，第400—401页，有改动。——译注

与他们对应的盎格鲁—苏格兰政治经济学家所设想的。尽管他们依靠英格兰及其高产的农业部门的例子,来支持他们关于农业是“现代”经济推动力的论点,但他们承认法兰西状况与英格兰模式的根本差异——特别是法兰西没有我们所谓的资本主义地主阶级。在重农学派看来,应该由国家改造法兰西
社会,由国家发挥后来亚当·斯密所谓“原始积累”推动者的作用。而且,君 188
主制仍然以法兰西的方式,作为一个特殊主义集合中的普遍性原则出现,作为克服法团利益、克服国家和经济双重碎片化的主要手段出现。在这个方面,他们与孟德斯鸠有某种重要的共同之处。但是,与视“中间团体”为自由保护者的孟德斯鸠不同,重农学派更密切地注视着经济发展,在他们看来这需要依靠某种形式的“法律专制主义”来压制碎片化权力。君主国的目的当然不是强加其专断意志。它应该保障社会和经济机制中“自然”法则的运行,然而,这些自然法则以强大的中央国家为条件。[1]

让—雅克·卢梭

在孟德斯鸠《论法的精神》和魁奈《经济表》先后问世之间的几年,卢梭创作了他的三部最重要著作:最早确立他社会思想家名声的《论科学与艺术》(1750 年)、《论人类不平等的起源和基础》(1754 年)、《政治经济学》(1755 年)。每写一本,他的思想都经历了重要发展。但是,这三部论著有至少一个共同主题,这个主题也会是他全部政治思想的基础,那就是挑战各种认为社会主要依靠个人利益的力量而结合起来的社会学说,例如在卢梭看来霍布斯和曼德维尔所提倡的那些社会学说。

这样做是有吸引力的:避免提及卢梭的任何生平。他众所周知的难以相处的个性对于以下事情的解释是非常重要的:他一生的反复无常;他与其他启蒙哲学家如狄德罗的友谊破裂;他毋庸置疑的“局外人”(不只是异乡巴黎中的日内瓦人)立场。而且,他的私人生活确实戏剧性地展现在他的《忏悔录》和《一个孤独的散步者的梦》中,这几乎是任何其他思想家都无法比拟的。

1　关于重农学派及其国家与经济关系的概念,参见戴维·麦克纳利:《政治经济学与资本主义兴起:一种再阐释》,第三章。

但是，他的心理缺点也往往使这样的做法有机可乘，即懒惰、有偏见地将其政治观念当成一个错乱的心智或一个热衷"极权主义民主"的"权威主义人格"神经过敏的宣泄，将它们弃若敝屣。而且，正如我们将要论证的，比起他的个
189 人生活，从激发其政治观念的法兰西历史语境中，我们能对其著作了解更多。

关于他的生活，了解以下或许就已足够：他是一个教养良好的钟表匠之子，1712 年生于日内瓦，日内瓦一直是他政治思考的理想化模型；他 15 岁时逃离日内瓦；他主要靠自学成才，在一位劝人改宗天主教的平信徒，即华伦夫人的保护和影响下，他被介绍进法兰西上流社会和智识生活（但卢梭后来为了重获日内瓦公民身份而回归加尔文宗）；当他于 1742 年前往巴黎时，他与狄德罗及其他启蒙哲学家产生亲密友谊。他的著作涵盖的主题惊人地广泛，从《爱弥儿》中的教育哲学到（他视为自己最重要建树的）音乐理论，他的小说《朱莉》或《新爱洛伊丝》也常被当成"浪漫主义"运动的一部奠基著作加以引用。至 1778 年逝世时，他已经确立了如雷贯耳的名声，同时也已经因为个人原因和智识原因与启蒙哲学家中的朋友断绝了友谊。

卢梭最初凭《论科学与艺术》一举成名，这部著作已经使他与"启蒙运动"产生分歧。在回应《论科学与艺术》受到的批评时，他开始解释他对那些认为社会乃由个人利益的纽带结合起来的社会概念的异议，这种异议为他的政治观念奠定了基础：

> 我们的作家喜欢把一切事物绝对地视为"这个世纪的政治杰作"：科学、艺术、奢侈品、商业、法律以及所有其他纽带，这些纽带用个人利益的力量拉紧了社会联系，它们使人们相互依赖，赋予他们互惠需求和共同利益，并要求所有人为了能够追求自己的幸福，都必须追求他人的幸福。这些观念当然非常吸引人，而且能以最讨人喜欢的外观展现。但是……人们只要共同生活就不可能不伴有相互偏见、相互竞争、相互欺骗、相互背叛和相互毁灭，这难道真是一件匪夷所思的事情吗？……毕竟，每当有两个人的利益汇集时，或许就有成百上千的人是敌对的。[1]

1　卢梭：《纳尔西斯》序言（Jean-Jacques Rousseau, *Narcisse*, Preface, in *Political Theory*, Vol. 6, No. 4, November 1978），第 549 页。

因此,在卢梭看来,自己所处时代中的社会本质地、不可避免地是敌对的。无论是由法律力量还是由商业网络维持的私人利益共同点,很大程度上都是假象。在他对《论科学与艺术》(简称《一论》)批评者的答复中(在《一论》本身中也有暗示),他已经在朝这个方向迈进:把私有财产及由此必然产生的不平等指认为这些敌对关系的主要原因。在《论人类不平等的起源和基础》(简称 190
《二论》),他进一步论述了这种社会概念:在其中人被分成富裕的少数和为他们服务的多数,他们之间仅有的社会纽带是强制多数服从少数并为他们劳动的欺骗性契约,以及使人在互利伪装下彼此竞争的商业网络。在这样的状况中,不可能有真实的私人利益交汇和公共利益。而且,任何向公共福祉或共同善的乞灵,只能是国家强制实施的、为了少数人利益的骗局。换言之,在这样的情形下,不可能存在自由。

因此,卢梭一开始就与一大批思想家有分歧,后者依靠商业或绝对主义国家,或者同时依靠两者来维系社会纽带并把私人利益转变成公共利益。同时,无论他对古代公民美德的黄金时代怀有怎样的留恋,他都否认了它回来的可能性,如果它竟存在过的话。他给自己提出的问题是,寻找一种机制实现共同善,这些共同善由共享它们的个人自由地形成,而不是源自某些外部强制力量,但它们并不对公民美德提出过高要求,也不依靠相互欺骗。这个问题自始至终推动着他的政治观念。

在卢梭为第戎学院举办的竞赛所写的《一论》中,他试图回答学院提出的一个问题:"科学与艺术的复兴有助于净化道德吗?"卢梭的否定回答并不像我们可能会认为的,甚至不像他自己喜欢表现的那样不同寻常或挑衅意味十足。也有其他竞赛者否认 18 世纪欧洲所理解的科学和文化进步带来的道德好处。而且,就此而言存在一种"古今之争"的重要传统,它质疑现代文化发展的价值,把这些发展与雅典唯美主义联系在一起,置于古罗马或斯巴达公民美德的对立面。卢梭对这个传统的离经叛道更明显地表现在《二论》中,在那里他的社会政治激进主义走上前台,但是,基础是《一论》中奠定的。

在回复批评时,卢梭轻蔑地拒不接受一种关于他对现代文化的攻击的常见解读,他将之总结如下:

> “知识对任何事都绝对没有好处，本性就是坏的，只能做坏事。知识与恶德不可分离，正如无知与美德不可分离。所有有文化的人都被腐蚀了，所有无知的人都有美德。一句话，恶德只存在于有学问者中，有美德者只能是一无所知之人。因此，我们要重获正直只有一条路：我们必须
> 191 时不我待地速速流放学习者和博学者，焚毁我们的图书馆，关闭我们的法兰西学术院、我们的学院和大学，重返最早的野蛮时代。”
>
> 这就是我的对手如此大力斥责的一切。
>
> 只是我从未想过、说过其中的任何一句话。
>
> 也很难设想还有什么比他们善意地归之于我的这种荒谬学说，更加同于我的理论体系相悖。[1]

他接着说，道德当然不会因为我们所了解的那些文化发展而净化。但是，仍然存在因果关系问题，而且卢梭在这里似乎认为，原因不在学问本身，而在于其社会环境：

> 多么奇怪和不幸的状况：在这里已积累的财富容易带来更大财富，而一无所有之人仍一无所得；好人不知道如何脱离其悲惨境遇；最无耻的人得到了最高尊敬，依然诚实的人必须宣布与美德断绝关系……因此，我的观点最终是抚慰人心且有所裨益的，因为它证明了，所有这些恶与其说属于人，不如说属于处在坏统治下的人。[2]

这一段非常重要，因为它没有把“恶”归咎于某种普遍人性，而是归咎于特定的社会生活组织方式。恰恰在后来的著作中，作者所谓“处在坏统治下的人”的意思逐渐明了。然而，《一论》已经使我们对卢梭的思考方向有所了解。“奢侈”，他告诉我们，

> 若无科学与艺术则难以发展，而科学与艺术发展也很难不产生奢

1 卢梭：《纳尔西斯》序言。
2 同上。

> 侈……假使奢侈是财富明确无误的标志,假使只要你喜欢,它甚至有助于增加财富,那么,从与我们时代如此相称的这个悖论中一定会产生何种结论?又,当人必须不惜一切代价发财致富时,何者将变成美德?古代的政治家孜孜不倦地谈论道德和美德,我们时代的政治家只谈论生意和金钱……他们把人当成畜群来衡量其价值。在他们看来,一个人对国家的价值仅仅是他的国内消费的价值。[1]

在《二论》中,卢梭更确切地解释了当他把“恶”归咎于社会环境(恶在其中表
现自己)而非人性时想表达的意思。《二论》的核心是这个原则:人类有一个 192
历史,而不是有一种抽象的“人性”。卢梭以脱离例如霍布斯或洛克提出的“自然状态”概念为起点。“审视社会基础的哲学家们,”他写道,“都感到有必要回到自然状态,但他们无一人做到这一点。”[2]他们归于自然状态中的人的观念和实践,即各种正义概念、财产权和政府,都源于特定的社会条件,这些社会条件有其长期的历史。哲学家们归于人性的那些特点只是在特定的社会条件中产生的。卢梭后来在《爱弥儿》中强化了这种社会性的人性定义,这部著作表面上旨在探讨一种独特的孤独个人的发展,但它始于的前提是,即使自我感也是由自我与他人的关系产生的,因此个性的发展及发展方向取决于与他人关系的性质。[3]

那么,我们就人的原始“本性”能够说些什么?卢梭告诉我们,有两个先于理性的原则。第一种自然本能是自爱,或更准确地说,是自我保存的本能。他很快解释说,但我们在界定这种自然本能时不应犯霍布斯的根本错误,他认为自我保存的冲动必然把我们推向与他人的冲突,还认为“由于(人)宣称对自己需要的一切都有权利,他愚蠢地想象自己是整个世界的唯一所有

---

1 卢梭:《一论》,载于罗杰·马斯特斯编:《一论和二论》(Rousseau, *First Discourse*, in *The First and Second Discourses*, ed. Roger Masters, New York: St Martin's Press, 1964),第51页。(译文参见《卢梭全集》第四卷,李平沤译,商务印书馆,2012年,第398—399页,有改动。——译注)

2 卢梭:《二论》,载于罗杰·马斯特斯编:《一论和二论》,第102页。

3 对这一点的详细讨论,参见拙作:《思想与政治:理解自由主义个人主义与社会主义个人主义的一种进路》(Ellen Meiksins Wood, *Mind and Politics: An Approach to the Meaning of Liberal and Socialist Individualism*, Berkeley: University of California Press, 1972)。

者”。[1] 霍布斯在质疑所有现代自然权利定义上是正确的，但他得出的结论是错误的。他本应从自己的前提得出这样的结论：因为自然状态（财产权和政府出现之前的状态）是我们的自我保存最不会损害他人的自我保存的状态，所以它更有助于和平而非相反。霍布斯却得出了相反的结论，因为他把“满足众多作为社会产物并使法律成为必要的激情的需求”归于自我保存的自然本能。这不是说“野蛮”人本性上是“好的”。这仅仅是承认，是社会条件迫使自我保存采取了一种而非另一种形式。

第二种原始本能是怜悯，是人类看见其同胞受苦时的一种“天生的抵触
193 感”。这种本能得到了例如曼德维尔的承认，但卢梭认为，曼德维尔没有看到，这种本能正是他试图否认的那些社会美德的来源，在正确的条件下那些品质有可能促进人类的相互保存。如果这种自然本能在当代社会中受到压制或掩盖，那么这仍是社会条件的责任，这些社会条件迫使人类认为其利益是相互敌对的。

人之间当然存在自然差异，但这些差异本身并不导致奴役与支配的分野，也不造成一些人依靠他人劳动维生的能力。人类发展的分水岭是私有财产权的创造。关于这场革命如何发生，卢梭可能有些闪烁其词。但是，有一件事是明确的：无论私有财产权，或看起来产生了它的社会劳动分工的第一因是什么，财产权的创造都决定性地使不平等成为社会生活中的主要决定因素。无论人之间还有什么其他的源于心理或源于天赋的不平等，都是财产权的创造导致了主人和仆人、劳动者和占有他人劳动者之间的划分，最终还导致了统治者和被统治者之间的划分。这也造成自爱转变为自尊，即一种自我保存的本能转变为积极的利己主义和对抗性的自我利益——其他哲学家错误地把这些当成人类的自然状况：

> 一句话，一方面是竞争和敌对，另一方面是利益的对立，往往还有损人利己的隐秘欲望，所有这些恶都是财产权带来的第一个结果，也是新出现的不平等如影随形的结果。[2]

1　卢梭：《二论》，载于罗杰·马斯特斯编：《一论和二论》，第128—129页。

2　同上，第156页。（译文参见《卢梭全集》第四卷，第282页，有改动。——译注）

正是这种对私有财产权及其结果的解释，自此以后主导着卢梭的政治哲学。在后来的著作中，他来回摇摆于《爱弥儿》(1762 年)的立场和同年的《社会契约论》明显相反的冲动之间：《爱弥儿》意在描述对一个远离世界的孤独个人的教育，在这个世界中，公民社会只是富人反对穷人的工具；在《社会契约论》中，公民纽带是强大、正义的。但是(我们在这里也必须严肃对待卢梭自己认为所有这些主要著作组成一个统一体的观点)这两部经典著作都始于同样的前提：现有的基于财产和权力不平等的社会中不可能存在自由。

《爱弥儿》的主人公爱弥儿受教育是为了抵御像法兰西这样财富和权力
不平等的政治体中所有不可避免的腐蚀，在这里，少数人剥削多数人的劳动， 194
且社会只是靠商业网络或绝对主义国家的强制而结合。卢梭似乎认为，他将被教育成一个人而非一个公民。只要爱弥儿的个人人格被塑造，他的政治教育将保护他在一段时间内不受真实的政治世界影响，同时他将学习卢梭《社会契约论》的原则，据推测这些原则将在他冒险涉足公民生活时帮助他适应腐化环境并维持自主。

在爱弥儿成为一个公民之前，他作为一个人的活动场域是家庭而非国家。正是在这个语境下，卢梭阐述了他关于女性地位和教育的引发争议的观念。他的论点有时被当成强调男女差异并把女性降格为男性的区区享乐对象的纯粹厌女症表现而被弃之不顾，但他的论点也被解释成具有某些方面的进步性，它们可能是对沙龙文化(当时被认为是由有闲贵妇的品位引领的精英圈子)的一种反动。按照上述解读，苏菲代表着贵族鉴赏力或资产阶级虚荣的对立面。很明显，由于卢梭确切无疑归于女性的特殊力量和智能(他告诉我们，所有伟大革命都是从女性那里开始，而且女性失去其优势地位并无法使男性尊重其判断的时代将是“堕落的最后阶段”)，苏菲应是家庭的引导精神，并作为爱弥儿的主要保护者使他免受腐化社会的扭曲。[1]

1　在第五章对苏菲教育的讨论中，卢梭对现实世界中婚姻制度遇到的困难做了重要评论：“社会生活发展了性格，同时也分化出等级，这两种分类并不一致，因此，社会区分越明显，寻找对应性格的难度也越大。因而我们有了不般配的婚姻和与此相伴的所有恶果。我们还发现，从逻辑上看，我们越远离平等，我们的自然感情变化就越大；大人物和小人物的差距越大，婚姻纽带就越松弛；富人和穷人之间的鸿沟越深，丈夫和父亲就越少。主人和奴隶都不属于家庭，而属于等级。”(译文参见《卢梭全集》第七卷，李平沤译，商务印书馆，2012 年，第 259 页，有改动。——译注)

无论我们怎么看待卢梭对女性的观点及他的所有独特悖论，都必须这样理解《爱弥儿》：它与其说是一部关于（男性或女性）教育的论著，不如说是一个有意为之的对立面，针对的是他的时空中的社会现实。卢梭否认想使《爱弥儿》成为一种理想教育的蓝图。他对一种模拟环境中培养孤独个人的演示是一种想象力运用，它演示了现实世界的一个戏剧性对立面。它也相当于一
195 种失望的表达：一个建立在财产权和不平等上的社会不可能产生善。《社会契约论》从这种令人失望的忠告跃向了一种对公民秩序的描绘，在那里，《爱弥儿》所逃避的那些社会条件以某种方式被超越了，公民社会也可以在一个全新的基础上建立起来。

如果没有《政治经济学》这个中间步骤，就不可能理解从《一论》、《二论》到《社会契约论》的过渡。在《政治经济学》中，《社会契约论》发展的核心政治思想和许多关键概念（“公意”、“政府”和“主权”的区分）得到了第一次表述。这个事实的意义非同小可，令人遗憾的是这部著作常被忽视。由于这篇文章是为《百科全书》而作，所以完全有理由认为其主要意图和其他文稿一样，不单纯是抽象地沉思永恒问题，还有旁敲侧击却尖锐地抨击当时法兰西的制度。比起他的其他著作，这篇文章与他的时空中的紧迫问题，与惯常的辩论风潮有更直接的关系。而且，它有助于提供一种方法，借此可以把他的政治理论核心观念的基础追溯到他的特定历史语境中，追溯到他的时代的社会斗争中。

卢梭在一种社会批判的传统中写作，该传统谴责宫廷腐败、膨胀的王国官僚集团，以及不仅服务公共目的还服务私人利益的剥削性税收体系。在这些怨言和改革提议中，国家往往同时作为被抱怨的对象和设想中的改革推动者出现在舞台中心。改革者常常以这样的形式提出自己的观点：主张**公共**领域，反对仍然体现在国家和特权体系中的封建原则的**私人**本质特性。

卢梭的政治理论必须放在这种背景下理解。例如，有人说他是“使贵族论和王权论变得没有意义”的思想家，是“把政治问题放在一个全新的基础——纯粹民主制上”的思想家。[1] 对那些认为卢梭的“公意”概念和争议性

---

1 参见诺依曼为孟德斯鸠《论法的精神》撰写的导言，第 xxix 页。

的“强迫自由”说法是最不民主的,甚至是“极权主义”的人们来说,这似乎是一个古怪并令人不快的命题。但是,当把卢梭的政治观念置于绝对主义法兰西的语境下时,这些解释看起来就似是而非了。《政治经济学》揭示了他的人民主权理论如何被一种对法兰西独特状况(法兰西绝对主义国家及其伴生的恶)的批评所塑造,也揭示了围绕这些状况展开的传统争论如何为他的论证设置了框架。

像博丹和蒙克莱田一样,卢梭首先通过思考家庭/国家类比来处理法兰
西的国家问题。而且,通过直接攻击这个类比,他宣告了他对这个国家盛行 196
的原则的反对。在最初的法语用法中,政治经济学(涉及为增进国家繁荣对国家资源进行的管理)暗示着家庭与国家的类比。尽管国家经济被标明是“政治的”,以使其普遍性、公共性有别于家庭经济的特殊性、私人性,但是,这种区分预设了国家管理技艺与家庭管理技艺即家政的明显相似性。卢梭在论政治经济学的文章中质疑的正是这种相似性。而且,通过拒绝把这个类比当成重新定义“政治经济学”概念的基础,他实际上说明了这个类比所代表的系列历史条件。

在这种语境下,“公意”出现了。公意概念通常被(无论敌视还是同情卢梭的)评注者单纯地当成一种支配公民行为的原则。然而,在《政治经济学》中,卢梭的公意概念有一个不同的目标。在这里他的论证首先不是指向个体公民,而是指向“长官”或统治者。他攻击家庭/国家类比的目的是要表明,长官不能正当地按照那些适合家主的原则来行动。“全家劳作的主要目的,”卢梭指出,“是保存并增加父亲的财产。”[1] 如果把这种私人、家庭“经济”的原则应用于国家——把国家当成增加长官“财产”的工具,则会致命地损害公共利益。因此,与统治家庭的父亲不同,长官不能把个人的自然倾向和激情当成统治国家的标准,他必须遵循的“并非其他法则,而是公共理性,公共理性就是法律”。[2] 公意概念的引入是为了表达独一无二的公共原则,这个公共原则

1　卢梭:《政治经济学》,载于科尔编:《社会契约论及其他论文》(Rousseau, *A Discourse on Political Economy*, in *The Social Contract and Discourses*, ed. G.D.H. Cole, New York: Dutton, 1950),第 286 页。

2　同上,第 288 页。

应调控“政治经济”管理，即国家管理。长官、政府应遵循这个原则，他们的职能仅仅是执行表达共同体利益的公共“意志”。

因此，在卢梭的论证的这个阶段，公意概念代表着一种努力，即把国家界定成一种真正公共的事物而非一种私有财产权形式，并使政府的正当性建立在它对公共意志和人民利益而非私人意志和长官利益的遵从上。后来，特别
197 是在《社会契约论》中，卢梭把公意原则扩展到公民共同体中。在《政治经济学》中，卢梭引入了《社会契约论》所围绕的那些概念：主权、主权和政府的区分、公意。这篇文章至少有些部分来自卢梭为自己计划中的政治制度重大研究所写的著作，他一直没有如期完成这个计划——除了《社会契约论》这个缩减形式，他说它是从其中抽取的。在《社会契约论》第一版，即所谓的日内瓦手稿中，《政治经济学》与《社会契约论》的本质统一显而易见。《政治经济学》的一些主要观点（尤其是对家庭/国家类比的一些评论）几乎一字不差地在日内瓦手稿中出现了。《政治经济学》与《社会契约论》属于同样的论证结构，而且，如果缺少前者包含的观念，后者的逻辑将是不完整的。

在《政治经济学》中，卢梭首先区分了政府与主权，接着概述了一种**政府**理论——他把它当成“政治经济学”的同义词。在《社会契约论》中，卢梭发展了**主权**理论，而**主权**理论是《政治经济学》的另一面，虽然他在这部早期著作中只是浅尝辄止。在过渡时期，他的兴趣可能实际上从政府问题转向了主权问题，而且他越来越确信，只有真正的人民主权和激进民主，而非只是革新、开明的政府，能够纠正他在早期著作中概括的社会弊端。在《政治经济学》中，“公意”作为“公共经济的第一原则和政府的根本法则”被引入。[1] 这个表述的要点是，正当政府被等同于这样的政府：其“长官属于人民”而非相反，因此它服务的利益不单纯是统治者的利益。《社会契约论》由此展开论述。

博丹，甚至不那么“绝对主义”的蒙克莱田都建构了家庭与国家的类比，他们基于的假设是，国王在其官员的帮助下是共同善的恰当推动者，是普遍性和普遍利益或公共利益的代表，与构成政治体的特殊、局部利益形成对比。当卢梭攻击这个类比时，反对的正是这个假设。他自己的观点基于相反的假

1 卢梭：《政治经济学》，载于科尔编：《社会契约论及其他论文》，第 292 页。

设，即统治者和其臣民一样有可能，甚至更有可能代表特殊或局部利益。对卢梭来说，家庭/国家类比（在其中国家实际被当成私有财产）只是确证了法兰西的现实：国家是一种私有财产，包括国王职位在内的公共职位的使用是一种私有财产。他坚称，必须由一种完全不同的原则指导国家管理，它与家庭管理的私人动机及其增加家主财产的目标相反。 198

在批评了政治经济学概念所基于的这个类比后，他必须相应地按照国家独一无二的公共目的重新定义“政治经济学”本身。在这里，他引入了主权即最高立法权与仅仅执行主权者意志的政府或“公共经济”的区分。[1] 正如我们所见，卢梭并不是第一个对主权和政府做出区分的人。博丹早已阐述了这种区分。但是，博丹和卢梭在这个方面的差异比相似更为明显。

卢梭使用一种相似的概念策略的意图正与博丹相反。尽管他和博丹一样把主权等同于立法权并维护主权的不可分割性，但他这样做的目的大不相同。博丹的论证是对王权绝对主义的辩护，而卢梭的论证是对它的攻击。卢梭的区分，意在把长官或政府的职能调整到一个次要地位，使它们从属于、依赖于一个更高的原则或“公意”，这在某种意义上仍和博丹的区分一样。但是，他的意图不是巩固而是削弱统治者的权力。“长官”不仅指次级官员，而且指国王在内的所有统治者。公意也不会成为统治者的意志，不会成为他的至上性的体现，而会成为他对共同体的从属地位的表现。

博丹让人民的特殊性从属于统治者的普遍性，卢梭则让统治者的特殊性从属于人民的普遍性。对卢梭来说，主权者意志并不是这样的事物：它通过国王立法和公共管理或“政治经济”技艺从外部将自己强加于人，由此从特殊和局部利益中创造了一个共同体。相反，主权者意志是这样的事物：它产生自共同体本身，表达它真实的共同利益，它将自己强加于那些职能仅仅是执行这个意志的人——长官、政府、“公共经济”的代理人。这个论证逻辑要求它以一种激进的人民主权理论为终点，该理论彻底落实了这个原则：通过将最高立法权寓于人民大会，主权者意志就会从共同体中产生。卢梭在《政治经济学》中并没有将逻辑引向这个结论，但他在《社会契约论》中确实是这样

1　卢梭：《政治经济学》，载于科尔编：《社会契约论及其他论文》，第289页。

做的。

就形式而言，卢梭的论证在很大程度上得益于绝对主义惯用语和关于单一、至上、不可分割的公共意志的话语，但他使这种惯用语反戈相向。正如许
199 多理论家曾做过的那样，他用对手的论证形式来攻击其内容。下述命题或有几分真理，即卢梭“并未太多受惠于它”的唯一一种法兰西“话语传统”就是宪政主义，尽管“他是法治的伟大拥护者之一……但他对这个原则的献身有别于多玛或孟德斯鸠这样的法兰西宪政主义者”。特别是，

> 在卢梭的理论中，像在绝对主义传统中那样，法律被等同于主权者意志，而不是像在法兰西政治体的基本法中那样，被等同于对主权者意志的外在约束。他对国家中间团体的敌意和对代表大会的轻蔑使他明显背离了宪政主义传统。[1]

然而，如果卢梭背离了宪政主义传统，那么，这部分是因为法兰西主流宪政主义（甚至激进的胡格诺派宪政主义）并不要求把最高立法权转移给“人民”，哪怕是由代表机构体现的“人民”。卢梭的关切不是仅仅“约束”绝对主义君主制，而是推翻它，不是仅仅驾驭主权，而是将它转移。但是，在另一种意义上，卢梭的论证终究可以与法兰西宪政主义（至少是其以胡格诺派反抗运动为典范的更激进形式）相联系，从而得到最佳理解。

正如我们所见，在攻击绝对主义时，胡格诺派宪政主义者采用的意识形态策略是强调君主的特殊性，攻击他把国家当成私有财产，从而利用绝对主义的理据来对抗它自身。他们坚持“人民”对国家的所有权，主张“人民”设立了国王的“尊位”，并把公共“思想”从国王那里转移到以官员和代表机构（“多个思想合成的一个思想”）为体现的“人民”那里。卢梭的策略是非常相似的，只在一个关键方面有所不同。他也从攻击绝对主义国家的私有性质和统治者的特殊性入手，并以一种寓于共同体中的公共意志与之对照，他也坚

1　南内尔·基欧汉：《法兰西的哲学与国家：从文艺复兴到启蒙运动》（Nannerl Keohane, *Philosophy and the State in France: The Renaissance to the Enlightenment*, Princeton: Princeton University Press, 1980），第442页。

称统治者是由人民设立的。同时，他不仅觉察到君主的特殊性的威胁，还觉察到一般“长官”的特殊性的威胁。因此，他没有把公共意志放在“公共会议”中，放在官员和“中间团体”中，或放在等级议会中，而是把它放在人民自身中。

卢梭对“中间团体”的态度常常被视为他的思想最令人忧虑的方面之一，
被视为一种对自由主义最珍视的原则，即对国家权力的制约、结社和言论自 200
由、表达个人异议的自由、少数权利等的攻击。这仍然是把卢梭的论点抽离其历史背景导致的误读。卢梭拒绝将公共意志寓于中间机构，这确实使他与法兰西宪政主义，哪怕其最激进的形式断绝了联系。但是，他对这些机构的拒绝，不应被理解成（“极权主义者”）对宪政主义原则的违背，而应被理解成扩展宪政主义原则并使它们民主化的努力。卢梭赞同激进宪政主义者的关切：把国家转变成从人民那里获得公共性或普遍性的、真正“公共”的事物。这正是《政治经济学》的主旨。

如果在这部早期著作中尚未明确，那么在《社会契约论》中，卢梭则明确地从创造一种真正公共的长官——一种以未指明的方式向共同善和“公意”的要求负责的长官，推进到在一个行使着的人民主权中实际体现这种共同善和公意。尽管在这过程中他重新运用绝对主义话语，以便将之前寓于绝对君主制中的权力寓于人民，但是，他这条路并没有略过而是经过了宪政主义关切的问题和人民反抗的传统。

第一章开篇是他的著名命题：“人生而自由，却无往不在枷锁之中。”迄今为止，哲学家们所设想的“社会契约”都只是某种形式的服从契约。卢梭提供了一种替代性的公式来说明一个正义、自由的公民秩序应该基于的原则。除去非本质部分，它可以归结为：“我们每一个人都把我们自身和我们的全部力量置于公意的最高指导之下，而且以法人身份把共同体中的每个成员都接纳为全体不可分割的一部分。”[1]然而，为了让这个约定不只是空洞的公式，它必须被这样理解，即任何拒绝服从公意的人都应该被强迫服从，而且这恰恰意

1　卢梭：《社会契约论》，载于科尔编：《社会契约论及其他论文》，第15页。（译文参考《卢梭全集》第四卷，有改动。——译注）

味着“迫使他自由”。[1]

可能卢梭仅仅是说，公民社会用一种新的公民自由，包括可靠的财产权，去替代自然状态中的自由，而公民社会要求服从法律。然而，他没有说我们放弃某些自由以交换和获得他人的保护，而有意地选择一种悖论性和挑衅性的方式来阐述他的“社会契约”含义。在一定程度上我们可以不考虑他对悖论和挑衅的爱好。但是，为了消除卢梭提倡某种“极权主义民主”的嫌疑，显
201 然需要更多说明。

首先让我们明确卢梭**不是**在说什么。卢梭诉诸公意时不是在说，它作为一种抽象的“共同善”而存在，可以从外部强加而不管设立主权的个人的意志。说到底它是一种经验法则，是公民在行使其主权时必须向自己提出的问题。因此，例如“集会中的公共秩序的法则就不是在会上维护公意，而是使公意遭到质疑，并由它来做出回答”。[2] 换句话说，一个立法会议应该自问，何种决定将促进公共利益而非这样那样的私人利益。当然，公意并不与“全体意志”同义。多数可以选择并且在知情的情况下选择一个并不表达公意的方案，因为它无益于共同善。但是，没有人可以主张（正如罗伯斯庇尔可能会主张的那样）要代表公意反对多数意志。当社会纽带断裂且人们对何者构成公共利益无法达成共识时，公意就沉默了。公民的自由需要对公意的领悟，这个原则预设了“公意的一切特征始终存在于多数之中。如果不是这样的话，无论你站在哪一边，都是没有自由可言的”。[3]

无论我们能对卢梭的公意发表其他什么看法，显然它都只能寓于主权者人民之中，并且只能由多数产生（这是最起码的）。它不能是被一个宣称知道何者更好的统治者强加的。卢梭对主权和政府之区分的说明使这一点得到加强。确立主权的结合行动可以被视为一种契约，但不能以相同方式设想政府的执行权：卢梭说，很明显“创建政府的行为，绝不是一项契约，而是一项法律。行政权力的受托者不是人民的主人，而是人民任命的官吏；只要人民愿意，人民既可以委任他们，也可以撤换他们。对官吏们来说，不是什么订约的

1 卢梭：《社会契约论》，载于科尔编：《社会契约论及其他论文》，第 18 页。
2 同上，第 104 页。（译文参考《卢梭全集》第四卷，第 129 页。——译注）
3 同上，第 107 页。（译文参考《卢梭全集》第四卷，第 132 页。——译注）

问题,而是服从的问题”。[1]

但是,如果人民而非君主或其他长官是真正的主权者——这是卢梭无论哪位启蒙运动同伴都不曾设想过的,那么,有什么能制约主权者人民自身?卢梭没有关注少数的权利或对主权的宪政制约,这样说确实没错;在他的时空中,他不太关心主权者人民应如何引导自身,而更关心如何为人民主权辩护,反对所有其他主权主张者,这样说可能也不够。但是,至少我们可以说,如
果我们在语境中解读他对“中间团体”的观点——通常被视为最能说明一种 202
明显“反自由主义”倾向的证据,那么这些观点将具有一种不同含义。

这仍是历史视角问题。法兰西宪政主义者论及的“中间团体”,并不是对英格兰自由主义者如此重要的“自愿社团”,后者是私人领域中的组织,有别于,而且至少潜在地对立于国家机构。[2] 法兰西的“中间团体”是法人和代表机构,即各等级、高等法院、自治市、社团,它们构成公共秩序的一部分,是政治体的机构。宪政主义者建议提升的正是这些机构在国家中的地位,尽管他们提升的程度不同,对这些机构也有不同的偏好。然而,这些团体都不是英格兰议会模式中的立法议会。它们实际上是封建残余,是封建“分割化”国家的碎片。(例如)晚至孟德斯鸠的宪政主义者一直承认并捍卫它们,孟德斯鸠认为这些“哥特式”政体的因素对法兰西君主制的“宽和”与正当性有根本意义。这也意味着,正如以前一样,在18世纪,中间团体的概念往往联系着对贵族权力的辩护,而且其精神可能不仅是非民主的,还是反民主的。

在18世纪,这一点甚至比以前更清楚:居于国王与人民之间的“特殊”或

1　卢梭:《社会契约论》,载于科尔编:《社会契约论及其他论文》,第99—100页。(译文参考《卢梭全集》第四卷,第124页。——译注)

2　关于卢梭对自愿社团的看法,有必要考虑他在《致达朗贝尔的信》中对日内瓦的俱乐部(cercles)的评论,以及他就朋友对这些评论的批评做出的答复。那些朋友属于日内瓦市民,他们感到这些俱乐部腐蚀了这个共和国的工匠,并让他们过多品尝到独立的滋味。卢梭答复说,这些俱乐部为自由公民提供了合适的教育,这种教育介于希腊的公共教育和君主国的家庭教育之间,在君主国中,“所有臣民一定是孤立的,而且他们共有的只有服从”。《致狄奥多尔·特龙金的信》(1758年11月26日),载于《卢梭书信全集》(Letter to Theodore Tronchin, 26 November 1758, *Correspondance Complète*, ed. R.A. Leigh, Geneva: Institut et Musée Voltaire, 1965)第5卷,第743页。

中间权力原则被用来支持贵族权力的扩大,正如在贵族论中那样。在这些构想中,贵族反对绝对主义君主制的主张可能同样是反对第三等级的主张。因此,宪政制衡观念预设了一种明显偏向贵族的倾斜。中间权力理论比英格兰代表理论更加明确地反对人民权力,尽管后者的意图也不是支持民主的。像孟德斯鸠这些偏向高等法院,视之为中间权力典范的人,只是通过把穿袍贵族包括进来而部分修改了这个原则的贵族特征。而且,他们主要主张的自治权是官职的买卖。正如我们在胡格诺派的例子中看到的,即使在更激进的反绝对主义构想或宪政主义构想中,对中间团体的坚持也具有以下有意的效
203 果：既限制君主权力,又(例如通过强调反抗权只属于以官员和法人代表为体现的"人民")限制人民权力。考虑到这些机构在法兰西政治经验中的历史含义和意识形态功能,可以说对中间团体的辩护并不会轻易给民主性的拓展和延伸提供机会,它提供的机会甚至不如英格兰议会代表理论所提供的。在这种语境下,一种民主论点,例如卢梭的民主论点不可避免地是作为对中间团体的攻击而加以阐述的。

重新界定的"公意"

归根结底,问题是利害攸关的特殊社会利益。那些对自己缺少机会使用国家提供的超经济占有方式而感到愤愤不平的人,那些尽管自己以税收为途径受制于国家占有却又占有他人劳动力的人,对这些人来说,旨在让他们在国家中分一杯羹的宪政改革可能是非常有用的。但是,这些并不是卢梭所代表的利益。《政治经济学》明确表达了,他关心的是小生产者,特别还有农民,整个特权、官职和税收结构都建立在他们的劳动基础上。《政治经济学》的大部分在研究税收问题,而且卢梭改革财政体系的方案显然旨在减轻承受其重的农民的负担。正是在这里,他对自己关于既有国家是一种私人占有和剥削体系的观点提供了最清楚的说明,而且他的改革提议指向的特定目标是：

> 社会中的种种好处不是全都被强者和富人享受了吗？高薪厚禄的职位不是全部被他们占有了吗？所有特权和免税权不都是为他们保留

> 的吗？……穷人所付出的一切将永远失去，或本来就在富人手里，或迟早落入富人的手里。税款早晚会流入政府中的人或与政府接近的人的钱袋里。尽管他们也交他们的那一份税，但他们仍然希望增加税收。[1]

卢梭指出，在这两种境况的人之间实际存在的社会契约条款可以概括为："你需要我，因为我富而你穷。现在，让我们订这样一个协议：我允许你有为我干活的荣幸，条件是你把你手中仅剩下的那一点儿东西也给我，以酬谢我为了 204
役使你而付出的辛劳"。[2] 这就是当时的税收所基于的原则。卢梭提出了一种基于相反原则的税收体系，他的办法是改革国家以根除税收作为一种私人占有方式的用途，并在一个进步的税收体系中把明显用于公共目的的税负转移给更有能力承担它的人。对于农民如果不因为纳税要求而被迫工作就会游手好闲这种观念，卢梭嗤之以鼻："因为对于失去劳动果实的人来说，什么都不做相当于有所得。对劳动课以罚金是荒谬的消除懒惰的方式。"[3]

当然，提议对税收、特权、免税权体系和腐败的行政、可买卖的官职进行改革，在这件事上卢梭并不是唯一一人。总体而言，类似改革是启蒙运动议程的一部分，是启蒙运动对国家和财政机构的理性化、法律和行政的统一化以及官职体系向才能开放的要求的一部分。国家作为一种占有工具、私人资源的职能，直接或间接地构成了所有这些改革提议的条件，即使一些改革者只是想扩大分羹机会。而且，为了防止供养城市和宫廷奢侈生活的农村被吸干，许多改革者确信有必要重新分摊税负。

但是，在伟大的启蒙思想家中，唯卢梭一人把目光特定集中在作为一种剥削体系的政治结构上，而且他不是从启蒙精英的家长式俯视角度，而是从劳动力受剥削的小生产者角度看待这一点。他无法满足于仅仅使占有农民劳动果实的官僚机构理性化的改革。因此，他的政治改革想攻击的不仅是作

1　卢梭：《政治经济学》，载于科尔编《社会契约论及其他论文》，第322—323页。（译文参考《卢梭全集》第五卷，李平沤译，商务印书馆，2012年，第249—250页，有改动。——译注）

2　同上，第323—324页。（译文参考《卢梭全集》第五卷，第250页。——译注）

3　同上，第324—325页。

为一种无效率、不平等或非自由主义的行政和代表体系的国家，还是作为一种剥削体系的国家。他最终得出的结论是，只有以绝对的人民主权作为彻底取代私有性国家的唯一方法，才能满足要求。

一旦卢梭认准了如欲使国家及其官员切实服从“公共理性”则必然需要真正的人民主权，他就必须思考“公意”不仅作为观念上的统治者和公民行为标准，而且作为实用的、能动的政治组织原则，即一种真正源自人民并在实践中表达为法律的“意志”，它如何能够实际运作。他的答案也仍然是由法兰西
205 既有的国家特殊条件塑造的，是由他的移居国同胞自己回应下述问题的特殊方式塑造的：共同善以及它如何被决定和执行。就像我们看到的那样，法兰西典型的解决方案是乞灵于一个通常以君主为体现的单一的公共意志，或由国王和国家官员编织为一体的一个局部和自私利益的集合。这些解决方案，甚至那些用“多个思想合成的一个思想”取代君主意志的解决方案，都没有简单地把共同善重新界定成私人利益组成的公共利益——通过看不见的手的作用魔术般合成的公共利益，或通过代表各种私人利益的议会的审议和立法过程自动聚合的公共利益。这可能是英格兰的模式，却不符合法兰西的状况。

当孟德斯鸠认为共和政体需要特殊的美德，且君主政体的优势是能够以臣民最低限度的美德或自我牺牲来实现共同善时，他是在表达所有上述构想共有的一个假设：通过商业网络，自我利益也许可以充当社会的基础，但是，共同善不会从私人利益的相互作用中自然产生，而需要德性对自然自爱的抑制，或需要一个“进行协调的”国家的积极干涉，必须强调，它实现这一点不是通过汇集所有互竞利益的代表机构的中介，而是作为一个最有可能以绝对主义君主制或至少是“法律专制主义”为体现的单一的统一意志。如果说相比之下，英国人（及其苏格兰发言人）尤其在 18 世纪思考了或据称思考了相反的设想，他们的乐观也并不表明对人性的更多信任或英格兰社会深层分化的阙如。这更多与他们的经济，即一种新兴资本主义（特别是在英格兰商业帝国称霸的短暂时期）的特殊状况有关。它也以英格兰代表制度传统的统一特质为前提，以相对可靠且统一的有产阶级为前提，该阶级相对于国王和人民的优势在议会至上中得以表达。

法兰西人在这个问题上的悲观,并不妨碍政治思想家们把自爱和自利当成政治体的真正动力。如我们所见,它实际上变成了一个共同主题,认为转化成利益的自利激情可以成为公共福祉的基础,甚至认为把社会构想成一种商业交易是大有裨益的。然而,这种社会观绝没有质疑对强大君权的需要,通常反而有助于强调其必要性。对于这幅图景来说,各方在其中追逐私利的商业交易的分裂和纷争特征,正如商业的好处一样是本质性的。那些在英格兰有助于支持一种有限政府学说的论点,到了法兰西就表现成对王权绝对主
义的辩护,或者像在重农主义学说中那样表现成“法律专制主义”强制下的自 206
由放任。无论这些论点被用来支持绝对主义还是“宽和的”立宪君主制,建立在自私利益的和谐之上的政治体概念都倾向于假定一种外在的整合意志为其必要条件。

在这种语境下,卢梭阐述了这种公意概念:源自主权者人民的共同善的一种表达。甚至在《社会契约论》之前,他的大部分著作就旨在直接或间接攻击作为商业交易的社会概念:在其中每个人以他人所失追求自己所得,或仅仅通过劝说(或更像欺骗)他们看到帮助自己所带来的好处,来获取他们的帮助。他写道,财产权和不平等的结果是,每个人

> 因此必须不断使他们对他的命运表示关心,使他们实际上或表面上感到为他效劳对自己是有好处的。这样做的结果,必然使他对一些人行事奸诈和虚伪,对另一些人表现得十分粗暴和冷漠;而且,当他觉得不能使他所需要的人对他感到畏惧,或者觉得他为他们效劳对自己没有好处时,他就要对他们施展种种欺骗的伎俩。[1]

对卢梭来说,这种相互欺骗不是疗药而是症状。认为社会纽带和共同善可以建立在使人民分裂的利益对立之上,这是无稽之谈。鉴于这种自相矛盾的观念联系着以一位强大统治者为体现的外部调和意志的观念,卢梭势必对它充满敌意。显然在他看来,想象一个单一的君主意志或哪怕复合的长官意志

1　卢梭:《二论》,载于罗杰·马斯特斯编:《一论和二论》,第156页。(译文参考《卢梭全集》第四卷,第282页。——译注)

（它们本身就代表着一种非常特殊的利益）能够把这些对立的特殊主义成分熔铸成一种共同善，这是极其荒谬的。同时，接受自爱应该充当公共利益的来源这种观点，完全符合他的个人自主概念。因此，他给自己提出的任务是，探索自爱和自利如何能够产生一种共同善而无须“商业”交易或相互欺骗的调和，也无须一个外在意志的干涉。他的目标是寻找一种社会组织形式，在其中，社会纽带并非基于使人民分裂的事物，而是基于使他们统一的事物，即一种由人民真正共有的利益构成的共同利益。

207 因此，认为卢梭的公意概念提倡压抑自然本能，并使自我利益被抽象的“公意”淹没、个人被集体淹没，这是错误的；提出狄德罗的“个人主义”和卢梭的“集体主义”之间的某种对立，也并无助益。[1] 对卢梭来说，个人利益在原则上并不是与公意相反的，正如自爱和自尊不是同义的。只有当环境使人与人的利益必然地、本质地对立时，在一人所得即另一人所失的意义上，利益才是“局部”的，与“总体”相反的。像现在这样建立起来的社会就迫使利益如此相互对立。卢梭只是认识到，哪怕再多的理性或启蒙也无法引导这些对立冲动充当社会凝合的基础，至少不依靠大众幻觉或专制强迫是无法实现这一点的，而这两者既不可欲，又不可靠。问题恰恰在于，人民无法被强迫去希冀与他们的自我利益相反的东西。卢梭在其他地方总结了《论人类不平等的起源和基础》的论点：

> 当最终所有特殊利益彼此冲突，当自爱在发酵中变成自尊，以至于舆论（它令全世界成为每个人的必要）使人生来彼此为敌，又迫使每个人只能以他人之所失求自己之所得时，比火热激情微弱的良心就被他们扑灭了，它只是作为一个用来相互欺骗的词留在人们口中。于是，每个人都假装希望为公共利益牺牲自己的利益，他们全在说谎。除非公共利益符合他自己的利益，否则没人想要公共利益。因此，实现这样的符合就

1　参见菲利普·布洛姆：《邪恶团伙：大革命之前巴黎的自由思想家与友谊》（Philipp Blom, *A Wicked Company: Freethinkers and Friendship in pre-Revolutionary Paris*, London: Weidenfeld & Nicholson, 2011），那里以此种方式来描述卢梭和狄德罗的争吵。

> 是寻求使人民幸福且良善的真正政治的目标。[1]

这绝不是说原则上自我利益与共同善相反，毋宁说自我利益**必须**是共同善的来源。如果"公意"有任何含义的话，那么其含义只能这样理解：人民实际上具有共同的个人自我利益——不是因商业或外在意志的调和而共同的利益，而是内在共同的利益，而且政治必须建立在这个共同基础上。

《社会契约论》勾勒了与如此组织的社会相匹配的原则。卢梭从未明确
208 说明这种政治秩序的社会先决条件，但是，他的社会批判，尤其是《一论》和《二论》中的社会批判强烈预示着需要一场彻底的社会变革。他从未告诉我们，这场变革大概会如何产生。在《社会契约论》中，他所能做的最大努力是引入一种机械降神（deus ex machina），即一位为新社会奠定基础然后功成身退的立法者。但是，在其他地方（例如在他致达朗贝尔的信中）卢梭提示了他的理想社会如何能够建立的线索：一个由独立的小生产者、一定程度自给自足的农民和工匠组成的小共同体。尽管这幅图景可能是乌托邦的，尽管它对现代经济的理解是天真的，但是，它明确表达了在卢梭看来是一个自由社会的基础的原则：任何人都不应有能力占有他人的劳动力或被迫转让自己的劳动力。在《社会契约论》中，他认为共同善的根本原则是自由与平等，自由即不存在个人依附，而平等是自由的条件。这些要求一种权力和财富的分配，以使任何一个公民都无法对其他公民施暴，"任何一个公民都不能富到足以用金钱去购买他人，也不能穷到不得不出卖自身"。[2]

至少可以明确，存在某些条件，舍此则社会契约无法存在。因为，公意要成为人民自我利益的一种表达，而不是因美德或强制而形成的对他们自我利益不自然（也不可能）的违背，那么，人民必须实际上并且客观上具有共同利益。在目前实际建立的社会中，各种利益的共同基础是非常狭隘的。为了扩大共同性的范围，需要消灭那些最不平等的社会关系和制度，它们使人民变

1　《致克里斯托·德·博蒙的信》，载于《卢梭全集》（Lettre à Christophe de Beaumont, *Oeuvres Complètes*, Paris: Gallimard, 1964）第4卷，第937页。

2　卢梭：《社会契约论》，载于科尔编：《社会契约论及其他论文》，第50页。（译文参考《卢梭全集》第四卷，第70—71页。——译注）

成现实中的样子，并通过利益使他们彼此为敌。对于一个基于“公共理性”而非基于长官的私人利益的国家来说，民主主权看起来是必要条件；而社会平等、占有者与生产者之间区分的瓦解是民主的条件。

因此，卢梭充满争议的“公意”概念，不应被当成一种独具一格的特质，而应被当成法兰西一个古老主题的创新，不应被当成英格兰关于私人权利与公共利益关系问题的一种令人不安的非自由主义答案，而应被当成法兰西关于
209 普遍性和公共意志之来源问题的一种激进民主答案。

第七章　英格兰革命

1647年10月末至11月初,在内战中,伦敦南部的普特尼发生了一件异乎寻常之事。这无疑是英格兰历史上最引人注目的片段之一,它过去是,现在仍是一个独一无二的历史事件。在内战过程中,奥利弗·克伦威尔及其支持者在与保王派的冲突中建立起来的组织优良、纪律严明的军队——新模范军,它不仅被证明是一架高效的战争机器,而且是一支激进的政治力量。然而,军队"高层"与普通士兵中的激进派之间出现了深刻分歧。激进派反对克伦威尔及其盟友的寡头倾向,甚至害怕君主制复活,他们起草了历史上第一份旨在确立一种类似民主制的政体形式的宪法,该政体基于一种不可转让的权利概念:"基于普通法的权利和自由,为了眼前的和永久的和平而订立的一份人民公约。它由五个骑兵团的代表提出。由于得到军队全体赞成,现将它呈送英格兰下议院批准。"这份宪法草案是一次彻底的辩论的议题,此次辩论始于普特尼的圣玛丽教堂,并在军队总军需官的住所继续进行。

当时以抄本形式记下的一份文献记录留存至今,这实在是一种让人惊讶的历史幸运。它使我们能够在参与者本人鲜活生动、感人至深的词句中,聆听一场关于社会组织和政治统治的某些最根本问题的辩论,它既是由冷静的理性之光引导的,也是由炽热的激情引导的。这些辩论不是哲学家或神学家主导的,而是行动分子和士兵主导的,他们讲着自己的语言——常常是平等派、政治激进分子,以及惯于向手艺人、自耕农和普通士兵而非学者、教士和律

211 师讲话的理论家的语言。

都铎时期

发生在普特尼的万众瞩目的事件，无疑与内战的特性和无法预测的偶然性有很大关系。但是，如果不参考一个更大的历史语境，即英格兰经济、政治发展的特殊模式，就难以理解事关紧要的议题和意识形态斗争的参与方式。在第一章，我们简要思考了英格兰的社会和政治组织（特别是在国家形成过程和农业资本主义发展中）如何不同其邻国，尤其不同于在17世纪似乎成为最先进、最强大王国的法兰西。法兰西“绝对主义”国家建立在法团机构和互竞司法权之上，而英格兰已经有一个更加高度统一的国家。法兰西的统治阶级仍然严重依赖“超经济”权力或“政治建构的财产权”，当时这些权力包括君主国中的官职，官职使他们有机会以税收形式，而非单纯以地租形式享用农民的劳动果实。英格兰的地主越来越多地依靠纯“经济”占有方式，他们凭借的是其佃农的营利性生产。法兰西的很大部分土地仍为农民所有。英格兰的土地更多集中在大地主手中，并日益以经济租赁的方式由佃农耕种，这使他们经常受到经济竞争的压力。17世纪的法兰西农业很大程度上仍束缚于传统的农耕方式，而英格兰的地主及其佃农日益感兴趣的是农业“改良”，即寻找方法提升劳动生产率、回应竞争压力，尤其重要的是创新土地使用方式，这要求重新界定财产权。这将创造一种独特的历史动力来推动自我维续的增长，这一点使英格兰明显有别于其邻国——当英格兰经济从17世纪末的欧洲普遍危机中只身幸免时，这个区别更加显而易见。

17世纪和18世纪之间，在回应竞争和“改良”指令的过程中，对习惯权利的攻击日甚一日，与公地共有权对立的排他性私人所有权的主张不断增多，对习惯保有权、五花八门的私有土地使用权的质疑与日俱增，各种压迫行为和高昂地租变本加厉，与此相伴的还有各种相互激烈竞争的，从法律上和理论上重新界定财产权含义的努力。这并不足为奇，这些英格兰独有的国家和财产权发展模式造成了特定类型的冲突，这些冲突又以特殊方式界定了主要
212 的政治议题。因此，例如法兰西农民的主要不满是税收，而英格兰小农更关

心的是保护他们的习惯权利、避免土地被剥夺。

那些造成英格兰上述特有状况的发展,在16世纪期间已经轮廓分明地凸显出来。都铎王室继续进行着早已开启的国家中央集权过程,它以极其明显的方式,特别是以确立国教会的方式巩固了这个过程。同时,财产权关系的重新调整引发了严重的社会动乱。关于16世纪英格兰经济的状况,其特征是经济增长还是生活水准下降,或者兼而有之,历史学家可能仍有分歧。尽管可以负责地说,在17世纪,甚至可能在16世纪后半叶,以欧洲标准来看英格兰部分人口的生活水准是相对高的(到18世纪更确切无疑是如此),但是,毫无疑问许多人为此付出了沉重代价。16世纪的特征是土地被随处霸占、哀鸿遍野,这导致了各种类型的社会动荡、暴乱和反叛,同时也导致了第一个强制性济贫制度——它既很大程度地说明了英格兰的财富和中央国家进一步巩固的权力,又很大程度地说明了其不得不面对的社会动乱。

一些历史学家争论着16世纪圈地,特别是为把耕地变成牧场进行的圈地造成的驱逐的范围,而且,失地和贫困确实有其他经济原因。但是,当时的观察者,特别是都铎王室及其官员指责的事情是没错的:一个不断增长的无产阶级正在使流浪行为和流浪者泛滥成灾。他们认为这个阶级不断增长的原因主要是为高利润牧羊业而进行的圈地,而当时的经济尚不足以吸收大量失地劳动者。这群"无主"的乌合之众引发了统治阶级深深的忧虑,还催生了一种独特的社会批判作品,这类作品的意图不是为弱势阶级的反叛辩护,甚至也不一定是站在他们的立场上提出抗议,而是表达上位者,乃至都铎王室本身的惴惴不安,使统治阶级清醒地认识到眼前不断增长的违法、盗窃和政治失序危险。[1]

在都铎王朝统治时期,旨在限制圈地的法案接二连三地通过了,但收效甚微。毫无疑问,即使仅仅为了挑战土地贵族的权力,君主也有理由夸大威胁。然而,有些更倾向于增进贵族权力、反对唯我独尊的君权的人,也是圈地运动的批评者。托马斯·斯塔基就是这样的批评者。他的《波尔与勒普赛特 213

1　关于这种作品,参见尼尔·伍德:《政治经济学的基础:都铎早期关于国家和社会的观点》(Neal Wood, *Foundations of Political Economy: Some Early Tudor Views on State and Society*, Berkeley: University of California Press, 1994)。

对话录》似乎写于16世纪30年代，但直到19世纪才被发现，它阐述了一个改革计划，旨在用一种更强大的贵族权力来平衡正在进行中央集权的君主权力（尽管他担任亨利八世的专职牧师），旨在创造一个有教养、开明，能够通过改善人民状况维持政治秩序的统治阶级。英格兰国教会中还有一个倾向路德宗的高层教士集团，即所谓的共和人士，尽管他们从未公开攻击政府或呼吁政治改革，却展示了一幅关于英格兰社会状况的令人沮丧的画面：盘旋上涨的物价、失地、贫困、无家可归和不断增多的流浪行为。指责似乎很大程度上指向“不绅士的绅士”，也就是地主和牧场主这些贪婪的圈地者，他们就像他们的羊一样是“国家的毛虫”。[1]

这就是托马斯·莫尔的经典著作《乌托邦》的写作语境。它开篇考察了欧洲所有势力普遍存在的问题，即战争导致的社会后果，随后尖锐地评论了英格兰特有的一种社会弊病，这个评论可以被视作全书的潜在主题：

> 由于牧场的增加……你们的按自然来说本应温顺和守秩序的羊，现在可以说在吃人，在使乡村和城镇的人口锐减。哪里出产的羊毛比普通羊毛更柔软、更贵重，哪里的贵族、绅士，乃至修道院院长这样的圣人，就觉得祖传地产上惯例的岁租年金不能满足他们了。他们过着闲适的生活，对国家丝毫无补，觉得不够，还横下一条心要对它造成严重的危害。他们停下农耕，毁掉房屋和镇子，只留下教堂，把土地围起来以便养羊。并且，好像他们浪费于鸟兽园囿上的土地还不够多，这些可敬的乡下人又把最适合居住的土地都弄成一片荒芜。一种为害本国的贪食无餍者把成千上万亩地圈上，所有者和佃农或在欺诈和暴力手段之下被剥夺了自己的财产，或受尽冤屈而筋疲力尽，他们不得不卖掉自己的财产。男人、女人、已婚者、未婚者、老人、青年带着他们贫穷却人数众多的家人（因为农务是需要许多人手的），这些不幸的人被迫背井离乡，却找不到安身的去处。他们必须廉价变卖全部家当，即使这样可能还得等待买
> 214 主。他们花完这半文一钱之后，除去从事盗窃以致受绞刑外（上帝知道

1　转引自尼尔·伍德：《政治经济学的基础：都铎早期关于国家和社会的观点》，第176页。

> 这是多么公正),或是除去沿途讨饭为生外,还有什么别的办法?何况即使讨饭为生,他们也是被当作到处浪荡不务正业的游民抓进监狱,而其实他们非常想就业,却找不到雇主。他们向来以务农为业,可是找不到农活,由于已无供耕种的田。*

莫尔对这种灾祸的回应,不是对英格兰弊病的详尽分析,不是一份改革计划,也不是一套系统的政治理论,而是一种描述“乌托邦”或“乌有乡”(一个没有私有财产、无上有序和幸福的共和国)的空想。这部杰作被人们做了一切可能的解读:从没有政治意图的纯粹空想,到现代社会主义的一部奠基性文本。无法确定地裁断这些解释的分歧,但莫尔真实信仰财产公有这种说法显然是难以置信的。作为一个资财殷实的人,他自己就是一个圈地者,而且,在他积极的政治生活中,并没有支持平等主义,甚至集体主义原则的迹象,因而他也没有对下层阶级表示过多少同情。[1] 甚至他对路德宗异端的狂热、近乎嗜血的反对(作为大法官他积极参与对“异端”的迫害)也部分是由他的这种信念激发的:路德宗应该为德意志农民起义(它使莫尔本人这样的英格兰有产者感到恐惧)而受到谴责。即使在激进的《乌托邦》中,他也概括了一种殖民辩护,它所根据的原则后来对英格兰人大有帮助:如果人们没有有效利用土地,则可以通过正义战争剥夺他们的土地。当莫尔着手制定一项实际改革计划后,他可能会发现,在寻找教化统治阶级的方法上,自己往最好说也没有比托马斯·斯塔基(他受到莫尔影响)走得更远。但是,无论他的理想社会概念是什么,他的直接目标(如果确实有的话)似乎是让“不绅士的绅士”照照镜子,用一种与他们对立的“乌托邦”想象来质问他们的无节制。

尽管16世纪动荡不已,在君主和作为一个高度中央集权国家的合作者的地主阶级之间,却存在着目标上和实践上的根本统一。英格兰的贵族已不再是军事化的封建贵族,但都铎时期的国家也没有一支常备军,双方都依靠其

---

* 译文参见莫尔:《乌托邦》,戴镏龄译,商务印书馆,1982年,第21—22页,有改动。——译注

1 关于莫尔的“开明保守主义”,参见尼尔·伍德:《政治经济学的基础:都铎早期关于国家和社会的观点》,第6章。

合作关系来维持社会秩序。当然，最有成效的人民起义是受到地方精英支持的人民起义，而且，在下一个世纪，地主在他们与君主的冲突中动员了人民力
215 量。然而，当内战中英格兰统治阶级与国王发生致命冲突时，这场冲突的性质是为控制一个已经统一的英格兰国家而进行的战斗，而非像在16世纪法兰西宗教战争中那样，是一场互竞司法权之间的斗争，或者说是一场中央集权君主与贵族或城市当局（他们要保护自己的独立权力和特权，也就是自己握有的国家碎片、“分割化主权”）之间的战争。

这些历史状况反映在英格兰政治思想的独特形式中。例如在16世纪，英格兰社会和英格兰国家的特殊发展，造就了这样一种政治思想传统，在其中无法人团体中介的个人被设想成国家的基本组成部分。当时伊丽莎白派往法兰西的大使托马斯・斯密斯勋爵非常好地总结了这一点。在一篇论英格兰政治体的论文（其意图至少部分是启示某位法兰西读者，因此假定了读者对英格兰状况一无所知）中，他把“国家”或“公民社会”定义为“一群自由人为了在和平与战争中保存自己而集合在一起，并基于一致同意和契约而联合起来的社群或共同行动”。[1] 这与斯密斯的同时代人博丹的国家定义形成了一个很能说明问题的对比，博丹思考的是法兰西的状况，他定义的国家不是由自由个人组成的，而是由“家庭、社团或法团”组成的。

斯密斯并没有从这种政治体定义中引出任何激进的结论。他视一种有限的议会选举权为理所当然，他的议会代表概念也仅仅认为，有产阶级应该统治，而其他阶级应该在议会中“出席”（因为所有人无论其地位如何都有权出席），但他们不是议会成员或哪怕选举人，而是沾了代表国家利益的有产者的光。“并不行使统治的那类人”，也就是不享有议会选举权的人包括

1　托马斯・斯密斯：《论英格兰国家》（Thomas Smith, *De Republica Anglorum*），第10章。同样值得一提的是，在斯密斯对自耕农的解释中，他已经认识到了英格兰社会财产权关系的特殊性：“他们（大部分）是绅士手下的佃农，从事放牧，频繁接触市场，并且有仆人——不是绅士的那种无所事事的仆人，而是自力供给自己全部和主人部分生活所需的仆人：佃农靠这些方法致富，以至于能够购买而且每天都在购买没落绅士的土地。”（第二十三章）斯密斯在这里描述了后来所谓的英格兰农业资本主义三方结构，即地主、他们的资本主义佃农和资本主义佃农雇用的工资劳动者之间的关系。

> 日工、贫穷的农民、没有自耕地的商人或零售商、公簿持有农、所有
> 工匠,包括裁缝、鞋匠、木匠、制砖工、泥瓦匠、石匠等。他们在我们国家中 216
> 没有发言权,也没有权力。他们无足轻重,不能统治他人,只能被统治。
> (《论英格兰国家》第 24 章)

议会的“同意”,他补充说,“应被视为每个人的同意”。

托马斯·斯密斯勋爵的学生之一,主教约翰·波内特与共和人士过往甚密,他为私人个体的暴力反抗提出了一种辩护。换言之,他提出了一种基于斯密斯的一群个人组成的政治社会概念的反抗理论。就此而言,在波内特的反抗观念与法兰西“宪政主义者”的反抗观念之间的区别中,复现了斯密斯与博丹的对比。法兰西“宪政主义者”的出发点仍然是法团司法权之间的竞争和作为职务职责的反抗权——这恰恰是博丹试图反驳的反抗观念。

在波内特的《政治权力简论》(1556 年)中,他采用了一种可以称为“现代的”国家概念,之所以“现代”,因为它适用于一种非个人的制度实体,而不单纯是君主的个人统治,而且,虽然他有宗教上的先入之见,但他强调国家的世俗本性和目的。国家的目的是人民的“福祉和利益”;政府是一种信托,在其中官员作为人民的“代理人”行动。如果政府不再按照人民自己界定的共同利益行事,人民可以撤回他们对统治者的授权。如我们所见,新教教义已经被用来为激进程度远超新教正统创立者路德和加尔文设想的反抗辩护,波内特则进一步超越了现有学说,他阐发了一种“私人”武力反抗不合法或不正义的官员和统治者的权利。波内特和与他对应的法兰西或大陆其他地方的“宪政主义者”之间的差别,有时可以归因于英格兰(或准确地说,苏格兰)新教徒的相对安全状态,这种安全状态使他们能够冒险阐发更激进的个人或“私人”反抗观念。但是,波内特的个人权利概念的结构基础,无疑源于英格兰独特的政治体概念,这种政治体不是由法人团体组成的,甚至不是由唯一的奥体,即作为法人团体的“人民”组成的,而是由“一群集合起来的自由人”组成的,这是一种扎根于独特历史现实的观念。

斯密斯和波内特的例子说明,正如基于法团的政治体的概念那样,一“群”个人组成的国家的概念可以容纳非常广泛的政治主张。当然,法人共同

体概念并没有从英格兰政治思想中销声匿迹。在大陆，从最不容情的服从学
217 说到一系列范围极为广泛的反抗辩护，在这个观点谱系中都有法人共同体概念发挥作用，但是，在英格兰的条件下，它在各种反抗理论中不再有用武之地。在英格兰，一些思想家发现它仍然有助乞灵于一种奥秘法人共同体，但其目的不是为反抗辩护，而是维护一种政治义务理论和服从政治权威的责任。但是，即使王权绝对主义最知名的辩护者托马斯·霍布斯，也感到必须把他的论证建立在个人权利的基础上，建立在一群个人创造的政治社会的基础上，以此来回击反抗学说。

在16世纪，英格兰最值得一提的提倡作为一种义务来源的奥秘法人团体的人是理查德·胡克。他的《论教会政体的法律》（前五卷发表于16世纪90年代，后三卷在他死后出现于17世纪早期）是安立甘宗正统的一部经典。这部著作的目的是反击清教教士的挑战，确认王权对教会的至上性。但是，在论证过程中，他提出了更为一般的政治问题，并阐述了一种基于奥秘共同体的义务理论，在其中，每个个人都属于这种奥秘共同体，而且其先前的服从行为对后代也有约束力。他的出发点初看起来是一种明确的基于同意的政府理论："因为任何君主或统治者行使（制定法律的权力），若不凭借上帝的授权或凭借最初源于法律施于其上的人的同意的权威，就比暴政好不到哪去"，他接着说，"只要我们组成其部分的社会在之前的任何时候得到了同意，就视同我们同意受统治，后面不需要再诉诸类似的普遍同意"（《论教会政体的法律》I. x）。为了说得更清楚，他告诉我们：

> 正如任何人只要还继续存在，他过去的行为就仍是有效的，所以，一个由人组成的公共社会在五百年前建立之初时的行为，也可以等同于现在组成相同社会的人的行为，因为法人是不朽的。因此，我们生活在我们的先人中，先人生活在他们的先人中。

除了其他事情，这意味着"在许多被授予同意的事务中，他们授予同意却无需设想他们实际这样做了，因为他们的同意方式不是明言的"。就像我们将看到的那样，这样一种**默示**同意的观念后来被洛克出于不同的目的（尽管并不

像某些解释者所坚称的那么不同)采纳。

胡克看起来反对凭一人专断意志而不凭周知的法律的统治。但是,他的同意概念与绝对君主制完全相容。当他把下述事情作为人们授予同意却无
需设想他们实际这样做的第一个例子时,这一点就更清楚了:“当某位绝对君 218
主命令臣民去做他自己判定为好的事情时,无论他们赞成还是反对他的命令,它不都具有法律效力吗?”虽然我们选择解释他的同意理论及其对专断权力的限制或无限制,但他的法人共同体概念才是真正引人注目的,不仅因为它不同于斯密斯的一群个人创造的国家观念,还因为它分享了斯密斯关于英格兰政治体性质的某些共同假设。

对于国家和个人之间的“中间”法团或司法权的阙如或软弱,胡克视为理所当然。像托马斯·斯密斯一样,他假定存在一个高度统一的国家、一个高度同质且团结的统治阶级,以及一个统一的代表机构,可以说它代表整个共同体,这与位于博丹的国家之核心的法兰西等级议会形成鲜明对比。换言之,胡克的法人共同体,看起来更像是以英格兰民族国家为体现的一种**民族**共同体。如果说民族国家和国家教会的统一体看起来不够“现代”,那么,这个非常特殊的英格兰统一体之所以可能,仅仅是因为英格兰国家(比起欧洲其他地方的“分割化主权”和互竞司法权)代表着一种真正的主权,也仅仅在这个意义上才是可能的。

因此,主权的现实无疑反映在英格兰政治理论中,但是,在这个时期,这种反映在很大程度上是且一直是间接的——霍布斯是个明显的例外。它并没有表达为一种明确的不可分割的主权观念。由于英格兰不存在君主和统治阶级之间根本性的司法权冲突,所以不需要用一种不可分割的主权概念来主张一者高于另一者的权力。相反,英格兰政治思想广泛接受了古代的“混合政体”观念,而当时像博丹这样的法兰西思想家迫不及待地否认这类观念,并用一个明确、不容置疑的政治权威核心,即一个单一、不可分割和绝对的“至上”权力取而代之。正如我们所见,与英格兰人对“混合政体”观念的眷恋相反,法兰西人对一种明确、系统的主权观念的创造,并不意味着法兰西人已经有一个更加统一的“主权”国家。英格兰人的“混合政体”表达了一个统一国家的现实,在这个国家里,君主和贵族在联合掌握国家权力上是根本统一

的。“混合政体”观念是以理论术语描述这种联合掌握国家权力的另一种方式，更常见的表达方式则是“王在议会”，它直至今天仍被用于描述不列颠宪政权力的本质。尽管这个国家是联合掌权的，它具有的“主权”特征却远比同时期法兰西人的国家多。

219 英格兰和法兰西的法律概念和“至高”立法权概念中出现了同样的悖论。博丹坚称，主权的本质是制定法律的权力，法律仅仅是主权者的意志，而英格兰人仍然眷恋他们的作为古老习俗化身的普通法概念。英格兰人在谈论议会时往往较少说它制定法律，而更多说“发现”某种先已有之的法，它可能是曾存在于“被遗忘的时代”的某种习俗或不成文的宪法原则。然而，在现实中，英格兰的法律体系早在16世纪就已经远比法兰西的更统一，而且，议会（或议会中的国王）实际上具有立法职能，更像是博丹的主权。此外，英格兰的法律概念把一些长久以来未受质疑的惯例视为理所当然，而像博丹这样的思想家的概念创造，反映了至少在理论上解决围绕国家权力的现实冲突的批判性尝试，然而在实践上这种冲突直到大革命前都没有得到解决。

国王、议会和群众

当斯图亚特王室发起他们的绝对主义计划时，英格兰统治阶级仍然忠于议会与国王的古老合作关系，这种合作关系虽不时有些紧张，总体上还是对他们大有好处。但是，这里并没有大陆式绝对主义的趋向和社会基础。总体而言，有产阶级原则上并不反对君主制。他们实际上把它视为防范社会失序必要的防波堤。贵族解除武装，将其传统的强制权力让给国家，作为补偿，国家保护土地财产权，支持并保障贵族的纯经济性剥削权力，由于这笔交易，君主和贵族都得到了加强。

同时，有产阶级越依赖经济剥削，他们就越不能容忍一个仍旧按照封建君主制的传统方式行事的国家。统治阶级成员想要的是一个维持秩序并维护其绝对财产权的国家。他们无疑不想要这样的君主：他们自己就像封建大领主，有自己的个人随从，在与地主阶级的竞争中具有自己的经济利益和资源。英格兰统治阶级从这样的国家中得不到任何好处：国家本身恰恰充当着另一种财产，而非单纯地为保护国家以外的私有财产发挥作用。因此，就这个君主国的政治发展滞后于统治阶级的经济发展而言，冲突势必要产生，更不用说其他的冲突来源，例如宗教争端、不列颠复合王国的复杂性和不稳定性，或特定的国王个人引发的问题——在固执的斯图亚特诸王那里这是不能忽视的因素。 220

尽管如此，我们不应低估议会与国王之间合作关系的韧性，毋宁说，由于内战之前长期的社会失序、宗教和政治上的骚乱与区域暴动，这种合作关系被加强了。尽管原因各不相同，但某些社会问题一直是一触即发的，这些问题与财产权的重新调整和重新界定有关。所有这些都伴随着宗教派别的激增和对既立教会即国教会权威的公开挑战。国教会为国家的中央集权计划立过汗马功劳，而且自英格兰宗教改革以来，它在维护国家的制度和意识形态权威上发挥着不可或缺的作用。内战前夕，宗教和政治权威已经处于风雨飘摇的状态，这无疑使统治阶级倾向于为维护社会秩序而加强与君主的合作关系。

从那些导致议会与国王关系出现罅隙的事件中可以明显看出，有产阶级希望与国王拉开一定距离。限制还存在，而斯图亚特王室反复超越这些限制——当查理一世统治11年却未召集议会时肯定凸显了这点。无须赘言，没有得到议会批准的征税，特别是为支持国王军事冒险的征税非常不得人心。无论出于何种原因，无论原因是长期的还是直接的，是全国性的还是地方性的，关系最终破裂，战争随之爆发。

如果说地主阶级长期以来在支持国王与议会的合作关系上是团结一致的，那么，他们在反对斯图亚特王室的绝对主义计划上同样是团结一致的。至此，在议会内部和乡野，大多数主流意见都开始反对绝对和专制政府，至少是反对不对议会负责的君主制政府。到1641年末，议会中各阶级仍然普遍反对国王正在做的事情，而且，议会中绝大多数成员支持激进的反绝对主义立法计划，其中包括随后几个月引发的对劳德教会的攻击。

在1641年议会几乎一致赞成反绝对主义计划，然而，现在的历史学家强调，许多甚至大多数下院议员并不真正希望如此处置君主制。换句话说，他们大体上不是共和主义者。当他们在1642年“为国王和议会”而开战时，我们不能把他们的主张仅仅当成修辞而不予重视。然而也可以肯定，他们同样无法容忍一种大陆式绝对主义，他们自身的阶级利益不允许。此外，在保卫国王的旧封建贵族和试图打破阻碍他们追求日益增长的经济利益之束缚的
221 新资产阶级或资本主义贵族之间，并不存在明显界限。地主阶级的同质程度远比那种老说法所认为的高得多，旧式封建贵族已经所剩无几。

然而，此时有其他将瓦解这种一致性的力量在发挥作用。17 世纪 20 年代标志着英格兰"群众"政治地位的一个转折点。在 1629 年（此后国王休止议会达 11 年）之前，国王的财政问题及其他问题已经引起了对召开新议会以筹集必要收入的反复呼吁。同时，一个人数不断增长的绅士阶层意味着，有志成为下院议员的人更多了，选举比以前更具竞争性。选民也在变化。通货膨胀自身就具有降低基本财产资格的排斥性、扩大选民的社会基础的效果，何况扩大选举权还是一项政策。绅士正越来越清楚地认识到在其内部斗争中和在对国王的抗议中动员人民可以获得的政治利益。随后几十年，（特别是因为克伦威尔）这种对更广泛选举权的乐观主义信念开始消退，但是，在 1621 年到 1628 年间，下议院多次投票扩大选举权。当时一位杰出的历史学家写道，至 1640 年，"郡和自治市的情况比起伊丽莎白时代已经焕然一新，我们见证了一个年幼的政治国家的诞生，它部分受到绅士阶层意志的支配，但已经不再完全等同于其意志"。[1]

人民动员不仅限于选举方面。到 1640 年，人民越来越定期地走上街头。时年秋，伦敦街头大量群众以欢庆游行来表达对长期议会的第一个法案的欢迎。12 月，15 000 名民众签署《连根拔除请愿书》（Root and Branch Petition），要求废除主教制，其中的几百人将请愿书带到下议院。一周后，大主教劳德被控以叛国罪。此后人民定期走上街头；自 1641 年 1 月以来，伦敦几乎每天都有民众骚乱。同年 5 月，斯特拉福德伯爵被处决，这很大程度上是在"暴民"的压力下实现的，因为对他们来说，他已经成为绝对君主制的主要代表。同年底，议会发布《大抗议书》列举其不满，其中两百多条以充满挑衅的措辞直指国王。使这份列表尤其具有挑衅性的是，它显然意欲直接诉诸议会外的

1　普拉姆：《1600 年—1715 年英格兰选举权的扩大》（J. H. Plumb, 'The Growth of the Electorate in England from 1600 - 1715', *Past and Present* 45 (1969)，第 107 页。

人民，目的是调动人民反对国王的情绪。

这是一种新型政治，它使一些议会派成员闻风色变，还使他们突然变成
保王派。最初，特别是在伦敦——它是国家中枢且在人口和经济重要性上大 222
得不成比例，动员人民力量曾是反对派的王牌。然而，尽管骚乱和煽动人民是反国王战争中的有用工具，它们也让人感到有超越统治阶级目标之界限的危险。正如就《大抗议书》进行的议会辩论所表明的那样，让一些人如此惊恐并转换立场的事情，既是这份文件的实质，也是它向人民的有意求援。我们可以体会一下爱德华·迪林勋爵不断增长的不安，他在处决斯特拉福德问题上曾站在人民一边，却被《大抗议书》推向了保王派阵营。“议长先生”，他说，

> 当我初闻有份抗议书时，我马上想象我们应该像忠实顾问那样，向陛下高悬明镜：我希望向国王痛陈阴险顾问的邪恶建议、只讲实用的教皇分子永不安分的狂暴……我做梦都没想到我们要向下抗议，跟人民谈事情，而把国王当成第三者来谈论。

最终证明，在创造一支重要的保王派力量的过程中，《大抗议书》是一个主要转折点。但是，焦虑的下院议员表达他们对人民动员的恐惧，这不是第一次，也不是最后一次。在1640年仍是国王积极反对者的乔治·迪格比，已经先于迪林转变了立场。他的一个绝非次要的忧虑是“群众”在把《连根拔除请愿书》带往议会上的作用。他警告议会不要动员

> 人民无规则、骚乱的集会，因为其结局从来都没那么好……当真正的或伪装的良心刺激被用来煽动群众时，对自然或历史稍有识见的人都知道其危险性……群众来教导议会什么是，什么不是按上帝之言进行的统治……还有比这更肆无忌惮的吗？

神经紧张的议会派成员的倒戈，使国王能够在他的个人追随者和相对较小一部分其利益与国王利益绑在一起的有产阶级（例如从王室垄断中获利的老公司商人）之外，重新聚起一支重要力量。同时，这意味着，议会派事业现在由

那些更愿意动员人民的人来领导。当一些议会派成员对控告和处决斯特拉福德伯爵并对《大抗议书》感到惊慌失措时，倒戈过程就开始了；在接下来的内战年月中，当日益激进的危险使更多反对派别离开议会派事业时，倒戈过
223 程三番五次出现。即使晚至1648年，已经胜利的长期议会议员仍准备与国王谈判，正如1647年新模范军的领袖所做的那样。这种脱离的倒数第二阶段是克伦威尔与平等派的冲突，最后一个阶段是王政复辟。

英格兰内战中的政治观念

内战不仅是一个武装冲突期，还是一个独一无二的智识沸腾期。权威的崩塌刺激了政治辩论的一次空前迸发。按当时的标准看，人口的文化教养程度非常高。而且，人民不仅耳濡目染占统治地位的意识形态，还经常接触颠覆性观念，这些颠覆性观念一般来自他们常常具有宗派性的教区牧师的布道词。在面向一般精英和普通男女的大量小册子作品中，一系列广泛的议题和冲突得到彻底讨论。但是，权威的崩塌并不足以解释那些仍可能被统治阶级文化领导权掩盖住的不满和渴望的公开表达。恰恰是英格兰社会与政治的结构、统治阶级对联盟和人民动员的特殊需求，前所未有地把激进观念提上议程。

让我们差不多从上而下地思考在这个动荡时刻传布的某些政治观念。在詹姆斯一世统治时期之前，人们普遍承认，英格兰有一种混合政体，而且这种观念在英格兰政治思想中跨越广泛政治谱系，一直具有重要地位。它可以用来为议会反对国王的权利辩护。但是，只要它被理解为一切统治最终都要服从“议会中的国王”（指君主与议会两院）颁布的法律，它就肯定不会妨碍国王的重要地位——在一些人看来甚至是主导地位。

在《自由君主制的真正法律》（1598年）和其他著述中，博学的国王詹姆斯一世本人就挑战了这种观念，他宣称国王按神授权利统治，不对任何世俗权威负责。众所周知，他还委托翻译《圣经》——“钦定本”或“国王詹姆斯圣经”，意在用英语译本取代加尔文宗的“日内瓦圣经”，这主要是因为他认为“日内瓦圣经”煽动性的页边注许可反抗君主权威。尽管詹姆斯不承认对其

统治的宪政限制，但他至少在理论上承认，国王应该按照既有法律统治。

鲜有英格兰人愿意对国王的“绝对”权力采取强硬、明确的立场，17 世纪 224
也只有一小段时期有少数保王派思想家提出了更为绝对的王权主张。其中最著名的是我们将在之后讨论的托马斯·霍布斯。另一位是罗伯特·费尔默，他对王权绝对主义的主要辩护著作——《家长权》写于 17 世纪 40 年代，但直到他死后很久才发表。当国王与议会冲突再起时，它于 1680 年重见天日并首次出版，结果只是受到了约翰·洛克众所周知的致命打击。我们将看到，洛克挑它当攻击绝对主义的主要靶子。

目前我们只需记住，强硬的绝对主义论证在英格兰很不受欢迎。即使在保王派中，霍布斯和费尔默也是非典型的，尽管其非典型的方面不同。因此，英格兰人似乎从未纠结于给一种单一、绝对、不可分割的寓于国王或议会的主权找到位置。他们早已习惯了其“混合政体”，即国王和议会中的有产阶级的联合统治。

那么，当时机最终到来，统治阶级如何为其反叛国王的权利辩护？他们当然有确立已久并且现成可用的反抗学说，特别是源于法兰西宗教战争的反暴君派宪政主义学说。在法兰西，人民主权观念很容易被用来维护贵族或“次级长官”的自治司法权，但这并不是英格兰议会派成员最初首选的意识形态策略。实际上至少在内战早期，议会派事业的主要理论家拒绝了人民主权学说。似乎他们甚至很不情愿主张议会主权并用明确的议会至上来取代“王在议会”。

英格兰人进行的战斗不同于法兰西人的。再说一次，它不是各互竞司法权、各碎片化主权之间的战争。它不是这样的战争：特殊法团和特权为保护其自治权，反对君主统一国家并用一个支配一切的主权取代法团碎片的动力。在一个由国王和议会共同构成的、已经统一的主权国家中，议会不是在主张自己的“人民”主权、反对国王的对立主张，而是在指责他破坏了他们的合作关系、破坏了他们的复合主权。

在内战前夕，当国王和统治阶级之间的紧张不断升级时，议会于 1628 年起草《权利请愿书》，它现在已经被视为英国宪政的一块基石。在这份文件和围绕它展开的议会辩论中，人们可以很好地把握英格兰国王与统治阶级冲突

225 的独特基调。无疑，这份请愿书为议会要求某些权力，但它并没有表现成一份议会主权声明，而是一份“臣民的权利和自由”声明。换言之，它无关乎多个互竞司法权或多个主权，而关乎公民（或臣民）相对于国家（这个国家的统一司法权被视为理所当然）的权利。它代表一种不同的宪政主义，这种宪政主义不涉及一种领主反对另一种领主的权利，或小领主反对大领主、“次级长官”反对君主和国王的权利。它更多涉及个人与国家的关系（尽管最直接涉及的个人是有产阶级成员）。

议会辩论也很能说明问题。当下议院接受《权利请愿书》并提交上议院时，有人建议加上一条“以便保全主权，借此使陛下得到信任”。可能有足够重要性的事情是，那些建议做此修改的人看不到请愿书的要求与这种王权主张之间的不相容性。但更有趣的是议会两院之间的一次会议上，一位反对上述建议条款的下院议员提出的论点。亨利·马滕勋爵以不满和愤怒的语气指出，“粗鄙”群众对神圣的主权不会多友善。“这份请愿书将在许多人手中传阅，”他说，

> 人们将开始谈论和争论主权是什么……其范围何在，起源何在，界限何在，等等，还有许多此类让人好奇又尖刻的问题……因此，当主权得到静默的尊崇，而不是被粗鄙民众的审问或盘查所亵渎时，主权最为尊贵。

对马滕来说，这可能是一种修辞策略，但他对统治阶级的想法心领神会：越少谈论主权越好。为什么要提出这个问题？为什么要让“粗鄙民众”开始探讨主权的来源、范围和界限这些棘手问题？别惊动沉睡的狗。他们的大人们正是这样做的，《权利请愿书》通过时没有加上这个让人尴尬的条款。

这一整段插曲颇能揭露实情。它告诉我们很多关于统治阶级的倾向和他们与国王关系的事情。他们确有不满，但是，他们显然对自己与国王的合作关系、对他们在国家中的联合统治信心满满，并未感到有澄清主权问题的需要。此外，无论什么问题使议会和国王分裂，他们在共同反对“粗鄙”群众上仍是一致的。

这把我们引向了另一个可能有助于解释议会派领袖和思想家不愿意诉
诸人民主权学说的因素。当法兰西人阐述反抗权利时,他们可以选择把它留 226
给“次级长官”或法团。但是,如果一个国家的基本组成部分不被认为是“社团和法团”,而被认为是“一群自由人”,会发生什么?在法团权力很大程度上被中央集权国家取代的地方,在个人和国家之间的中间制度已经被削弱的地方,在个人及其私有财产权已经与“超经济”权力和身份分离的地方,反抗权利将意味着什么?一个可能性当然是使财产权具有政治重要性,使它有别于依传统获得的法人地位或特权,而且这一点无疑实现了。但是,财产的纯粹数量标准比特权和等级的性质差异更具有危险的灵活性。那么,人民群众会主张自己的反抗权利吗?

在1642年,议会中主流的反抗国王辩护往往有些模棱两可。议会派成员不倾向于说人民有一种反叛权利,而倾向于说国王是叛逆者,因此议会有责任恢复宪政、恢复国王与议会之间的传统平衡。直到1648年,当冲突显然到了无法回头的地步时,真正的共和主义者(今天惯用意义上的共和主义者,真正在原则上反对君主制的人)才开始抛头露面。

尽管如此,早期还是有确立一种议会主权理论的少许尝试,最著名的是亨利·帕克的《对陛下近期书信和答复的意见》(1642年)。帕克认为,“权力最初为人民固有”,王权通过契约和协议的中介产生自那个原始权力。但是,像法兰西的反抗理论家那样,帕克头脑中的“人民”仍是一个法人团体,因为人民只有作为集体才高于国王,所以,人民只能通过他们合宪的代表来行使权力。他更具体地指出,人民一旦确立了一个代表他们的议会,就不能索回其原始权力。应由议会保障人民的利益,并在国王破坏人民的自由时反抗国王。当然,帕克没有呼唤废除君主制,而是继续以混合政体或“王在议会”的语言进行言说,但他确实赋予人民的代表,即议会最终决定权。他指出,议会

> 或许不能抛弃国王,但它正在被国王抛弃。当王国处于危难中时,他们可以对这种危难做出判断并解除它,凭借代表身份,他们应被视为
> 国家全体。 227

这种论点看起来在英格兰比在法兰西更有危险性，因为作为一个法人团体的人民概念在理论和实践上都已经被削弱了，被作为一群个人的人民概念取代了。这或许有助于解释，为什么保王派可以如此反驳帕克的论证：如果议会可以反叛国王，那么也没有什么可以阻止人民以类似方式反叛议会。

即使对某些著名的议会派成员来说，帕克对议会主权的辩护也是过于极端的。在似乎是对帕克的回复中，早已以“臣民自由”和议会权利辩护人著称的杰出律师约翰·塞尔登（1584 年—1654 年）反驳了帕克的第一前提。他的《席间漫谈》写于 17 世纪 40 年代初，但直到 1689 年才发表，在其“契约”一条中，塞尔登探究了人民与其统治者之间的契约的意涵。他坚称，如果当契约变得不合时宜我们就可以撤销它们，那么契约就没有任何意义。“如果我们认为，可以因之后可能出现的麻烦而撤回契约，那么所有协定都无法维持。如果我卖给你一匹马，又对协定条件不满意，我就收回了马。”根据同样的契约规则，人民作为集体大于国王这个原则也完全立不住脚。正因为人民创立了国王，他们就不可能大于他，正如当我把全部财产给你并使自己贫困后，我就不可能富于你或大于你。如果我使你更伟大，那么更伟大的仍然是你。塞尔登的朋友霍布斯运用了相关的论证，却是在为王权绝对主义的彻底辩护中运用的。

至于内战中真正的共和主义，一些卓越的历史学家坚持认为，共和主义者仅仅是与议会派主流想法对立的少数派。其他人指出，“共和主义”思想的重要部分，包括诗人约翰·弥尔顿的政治著作，出现于 17 世纪 40 年代末，它后来在 18 世纪，特别是在美国革命中有实质性影响。然而，“共和主义”的含义并非总是清楚的，这个概念也很不适合用来把握英格兰的政治经验。“共和主义”通常溯及罗马的公民共同体观念，这种观念就其最初形式而言预设了一个实行统治的贵族阶级，它集体地以业余方式统治本阶级自身及一个最小国家。英格兰的语境则大相径庭。英格兰早就具有一个高效的中央行政机构，而且，作为独特社会发展的产物，这种政治形式与欧洲或其他地方的都不同。即使所谓的共和主义者也承认君主和议会的合作关系，他们可能反对绝对主义并支持一种“混合政体”，却并不必然鼓吹废除君主制。

政治思想史研究者往往不是在谈论反君主主义时使用“共和主义”这个

词,而是在谈论各种大力强调公民共同体,强调“公民”美德重要性,强调一切 228
政治权威对公民共同体的责任性的政治理论时使用这个词。但是,在英格兰的语境下,一种“共和主义的”,对公民共同体,也就是一个由公民组成的共同体的强调,往往同其他反绝对主义形式难以分别。“共和主义者”与更温和的反对国王的议会保卫者都有可能把公民共同体等同于议会。具体而言,这可以意味着任何政府对一个像议会这样的代表机构的责任性,至此,这种“古典共和主义”逐渐蜕变为主流议会主义不太激进的形式。

正如我们将看到的那样,在英格兰特定的条件下,更加分明的区别存在于这两者之间:认为议会中的统治阶级是公民共同体或人民权力之正当体现者的人,和认为议会外的人民是真正主权者的人。在辨认这种区分上,“共和主义自由”的观念并无太大助益,尤其因为罗马共和国是一种寡头制,而且最初的罗马自由观念绝不是民主性的。在“共和主义”概念中,甚至寡头制和民主制的区别也会从视野中消失,这使它难以区分例如寡头共和主义者与平等派这样更激进的为人民反对国王之自由而辩护者。更特别的是,“议会外的人民”是一个只在英格兰语境下才有意义的范畴。它与“共和主义”观念降生其中的罗马公民共同体没有关系,与“共和主义”观念得到接受的意大利城市国家没有关系,与荷兰共和国也没有关系。而在绝对主义的法兰西,如我们所见,绝对主义国王和反对者之间斗争的相关参与者必然也不同。

无疑,至17世纪40年代末,出现了突出的激进派,他们拥护明确的议会至上地位,支持对王权和上议院权力的严格限制。甚至还有人支持废除君主制。但是,某种所谓的共和主义并不明确反对君主制本身。这个意义上的共和主义者可以是混合政体的拥护者,他们甚至可以接受某种立宪君主制。伟大共和主义者阿尔杰农·西德尼(1622年—1683年)在排斥法案计划失败后于1683年被判叛国罪,尽管他的手稿《论政府》(最后在1698年发表)中的革命要求给他带来了杀身之祸,但他谈论的依旧是一种混合政体。

无论如何,有件事情是清楚的:即使那些愿意撞破南墙废除君主制,愿意主张某种“人民主权”的下院议员,也有可能用一只手收回另一只手给出的东
西。他们一般把“人民主权”置于议会中,而非议会外的“人民”中,更不用说 229
他们应该会对选举议会的权利施以限制。在极端危急时刻,例如当克伦威尔

动员人民武装，许可其普通士兵战斗而非投票时，他们会允许权力归于群众，但即使如此，情况也依然如故。克伦威尔的女婿，普特尼辩论中“高层”的主要代言人亨利·艾尔顿，他本人就是这种激进但不民主的共和主义者。正是在这一点上，更为民主的力量例如平等派同这些寡头共和主义者分道扬镳，前者不仅主张议会主权，而且主张群众主权——不仅在极端紧急状况下，而且在正常政治生活中的群众主权。

后来公认的古典共和主义［最杰出的提倡者是詹姆斯·哈林顿（1611年—1677年）］的主要作品，确实创造了一种独特的公民身份与公民自由概念，可以说这使它有别于同洛克这样的思想家联系在一起的“自由主义”传统。共和主义的各种公民身份和自由概念，意味着比消极的个人权利享受，或行动免受外部阻碍的“消极”自由更多的东西。正如昆廷·斯金纳指出的，共和主义自由是指不存在任何形式的依附。尽管专制权力可以宽松地甚至仁慈地行使，但它的存在本身已经使人受到奴役，因此，只有在积极公民组成的公民共同体所统治的自由国家中，才能存在自由的个人。但是，这种共和主义者与不那么“共和主义的”议会派成员同样执着地坚持一种排他性的政治国家。至少，他们的公民身份概念并不排斥有产精英与劳动群众之间的区隔。

1656年哈林顿（献给克伦威尔的）《大洋国》发表，随后几年，哈林顿挥笔反对恢复君主制并于1661年被囚。即使像这样一位真正激进的共和主义者，也不必然是我们或哪怕平等派所理解的那种意义上的民主主义者。在《大洋国》中，哈林顿对政治权力和经济权力之间的联系做了一些重要评论。政治权力，就其依赖对食物供给的控制而言，建立在土地财产权的基础上。在某些方面，这个评论是一把双刃剑。一方面，它是哈林顿的代表机构至上（至少在土地不再掌握在封建贵族阶层手中，而是在平民中广泛分配的地方，例如英格兰）主张的基础。这个原则也可以指，财产权应该更广泛、更公平地分配，这样适合成为公民的人口可能就增加了；或者至少，应该通过他建议的那
230 种土地法调节土地的获取和继承，使土地所有权稳定，以便维持政治权力相对广泛的分配。这种调节甚至可以理解成制止在英格兰不间断的、与日俱增的土地财产权集中化进程。

另一方面,根据同样的原则,哈林顿着力强调,公民身份**只能**属于“有足够资财自力更生的人”,也就是说,这将排除大量没有财产的人或为他人劳动以维生的人。即使在他多少有些乌托邦色彩的共和国中,他也从没有想象过这些人的消失,尽管其数量可能是有限的。在他当时所在的英格兰真实世界中,根据这类哈林顿式原则,应该会有很多人被排除在完全公民权利之外。

平等派与普特尼辩论

如果说议会派主要领袖不愿意诉诸人民主权观念是因为他们害怕其颠覆性可能,那么他们的恐惧旋即被证实了。战争与人民动员不可避免地打开了潘多拉盒子。在革命时期,世界确实“颠倒”了。激进的宗教派别公然藐视某些最基本的教会等级制原则,甚至公然藐视传统的社会道德。各种团体(其宗教观念和政治观念密不可分)挑战着政治权威和占统治地位的财产制度,他们的观念覆盖了一个广泛谱系,其中包括最激进的民主学说乃至对私有财产本身的否定。

至 1647 年,一个大范围的政治改革纲领开始在新模范军中生根发芽。新模范军的多数普通士兵被愤怒驱使着,愤怒往往源于议会拒绝给士兵发俸。但是,也有很多人是受到反议会寡头制的民主观念激励,甚至那些倾向不太激进的军官也被迫采取一种更激进的立场,哪怕仅仅是为了维护新模范军的团结和纪律。

新模范军本身变成了一个重要的政治议题,它的存在本身就是议会派当中的争论点。对军队激进主义和普通士兵“乌合之众”的恐惧,驱使一些议会派成员呼吁遣散新模范军,而军队立场坚定,拒绝接受议会的遣散令,并以一份连贯且激进的政治纲领作为回答。它大部分由亨利·艾尔顿执笔,呼吁远远超出议会迄今为止所要求的宪政改革和宗教改革,自不必说它还要求清洗议会,以便清除腐败的下院议员和军队的主要敌人。

新模范军一致违抗议会的遣散令,但这种一致掩盖了其内部各层级的分 231
歧和克伦威尔的军官现在对普通士兵的微弱控制力。历史学家们甚至争论,1647 年 6 月军队抓捕国王究竟是确实得到了克伦威尔批准,抑或仅仅是事后得到克伦威尔和艾尔顿承认的一次激进派行动。这些内部分歧已经导致了军团鼓动员的选举，其职能是代表普通士兵的利益、表达他们的不满。特别是在伦敦，这些鼓动员建立起了与激进派，尤其是平等派的联系。很快他们就变成范围更广泛的讨论的导火索，英格兰新政权的性质以及最根本的政治、宗教议题，都在军官和普通士兵那里以最民主的方式得到了公开辩论。军队高层和平等派之间的分歧，就是我们之前所谓一种“寡头共和主义”与一种更民主的激进主义之间的实质分歧。

被称为“平等派”的思想家和行动分子代表了一系列非常广泛的观点。这个名称本身似乎出现在 17 世纪早期，用来描述那些奋起反抗例如圈地这类做法，“夷平”篱笆、栅栏或围墙的人。但是，这个词越来越带有贬义地被用来指责某些希望使私有财产变得平等或“平均”，甚至被废除的激进派。

约翰・李尔本（1615 年—1657 年）通常被认为是最重要的平等派作家，他从未表现出任何废除私有财产的倾向。这对于一个注定成为“中等”商人的人来说可能不足为奇。1630 年—1636 年，他给一个布料批发商当学徒，之后试图从事同样的生意，却受到垄断权阻碍。在约 80 部小册子中，他一以贯之地为人民的权利辩护，通常冠以“生命、自由或财产”的标题。他的激进主义首先在于他对与国王或议会权力相对的人民权力的不懈坚持。当伦敦群众走上街头要求指控斯特拉福德时，他是领袖之一，他用自己剩下的一生来捍卫英格兰“古老的”权利和自由、人民反抗暴政和专制统治的自由、良心自由、接受正当法律程序的权利等等。1638 年，他因印刷和传播无许可书籍受到处罚，又因抨击主教制使自己的处境更加恶化。此后，他三次因叛国罪受审，在 1645 年—1652 年间七度身陷囹圄。1652 年，他被判终生流放，因为他反对腐败并始终捍卫政治和宗教自由——这些做法现在显然不受克伦威尔欢迎，正如以前不受国王及其支持者欢迎一样。李尔本违抗放逐令回到英格兰，他因叛国罪受审并被判无罪，却又一次被囚禁。像其他许多失望的激进
232 分子一样，他逐渐变成贵格会教徒，几年后逝去。然而，在这部漫长而英勇的捍卫自由的斗争史中，李尔本自始至终不是他的敌人所指的那种平等派，这些敌人指责他这类人试图取消富人和穷人之间的一切差别并促成共同所有权。

在把私有财产权视为理所当然这一点上，李尔本并不是一个例外。这是

我们现在称为平等派的那些在内战期间活跃的人的普遍看法。实际上，正如我们将看到的，他们对财产权的看法刺激某些更激进的行动分子，即掘地派把自己说成**真正的**平等派，以便把自己同不真正倾向于“平均”财产的人区分开。尽管平等派明确否认，但他们仍被（例如普特尼辩论中的艾尔顿）指责危及整个财产制度。这些指责并非仅仅出于策略考虑，它们证实了平等派纲领给统治阶级利益带来的真实威胁。

即使平等派的主流并没有鼓吹公有财产，但他们提出了一些非常激进的政治观念，以致使占统治地位的有产阶级的统治基础有被破坏之虞。这些激进观念的根基乃人民（并非议会，并非其他某些人民代表，也并非表现为奥秘法团形式的人民，而是作为普通“群众”的人民）是主权者的观念。这种观念可能首次明确出现于1645年，出现在《英格兰的苦难与救济》中，这是一部为李尔本辩护的匿名小册子，真实作者身份曾被归于几位不同的平等派人士，包括李尔本本人。

平等派整体上代表“中”小所有者、工匠、商人和自耕农，但他们中许多人，包括某些最有影响的发言人不仅受过良好教育，而且非常富裕。普特尼辩论展示了各种各样的观点，一些比另一些更激进。但是，如果我们假定平等派主要是与大地主、巨商，特别是老牌垄断者相对的独立小所有者的发言人，这大体上不会有太大错误。当财产日益集中，小所有者成为越来越受威胁的阶层时，他们就反对圈地这类做法或其他破坏习惯权利的做法——这些会加剧财产集中。他们还为工匠或农民获取自己劳动果实的权利辩护。

他们尤其反对特权、政治权利与大财产的联合。他们的纲领包括旨在向大所有者转移负担的税收改革；他们强烈反对令最艰苦的小人物雪上加霜的税，例如消费税，以及其他间接剥削小生产者的形式，例如诉讼费用、债务法、教会什一税等；他们抨击贸易垄断，为自由贸易辩护（在这一点上他们与许多 233
更富有的议会派成员有共同之处）；他们捍卫习惯权利，并试图保护日益受到大地主挑战的习惯保有权；他们呼吁各种政治改革，例如一年一次或两年一次的议会，要求法律体系的改革（他们鄙视律师）和选举权的扩大。他们的政治纲领往往与一种压倒一切的对宗教宽容的信奉相联系。他们的政治纲领最激进的方面可能是对地方自治的强调，平等派不仅挑战政府行政机构，还要求一个更弱小的议会，以利于更强大的地方政府。

激发普特尼辩论的《人民公约》覆盖了一个广泛的宪法、政治、宗教议题谱系：定期且频繁的议会选举，但政府越来越多地下放给地方控制（公约没有提及优秀的执行能力），选举权的扩大，宗教宽容，对军队的民主控制，什一税及其他某些税的废除。在辩论中，高层主要发言人是机敏善辩的军官代表亨利·艾尔顿，他虽然不是一位民主分子，却无疑是一位革命者，他是小绅士之子，娶了克伦威尔的女儿。另一派最雄辩的发言人是托马斯·雷恩巴勒上校（约 1610 年—1648 年）。争论的议题不仅划清了不同的宪政立场，也划清了不同的阶级利益。

辩论中提出最根本政治问题的那个部分转向了选举权改革。讨论超越了政策事务，指向更根本的潜在议题，甚至指向政治秩序和财产制度的基础本身。为了维护其政治主张，激进派诉诸某些关于人（他们实际上是指**男人**）之基本权利和正当政府之基础的革命性观念。他们主张，英格兰的每个人，哪怕最穷的人都有一种除非经其同意否则不受统治的权利，这种权利附着于人身而非财产。这些观念受到艾尔顿和克伦威尔的尖锐质疑，他们看到了从这类论点推导出的合乎逻辑的结论将产生的危险——不仅是对政府的危险，而且是对财产权本身的危险。

在历史学家中，平等派对选举权的观点是一个争论激烈的话题。问题部分在于平等派在与军队高层谈判时的策略性让步，这一点可以从普特尼辩论和《人民公约》的各种修订版本中找到证据。一些历史学家认为，平等派的本意是不仅排除“依附的”人，例如女性、乞丐、领救济金者，而且排除所有雇佣
234 劳动者。然而，现在的主流观点是，尽管平等派中无人质疑对女性的排斥（甚至女性自己也没有为自己要求选举权，虽然她们在其他方面往往非常激进），但平等派领袖的最初立场是成年男性的普遍选举权，他们为了取得克伦威尔和艾尔顿的赞同对此做出了让步。至少他们支持一种家庭投票权，让每位家主代表他的依附者：女性、儿童和寄宿的仆人。普特尼辩论中引人注目的无疑是更激进的立场，即平等派首要发言人雷恩巴勒上校滔滔雄辩地表达的立场。

关于选举权的辩论主要围绕《人民公约》中的一条展开，它要求：“目前英

格兰人民选举的议会代表，在各郡、市、自治市之间分配得很不平等，应该依据居民人数，更加符合比例地公平分配。”这个表述当然有一些模糊之处，而且机敏的艾尔顿很快就抓住了它们。应该这样解释这一条：它仅仅要求矫正当时投票制度的不规则之处。一些地方有较多选举权，而其他地方只有非常有限的选民；不仅如此，某个大城镇可能完全没有代表（因为它没有在过去某个特定时期之前注册为法人），而一些实际上人口已经减少的农村地区却有代表。因此，要求按人口分配代表，无非是要清除这些不平等。

克伦威尔和艾尔顿本来不会反对这种变化，他们实际也制定了这类选举改革方案。但是，艾尔顿很快从这一条中看出了更多东西。他留意到按居民（也就是“英格兰人民等”）人数分配的说法，并评论道：

> 这的确让我以为其意思是，每个人只要是一个居民，都应该得到平等的考虑，都有平等权利选举其代表……如果是这个意思，那么我要发表一些反对意见。

雷恩巴勒并不试图掩饰他所想的正是对这一条更民主的解释。这里他以最雄辩和动人的演说陈述了他的主张据以建立的原则：

> 我确实认为，英格兰最贫穷的人与最伟大的人同样有一条命，同样要过一生。先生，因此我确实认为，每个生活在政府治下的人，首先应该通过他本人的同意来使自己接受这个政府统治。而且我确实认为，严格
> 来说，英格兰最贫穷的人对自己没有发言权来表达接受其统治的政府， 235
> 完全不负有义务。

艾尔顿马上看出了这个论点的寓意。雷恩巴勒关于英格兰最贫穷的人与最伟大的人有同样权利的主张，暗示着人之为人（不幸地，总是男人）所固有的某些权利，这仅仅因为他们的生活和呼吸：因为“最贫穷的人也有一条命要活”，他也享有除非经自己同意否则不受统治的权利。“容我告诉你，”艾尔顿回复说，“如果你把这当成法则，我认为你必定会逃往一种绝对的自然权利那

里寻求庇护，而且你必定否认一切公民权利。”或许可以认为，尽管平等派本身仍执着于“生而自由的英格兰人”的权利，艾尔顿却站在他们的角度建构了一种自然权利概念。

无论如何，艾尔顿对“自然”权利和“公民”权利的区分是一个关键区分，辩论大部分围绕它展开。艾尔顿说，英格兰人确实有某些权利，但它们是由英格兰宪法传统和惯例历史地确立的权利。这些传统并不包括一种平等的选举权，同样也不包括财产的平等。要确立雷恩巴勒所要求的那种权利，意味着绕开英格兰宪政并诉诸某种更普遍的绝对权利，它并不基于历史先例，而基于自然法本身。

这可能超出了某些平等派成员想要主张的。毕竟，他们反复谈及“生而自由的英格兰人”与生俱来的权利或“本土人的权利”，而非普遍人类的权利。实际上，他们的论点往往不那么依赖对自然权利的诉诸，而更依赖一种对英格兰历史的替代性解释。例如，在回应艾尔顿关于英格兰古代宪法的主张时，约翰·怀德曼坚持认为，

> 我们的法律都是征服者制定的。虽然有人大谈历史记载，但我认为它们都不可信，因为它们记载的仅仅是我们的主人的历史，主人把我们变成仆人的历史。

因此，艾尔顿诉诸的历史记载，记录的是统治阶级圈定的历史。还需要讲另外一种被压抑的故事，这里怀德曼影射了激进派中广为流传的一个主题：当前关于政府和财产的宪法是征服，即诺曼征服的遗产，因此无法享有正当性。

如果论证总是转向民众的激进主题——恶名远扬的“诺曼枷锁”，那么，从这种历史论证的下面，无疑会浮现出类似一种更普遍的自然权利的概念。实际上，诺曼枷锁之不正当，不仅因为它破坏了英格兰一个更古老的秩序，显
236 然也因为它违背了某些更基本的原则。在普特尼辩论中，这些原则或许没有得到系统阐述，但是，它们确实在其他地方得到了充分表达，特别是在理查德·奥弗顿的《射向一切暴君之箭》中。它开篇说：

> 对自然中的每个个人,自然都赋予了一种不可被任何人侵犯或篡夺的个人财产权:因为每个人,只要他是他自己,就有一种自我所有权,否则他就无法成为他自己。根据这一点,任何其他人擅自剥夺他的这种权利,都是对自然原则和人与人之间的公平正义法则的公然违背和冒犯。

基于这种“自我所有权”(每个人对自己人身享有的不可侵犯的财产权)观念,平等派提出了他们对选举权及其他政治权利、良心和宗教自由的主张。这种观念后来被洛克用于另外的用途,但在平等派手中,其激进寓意是确凿无疑的。艾尔顿点破了这些寓意:一旦你主张这种自然权利,“我认为你必定也否定一切财产”。

需要更仔细地审视艾尔顿在这里的论证。私有财产权本身是一种自然权利,这种观点似乎是习以为常甚至老生常谈的。而且,我们将看到,竭尽所能为这种观点提供一种系统辩护的政治理论家约翰·洛克,就把这种观点建立在类似平等派“自我所有权”的观念上。主张私有财产权是一种自然权利,似乎是对有产者利益的最有力辩护。然而,在普特尼辩论中我们发现,像艾尔顿这样一位有产阶级的辩护者反而认为,财产权不是一种自然权利,仅仅是 种人为约定,它由人的宪法确立,基于历史而非自然。但是,艾尔顿的观点完全不是非同寻常的。如我们所见,在西方传统中,认为财产权是一种约定,或至少认为即使这个制度本身是神定的(就如艾尔顿本人退一步承认的那样),其特定形式和分配也仅仅是约定俗成的,这类观点早就司空见惯。

在西方传统中,财产权是一种约定的而非自然的权利这种观念似乎从未威胁到有产者利益,在英格兰的语境下,这种观念可能更没有危险性。艾尔顿看到了,这绝不会削弱对财产权的辩护,对有产阶级而言,这可能的确是一种更安全的意识形态策略,因为在寓于个人的自然权利的基础上,要为财产严重不平等提供解释和证明并不容易。他自己的论点仅仅是,现有制度在很久以前已经存在,它属于英格兰宪法,任何对宪法的攻击都是对社会秩序与和平的威胁,因而最终也是对财产权本身的威胁。 237

他指出,如果权利为人身所固有,那么依据同样的自然权利,一个人为什么不同样具有对维护其人身所需的任何事物的权利——“为维生而拿走并使用他看见的食物、饮品、衣物等一切物品的权利”，甚至按自己的喜好随意使用土地本身的权利？这样一种不严格的、制造混乱的权利概念，如何能保障哪怕最低限度的财产所有权（更不必提这种更明显的考量：大多数穷人投票者很可能会严重破坏富人的权利）？这类自然权利有什么限制？“我迫切希望任何人告诉我，它们的界限何在，你们将在何处收手并取消一切财产？”

像其他平等派人士一样，雷恩巴勒完全否认有意摧毁财产制度。毕竟，他所代表的许多人本身就是财产所有者。同时，如果非要做出选择，这些激进分子（或他们中的某些）似乎准备无视财产权的神圣性。正如威廉・雷恩巴勒少校所说：“这个政府的主要目的是保护人身和财产，任何法律如果能保护我的人身，那么它比能保护我的财产的法律更可爱。”因此，人身权利高于财产权利，正是这一点困扰着亨利・艾尔顿。

艾尔顿拥护的立场是，选举权不应属于这样的人：他在社会中的利害关系或“利益”仅仅是“他能随时携带”之物，他只有（用雷恩巴勒上校的话说）一条“命要活”，唯一的“利益”是生存和呼吸，他仅仅是一个（正如艾尔顿所说）“今天在这儿明天在那儿”的人。只有在社会中有以地产或所谓法人“自由”（一种得到官方许可的经商权利）为形式的“固定”和“长久利益”的人，在国家中才有一种真正的利害关系。因此，共同体的命运也应该掌握在他们手中。

当被直接问到是否任何人都有义务服从他自己并没有（通过选举制定法律者）予以同意的法律时，艾尔顿毫不含糊地说，是的，但有一个限制性条件：如果他不满可以自由离开。有“长久利益”的人，有“让他在这个国家中有固定位置的”财产的人无法自由离开，而无财产的人，或者哪怕只持有货币的人可以去留随意。就此而言，他们与参观我们国家的外国人没什么两样。当外国观光者身处我们国家时，我们都希望他们服从我们的法律并尊重制定法律者，即使他们无权选举立法者。

平等派始终坚持他们与生俱来的权利，并质问，如果现在否认士兵有这些权利，那么他们过去为何而战。爱德华・塞斯比宣称，他们作战“是为了恢复我们作为英格兰人与生俱来的权利和特权……我们士兵中成千上万人拿
238 生命冒险，我们在王国中没有财产，但我们有一种天生的权利”。对此，艾尔

顿的答复直截了当：新模范军为之斗争的是受一个代表机构和一种众所周知的法律统治而不受个人专制统治的权利。他们为之斗争的是做生意和获取财产的自由。他们真正与生俱来的权利是英格兰宪法本身，也就是经历了时间考验的关于财产权和政府的原则，还有他们从这种宪法秩序中得到的安全。换句话说，平等派要求的是某种更接近民主的字面含义，即"平民统治"的东西，艾尔顿则给他们宪政或有限政府。

为了与高层取得和解，激进派确实试图就他们的某些提案做出妥协，但是，事件的发展马上赶过了他们。国王逃跑了，一场平等派哗变被镇压，军纪得到重肃。1648 年 12 月发生了普莱德清洗，或得到或未得到克伦威尔的直接命令，托马斯・普莱德上校将军队高层的所有反对派赶出议会。国王很快被处死，克伦威尔的共和国真正当朝。之后，克伦威尔与他最激进的盟友断绝关系并拘捕其领袖。自此，平等派差不多从政治舞台上消失。但是，无论平等派思想家的命运如何，或他们著作的可用性如何，他们代表的观念都已经成为革命文化极其重要的部分，绝不会与他们一同消失。诸如此类的激进观念，更不用说还有群众对政治的闯入，为此后的政治辩论设定了议题，特别是为霍布斯和洛克这样更具"正典地位"的理论家的观念设定了议题。

平等派并不是英格兰内战期间出现的最激进团体。[1] 还有其他人认为他们建议的政治改革还不够，他们的自然权利学说还不充分。特别是掘地派杰拉德・温斯坦莱，他愿意承认和接受艾尔顿觉察到的自然权利概念的可怕后果——这些后果是像雷恩巴勒这样的平等派所否认的，他还愿意坚持认为不摧毁财产制度就不会有真正的自由。但是，哪怕平等派也被证明过于激进，而且他们的政治斗争失败了。即使如此，他们的观念仍是一股潜在力量，也对意识形态战线有着持续影响。革命及他们在革命中的角色不可撤销地改变了政治辩论的话语框架。

衡量他们影响的一个标准是经同意而统治这一观念所发生的事情。如

1　对这个时期各种激进观念的一种富有启发的语境式讨论，参见杰夫・肯尼迪：《掘地派、平等派与农业资本主义：17 世纪英格兰的激进政治思想》（Geoff Kennedy, *Diggers, Levellers and Agrarian Capitalism: Radical Political Thought in Seventeenth-Century England*, Lanham: Lexington Books, 2008）。

我们所见，基于一种契约或"人民"同意的统治，这种观念早已以各种版本存
239 在：从对世俗权威的辩护到对反抗的辩护。但是，直到平等派引入他们的创新，经同意而统治的观念才成为一种民主理论的基础。由一群个人组成的"人民"定义可能已经自我确立了，而且在例如约翰·波内特那里，这种观念可能甚至产生了一种个人反抗理论。然而，平等派更远地推进了这些观念，同时也重新定义了同意。这里授予同意的不是法人共同体，而是个人，不止如此，同意也必须不断更新。还值得注意的是，这里强调的是人民原初的、自然的、不可侵犯的权利，而不是任何类型同时强调臣民的权利和义务的相互同意或契约。此外，尽管"人民"仍然遗漏了至少半数人口（女性），但它更接近于包含劳苦大众，而不再是一个有产者的排他性政治共同体。而且，这些人民不仅将在暴政紧急状态中，通过重申他们的权利来行使其"人民主权"，还将作为公民在日常政治权利的正常行使中，定期、反复地重申他们的权利，由此来行使其"人民主权"。

在这种理论创新之后，在带来这种理论创新的历史事件之后，英格兰政治理论焕然一新。没有多少激进倾向的理论家们，甚至包括霍布斯这样的王权绝对主义辩护者，都感到必须在这种激进论证自身的阵地上回应它，甚至感到必须表明他们所偏向的，不太民主的政体形式能够经受这种新的政治正当性检验。在洛克的时代，当来自底层的威胁对有产阶级而言没有来自上层的威胁直接时，那些远不民主的力量在其与王权的斗争中选择性地利用了平等派的观念（我们随后将详细论述）。在洛克的导师、第一代沙夫茨伯里伯爵的领导下，辉格党贵族甚至会与绿绶带俱乐部联合，使该俱乐部得名的象征物就是平等派的标志，是哀悼者在被谋杀的雷恩巴勒的追悼会上佩戴的标志。因此，不仅在后来的激进传统中，在美国革命中，或在现代英国工党甚至社会主义运动的哲学中，而且在比较保守的政治观念（它们试图挪用、驯化、中和英格兰革命中出现的激进民主观念）中，都可以发现平等派观念的影响。

托马斯·霍布斯

在议会与国王的冲突中，"群众"动员同时创造了激进派和保王派。在与

君权进行的斗争中,英格兰统治阶级有获取人民支持的特殊需要。但是,这
种需要本身使有产阶级分裂为愿意冒险的人和认为国王虽有绝对主义抱负 240
却仍不失为更安全选择的人。正如一些下院议员一开始就比其他议员更多地对人民动员的危险性感到焦虑,一些观察者也迅速看出了人民动员的理论和实践寓意。托马斯·霍布斯对此看得最为透彻。尽管在他所处的时空中,他的观念几乎普遍不受欢迎,但他被许多人奉为英格兰最伟大的政治思想家——即使这并非总是因为其论证的实质内容,至少也是因为其论证的严格性、精巧性和风格。对群众的恐惧紧紧萦绕着霍布斯的头脑。

在《权利请愿书》问世的 1628 年,霍布斯在翻译修昔底德的《伯罗奔尼撒战争史》时已经表露了他的政治倾向,对霍布斯来说,修昔底德的主要引人处在于他视民主为(用霍布斯自己的话说)“一种蠢玩意”。1640 年,霍布斯写作他的第一部重要政治著作《法的要素:自然法与政治法》(私下传阅直到 1650 年公开发表),他在这里回应短期议会的主张,为绝对主权辩护。几个月后,正如他后来自己说的,他成了“第一个逃跑的”。1640 年 11 月,长期议会召开并开启对斯特拉福德和劳德的诉讼程序,他逃往法兰西。霍布斯显然害怕议会因为《法的要素》中表达的颠覆性(绝对主义)观念也控告他。在自我放逐法兰西时,他写成了《论公民》,那时国内暴民正在要求废除主教制,下议院也正在《大抗议书》中正式表达对人民支持的吁求。

在《论公民》中,霍布斯发展了《法的要素》概述的原则,阐发了一种实际上否认群众和呼吁群众支持的人的政治正当性的论证。这部著作以拉丁语写成,十年后以英语出版,名为《政府与社会的哲学原理》,它也构成了他的伟大经典《利维坦》的基础(为了回应期间发生的事件,做了一些重要的、很能说明问题的改动)。《利维坦》写于他的放逐末期,出版于他自法兰西归来后的 1651 年。

霍布斯是一个卓尔不群的人物,在很多方面也是一个矛盾的人物。在一首自传诗中,他把自己说成 1588 年(无敌舰队毁灭那年)与恐惧孪生的双胞胎,恐惧无疑在他的生活和著作中占有突出位置。然而,他的挑衅性观念完全不是谨小慎微的。他是一位低级教士之子,自己不是一个有钱人,但在牛津受教育以后,他终其一生都结交贵族并为他们忠实效劳,特别是先后作为

第二代卡文迪什伯爵威廉和第三代德文郡伯爵威廉·卡文迪什的导师和秘书为之效劳。然而，他的著作表现出一种一贯的，尽管悖谬的平等主义，它看起来是真诚而且根深蒂固的，虽然它所服务的是反动的政治目的。他对王权
241 绝对主义的信奉是不存疑义的，在法兰西，他甚至还作为流放中的威尔士亲王的数学导师为之效力。但是，他的偏绝对主义论点如此另类，甚至如此明显地受激进观念启发，以至于即使保王派也发现他是危险的。一些人甚至指责他拥护民主，更不必说还有人抨击他的宗教观接近无神论。王政复辟后的1666年，下议院引证霍布斯的无神论并把它当成伦敦火灾和瘟疫的原因，只是在有影响的朋友（可能包括国王，即他先前的学生）的介入下，才拯救他免受异端处罚。

霍布斯的绝对主义辩护，不仅始于一些看起来危险的激进前提，还对一切较为传统的君主统治辩护不屑一顾。他不讲国王的神授权利，也不依靠《圣经》上的先例。霍布斯选择把他的论证建立在最新、最先进的科学和数学原理上，对于一个认识伽利略并且（似乎）短暂当过弗朗西斯·培根的秘书，此外还与笛卡尔有学术交流的人来说，这是可以预料的。他对绝对主义的辩护也并非与国王被处决及国王被“摄政政体”取代不能相容。正如我们将看到的，霍布斯在《利维坦》中的论证既可以赋予某位查理或詹姆斯·斯图亚特正当性，同样可以赋予某位克伦威尔正当性。而且已经有人指出，他这部经典著作的写作实际是1649年—1652年所谓效忠争论的一部分，那时人们辩论着是否应该宣誓承认当前克伦威尔政权的正当性。最后，这位提供了某些招世人厌恶也厌恶世人的政治观念的人，似乎是一个有吸引力、幽默、性格活泼的人，一个才华横溢的保守主义者，一个慷慨的人（例如他对穷人很仁慈，这与他的著名后继者洛克完全不同，洛克表面上更民主，更容易带着善意相信人性，当然也更富有）。此外，无论我们对他还能做什么别的评价，他无疑是英格兰哲学家中最伟大的散文文体家之一。

17世纪40年代早期，英格兰历史上的这个动荡时刻抛出了新的意识形态问题和理论问题，而霍布斯把他的天才和对悖论的爱好投入了思考这些问题的著作中。他遇到的最明显问题是，如何在强大和几乎是普遍的反对声音面前为绝对君主制辩护。《法的要素》的创作正值议会11年来第一次召开，

那些导致内战的紧张关系剑拔弩张之际，它已经铺陈了霍布斯对绝对主权的辩护。在这部著作中，“群众”的作用仅仅是将其权力无条件地转让给一个绝对主权者。在《论公民》中，霍布斯阐述了这种论证，其阐述方式表明了他对另一个问题的关注，该问题比议会反对国王的权利更加意义深远。这对他而言是最困难的问题之一，他的劝导不仅与议会有关，而且与议会外“群众”的
角色有关。这是评注者所忽视的霍布斯思想的一个方面。但是，霍布斯把保 242
王派和议会派双方对群众闯入政治领域的反对转化成了理论术语。

议会对人民支持的依靠赋予人民一种新的政治职能，此前人民在政治领域中一直缺乏一种得到承认的在场、一种得到承认的、作为积极公民的角色。国王的议会反对派不仅在群众支持的基础上主张其事业的正当性，似乎还在朝着向群众本身赋权的方向迈进。绅士已经不时表明愿意扩大选举权，而且，在危急时刻，议会派领袖也准备至少暂时把一种更广泛的人民团体（即使不是作为选举人，也是作为反抗暴政的行动者）纳入政治国家。由于新模范军的动员，“群众”作为革命行动者的政治人格终于得到了鲜明表达，他们的发言人最终将要求正常公民身份的完全权利。

在《法的要素》中，霍布斯面对着这个处于早期阶段的政治吸纳过程。在后期著作中，他将面对其更极端、激进的表现形式。我们还需要记住，英格兰群众所主张的任何政治权利，都不属于让·博丹的“社团和法团”，而属于托马斯·斯密斯勋爵的“一群集合起来的自由人”。可以认为这意味着（正如平等派坚持这的确意味着）政治权利不仅属于某些法人团体或其官方代表，而且属于每个人，仅仅因为他活着。霍布斯也接受了这种挑战，并用此类主张本身的术语回应了它们。

《法的要素》和《论公民》

《法的要素》和《论公民》都具有否定群众政治地位的效果，或者更准确地说，霍布斯在这些文本中找到了重新定义群众政治地位并使之无效的方法。以往其他为服从世俗权威辩护者依靠的方法是使同意属于“人民”法团，而霍布斯采取了一种更困难的解决方案，它使同意属于一群自由、平等的个人，每

个人都被赋予自然权利而不经任何法团或代表的中介。接着他着手证明，群众的政治任务是创造一种绝对的主权，而且群众是通过完全地、无条件地交出自己的权力完成这一任务的。群众不是通过反抗暴政，而是通过放弃自己的反抗权利来表现自己的政治人格。

243 霍布斯的论证建构得很精巧，《论公民》尤其如此。他从某些关于无政府的，所谓自然状态中人类生活可能会有的样貌的命题出发，从最严酷、最阴暗的角度描述了人性，并且反衬出正是人性中的这些品性使“公民社会”，即有政府的社会成为必要和可欲的。由于每个人都在与他人比较中追逐荣耀和利益，他们通常倾向于争取支配他人，而非仅仅争取他们的合作。因此，他们对彼此的主要感受不是善意，而是恐惧。这种相互恐惧的主要原因在于人是自然平等的（人类之间的巨大不平等不是自然的，而是“公民的”，也就是在公民社会及其法律中创造的，并且由公民社会及其法律创造的）。更具体地说，他们相互平等到能够杀死彼此。受避恶的自然欲望驱使，他们的主要动机是对死亡这个自然的最大恶的恐惧。这种对一般而言的恶和特殊而言的死亡予以避免的倾向是自然和必然的，正如一块石头向下滚落的运动是自然和必然的。

霍布斯在这里引入了自然权利观念，但是是以自己独特的方式引入的。如果自我保存或避免死亡是一种自然冲动，那么，人类做一切必要的事以保存自己就是合理的。当我们说到“权利”时，我们指的仅仅是“每个人根据正确理性运用自己的自然能力的自由”（《论公民》I.7）。因此，自然权利的基础是每个人必须最大限度地“保护他的生命和肢体”。但是，由于其他所有人都有同样的权利，最终结果当然是，无人是安全的，自然状态是一种“一切人反对一切人”的战争状态。自然权利的行使被证明是自我拆台的，必须找到摆脱这条死路的方法。自然法规定了，必须寻找一种方法提供自然状态中缺乏的安全。答案是公民社会，在那里，通过政府的强制力使每个人得到保护，免受他人侵犯。

霍布斯认为，人们有两种方式结合为公民社会：通过强制或通过同意，也就是说，通过征服或通过同意互助。通过征服形成的统治是完全正当的，在某种意义上也是经过同意的（“诺曼枷锁”的不正当性可以休矣），这种统治下的人们有义务服从其主人，除非他们选择死亡。至于通过直接同意建立的统治，人们可以一致同意追求共同目标或共同善，但是，他们中不可避免会产生持续性的不一致和冲突，当他们的私人利益似乎与共同善背离时，也不可避免会产生持续性的分歧。

换言之，人类有众多不同的个人意志或特殊意志。因此，公民社会的奥秘是把他们的意志统一成一个单一的意志，使他们的个人意志自愿地服从某个唯一的人或会议。目标是创造一种政治人格，即一种具有自己意志的人造
实体，它有别于构成他的私人。“每个特殊的人都使自己的意志服从”这种实 244
体，它或体现为单独一人（正如霍布斯明确偏好的那样，因为单独一人更容易体现单一的意志），或体现为一个会议，这种实体“可以说具有最高权力，或最高指挥权，或统治权。这种权力和指挥权在于，每个公民都把他的全部力量和权力交给那个人或会议。实现这一点……无异于放弃他的反抗权利”（《论公民》V.11）。

霍布斯强调，这种至高权力或主权是绝对的、不受法律或宪法约束限制的。因为如果权力有限制，那么它一定是受到了其他权力的限制，后一种权力就变成了至高的。因此，在每个国家中，无论人民对此有何错觉，都存在着某种至高和绝对的终极权威。对霍布斯而言不存在“混合政体”。

这是一种谨慎、精巧的绝对统治辩护，它提供了一种有说服力的论证，来支持查理一世寻求的那种绝对权力，并反对议会对自己在混合政体中正当地位的要求。然而，一种绝对的议会主权，表面上看与一种绝对的君主制难分伯仲。它至少满足霍布斯的主权定义，如果不是符合他的真正偏好的话。但是，他的论点还有更多东西，其重要性在他的历史语境下是足够明显的。霍布斯就群众所讨论的内容至少与他的主权定义一样有趣和重要。

霍布斯已经煞费苦心地建构了一种经同意而统治的理论，这种同意是一群个人为了追求自己的利益而自愿形成的。这非常符合英格兰独特的国家观念，即由作为个人而非作为一个法团或众法团之集合的“人民”设立的国家。就此而言，他所说的可能甚至符合平等派的观点。但是，对霍布斯来说，这群个人为了确立一个政治社会可以且必须确立一种绝对的主权，这群人也无法仅仅根据自己的意志撤销他们自己建立起来的主权。

关于“一群人”是和不是什么，能和不能做什么，霍布斯态度非常坚决。

群众是许多个人而非一个。它并不作为一个单一集体存在，除非将组成它的个人的意志和权力转移给某种单一的人造实体："一群人（他们以自己的自由意志结合成社会）……不是一个团体，而是许多人，其中每个人都有自己的意志、个人的判断。"（《论公民》VI.1）作为个人集合的群众没有集体身份，没有法律地位。它不能"承诺、立约、获得权利、转让权利，不能行动、享有、占有等，
245 除非作为单独的个人。因此，有多少人，就有多少承诺、契约、权利和行动"（《论公民》VI.1 注释）。没有人能基于"群众"支持而主张反叛行动的正当性，而且，除组成"群众"的这些（且只有这些）个人的地位以外，"群众"不能要求任何其他地位。

在《法的要素》中，通过主张公民社会和主权已经因为人民向主权者的权力转让而得到创立，霍布斯表明，议会主张的权利属于主权者，在这种情况下也就是属于国王。在《论公民》中，他发觉有必要强调，公民社会和主权一旦确立，人民或"群众"就没有更多的政治角色。在有主权者君主的地方，君主代表"人民"行动。在主权由不止一人组成的地方，"人民"只能以一种会议，例如议会的形式行动。显然不存在议会外的人民（街头或其他地方的）可以作为一个政治体行动的情形：

> 当我们说人民或群众意欲、命令或做任何事时，我们指的是凭借一个人的意志，或更多人的共同意志（这只能在一个会议中实现）命令、意欲和行动的城邦（也就是国家）。（《论公民》VI，注释 1）

如果说在《法的要素》中，霍布斯挑战了议会反对国王的主张，那么在《论公民》中，他被迫把自己的注意力不仅转向一个桀骜不驯的议会，而且转向更糟的东西：街头的乌合之众。

在《论公民》中，霍布斯显然关心着"反叛"和内战远景：

> 我们绝不能认为群众就像一个整体那样具有任何行动，（即使他们全体或多数达成一致）它所进行的也不是一种行动，而是有多少人就有多少种行动。尽管在某次大反叛中，人们常说这个城邦的人民拿起了武

器,但这实际上指的只是那些真正拿起武器的人或同意他们的人。因为作为一个人格的城邦(国家)不可能拿起武器反对自己。(《论公民》VI.1)

那么,为什么每个个人无法撤回他的同意,并通过许多个人的此类联合行动(或者在危急状态中通过一个人的诛暴君行动)推翻主权者呢?霍布斯回答说,尽管主权仅仅是每个人与其他人同意加入相互自助协议的产物,但这个协议的解除需要每个单独的个人撤回自己的同意——这看起来是不太可能的。此外,即使一场反叛得到多数支持,这个多数本身也是没有效力的。 246
这个多数不能宣称自己代表所有群众行动,因为多数统治原则(每个人都受多数决定约束的原则)本身就是公民社会的产物,无法在公民社会之外运用,也无法用来反对一个已经确立的政府。

确立公民社会的契约,不仅仅是个人之间就一份相互自助约定达成的协议。主权确实是由他们的相互协议确立的,但这是一种把他们的权力转让给另外某人的协议。因此,他们不仅对彼此有义务,而且对他们向之转让权力和权利的主权有义务。“因此,无论有多少人,臣民都无法剥夺统治者的权力,特别是在统治者自己没有同意的情况下。”(《论公民》VI.20)

我们不得不钦佩霍布斯完成其任务所使用的技巧。他不仅承认英格兰国家是“一群自由人的集合”,甚至还坚持对这个命题做出了最激进的解释:国家是一群自由、平等的个人,他们每个人享有与其他人一样的自然权利——个体人身中固有的权利,而非他的法人地位或财产中固有的权利。因此,霍布斯在平等派不会耻于承认的前提上建构起了一种绝对主义论证。

群众是一群个人而非一个法团,霍布斯利用这个命题并不是为了强调群众的政治权利,相反是为了剥夺群众的政治人格。更准确地说,在他的理论中,群众的政治职能自我取消了。将群众确立为一个政治实体的行动,恰恰是使人民由此放弃反抗权利的行动。他翻转了个人权利观念:是的,每个人自然地具有某些权利,但是,他无法享受自己的自然权利,除非把它们实际转让给一个主权。

这里有必要停下来,以便再次总结霍布斯的论点是如何受到他面对的特定历史环境的条件限制的。直接语境是显而易见的：在挑战国王的绝对主义抱负时，议会不仅主张其在“王在议会”中的正当份额，还动员议会外的群众，并通过宣称多数支持来为自己的反抗辩护。通过否定混合政体并否定群众的政治地位，霍布斯将议会的论证釜底抽薪。

但是，这种对群众权利的大加挞伐还有一些更根本的，可以说是结构性的原因，这些原因源于英格兰特殊的状况。如我们所见，在法兰西，博丹开创性的主权理论宣称法团及其代表没有自治权，以此来对抗那些将反抗权利寓
247 于这些团体的反抗学说。所有此类次级权力都源于更高的、最终的、绝对的、至上的权力。博丹并不试图主张，这些法团以某种方式对一位绝对君主授予了同意。他理所当然地认为国家是碎片化司法权的拼接物，他仅仅主张，在所有看似独立的、仅仅代表特殊和局部利益的权力和实体中，必须有一种把它们统一为一体并代表全体利益的更高权力。

霍布斯也乞灵于这样一种主权，但他是在不同的语境下这样做的。他不是在应对法兰西国家，在那里，一种成长中的绝对君主制既支持一个主张其自治权和特权的统治阶级又与之竞争。霍布斯的语境是统一的英格兰国家，在那里，统治阶级已经放弃了其独立权力并交给国家，他们承认这个统一国家，进而在其中分享份额。比起独立的司法权或法团特权，这个统治阶级更加依赖私有财产权和经济剥削。即使我们不接受某些评注者（他们称霍布斯为“资产阶级”思想家或认为他对英格兰正在兴起的资本主义有一种超前认识）的论点，上述情况对霍布斯而言也是显而易见的。同样明显的是，就其对土地的支配而言在经济上强大，就其对议会的支配而言在政治上强大的英格兰统治阶级，并不享有那种无须人民群众支持，便可成功挑战国王的独立司法权和军事权力。

因此，霍布斯必须处理的不是博丹的“社团和法团”，而是托马斯・斯密斯勋爵的“一群自由人的集合”。如果这群人正如斯密斯认为的那样是“为了在和平与战争中保存自己，并基于一致同意和契约而联合起来的”，如果个人是通过“对自我保存的共同和相互同意”而在一个国家中联合起来的，那么，霍布斯就必须表明，他们的保存要求一种绝对主权，而且这种权力本身是通过他们的“共同和相互同意”确立的。此外，在眼前的内战中，他必须面对“群

众”——它不仅是一种理论抽象,也不仅是消极大众,而且是一种现实的政治行动者,这是一群政治地位与日俱增的老百姓。他的任务是承认这种现实并拔掉它的尖刺。

《利维坦》

当霍布斯写作《论公民》时,内战方始。到他写作《利维坦》时,事件已经发生急剧、深刻的变化。新模范军已经动员起来,国王已经被处死,议会已经通过废除君主制和上议院的法案,克伦威尔已经确立了共和国。这些事件伴随着激烈的辩论,辩论发生在所有层次:议会内外,报纸、小册子和哲学论文 248
中,辩论关乎弑君的正当性,关乎克伦威尔政权的权威,以及向它宣誓“效忠”是否正当,关乎政治改革的程度和限度。当然,还出现了一系列广泛的激进观念和运动,这把一些甚至比克伦威尔设想的政治纲领更加深入的政治纲领强行提上了议程。

在这种新语境下,霍布斯复苏了《论公民》中的论证,并做出了进一步阐释和修改。这一次,他不仅必须接受这期间发生的戏剧性事件,而且必须接受自身处境的重大变化。特别是在神学家中,他的早期著作激起了激烈反对,由于他们的干涉,他似乎失去了在流亡王室中的地位。霍布斯对这类批评者的敌意生动地反映在《利维坦》对宗教的观点中。现在,这种敌意加上他本人的意愿或需要,使他与克伦威尔和解,使这部著作带有独特意味。

《利维坦》当然是阐述一种与物理学和数学具有同样确定性的政治科学的自觉努力。其哲学基础是在与远至亚里士多德的其他哲学家或明或暗的争辩中精心且系统地建立起来的,而且矜世取宠地运用了最新的科学原理。所有这些使《利维坦》不太像一本为特殊情势而写的政治小册子,而更像一部为所有时代构思的论著。即使如此,其政治和个人方面的紧迫需求,更不用说还有其熊熊燃烧的愤怒仍然是毋庸置疑的。

《利维坦》的论证大体与《论公民》相同,而且其大部分文本不过是那本早期著作的复述和改写。但是,这两本书之间的少数实质性分歧有重要意义。《利维坦》的最显著特征之一是霍布斯给宗教问题留出的空间。几乎有半本书在讨论“基督教国家”。这种关注不仅反映了他对自己的神学批评者的愤怒，而且归根结底反映了他对宗教已经成为内战的一个主要原因的确信。在王政复辟后他书写的内战史《贝希摩斯》中，牧师、教皇至上论者和宗派主义者对人民的腐蚀被他列为这场大失序的原因之首。宗教自由无疑已经成为革命纲领中的一个主要目标，更具体地说，在使反国王叛乱正当化这件事上，宗教已经扮演了一个核心角色。

在《利维坦》中，霍布斯的宗教论述的主要目标是证明，真正的基督教要求服从世俗权威。教会和国家之间不存在冲突。一人不事二主，不存在能够
249 主张自己高于一切特殊世俗权力的普世教会。每个国家的教会都服从其国家主权。在这个方面，霍布斯的宗教观只是维护了他的绝对主义政治论点。但是，霍布斯思想中的众多悖论之一是，在他的批评者看来，他为支持这种绝对主义辩护所运用的神学论证——对无论天主教、安立甘宗还是长老宗的基督教正统都有害的唯物主义和世俗主义论证，与其说与例如大主教劳德这样的保王派的神学有更多共同之处，不如说与温斯坦莱这样的激进派的宗教有更多共同之处。

至于主要的政治论证，《利维坦》像《论公民》一样从人的自然状态开始。这一次，霍布斯更详尽地论述了使公民社会成为必要的人性特征。他运用了物理学原理及其运动法则，他试图把人类动机化简为原子那样的最基本部分，把人类激情，特别是避免痛苦的冲动、自我保存的本能和对死亡的恐惧当成物质运动，即吸引和排斥原理的原因。这种探索的结果是一种类似《论公民》中所描述的自然状态解释：一种“所有人反对所有人的”战争状态。这或许并不意味着持续的战斗，但它会产生一种恐惧和不确定的状态，在其中无法保证不爆发公开战争。用霍布斯最著名的话说，生活将是“孤独、贫困、卑污、残忍而短寿”的。而且，他又一次列举了那些必将引向公民社会之确立的自然法和自然权利。没有公民社会，就没有人身或财产安全，更别提舒适和“宽裕的生活”。在自然状态中，不存在“我的”和“你的”之间的恰当区分，因为每个人能拿到什么就拿什么，所以，财产权是一种依赖主权的公民权利。

在这里，所有人同样是自然地自由、平等的，所有人都被赋予同样的自然权利，然而，没有一个主权的话，这些自然权利是自我拆台的。在这里，战争状

态同样因为个人之间就转让其权力给一个绝对主权者达成的相互协议而终止。他从最极端的自然平等前提出发,终于一种同样极端的绝对主义。他的自然平等前提意味着,人类当中不存在会导致支配与服从的系统并且普遍的不平等,这些自然平等前提甚至延及男女关系。在承认女性平等上,霍布斯远远超越大多数政治理论家。但是,正如他对人与人之间平等的确信并不妨碍他为一些人对另一些人的绝对统治辩护,同样,他也可以为男人对女人几乎普遍的支配找到理由。通常来说是男人建立了国家,因为他们更强壮并垄断了强制力,因此,国内法几乎普遍赋予男人对家庭的支配权。但是,正如人对主权的服从一样,女人对男人的服从原则上是经双方同意成立的。在这两 250
种情况中,同意的基本原因看起来是恐惧,或者是征服者本人的恐惧,或者是臣属者向之寻求保护的其他人的恐惧。

正如在《论公民》中那样,在《利维坦》中,霍布斯同样多线作战。他至少在隐含地挑战各种可以接触到的反绝对主义论证,例如法兰西反暴君派的论证。但是,他也在辩驳各种既有的绝对主义理论,哪怕仅仅为了填补它们的漏洞,并使它们能更无懈可击地防御各种新的前所未有的挑战。博丹的那样一种主权概念,确实可以服务于霍布斯的某些意图。例如,它挑战了混合政体观念,而且,霍布斯可以利用类似博丹的概念来证明权力必须是绝对的和不可分割的,以此反驳议会的主张。博丹说法律仅仅是主权者意志,这个定义对霍布斯来说也很有用。在英格兰的语境下,它可以被用来反对普通法传统、反对议会宣称自己是普通法首要解释者的主张。但是,即使法兰西的主权学说能够服务于霍布斯的许多意图,仍有一件重要的事它做不到:它无法应付主张反抗权利,甚至主张更积极、更持久的政治权利的一群自由个人。

一些评注者认为,霍布斯论证中的个人主义既是他的科学报负,即把公民秩序分解成原子微粒的思想实验迫使他得出的,也同样是反暴君派的反抗理论迫使他得出的。这些法兰西反抗理论基于的理念是,王权最终源于作为集体的人民。尽管人民作为个体低于国王,作为集体却高于他。因此,作为一个法人共同体,他们具有一种以其代表为中介进行反抗的集体权利。评注者指出,所以霍布斯最初打算否定这种法人共同体存在。霍布斯坚称,公民社会之外只存在一群个人。唯有主权能够把这种个人的混杂集合转变成共同体。因此，主权不是由某种先在的共同体创造的，也不对它负责。相反，主权创造了这个共同体本身。

霍布斯确实在他的某些论点中思考了反暴君派。但仍不清楚的是，为什么简单地借用博丹的论证来反对反暴君派是不够的。像博丹那样仅仅说国家统一只能靠一个主权来创造，没有主权就只能存在一种分裂的、碎片化的、特殊的利益的集合，它无法代表一个唯一的、无所不包的共同善，为什么仅仅
251 这样说是不够的？为什么霍布斯不得不从具有自然权利的个人的角度去进行思考，并且不得不从一群自由、平等的个人出发来为绝对主义辩护？

正如我们已经看到的，霍布斯关于群众的论点面对的是英格兰某些非常特殊的条件，它们并非博丹这些法兰西思想家不得不面对的条件。例如，反暴君派并不主张个体公民的权利，而是主张贵族和各种法团的自治权。换句话说，问题更多是职位的权利而非人的权利。再换句话说，这更多是权力和特权问题，而非权利问题。甚至不如说，反抗是一种依系于公共职位的职责，而非人所固有的个人权利。

这些法兰西反抗学说并没有给群众指派政治角色，而博丹这样的绝对主义思想家在与他们对质时，既不需要处理个人权利理论，也无须处理群众对政治能动地位的主张。他面对的问题与其说是人民的积极行动，不如说是小贵族和城市官员的要求以及他们对自己那份碎片化的国家权利主张。因此他的任务是，挑战这些仍在法兰西政治体中具有如此重要地位的法团权力和特权的自主性。他必须做的仅仅是否认它们的独立性并证明它们最终源于主权。在法兰西碎片化的政治体中，他也能够通过诉诸一个更大、更广泛的法团，即主权所代表的王国整体来反驳他们的主张。

如我们所见，当霍布斯写作《论公民》时，他面对着一系列全然不同的问题。一般而言的英格兰国家结构与财产关系，特殊而言的1640年英格兰的现时状况，这些意味着君主面对的不是大量碎片化司法权，而是一个统一的代表和立法机构，与法兰西国王可以主张自己代表一个比等级议会或“次级长官”更大的法团不同，他无法主张自己比议会更有权代表整个政治体。英格兰的状况也迫使霍布斯以全新的方式处理“群众”问题和公民权利问题。写作《论公民》和《利维坦》期间的事态发展迫使他进一步推进论证。

在《论公民》中，霍布斯设想了这样一群自由个人：他们彼此签订契约，将自己的权力一次性全部转让给一位绝对主权者。从此以后，主权者代表他们，而且他们无权收回自己已经放弃的权力。即使在所有个人都一致同意收回他们已经赋予主权者的权力这种不太可能的情形中，他们仍不能撤销主权。因为他们就转让自己的权力给另外某人所达成的相互协议意味着，他们不仅对彼此负有一种义务，还对他们创造的主权负有一种义务，他们不经主权同意就无法取消它。 252

在《利维坦》中，论证发生了某种微妙却重要的变化。昆廷·斯金纳强调，变化之一是一种修改后的自由定义。斯金纳指出，在《法的要素》中，霍布斯从没有清楚地界定自由；在《论公民》中，为了对抗“共和主义”的论点，即绝对政府或专制政府的存在本身就使人沦为奴隶，霍布斯提出了一个明确而简单的自由定义：“仅仅是**运动阻碍的阙如**。”尽管主权是绝对的，但对它的服从不能等同于奴役。最终，在《利维坦》中，霍布斯不再把自由简单地定义成运动阻碍的阙如，而是定义成**外部**阻碍的阙如。在斯金纳看来，这是“一个具有伟大历史意义的时刻”。[1] 现在霍布斯可以区分自由与权力，前者是行动阻碍的阙如，后者是行动的能力。内在的限制或约束（例如导致屈服的恐惧）可以夺走我们的权力，但只有外部的阻碍能够夺走我们的自由。这代表着现代自由理论的一个里程碑，因为在这里霍布斯是“通过提出一种替代性定义来回应共和主义理论家的第一人，在该定义中，自由的存在完全被解释成阻碍的阙如而非依附的阙如”。[2] 就此而言，斯金纳认为，霍布斯确立了共和主义自由概念与自由主义自由概念的分野。

霍布斯还修改了他对创造主权的协议的解释。在《论公民》中，确立一个主权的协议是如此表述的：“我代表我方转让我的权利，条件是你也同样转让你的权利。”（《论公民》VI.20）在《利维坦》中，措辞发生了变化：“我授权这个人或这个集会，并放弃统治自己的权利，把它转让给这个人或这个集会，条件是，你也放弃自己的权利并转让给他，以同样的方式授权他的一切行动。”

1　昆廷·斯金纳：《霍布斯与共和主义自由》（Quentin Skinner, *Hobbes and Republican Liberty*, Cambridge: Cambridge University Press, 2008），第 131 页。

2　同上，第 157 页。

(《利维坦》XVII) * 这里的新要素是授权观念：人民创造一个代表他们的主权者，这一点不仅是通过将他们的权力转让给他而实现的，而且是通过授权他代表他们行动，使他们自己成为主权者一切行动的授权者而实现的。

这种看起来不重要的措辞变化有何影响，霍布斯为什么感到有必要引入这个变化？一方面，这个新表述似乎使主权者的权力甚至更加绝对或无限。在较早的说法中，不存在人民与主权者之间的协议，只存在人民之间就转让他们的权力达成的协议，但是，霍布斯可能已经感到，当他指出原初协议创造了一种“双重义务”，即每个臣民之间的义务和每个臣民与主权者之间的义务
253 时，仍然暗示了一种同主权者签订的协议。在这个新表述中，霍布斯着重否定了任何对臣民与主权者之间的一种相互约束或义务的暗示。他坚持认为，主权者不是契约方，对臣民没有契约义务，不必服从契约条件，因此也不会犯违反契约之罪。这个论点被下述主张加强：主权者的每个行动不仅是他自己的行动，还是其“授权者”，即“授权”他并由他代表的臣民的行动。因此，在被授权维护和平并保护其臣民生命之后，他具有一种决定这些目标的实现手段的无限权利，不带条件，不容臣民干涉。进而，他可以甚至必须控制公共意见表达。而且，他可以暴虐(暴虐程度随心所欲)地做所有这些事情，不会破坏任何正义法则。霍布斯期望他的主权者通过臣民周知的法律来统治，但是，除了统治者自己的理性，不存在对统治者暴虐行为的真正约束。如果主权者的一切行为都是“被授权的”，那么，责备他不正义就是责备“授权者”对自己犯下不正义。

另一方面，这个表述也有另一种显然相反的含义。在《论公民》中，权力的转让是一次性全部完成的。人民永久转让了其权力，并且在任何情况下都不能收回它们或将它们授予别处。相比之下，在《利维坦》中，臣民不是单纯放弃了行动的权力，他们仍一直是主权者行动的“授权者”。因此，授权行为或许终究意味着某些限制条件。如果臣民仅仅放弃了他们的权力，那么在某种意义上，主权者用这些权力做什么都与他们无关。但是，如果每个臣民仍然是主权者行动

---

* 译文参考霍布斯：《利维坦》，黎思复、黎廷弼译，商务印书馆，1985 年，第 131—132 页，有改动。——译注

的授权者,那么,这些行动最终必须符合授权者的意图。如果授权者授权一个主权保护他们的生命和安全,那么,主权者可以有无限权利来决定如何做到这一点,但是,授权者不能授权一件事,即授权他不去完成这个任务。

所以,霍布斯告诉我们:

> 臣民对主权者的义务应理解为只存在于主权者能用以保卫他们的权力持续存在的时期。因为在没有其他人能保卫自己时,人们的自然自卫权利是不能根据信约放弃的……服从的目的是保护。一个人不论在自己的武力还是旁人的武力中找到这种保护时,他的本性就会使他服从并努力维持这种武力。(《利维坦》XXI)* 254

而且,任何主权(及其维持和平的能力)在外部战争或"内部不和"中都有暴亡之虞。当主权无法再维持和平或保护其臣民时,它就不再存在了,义务也终止了(这或许使霍布斯更接近斯宾诺莎)。

面对霍布斯对主权的无限和绝对性质的坚持,这种让步可能是空无意义的。这当然不意味着他在给主权施加一种"自由主义的"正当性标准,使臣民有权利反抗一个超越了正当权威界限的统治者。这最多意味着,无法维护其权力的统治者事实上已经丧失了统治权威。然而,在其历史语境下,这个原则有足够重要的意义,因为其主要结果(可能还有其主要目的)之一是赋予克伦威尔的权力以正当性。在较早的表述中,原初协议订立后最高权威就不再属于人民。甚至某位落败的斯图亚特国王也仍然具有那种权威,只要它曾经通过最初的接受者被赋予、传给他。但是,现在在《利维坦》中,由于人民的权威从没有真正转让出去,所以它不属于落败的国王或其继承人,仍属于人民。如果权威没有直接传给人民本身,那么,至少会传给任何能够维护和平的人,任何能够实现人民创立主权的目的的人。依据定义,它属于胜利者或其武力能够确保"保护"("保护"使人们不得不服从)的人,在当时的情形中也就是将成为"护国公"的克伦威尔。

---

* 译文参考霍布斯:《利维坦》,第172页,有改动。——译注

因此，霍布斯用他的授权概念完善了其建立在激进前提上的绝对主义辩护。表面上看，他的结论是深深反民主的：任何实际存在的政府、任何有能力维持秩序的政府，无论多么暴虐，都必须被视为正当的。它甚至必须被视为是基于同意，得到其臣民授权的。但是，霍布斯的绝对主义授权理论又具有使革命政权正当化的作用。正如霍布斯著作的一位解释者指出的，“第一场现代革命已经发生了，霍布斯相信，试图违逆它是错误的”。[1]

尽管霍布斯的结论绝不是民主性质的，但他达成这些结论是通过挪用他的时代中某些最激进的民主观念。平等派已经完成了一场政治思想革命：他们坚称，对政府的同意必须由一群个人而非某种宣称代表他们的法团来授予，而且，这种同意必须持续授予（不仅通过保留危急状态中的反抗权利，还通过投票形式来实现这一点），而非在一次无限期约束他们的臣服行为中授予。霍布斯用他的授权理论回应了平等派的挑战，这是一种无须投票的持续
255 同意理论。他用这种理论为一种绝对主义辩护画上了句号，而该辩护基于的前提是，人在自然状态中是自由、平等的；他们被赋予了某些自然权利；对于他们没有作为一群个人授予持续同意的政府，他们没有义务服从。

约翰·洛克

平等派这样的激进派造成了一场政治理论革命，并为此后的英格兰政治辩论设定了议题，但是，当克伦威尔转而向这些曾经将他推上权力宝座，同时也正在吓跑议会派大多数成员的激进盟友反戈一击时，他们实际上被彻底打败了。由于这次背叛，共和国失去了本来或许能维护共和革命的更广泛的社会基础，然而，讽刺的是，即使这也不足以打消那些不太激进的议会派人士的顾虑。内战的经历及内战释放出的革命力量，最终使有产阶级重新团结起来，这次的集结旗不是促使他们与国王发生冲突的议会派计划，相反是斯图亚特君主制的复辟。任何事，哪怕绝对主义威胁卷土重来，都要好过一个“颠

1 《神授权利与民主：斯图亚特时期英格兰政治著作选》（*Divine Right and Democracy: An Anthology of Political Writing in Stuart England*, ed. David Wooton, Harmondsworth: Penguin, 1986）导言，第58页。

倒的世界”。

当然，复辟不是最终结局。只是 1641 年开启的议会派计划拖延到 1688 年才实现。在 1660 年—1688 年间，与过去那些导致内战的冲突并无太大不同的冲突重新出现并不断加剧。至 17 世纪 70 年代末，准备再次挑战国王的议会反对派出现了，又一个十年危机终于顺利结束。所谓的光荣革命终结了斯图亚特王朝的统治，将奥兰治的威廉和玛丽带上王位，同他们一起到来的（或者说流俗的历史之见这样告诉我们）是留存至今的那种立宪君主制和议会至上地位，换句话说，是 1641 年议会中的统治阶级所追求的那种政治秩序。

在议会与国王重新产生的冲突中，还有另一个再次出现的主题。17 世纪 70 年代和 80 年代初领导议会反对派的贵族之中，又一次出现了一些准备通过与激进力量结盟来推进其事业的人，在伦敦尤其如此。1679 年—1681 年，出现了相当于一场革命性危机的事件——排斥法案危机。这场危机的引发，是由于有人试图排除查理一世的推定继承人，即他的弟弟詹姆斯的王位继承权（最终失败）。之所以试图排除他，因为他是罗马天主教徒，而且人们害怕他可能会复活斯图亚特王朝的绝对主义计划。这些人后来被称为激进辉格党人，其最重要领袖是第一代沙夫茨伯里伯爵安东尼·阿什利·库珀（1622
年—1683 年）。他是一位富裕的、“致力改良的”地主，也深度参与了殖民贸 256
易，他是哲学家约翰·洛克的雇主、庇护人和朋友。两人交情甚笃，洛克似乎也曾积极涉足沙夫茨伯里的政治活动。他们与激进派的来往使一些评注者相信，洛克对激进派寄予了真正的同情。他们还根据这种假设来解释洛克的政治著作，特别是著名的《政府论》。但是，洛克与激进派的关系比这更为复杂，需要更仔细地审视。

洛克生于 1632 年，是一位乡村律师，是一名身处小绅士阶层边缘的小地主之子，他以担任牛津大学老师开始职业生涯。他最初是希腊语、修辞学和道德哲学讲师，之后又开始业余研究医学。1666 年，他遇到沙夫茨伯里，很快作为秘书、家庭教师和医生（他作为医生消除了雇主的肝脓肿，拯救了他的生命）进入他的家庭。在洛克的这位良师益友逝世的 1683 年前后，洛克在各种与殖民地、种植园和贸易事务有关的政府部门任职，而 17 世纪 70 年代一度担任大法官的沙夫茨伯里曾对这些事务饶有兴致。洛克设法从他的继承财产、他的政府薪酬和各种有利可图的商业冒险投资中聚敛了一笔中等但可观的财富。由于他(或至少是他的庇护人)对颠覆活动的参与,他于17世纪80年代谨慎地移居荷兰,在"光荣革命"后回国并为新政府效力。

洛克的智识兴趣多样且多变。他出版了几部重要的经济学、神学著作,一部有影响的教育著作,即《教育漫话》(1693年),以及开创性的《论宗教宽容》(1689年)——对宗教宽容的一份有力辩护。他对农学兴趣盎然,而且如我们将看到的,这种兴趣反映在他的财产权理论中。他最知名的著作或许是《人类理解论》(1690年),这是一部论人类知识的起源和性质的论著,它在18世纪成为受到最广泛阅读的书之一,并且在启蒙运动中产生了重要影响。

《人类理解论》部分指向绅士阶层的复兴,洛克相信他们正在衰落：放纵、奢侈、怠惰。按《政府论(下)》的说法,他的目标之一是展示具有普通文化水平的人如何变得更加"勤勉和理性"。洛克是在写一种人类心智的"自然史",它属于弗朗西斯·培根的植物、动物和各种人类实践与制度的"自然史"传统。像培根一样,洛克促请他的读者把自己从习俗、风尚和公认意见的枷锁中解放出来,以此使他们的心智纯净。因此,作为自主的、自我指导的个人,
257 他们应该对自己的和他人的观念进行推理。绅士们被警告说,不进行自我提升,他们将被那些地位低于他们、知识却超过他们的人逐步取代。[1]

洛克的论证基于现在人们熟悉的心灵天生是一块白板的概念,人们对自然和社会环境的感觉印压在这块白板上面。他关于知识源于感觉经验的观点是"经验主义"认识论的基础,但它也意味着,大多数人类差别并非遗传造成,而是不同的环境和教育造成的。同时,通观其著作,尽管他珍视自我成就的人,然而他也确信,我们中总有富人和穷人,前者总会统治后者。他不仅把"主人"与"仆人"的关系视为天经地义,甚至还为奴隶制辩护。但是,在一个享有言论自由、结社自由和宗教自由的多元社会中,即使仅仅出于审慎的自利,统治阶级也必须以一种开明和理性的方式统治,必须抵制暴政,同时维护那些受到法律限制并对某种选民团体负责的政治机构。他强调劳动、勤勉、

1　对这些论点的综合讨论,参见尼尔·伍德：《洛克哲学中的政治：对〈人类理解论〉的社会学研究》(Neal Wood, *The Politics of Locke's Philosophy: A Social Study of 'An Essay Concerning Human Understanding'*, Berkeley: University of California Press, 1983)。

节俭、节制、温和,这与例如霍布斯对勇敢、高贵、宽宏、荣誉和光荣这些古典英雄(和贵族?)美德的钟爱形成鲜明对比。

洛克最重要的政治辩论介入是1690年匿名发表的《政府论(上、下)》,他一生都否认自己是其作者,仅在遗嘱附录中承认了这一点。关于《政府论(上、下)》(实际上这两论是一部著作)的准确写作时间,引发了很多争论。过去有人认为,它是在发表之前不久写成的,因此象征着对光荣革命的事后辩护。现在更普遍接受的观点是,《政府论》是在光荣革命十年前写的,大概是在1679年—1681年,也就是在排斥法案危机时期左右。这使它不是对一场已经平安完成的革命的事后辩护,而是颠覆性的对革命行动的号召。如果确实如此,这无疑解释了洛克为什么不愿意承认作者身份,尤其因为在革命参与者看来这场革命并不是绝对有把握的。无论洛克写作这部著作的动机是什么,它在之后的世纪,特别是在美国革命和此后的其他革命中产生了巨大影响,其影响覆盖了一个广泛的政治谱系。

关于洛克的《政府论》,有一件事(可能也是唯一一件事)是明明白白、没有争议的。它是对绝对君主制的有力攻击,是对“有限”、宪政的议会制政府和法治的呼唤。当人们说它是“自由主义”的一部奠基性文本时,想到的就是
上述品质。除此以外,对洛克政治观念的解读仍是一个交锋激烈的问题。特 258
别是,评注者就洛克在民主上有多激进产生了分歧,例如,他的政治观念是接近平等派,还是相反代表着辉格党贵族的利益。另一个重要的辩论话题涉及洛克在“资本主义兴起”中的相关定位:在17世纪的讨论中“资本主义”是不是一个有意义的范畴,如果是,那么洛克是否可以被视为我们谈论早期资本主义时所联系到的那些社会和政治变迁的评论者甚至拥护者。

现在本书读者应该清楚,本书作者认为“资本主义兴起”是一个有用的观念,原因我们主要在第一章和本章前段已经列举了。[1] 同样显而易见的是,谈

1　关于这一点,以及关于洛克政治理论整体的更详尽讨论,参见拙文:《洛克反民主:〈政府论〉中的代表、同意和选举权》(‘Locke Against Democracy: Representation, Consent and Suffrage in the Two Treatises’, *History of Political Thought* XIII.4, Winter 1992, pp. 657 - 689);《激进主义、资本主义和历史语境:不单纯是对理查德·阿什克拉夫特关于洛克的论点的回应》(‘Radicalism, Capitalism and Historical Contexts: Not Only a Reply to Richard Ashcraft on John Locke’, *History of Political Thought* XV.3, Autumn 1994),第323—372页。

论“资本主义”，或将洛克置于这种历史语境中，并不意味着他或他的同时代人具有任何“资本主义”概念或对未来历史发展的先见之明。这仅仅意味着，如我们所见，他生活在一个财产权关系和财产权概念发生重要变化的时代，这些不同的财产权关系、财产权概念之间经常相互激烈竞争，仅仅意味着，洛克非常清醒地意识到实践和理论上的紧迫议题。正如我们将指出的，他站在“致力改良的”地主一边，他的论点也完全符合一个参与资本主义农业和殖民贸易的进步土地贵族阶层的利益：简言之，符合沙夫茨伯里这类人的利益。

这并不是否认，洛克在他的时空语境中是非常“激进的”。但是，正如我们将看到的那样，他的激进主义在政治上与克伦威尔或艾尔顿而非平等派有更多共同之处。使他的政治理论尤为复杂和有趣的是，他从平等派的前提出发，却得出了艾尔顿的结论（尽管完全没有与君主制决裂的暗示）。他采用激进观念来为反绝对主义做出最有力的辩护，但他总是临渊履薄地限制其最具民主性的寓意。

《政府论》

比起《政府论（下）》，《政府论（上）》较少被人阅读，它是对《家长权》中王权绝对主义论证的细致辩驳。《家长权》是罗伯特·费尔默几十年前写下的，
259 但在君主与议会新的冲突中，它被国王的支持者唤活并出版。洛克用充满讽刺和掩饰不住轻蔑的语言，巨细无遗地剖析了费尔默独创性的、特异的论证：王权源自亚当及上帝授予他的家长权。洛克在这里的努力与其说是展开自己的一种连贯的政治理论，不如说是通过证明《家长权》中的荒谬与不一致之处（这种证明有时并不公正），来质疑费尔默的逻辑和他对《圣经》的解释。但是，《政府论（上）》的根本前提（尽管在《政府论（下）》中阐述得更系统）是明确的：人是自然自由和平等的，自由人没有义务服从未经他本人同意的政府，因此，绝对政府不能被视为正当。

在《政府论（下）》中，洛克不再只与某位特定作者论辩，他建构了一种系统的，或多或少连贯的政治理论。像霍布斯一样，他从“自然状态”开始，并概述了那些使公民社会成为必要和可欲之物的状况。但是，霍布斯的结论是，

任何能够维持秩序的政府（更具体地说，一种绝对政府）都好过无政府时的“战争状态”，而洛克的意图恰恰是否定霍布斯拥护的这种政府的正当性。对洛克来说，一个能够维持和平的政府不足以强迫人们服从它，要解释生而自由、平等的人如何生成一种服从义务，需要更多东西。

洛克的论证并不总是容易理解的。他的自然状态概念尤为含糊。他开始非常迫切地想把自己的自然状态概念与霍布斯的战争状态区分开。他坚持说，自然状态是一种受到某些自然法，即上帝规定的、人类理性可以发现的某些道德戒律统治的状况。洛克对人性的解释看起来也远没有霍布斯的那么阴森恐怖。人类似乎没有政府也能够共同生活，他们甚至喜欢彼此陪伴。如果说霍布斯把公民社会建立在人性的最坏方面上，那么，洛克则把它建立在人类品质的最好方面，即理性和按照道德法则生活的能力上。但是，看起来这种自然状态解释与其说是对某种历史现实的叙述，不如说是对一种道德理想的叙述。它的主要目的是作为一种标准，据此判断何者为一个正当政府、一个真正的公民社会。正如霍布斯设想的绝境是为了强调绝对政府的必要性，洛克的乐观描绘旨在排除所有与自然的自由、平等和理性违背的绝对主义形式。

同时，在洛克的理论中似乎还有另一种自然状态，它不是单纯的道德理想，而是类似某种历史状况——即使不是人类发展中的一个真实历史阶段，
至少也是没有政府的情况下世界真正将成为的样子。在这里，或许基于一种 260
原罪信仰，强调的重点是人的自私。现在洛克明确表示，如果人类真的可以仅凭自己的理性和自然法的统治而共同生活，那么，公民社会将是不必要的。

最终，洛克的“真实”自然状态与霍布斯的战争状态这种不确定性状态并非判若天渊。没有政府的社会充斥着不确定和“不便利”之处。特别是，在自然法是仅有的法律且每个人必须自己执行法律的自然状态中，人们在冲突情形中没有可以求助的公正法官，因此，每个人必定成为自己案件的法官。这样的状态必然是不稳定的，人们无法肯定最小的冲突不会导向战争。正如我们将看到的那样，因为洛克把（历史性的）自然状态设想成一种已经存在私有财产的社会组织形式，冲突的可能性无疑更大。由此，人们（确切地说，男人们）发现创立公民社会是有益甚至必要的。

洛克对自然状态的解释或许没有它本来能够达到的那样清楚和连贯，但是，他在这里的核心思想是非常明确的：自由、平等、理性的人们为了避免自然状态的不便利之处，同意确立公民社会，正如在霍布斯的故事版本中他们所做的那样。但是，既然绝不能认为理性人赞成了某些会使他们的状况恶化的事情，所以结果很大程度上取决于他们的“自然”状况以何种面貌呈现。对霍布斯来说，任何能够维持和平与秩序的政体形式都好过战争状态。在洛克那里，人们力求避免的不是（或不单纯是）战争状态，而是这样一种状态：由于缺少一个共同的、公正的法官，他们对自然法的服从变得非常不确定和不可靠。

在正当政府标准的确立上，这具有重要寓意。在洛克的自然状态背景下，绝不能认为自由人同意了绝对政府，即一个不服从法治的政府。在与一个凌驾于法律之上的统治者的关系中，人民将仍处于自然状态，这可以比拟成在没有公正的法官解决他们之间的冲突时他们与他人的关系。此时统治者成为自己案件的法官。实际上，在这种情形中，统治者对其臣民运用的强制性权力（其强制执行和惩罚的职务权力）将是“无权利的暴力”，因此也并不比战争状态更好。

洛克的公民社会同样是由自由个人之间的同意确立的，但是，与霍布斯的经由同意建立的政府不同，在洛克这里，确立公民社会的协议不是与权力转让同时发生的。根据洛克的说法，人们首先同意建立一个社会，其后在单另的一个行动中，不是通过无条件交出他们的权力，而是通过一种信托确立了某种政体形式。换言之，政府被委托了自然状态中每个人享有的权力，但
261 是附有某些条件。如果违反这些条件，权力重归人民。尽管如此，他们并不因此回到自然状态。政府的解体不像在霍布斯那里那样意味着社会的解体。对洛克来说，这种对自然状态和公民社会之形成的解释意味着（除了其他事情）人们确实有一种革命的权利、一种反抗并推翻暴虐或不合法政府的权利，而且他们在如此行动时无须担心社会本身会瓦解。

最终，霍布斯和洛克之间的差别，较少与关于人性的根本分歧有关，或较少与没有政府时的世界将变成什么样有关，而更多与极其直接的政治考量有关。霍布斯的目标是使绝对政府正当化，无论这种绝对政府是由某位斯图亚

特国王掌握，还是由某位克伦威尔式的“护国公”掌握。洛克试图为反抗某位斯图亚特国王辩护，为确立议会至上辩护。两者都利用了激进的观念和论点，霍布斯使它们调头为绝对主义辩护，洛克用它们加强自己的反绝对主义论证。然而，即使比起霍布斯的绝对主义，洛克的反绝对主义论证与激进原则更为一致——例如与平等派的“自我所有权”和诸权利的观点更为一致，但他对激进观念的利用仍然以其自身的方式同霍布斯对它们的利用一样复杂和模糊。

洛克在《政府论(下)》中概括的政治理论，可以被理解成辉格党贵族和伦敦激进派之间联盟的一种理论表达，是一次为促进有产阶级利益而进行的激进观念动员。记住这一点也是有用的：当洛克写作时，英格兰已经不再处于内战的剧痛中，人民激进主义已经被有效压制，来自底层的威胁并没有来自上层的威胁直接。这或许使他有信心挪用17世纪40年代的激进议会派人士(如克伦威尔和艾尔顿这些人)所拒绝和畏惧的那些革命观念。洛克采用了艾尔顿在普特尼辩论中强硬拒斥的平等派的那些概念，但这个事实本身并不会使洛克成为一位平等派分子。洛克的理论策略的一个重要部分是，改造这些激进观念，使其顺应为议会反对国王，为革命权利做出最有力论证这个唯一意图，同时剔除这些观念最具民主性的寓意。

读者应记得，在普特尼辩论期间，艾尔顿曾针对采用一种自然权利观念会产生的结果发出警告。沿着其逻辑结论，他坚称它最终会危及所有财产。然而，洛克恰恰采用了这种自然权利观念。他甚至把它建立在平等派的这个原则上：每个人对自己的人身具有一种所有权，由此产生出某些不可剥夺的权利。即使洛克知道平等派的观念，他也不可能熟知普特尼辩论的发言记
录。但是，这些观念在传播，而且他的论证如此异乎寻常地展开，就好像他的 262
目标是证明艾尔顿的惧怕(就像费尔默的警戒一样)是没有根据的。他似乎在说，可以以这样一种方式建构一种基于平等派“自我所有权”概念的自然权利学说，使它既能论证一种反抗绝对君主的革命权利，又不带有任何“平均化”结果、任何对财产的威胁或任何来自人民民主的威胁。

艾尔顿(像霍布斯和其他许多人一样)理所当然地认为，维护有产阶级利益的最可靠方法是，坚持财产或至少其既有形式和分配仅仅是一种人类约

定，坚持它并非源于自然权利，而是由宪法和传统支撑的。相比之下，洛克着手证明财产权本身确实因自然权利而存在，而且，他不仅否认自然权利概念是对既有社会秩序的威胁，甚至还找到一种方法使自然权利概念反过来为财产权和不平等辩护。

稍后我们将回到洛克的财产权理论。但是，他还在其他方面改造了类似平等派的观念，使之适应类似艾尔顿的政治学。处于洛克政治理论核心的是他的同意学说。再一次地，自由人没有义务服从一个未经他同意的政府。因此，问题很大程度上取决于同意的含义——正如我们所见，在 17 世纪的英格兰，同意几乎可以意味着任何事情。对平等派来说，它意味着自由人必须有投票权。对霍布斯来说，它意味着人们实际上同意了绝对君主制，或至少同意了任何能够保持权力、维护和平的既有政府。那么，对洛克来说，它意味着什么？

洛克赞成并引用了胡克的同意概念，它的含义不像霍布斯的那样极端，但它也意味着人们受到遥远过去订立的协议的约束。然而，洛克比胡克更关心排除绝对政府，因此，显然有必要发展他的同意学说。[1] 再次在普特尼辩论的背景下解读《政府论（下）》，我们或许可以对洛克有更多了解。

在答复平等派的问题，即自由人是否有义务服从一个他未授予个人同意（一种要求以选举权为形式的持续更新的同意）的政府时，艾尔顿回答说，当然存在人们没有通过投票表达同意却有义务服从的情况：外国人，他们确实不享有投票权，但被期待服从法律。如果他们选择不服从，那么他们可以自
263 由地离开这个国家。相形之下，拥有以财产为形式的“固定、长久”利益的人无法轻易地抛开一切并离开，所以他们的政治义务必须基于同意。就此而言，那些没有财产，仅有“呼吸利益”的人更接近外国人。他们“今天在这儿明天在那儿”，也不需要有别于离开的权利的特殊权利。

第一眼看上去，洛克似乎站在平等派一边，因为他坚持所有经自己同意而受统治的自由人的普遍权利。但是，他找到了一种别出心裁的方法来使普

---

1 关于洛克与胡克关系的更多讨论，参见拙文：《洛克反民主：〈政府论〉中的代表、同意和选举权》，第 664—667 页；《激进主义、资本主义和历史语境：不单纯是对理查德 · 阿什克拉夫特关于洛克的论点的回应》，第 331—333 页。

遍同意与艾尔顿的较少民主性的结论相一致。像艾尔顿一样，洛克引用了在我们国家观光的外国人的例子。像艾尔顿一样，洛克指出，这种人，甚至任何使用我们的公路并呼吸我们的空气的人都被期待服从我们的法律。但是，艾尔顿和洛克有一个重要差别：艾尔顿把这当作无须同意的义务的例子，洛克则认为，即使在这些情况中，人们归根结底也授予了同意。关键仅仅在于有两种同意，“明示的”和“默示的”，后者或许来自胡克的“私下”同意概念和人民甚至可以在不知情的情况下授予同意的观念。任何在我们国境内生存和呼吸的人，都已经对我们的政府授予了默示同意，因此也接受了服从义务。

洛克已经表明，即使从平等派的前提出发，我们如何可以不必达到平等派的结论或忍受艾尔顿所惧怕的结果。艾尔顿和平等派都在“同意意味着选举权”这个基础上进行论证，所以艾尔顿不得不证明义务不需要同意。洛克采用了一个不同的策略：义务确实需要同意，但同意并不需要选举权。洛克的论证与无投票权的个人可以在议会中“被代表”这一观点并非不一致，正如托马斯·斯密斯或理查德·胡克所说的，无产者可以在议会中“出席”，或者（像后来的思想家所说的）“实际上”被代表。

洛克从未过多告诉我们他对选举权的想法，只有一个段落（第 158 段）除外，这个段落似乎仅仅在建议对投票制度众所周知的不规则之处进行矫正，它非常类似艾尔顿本人提出的建议。我们还需要记住，在整个 17 世纪，选举规则一直变动不居，因为统治阶级无耻地操纵投票权，当他们需要人民支持以反对国王时，他们就变得慷慨大方，就像排斥法案危机期间的情况那样。在这样一个关键时刻，洛克按理会拥护这种策略性的选举权扩大，但是，这一点仍然重要：由于默示同意学说，他巧妙地切断了同意与选举权的联系，而这种联系在艾尔顿和平等派看来是理所当然的。

比起艾尔顿，洛克似乎有一种更具弹性的同意观念。假如他没有为排除 264
绝对主义是一种正当政体形式奠定基础，那么，他的“默示”同意可能危险地接近霍布斯的观点：一个正在运作的政府的单纯存在就意味着同意。但是，根据洛克的看法，尽管人民可以轻易地，甚至无意识地授予同意，却只有某些类型的政府可以视作得到了人民的同意，且这些政府不包括绝对君主制，因为这种政府恰恰败坏了最初建立公民社会的目的。

当一个统治者不按法律而按自己的专断意志行事时，或者当他干涉一个正当确立的立法机构或试图改变其选举方式时，当政府使国家屈服于外国势力时（可以指责斯图亚特国王正在做所有这些事），或者当政府包括立法机构侵犯臣民的自由与财产，从而辜负了寄予它的信任时，政府就解体了，而且人民有权建立一个新的。总体而言，只要一个正当确立的立法权（英格兰议会）存在且能够开展工作而未受不当干涉，就可以认为不存在革命权利，尽管可能有时立法者的行为辜负了他们的信任。无论如何，当人民无法使用正常的变革政府程序时，他们就有权反叛并通过议会之外的途径设立一个新政府。

这里应该再次强调，赋予人民"革命"权利并不必然包括赋予他们更为正常和日常的政治权利，这和我们在克伦威尔和艾尔顿那里看到的一样，他们赋予某些人民武装反抗政府的权利，但这并不意味着这些人民具有投票选举政府的权利。我们还知道，哪怕最激进的**自然**平等信念也并不一定表达为同样激进的**政治**平等观点。在 17 世纪，人是自然自由和平等的观点与一切立场相容：从激进民主到王权绝对主义，从温斯坦莱到霍布斯——洛克似乎介于这些极端之间。

在洛克关于女性的论述中，自然平等和政治平等的分离得到了更加生动的展示。在明确承认女性平等上，他或许没有霍布斯走得远，但是，在反驳费尔默父权论的王权绝对主义辩护时，针对费尔默的国王绝对权力论证所基于的那种绝对父权，洛克在对家庭中的双亲权或者甚至母权主张上走得非常远。洛克没有否认父亲的优越地位，或丈夫对其妻子权威的"自然基础"。但是，他在一定程度上否定了某种使夏娃服从亚当或使女人服从男人的上帝命令，并指责费尔默用自己的"幻想"来取代上帝的真理。然而，所有这些都不预示着女性的政治权利。像同时代几乎所有人（显然也包括女性自身）一样，
265 洛克非常理所当然地把女性排除出政治领域，所以，在家庭中赋予她们一种更为尊贵的地位，他认为没有政治危险，也不可能被误解成他在建议认可女性进入政治领域。

洛克从平等派的"自我所有权"和自然权利观念出发，最终形成的政治立场与艾尔顿的更具寡头性质的立场完全一致。当然，他看起来确实对紧急状态中的革命权利持有一种非常激进的观点，他准备把这种权利赋予"人民"整

体(可能也就是说,赋予所有自由的男性家主),而不仅仅是他们的议会代表。这是一种只有最激进的辉格党人才赞同的观点。但是,正如克伦威尔和艾尔顿的例子显著证明的,在17世纪的英格兰,即使一种更激进的革命观点也不必然否定更正常的政治权利对许多自由人的排斥。毕竟,新模范军的普通士兵已经被明确许可具有一种革命权利,但动员他们的军队高层恰恰坚持否定他们选举议会代表的简单权利。当被问到如果被否认新模范军的政治权利,那么他们为何而战时,艾尔顿答复说,他们获得了受一个代表机构和一种众所周知的法律统治而非受一个人的专断统治的权利,还获得了做生意和获取财产的自由,因此他们已经赢得了足够多的东西。这也是成为政治社会一员的题中之义,而成为具有选举权的“选民”完全是另一回事。[1]

洛克的财产权理论

尽管论财产权一章似乎是在《政府论(下)》初稿完成后加上去的,但它无疑在洛克政治理论中具有重要地位。在这里,他具体化了构成他的反绝对主义论证基础的自然权利理论。他通过阐述每个人都具有一种对自己人身的财产权(其他权利由它产生)这个原则来做这个工作。但是,正如对平等派那样,对洛克来说,即使人们对自己人身的财产权包含某些不可转让的自然权利,它也并不必然包含平等派设想的所有那些政治权利,正如我们已经看到的那样。更细致地考察洛克对“自我所有权”的独特阐述,以及它如何异于平等派的阐述,将揭示出他的财产权理论和他的政治学中的很多东西。

洛克说,上帝“将世界给予人类共有”(《政府论(下)》第二十六条)。* 然而,如我们所见,世界起初是一种共同所有物这种观点在西方传统中很常见,
而且它可以同一切立场相容:从对私有财产权的强力辩护到温斯坦莱对财产 266
权的激进否定。洛克着手证明,人对土地的共同所有权与私有财产权相容,

1　关于这个论点的更多讨论,参见《洛克反民主:〈政府论〉中的代表、同意和选举权》,第688—689页。

*　本章引文参考译文:《政府论(下)》,叶启芳、瞿菊农译,商务印书馆,1964年,个别有改动。——译注

而且这种财产权建立在自然权利上。这里洛克绝妙地利用了“自我所有权”观念。“土地和一切低等动物为一切人所共有，”洛克开始说，“但是每人对他自己的人身享有一种所有权，除他以外任何人都没有这种权利。他的身体所从事的劳动和他的双手进行的工作，我们可以说，是正当地属于他的。”（第二十七条）于是，自我所有权和每个人对自己劳动力的财产权，变成了对物和土地的财产权的来源。某人“掺入自己劳动”的东西，某人通过自己的劳动使它脱离或改变了其自然状态的东西，将某物附加其上的东西，这些都成为他的财产，而且排斥其他人的权利。这就是私有财产作为某人人身和劳动（他自然地对此具有一种排他性权利）的延伸如何凭借自然权利而非凭借共同同意而从共同所有权中产生的。尽管上帝确实将土地给人类共有，但他给他们无论如何不是为了让它浪费掉。他把它给“勤勉和理性的人”，为的是“改良”，是通过劳动增加其价值、有用性和生产力。

当然，洛克确实坚称自然法确立了一些对积累的限制。除了身体上的劳动能力限制，最明显的限制是人不应该积累得多到他无法消费它并任它被浪费或糟蹋。他也不应该积累得多到损害了同伴的利益。要尊重所有其他人的生存权利，他必须留下足够多、足够好的东西。这些“糟蹋”和“充足性”限制似乎意味着，某人自己和家人的劳动能力，以及他自己和家人的消费能力，对他可以积累的东西施加了严格的自然和道德限制。因此很难设想，巨额积累和巨大财富不平等如何能够与自然法相容。

洛克有一个简单的答案。人类社会中的一个新发展改变了一切：货币的发明。货币使人们能够积累多于自己可以消费的，同时并不违背自然法对糟蹋的禁止。赋予金或银某种价值以作为交换媒介，这个决定意味着财富可以以一种无限的方式积累。这也许可了交换和营利性商业，这些转而为增长生产力和财富提供了刺激。没有货币和商业，则“改良”和积累既无可能性，亦无动力。

267 货币和商业所促进的土地改良也意味着，较少的土地就可以供养更多的人民。一方面，这或许是指，尽管人们现在可以积累更多而不违反糟蹋的限制，但他们为了生活幸福不必如此做。他们可以生产更多财富，因此他们也可以留给别人更多东西。确实有人从这种角度解释说，洛克反对财产的大量集中。另一方面，洛克认为，通过使土地更有生产力并具有更高价值，货币、商业和改良实际上增加了人类的“共同资产”。这意味着人们可以积累更多而无须剥夺他人,也不会违反“充足性”限制。一个积累了大地产并予以改良的人,远没有侵犯他人的权利,实际上还增加了他们的福利。

此外,在这些状况下,许多人实际上没有地产也可以维生,因为他们可以用劳动换取工资。这表明赋予一个人财产权的劳动可以是其他某人的劳动。显然洛克理所当然地认为,有些人将拥有大量财产,而其他人完全没有。甚至有些人将为他人工作,由此为他人创造财富。“主人和仆人”,他写道,“是和历史同样古老的名称”(《政府论(下)》第八十五条),仆人(在17世纪,这个词包含许多雇佣劳动者)可以出卖他们的劳动而不会丧失其自然自由,只要主仆关系是一种契约关系,不是无条件、永久的转让,而是一定时间的劳动出售。(洛克也为奴隶制辩护,但基于不同理由:在一场合法战争中,一个因为征服而失去自由的人可以用永久受奴役来换取生命的保全。)而且,在土地得到“改良”和有效利用的地方,即使仆人也可能比未改良土地的主人过得好。

洛克并不止步于此,因为货币的发明还有另一重意涵。货币之所以有价值仅仅是因为人们同意,因此,这也意味着他们同意了其结果:“这就很明显,人们已经同意对于土地可以有不平均和不平等的占有。他们通过默许和自愿的同意找到一种方法,使一个人完全可以占有其产量超过他个人消费量的更多的土地。”(《政府论(下)》第五十条)尽管具体的法律和宪法调节具体的财产制度,但是,人们已经同意的不平等并不取决于此类具体法律。它适用于任何存在货币的地方。这似乎意味着,所有政府都不能试图改变人们已经同意了的不平等状况,以此推翻这个协议。货币的发明和由此产生的一切彻底改变了状况,以至于自然法和人的自然自由、平等及土地公有,变得不仅与私有财产权相容,而且与严重不平等相容。而且,这一切都具有正当性,正当性来自自愿的同意。 268

洛克不是唯一一位,甚至也不是第一位认为财产权源于劳动的人,但他确实是第一位如此系统地把这个原则阐发成一种财产权理论和一种自然权利理论的人。正如我们将看到的,他还使财产权源于劳动的观念发生了独特的转折,这使他彻底背离了前人。洛克的自然权利概念对他的反绝对主义论证具有核心作用。但是,他的财产权理论的寓意远远超出了他的反绝对主义政治学。此时再次在普特尼辩论的背景下思考他的理论，能使我们对洛克有更多认识。

读者可以回想威廉·雷恩巴勒少校在普特尼发表的意见："这个政府的主要目的是保护人身和财产，任何法律如果能保护我的人身，那么它比能保护我的财产的法律更可爱。"平等派确实信仰私有财产权，但雷恩巴勒少校在这里赋予**人身**相对于财产的优先性，而这正是艾尔顿最害怕的原则。像在其他地方一样，在这里，洛克找到了巧妙避免平等派学说的这种后果的方法。

洛克明确声明：公民社会的"首要目的""是保护财产"（《政府论（下）》第八十五条）。这看起来足够明确，而且乍看之下没有给那些内在于人身的，有别于财产权的权利留下余地。但是，在他那充满争议的论财产一章，当他界定财产本身时，洛克常常使用一种广义定义，它包括"生命、自由与财产"。自《权利请愿书》之后，在主张臣民的权利时，"生命、自由与财产"或复数的"人身、自由与财产"这类表述已经变得常见，例如它出现在《大抗议书》中，李尔本也曾经主张应该保护每个英格兰人"古老的"根本权利，使其"生命、自由或财产"不受专断、非法的侵犯。洛克把所有这些权利包含进"财产"这个单独范畴中，这确实意味着，政府的目的正如雷恩巴勒少校所坚称的是"保护人身和财产"，也意味着所有人，哪怕没有"财产"的人也具有政府有义务予以保护的某些东西，意味着这样一个人因此享有某些基本权利。权利内在于人身而不论这个人有无以财产为形式的"固定利益"，正是在这个基础上，托马斯·雷恩巴勒上校要求向哪怕"最穷的人"扩大选举权。艾尔顿看到了诉诸仅仅因为生存和呼吸而内在于人身的权利所具有的危险，这意味着这些权利凭借自然而非凭借传统或英格兰宪法而存在。但是，洛克找到了一种方法，由此可以把自然权利归属于人身，同时避免艾尔顿预见到的风险，并再次使平等派的原则与艾尔顿的政治学相容。例如，他的同意学说使这一点成为可
269 能：谈论此类自然权利，同时又不要求任何超过艾尔顿愿意承认的东西，即凭借一个代表机构和一种众所周知的法律的存在，而非凭借一个人的专制统治，使每个人的权利得到充分保护。

至于财产，当洛克将它描述成一种自然权利时，他所指的含义与平等派想的似乎很不同，或者更具体地说，他在回答一个不同的问题。在雷恩巴勒

与艾尔顿的辩论中，双方看来都同意私有财产权是上帝规定的制度（尽管这并不排斥最初世界被交给人们共有这种信念）。例如，在回应自然权利学说危及一切财产这种指责时，雷恩巴勒坚称他并无此意，要求政府中的发言权也当然不意味着摧毁财产。实际上，财产权凭神法而存在："神法规定了它，否则上帝为什么要定下你不应偷窃的法律？"尽管艾尔顿拒绝把自然权利当成财产权基础的观念，但他并不否认这条上帝戒律，他也不认为财产权本身没有神圣权威。然而，对他来说这不是主要问题。问题是既有的财产分配是否正当，更具体而言，与之适应的政治权利分配是否正当。

艾尔顿认为，一般意义的财产制度可能是凭神法而存在的，但是，任何个人对任何特殊财产的特殊权利，正如选举议会的权利一样不是上帝规定的。"神法"，他说，"并不延及特殊事物"，它"不决定特殊事物，而是决定涉及人与人关系、财产关系的一般事物，以及所有其他事物"。神法与特殊的人的财产之间的联系是微乎其微的，并且"我们的财产源于其他事物"。和政治权利一样，特殊的财产权利源于习俗和历史先例。如果我们诉诸某种超历史的自然权利来质疑这些习俗和先例，我们将危害一切财产。毕竟，如果每个人都对他生活所需的一切事物享有一种自然权利，那么所有私有财产肯定都无法得到保障。

尽管雷恩巴勒上校否认有危害私有财产的意图，但他确实诉诸了某种自然权利。然而，重要之处在于，他和其他平等派成员在诉诸自然权利时都没有把它当成解释人们如何开始对某个特殊事物具有财产权的方法。确实，平等派质疑历史先例和宪法先例（艾尔顿乞灵于它们来支持既有的财产和政治权利分配）的正当性。平等派给出了不同的历史先例，他们还主张某些"本土人的权利"——它们已经被诺曼征服所破坏。他们确实唤起一种自然权利或自我所有权的概念来支持他们的历史主张，但这种概念的主要目标是自由而非私有财产。

在理查德·奥弗顿的小册子《射向一切暴君之箭》中，平等派的论证得到了最清晰的阐明。我们之前引用过这部小册子的有说服力且经常被援引的"自我所有权"定义。奥弗顿确实坚持说，如果人们没有对自身的不可侵犯的 270
财产权，就不可能存在"我的和你的"。但他仅仅是指，如果任何人的自然自由被侵犯、其人身被专断干涉，那么就没有人能够安全享用他占有的东西。至于物质财产本身的起源，奥弗顿未置一词。然而，从他对《权利请愿书》中重申的《大宪章》诸原则的引用中，从他对爱德华·柯克勋爵的评注的引用中，我们可以管窥他的一些想法：

> 除非凭借合法的审判，也就是某人的对等者（与他处于相同地位的人）的裁决，或凭借土地法……凭借正当的法律程序，否则，任何人都不应被强占财产。强占的意思是非法占有或剥夺他的自由保有物，即土地或生计；或者非法剥夺他的自由或习惯性自由，也就是非法剥夺他凭自由人与生俱来的权利而享有的特许权、自由和习惯性自由。

这里相关的财产权是得到成文法或习惯法承认的各种公民权利和习惯权利（自由保有权、法人“自由”、做生意的“特许权”等）。奥弗顿并未谈及财产权的自然起源。他只是坚称，一个人的自然自由使他具有一种不可剥夺的享用“正当的法律程序”的权利，并且不经过这类程序，任何对其财产的干涉都不是正当的。强调重点仍然不是财产权本身，而是自由，是专断权力的不正当性。

平等派的论证似乎是这样：每个人对自己的人身具有一种财产权。由此产生了某些自由：非经同意则不服从他人权威的自由，遵循自己的宗教信仰的自由，还有享用自己的所有物而不受非法干涉（一切非正当设立、不负责、不按正当法律程序行事的权力的干涉）的自由。

平等派确确实实质疑了艾尔顿诉诸的历史先例和宪法先例的正当性，而且他们是通过主张已经被诺曼征服破坏了的“本土人的权利”来进行质疑的。基于自我所有权的论证表明了平等派关于正当权力的想法，但它并不能解释一些人如何开始具有正当所有物。它的确意味着，政治权利不能基于狭义的“财产”。这些权利附属于人身。它还意味着，既有的财产分配不过是由征服获得、由不正当权力保护的赃物。平等派想使政治权力同财富、特权分离，他
271 们想保护小财产不受不正义的、压迫性的干涉。但是，在他们的论证中，并没有什么地方与艾尔顿的特殊财产凭习俗而存在的原则不一致。问题仅仅在于有些习俗是正当的，其他的则不是，这取决于它们是尊重还是违背自然

自由。

如果说证明特殊财产的自然起源并非平等派这样的激进派的目标，那么，约翰·洛克的目的则较为复杂。然而，强调平等派的自我所有权观念与洛克式财产权理论之间连续性的评注者在某种程度上搞混了问题。洛克恰恰准备回答棘手的特殊事物问题："任何人如何开始对任何东西享有一种财产权呢?"（《政府论(下)》第二十五条）他的理由是复杂的，但他的一个明确目标是通过使财产权独立于、先于公民社会，来加强其不可侵犯性：如果人们具有一种先于且独立于公民社会的财产权，这种财产权属于他们是凭自然而非凭政府或共同体的认可，这仅仅加强了所有政府都不可非法干涉财产权这个原则。

洛克无疑还试图再次回应来自费尔默的一个挑战。在论证政治权力和财产权源于上帝对亚当的授予时，费尔默与所有主张财产权因人们的同意而存在的人（在某种意义上包括霍布斯、艾尔顿，甚至还有平等派这些各不相同的思想家）辩论，因为这意味着世界最初是共有的。费尔默仅仅认为，如果是这样，私有财产权就是一种难以想象的、违背上帝意志的罪，而且，私有财产权至少需要人类的普遍同意，而这是绝对找不出证据的。洛克在一般意义上驳斥绝对主义理论和特殊意义上驳斥费尔默时也采用了这个论点。他证明了私有财产权如何可以同上帝将世界给予人类共有相容，"在上帝给予人类为人类所共有的东西之中，人们如何能使其中的某些部分成为他们的财产，并且这还不必经过全体世人的明确协议"（《政府论(下)》第二十五条）。

但是，除了在他的反对绝对主义论证中的作用，洛克的自然权利概念还有其他作用，当我们再次将他与平等派进行比较时这一点就会变得很明显。要理解洛克与平等派的差别，我们首先可以思考一个简单事实：平等派并无强烈动机去接受艾尔顿说自然权利是习惯和习俗的敌人这种论点。他们确实想否定某些确立了现行权力与特权体系的习俗和习惯。但是，他们的主要目标之一是**保护**某些习惯，即"自由出身的"普通英格兰人的习惯权利和土地保有权，它们正在受到统治阶级的破坏。因此，对于证明自然权利高于一般意义的习惯，平等派并不真正感兴趣。他们希望表明的是，某些习惯权利得 272
到了更普遍的，甚至自然的原则的支持。不经正当法律程序，由一个不正当政府废除这些权利是对自然自由的破坏。

洛克似乎并没有类似的对习惯权利的眷恋。他的自然权利理论确实威胁到习惯和习俗，但不是在艾尔顿所畏惧的那种意义上。洛克的自然权利理论威胁到的不是沙夫茨伯里这样的地主的财产，而是平民的习惯权利。洛克独具匠心地修改了平等派的“自我所有权”观念，再次保持了构成他的政治理论整体特色的微妙平衡：一方面是一种激进的反绝对主义，另一方面是对其民主寓意的小心限制。

洛克的财产权理论为自然权利观念填充了实质内容，在攻击绝对主义时他如此有力地运用了这个观念。诉诸一种自然的、不可转让的、任何政府都无权破坏的对“生命、自由与财产”的权利，这确实为反绝对主义论证增加了力量。财产权源于一种属于每个人的个人权利，设计这个论点仍然是为了反驳费尔默的主张：所有政治权力和财产权都源于上帝对亚当的授予，而非源自某种普遍的（男性的）人权。

洛克的论点可能还出于其他政治理由。例如有人认为，论财产权一章，以及洛克对作为财产权来源的劳动的重要性强调，是在向“勤勉”阶层示意。排斥法案危机期间，沙夫茨伯里一派在试图促成一个反对派联盟时曾讨好这个阶层（但我们稍后将看到，在洛克的财产权理论中，“劳动”具有非常灵活的含义，它既适合凭自己双手工作的“勤勉”阶层，也适合“致力改良的”地主）。同时，论财产一章也有助于抹消激进自然权利概念所固有的更民主的可能性。财产权理论包括一种对巨大不平等的灵活辩护，这使洛克的革命性理论可以与英格兰既有的财产分配相容。

在所有这些方面，论财产权一章都对洛克具有重要的政治含义，但是，该章具有的意涵远远超出它对洛克政治理论产生的结果。这一章代表着对一般意义上的财产权的一种重要重思，它与英格兰独特的历史发展有关。

改　良

洛克关于财产权的论证关键在于“改良”观念。这一章贯穿的主题是，土
273 地需要成为高产的，这也是劳动产生的私有财产权胜过共同所有的原因。值

得指出，“改良”这个词的最初意思（衍生自诺曼法语的 emprouwer）是“使盈利”或“为盈利而管理”，显然这就是洛克及其同时代人使用的意思。洛克反复声称，土地固有的价值绝大部分不是来自自然，而是来自劳动和改良：“正是劳动使一切东西具有不同的价值。”（《政府论（下）》第四十条）同样明显的是，他脑中的“价值”就是交换价值或商业价值。他甚至具体计算了劳动相对于自然所贡献的价值。“我认为”，他指出，“如果说在有利于人生的土地产品中，十分之九是劳动的结果，这不过是个极保守的计算”，他紧接着自我修正：更准确地说，百分之九十九应该归功于劳动而非自然（《政府论（下）》第四十条）。未改良的美洲的一英亩土地，可能在自然肥沃程度上和英格兰的一英亩土地不相上下，但它还不值英格兰一英亩土地的千分之一，“假如一个印第安人从那块土地所得的一切利益在这里估价出售的话”（《政府论（下）》第四十三条）。未改良的土地是种浪费，因此，某个人为了改良它使它脱离共同所有权并据为己有——他取消土地的公有并圈起它，那么这个人并未从人类那里取走东西，反而贡献了东西。

我们已经知道，在洛克那里，劳动与财产权并无直接对应关系，因为一个人可以占有他人的劳动。现在看来，洛克关心的问题较少与劳动本身的能动性有关，而更多与其营利性使用有关。例如，在计算美洲一英亩土地的价值时，他没有提到印第安人的劳动和他花费的努力，而是谈论在缺少一种充分发展的商业的情况下，他得到的利润（的匮乏）。换言之，问题不是人的劳动，而是财产的生产力及其在商业利润上的有用性。

在一个有名且饱受争议的段落中，洛克写道，“我的马所吃的草、我的仆人所割的草皮以及我在同他人共同享有开采权的地方挖掘的矿石，都成为我的财产”（《政府论（下）》第二十八条）。人们花费大量笔墨讨论这一段以及它向我们揭示的例如洛克对雇佣劳动（割草皮的仆人的劳动）的看法。但是，“草皮”这段真正引人注目之处在于，洛克将“我的仆人所割的草皮”和“我挖掘的矿石”放在同等位置。这不仅意味着，我，也就是主人已经占有了仆人的劳动，而且意味着，这种占有与仆人本身的劳动行为在原则上没有差别。无论从哪点看，我自己的挖掘和我对我仆人收割的果实的占有都是一样的。然而，洛克感兴趣的不是单纯消极的占有。毋宁说关键在于，对土地进行生产

性利用的地主，哪怕凭借他人劳动对土地进行改良的地主，同从事劳动的仆
274 人一样勤勉，甚至比他更勤勉。

我们已经变得习惯于将“生产者”和“劳动雇佣者”等同（例如与工会有冲突的“汽车生产者”这种说法），以至于看不到这种等同的意涵，但重要的是记住，使这种等同成为可能，需要某些非常特殊的历史条件。前资本主义社会中的传统统治阶级从依附的农民那里消极地占有租金，他们绝不会认为自己是“生产者”。那种可以被称为“生产性的”占有是资本主义独有的。这意味着财产被积极地使用，不是被用于“炫耀性消费”，也不是单纯地被用于获取“超经济”强制手段，而是被用于投资和增加利润。财富之获取，不是像收租贵族那样，单纯靠使用强制力从直接生产者那里榨取更多劳动剩余，然而也不是像前资本主义商人那样，靠“贱买贵卖”。财富的创造，是靠提高劳动生产率（每个劳动单位的产出），以便产生在市场交易中实现的利润。

通过将劳动与利润生产结合，洛克可能成了第一位建构了一种基于这些近似资本主义原则的系统财产权理论的思想家。他当然不是一位成熟工业资本主义的理论家，但是，他的财产观及其对以利润为目标的生产力的强调，确实使他远离了前人。他关于价值是在生产中积极创造的观念，已经与单纯聚焦于交换过程、“流通领域”的传统观点异轨殊途。（在 17 世纪，只有常被称为政治经济学之父的威廉·配第提出了类似这种“劳动价值理论”。）洛克在他的经济学著作中批评了那些消极收租却不改良其土地的土地贵族，他也同样批评了那些单纯作为中间人的商人，他们在一个市场低价买入并在另一个市场高价卖出，或囤积居奇、抬高价格，或垄断市场以增加销售利润。在他看来，这两种类型的所有者都是寄生性的。他们绝不是“生产者”。然而，他对这类所有者的抨击不应被误读成与统治阶级针锋相对的对劳动人民的辩护。他确实褒扬勤勉的手艺人和店主，但他的理想典范似乎是致力改良的大地主，他认为这种人是共同体财富的最终源泉，他称之为“第一生产者”——一个像沙夫茨伯里这样的资本主义地主和殖民贸易投资人，一个不仅“勤勉”，而且其巨额财产对共同体财富厥功甚伟的人。

洛克的财产观非常适合处于农业资本主义早期的英格兰的状况。它鲜明反映了这样一种状况：高度集中的土地所有权和大资产同独一无二的高产

农业(不仅在总产出的意义上,而且在每个劳动单位的产出的意义上高产)结
合。像托马斯·斯密斯勋爵一样,他视英格兰农业的三方结构(地主、佃农和 275
“仆人”或雇佣劳动者三位一体)为理所当然,尽管这种三方结构没有遍布整个国家,但它在洛克最熟悉的英格兰南部和西南部已经充分确立。他的“改良”话语应和着探讨此时在英格兰繁荣发展的农业技术的科学著作,特别是皇家学会以及洛克和沙夫茨伯里联系密切的学识圈产生的科学著作。更具体地说,他对公地是浪费的频繁提及,他对取消土地公有的赞扬,进而对圈地的赞扬,在那个时空中具有非常强烈的共鸣。[1]

我们需要记住,在洛克的时代,财产权定义是一个非常直接的实践议题。一种新的财产权定义正在确立自身,它既在理论也在实践上挑战着传统形式。例如在对公有权利和习俗权利的争论中,它频繁亮相。为营利性交易而“改良”的原则正在日益战胜其他原则和其他财产权主张,无论这些主张是基于习惯还是基于某种根本的生存权利。提高生产力本身变成排斥其他权利的一个理由。[2]

17 世纪已经有一些关于土地冲突的法律判决案例,在这些案例中,法官诉诸的原则非常类似洛克概括的那些原则,目的是使排他性财产权优先于公有权利和习惯权利。这些论证被用来支持这类地主:他们力图消灭平
民的习惯权利,将他们逐出公地,通过圈地把公地变成排他性私有财产。圈 276
地、驱逐和改良,正如洛克所说,增加了共同体财富,并且它增加的“共同资产”多于它减少的。18 世纪,当圈地因为议会的积极参与而旋即加速时,“改

1　在某处论证中,洛克承认或许存在法律认可的公地,例如在英格兰,在这种情况下,非经同意不可圈地(《政府论(下)》第三十五条)。但是,这个限制条件并不像它乍看起来的那样严格。正如我在《洛克反民主:〈政府论〉中的代表、同意和选举权》一文中指出的:“即使我们不考虑大地主可以对脆弱的穷人使用的强制手段——这些手段可以迫使后者同意……无疑也已经存在着公有权利范围之外的土地大量集中。还存在许多这类情况,即土地公有权利已经合法地归于某人——通常是某个大地主,这类情况因习俗而存在,但不具有明确的法律地位。归根结底,消灭这类习惯权利正是圈地涉及的问题,也是圈地引发的冲突的原因。在《政府论(下)》中,没有一处倾向于保护这些习惯权利,却有大量内容论及圈地的利益及其对共同体财富的贡献,这些内容应该会支持为共同体利益而消灭上述习惯权利。实际上如我们所见,恰恰是洛克采用的这种改良论证,日益被当成对习惯权利的合法质疑而加以使用”。第 681—682 页。

2　汤普森绘制了实践中表现出来的财产权观念转变的图表,参见:《习惯、法律与公有权利》(E.P. Thompson, ‘Custom, Law and Common Right’, in his *Customs in Common*, London: Merlin, 1991)。

良”理由被系统地加以援引，用来作为财产资格的基础和消灭传统权利的根据。

这并非洛克财产权理论支持沙夫茨伯里这类地主的利益的唯一方式。我们已经略为提到洛克对奴隶制的辩护。他的改良观点也可以轻而易举地被用来为殖民扩张和侵占土著居民土地辩护，正如他对美洲及其本土居民的评论怵目地揭示的那样。如果未改良的美洲土地只能是“浪费”，那么欧洲人圈起并改良它们就是一种上帝授予的职责，同原初自然状态中“勤勉”和“理性”的人所做的如出一辙。“全世界初期都像美洲”（《政府论（下）》第四十九条），没有货币，没有商业，没有改良。如果世界（或其某部分）已经在上帝的指示下离开了自然状态，那么，任何仍停留在这种原始状态中的一切事物必定要走同样的路。在构想出一种更多与财产权而非司法权有关的帝国辩护上，洛克或许不是唯一一人，但他远远超越了其他殖民侵占辩护者诉诸的单纯的无主之物（res nullius）原则。对他来说，问题不仅仅是无主的或未利用的土地，而是没有为商业利润进行改良的土地。他也并非像格劳秀斯那样仅仅认为，当（且因为）事物被使用、被改变时，它就变成财产。在洛克看来，财产权（也包括殖民侵占）源于价值的创造。[1]

约翰·洛克建构了一种对议会和“有限”政府的有力辩护，但这种辩护并不拥护民主。哪怕只是使议会制政府民主化到接近平等派所要求的男性普选权的程度，都需要经过漫长的时间和大量的斗争，更不用说女性选举权了。当最终赢得这些胜利时，确实赢得有价值。但是，到那时，选举权已经不再具有平等派曾经期望的那种重大作用。问题已经以有利于资本主义财产权的方式得到解决。围绕公有权利和习惯权利展开的古老政治斗争销声匿迹了，
277 而且，社会生活众多领域服从的不是民主问责的要求，而是资本主义竞争和利润最大化的指令。

1　几十年前，类似洛克论点的论证被用来为英格兰殖民爱尔兰土地辩护。英格兰的爱尔兰政策制定者之一，约翰·戴维斯勋爵（Sir John Davies）正是通过衡量改良所创造的价值，用显而易见的洛克式术语为侵占土地和殖民辩护的。在拙著《资本帝国》第四、第五章中我更详尽地讨论了这些问题。

18 世纪英格兰的洛克范式

当前有段时期，很多关于 18 世纪西方政治思想，特别是英美思想的学术争论围绕着美德与商业的关系展开，约翰·波考克是这场争论的主要参考点。[1] 波考克对 18 世纪英格兰的描述大致如此：

在 17 世纪 90 年代中期出现了一场金融革命，它引发了“突然的、创伤性的资本发现”，其形式是公共信用以及由此而来的政府恩庇的增长。关键的、象征性的时刻是英格兰银行的确立。这无异于一场财产权性质和观念上的革命。在他看来，17 世纪早期，甚至 16 世纪一些人看到的英格兰财产权的结构和意识形态的根本转变，似乎并没有带来什么影响。财产权的**真正**转变，其结构和道德的转变，在 17 世纪 90 年代中期“陡然”出现，并伴随着政治心理的突然变化。这场革命性转变标志着商业社会肇始。就是在这个时刻，公民之间的关系以及他们与政府之间的关系，开始表现为资本主义关系——在波考克的术语中是指债权人和债务人关系。[2]

波考克指出，政治话语必须想办法应对这种转变，面对一个新的商业性、寡头性、帝国性的不列颠，或与之抗争，或为之辩护。古典共和主义词汇被用来处理土地利益和“金钱利益”之间重新出现的冲突——这种冲突先于不动
产和政府恩庇之间的冲突并受到后者塑造。而且，我们可以从“美德”与“腐 278
化”的争论中发现商业意识形态的起源。在驳斥反对声音、为新的商业意识形态辩护的过程中，主要的意识形态需求之一是巧妙处理美德与商业的对立。必须质疑独立的土地利益与多少有些腐化（或无论如何都是腐化）的金

1　参见波考克的论文集：《德行、商业和历史：18 世纪政治思想与历史论辑》（Pocock, *Virtue, Commerce and History: Essays on Political Thought and History, Chiefly in the Eighteenth Century*, Cambridge：Cambridge University Press, 1985）。

2　波考克认为，比起斯金纳，他自己的历史进路更具“历时性”而非“共时性”。“斯金纳的史学才智”，波考克说，集中于“共时性地、详尽地重构一个给定时间中存在的语境”，相比之下，波考克认为自己的进路“倾向历时性研究，也就是研究从一个历史语境到另一个，出现语言变化或文本移植时发生的事情”（*Rethinking the Foundations of Modern Political Thought*, eds A. Brett and J. Tully, Cambridge：Cambridge University Press, 2006, p.45）。但是，很难说历史**过程**在波考克对 18 世纪英格兰的解释中具有突出地位。他的革命性时刻确实是“陡然”出现的，并无之前数世纪社会变迁的明显基础。

钱利益的对立地位。商业社会的意识形态理论家提供的答案通常与商业的文明化影响有关，通过驯化激情或驾驭它们服务公共利益，这种文明化影响取消了对公民美德的需求。因此，18 世纪政治话语争论的主轴关涉一种冲突，也就是强调占有和公民美德的财产概念与强调交易及其对激情的文明化的财产概念之间的冲突。

这种叙事还具有这样的效果：将洛克移出现代财产革命的中心，移出使新兴资本主义理论化的努力的中心。根据这种论点，洛克与思考资本主义社会或商业社会（批判它或使它正当化）无关。在他的时代商业社会尚不存在，也尚不是一个问题，而且，18 世纪用来使商业社会概念化的范畴和词汇与洛克的不同且常常相反，在这两种意义上，他是不相干的。

当然，关于波考克的叙事和他对现代早期欧洲话语中美德与商业关系的设想存在很多争议。有人不仅反对他对不列颠的分析，而且反对他的一般分析范畴。毕竟，意大利城市国家的公民人文主义把商业、自由和美德联系起来，而且商业已经得到荷兰共和主义者拥护。其他人坚持认为，18 世纪英格兰共和主义话语的重要性被严重夸大了，还有人指出，基于英格兰和欧洲其他话语传统的美国思想家，完全有能力整合自由主义话语与共和主义话语，或者进而言之，整合商业与公民美德。然而，即使提出公民人文主义或共和主义的性质和程度问题，或提出政治话语中美德与商业的关系问题，辩论的根本框架仍然没有受到质疑。

我们已经指出，“共和主义”观念实在是一个迟钝的工具，它尤其不适合英格兰政治的特殊情况。对于“商业”也可以这样说，无论它被设想成美德的对立面还是替代物。“商业”观念遮蔽的东西和它揭示的同样多，“商业社会”更是如此。资本主义的独特发展使英格兰有别于其他商业社会。18 世纪商业性、寡头性、帝国性的秩序建立在农业资本主义及其非常特殊的财产制度
279 之上，而且，土地利益和金钱利益之间的任何对立都以有产阶级之间更根本的共性为前提。乡绅和商人，无论是托利党人还是辉格党人，都从属于资本主义财产制度。

所谓的商业革命并非无中生有，也不仅仅是一场语言转换。它是一个长期发展过程，即我们所谓农业资本主义的发展的结局。这个过程创造了一个

强大的资本主义土地贵族，从 1688 年—1689 年革命走出的他们打败了绝对主义，实际掌控了英格兰，并且处在强势立场去巩固他们在先前整个一个世纪不断确立的财产制度。英格兰银行的建立（波考克的革命性时刻）是他们的胜利的一个结果，他们中最重要的人士是领导了 1688 年革命同时也是其主要受益者的辉格党人。

英格兰银行是为了回应一个新兴资本主义地主阶级的需求而出现的，这个事实使它与欧洲其他公共银行有差异，也使我们对英格兰历史的特殊之处有更多了解。银行是英格兰独特的一种制度，而且这种差异有一个历史，因为英格兰银行业早已按照英格兰独特的方式发展。英格兰银行是至少自 16 世纪开始的发展的巅峰。大陆银行业的发展主要是为了给各独立市场之间的远程贸易和套利提供资金和帮助。在这些方面，英格兰的制度早期极其薄弱，但它的发展方式顺应了自身的特殊需求。特别是，它发展了迎合地主阶级投资的银行业形式。这是某种全新的东西，在大陆找不到对应物，它也显然是英格兰农业资本主义的一种表现。

早在英格兰银行之前，英格兰农业经济就已经按照独特方式发展了。大地主和作为资本主义农民的佃农之间的特殊关系意味着，英格兰农业正在史无前例地回应着竞争和利润最大化的新需求。这创造出对投资资本的新需求，而这种新需求对资本匮乏的大陆农民甚至收租地主而言是陌生的。而且，为了促进生产，英格兰银行以前所未有、独一无二的方式发展成了投资资本的供应者。

比起其他银行体系，英格兰银行体系更多处理生产者之间的事务——不单纯是代理商之间的事务，甚至不是生产者与消费者之间的事务，而是一个日益专业化的生产网络中生产者自身之间的事务。这不是后来某种商业经济或工业经济的职能。它产生于英格兰农村，特别与英格兰农村地区的专业化有关，专业化意味着生产者必须以独特方式、以不同方式（例如与法兰西的
农民经济和地方农民市场不同的方式）应对彼此。英格兰银行业的发展是为 280
了满足一个日益一体化的国内市场和一个以伦敦为中心的大城市市场的需求。这不单纯是一个地理范围问题，即近程和远程贸易的差别问题。它与英格兰社会和英格兰经济的根本特征有关，这些特征使英格兰区别于欧洲邻国。

英格兰银行直接的前身是金商银行家(goldsmith bankers)。他们的目的不单纯是促进旧的、从转让或贱买贵卖中得利的贸易形式，而是鼓励对营利性生产的投资。使英格兰银行与众不同之处并非在于它是一个公共银行，而在于几乎相反的事实：英格兰公共银行是私人银行以其英格兰特殊形式的延伸。确实，它通过提供公共信用，特别是为战争提供资金支持而获得了经营私人业务的权利，但其原则和一般的银行职能延续了英格兰私人银行业已经存在的实践。

因此，英格兰银行不是一种全新商业体制的突然浮现。它是长期发展着的社会财产关系，即农业资本主义财产关系的延伸。这些发展已经启动了一种新的、前所未有的历史动力，其主要特征之一是前所未有的、自我维续的经济增长——这不同于欧洲任何其他地方，包括高度商业化的荷兰共和国。18世纪英格兰的商业资本主义牢牢扎根于这些独特的发展中，且没有这些发展就不可能存在。无论18世纪英格兰出现了什么新事物，财产制度的革命性转变都先于它们，并且是它们的前提。

那么，由于公共信用出现而得以可能的政府恩庇的增长是怎么回事？恩庇机构在18世纪发展成威廉·科贝特著名的所谓“古老腐败”，这是一种寄生性肿瘤，它既靠商业活动也靠资本主义农业创造的财富供养。换言之，即使土地财富按照定义讲是“不动的”而非“动的”，它也并不因此就更少具有“商业性”。毋宁说，比起作为前资本主义遗物而存在的垄断贸易公司，土地利益更符合资本主义逻辑。经营高产、改良农业的托利党乡绅比老东印度公司的商人更具资本家性质，乡绅的财富也比凭国家恩庇和公共腐败而致富的特权少数的财富更具资本主义性质。

利用国家职位、特权或恩庇追求私人财富当然不是什么新鲜事。正如我们看到的那样，在整个欧洲，这既是例外，也在同等程度上是规则。使英格兰的“超经济”占有方式区别于例如法兰西之处在于，这种占有方式在18世纪
281 的英格兰是一种次要的寄生性肿瘤。法兰西的官员主要通过向生产阶级，特别是向农民课税来中饱私囊。当17世纪90年代英格兰设立土地税时，正值议会牢固确立其税收控制权的时刻，议会中的英格兰有产阶级那时在向自己征税，把他们以租金或利润形式从生产者那里已经占有的东西转移成国家财

富。不仅在科贝特这样的激进分子中间,而且在有产精英中间,“古老腐败”都是一个争论焦点,这并非因为它代表着与对立的土地利益竞争的一种新商业秩序或资本主义秩序,相反是因为它寄生于资本主义财富(这种财富至少同等程度地既是商业性质的也是土地性质的)之上。问题不是资本主义财产,而是少数腐败、寄生的类型正在揩生产性资本利润的油。

确实存在用土地财产的道德品质来对比商业利润的价值观的一系列批评声音。然而,哪怕最不容情的批评者也证实了农业资本主义的现实。批评的靶子很可能恰恰是把利润放在职责和责任(也就是等级义务和顺从义务)之上的资本主义地主。这些批评者或许对“改良”或帝国扩张的成果不屑一顾,然而,即使在 18 世纪政治话语中存在美德与商业的对立,它很大程度上也是大体赞成英格兰新财产制度的统治阶级内部的冲突,只是一些人比其他人更加反对其过度和无节制。对这些批评者来说,即使存在商业的价值观与土地财产的美德之间的对立,它也无关利润和农业之间的对立。它关乎不受道德价值观或阶级职责约束的商业,关乎辉格党过分的扩张主义,关乎把所有职责、等级义务都放在商业利润之下的地主的传统责任,关乎与农业改良生产力相悖的对乡村猎场和林园的大肆炫耀。

使这些批评者与“商业社会”辩护者,例如约瑟夫・艾迪生或丹尼尔・笛福(波考克举的例子)产生分歧的地方,并不是围绕资本主义财产的冲突。分歧与资本主义财富的用途有关。例如,艾迪生完全赞成结合了利润与享乐、农业改良与奢华园林的大地产。笛福对英格兰独特的植物园的赞美沿着同样的线索,它既是对利润的称颂,同时也是对田园美学的讴歌。但在批评者看来,农业改良和营利性生产是一回事,大事铺张、骄奢淫逸完全是另一
回事。[1] 282

即使当地主阶级的美德被高举以反对商人的恶习时,这种对立也很可能被用来支持而非反对资本主义财产制度。哪怕在政治经济学经典著作

1　我像艾迪生和笛福那样,非常具体地讨论了英格兰熔美丽和生产力、利润为一炉的田园美学,参见拙著:《资本主义原生文化:关于旧制度与现代国家的历史论辑》(Ellen Meiksins Wood, *The Pristine Culture of Capitalism: A Historical Essay on Old Regimes and Modern States*, London: Verso, 1991),第 109—113 页。

中——最主要是在亚当·斯密的著作中，对商业可能威胁美德的担忧也是一个重要主题。在《国富论》中，斯密求解商业与美德这个让他困扰终生的难题，他的解决办法是更多而非更少地求助于商业竞争准则，并期待国家不要强加一种与商业交易不相容的公民美德，而要保障竞争准则在约束商人和制造商的倾向上切实起作用。这一点无疑告诉我们很多关于不列颠资本主义特殊情况的事情。斯密的朋友亚当·弗格森仍然被商业和美德的紧张关系所困扰（而且我们可以认为他具有某种“共和主义”色彩），但即使是他也把市场机制视为进步引擎（对此我们将在下一章进行详细论述）。更具体地说，无论这两人对商业或商人恶习的腐化影响有何想法，他们都没有鼓吹一种不服从经济“改良”指令的土地财产形式，其他更加明确的“商业社会”批评者中也没有多少人鼓吹这种财产形式。

鼓吹者和批判者都把早已发生的转型的产物——农业资本主义视为理所当然，他们的话语也相应地独具特色。英格兰确实不是唯一具有庞大商业利益的欧洲国家。如我们所见，英格兰思想家也不是最早用商业发挥公民美德之作用的。英格兰的独一无二之处在于，人们在理论和实践上以新的方式构想了商业本身，这是一种具有自身动力，甚至具有一种新道德的资本主义商业。

从有产阶级（他们对既有财产制度的赞成程度远远超过不赞成程度）之间争论的角度来界定 18 世纪英格兰政治话语，或把绅士之间火气较大的争执夸大成革命性时刻的冲突，看来是颠倒错乱的。争论无疑存在，但从英格兰历史中其他真正根本性对立带来的动乱和暴力的背景下来看，18 世纪更引人注目之处在于它解决了有产者之间的共识问题。在那个世纪支配英格兰的财产制度是一个长期冲突史的结果，所有这些冲突都充斥着大量暴力。这种财产制度是在一系列针对上层和底层威胁的斗争中得到确立的：从挫败 16 世纪和 17 世纪早期小所有者的反叛，到消灭未经议会许可的税收；从镇压内战期间骤然涌现的人民的威胁，到最终遏制王权绝对主义（它在 1688 年—
283 1689 年被彻底击垮）对财产权构成的威胁。在 18 世纪，从上述历史中产生了重要发展：例如，议会圈地，并通过所谓司法恐怖对财产权进行强制性重新界定；宣告习惯权利违法，并对许多新的违犯财产权行为引入死刑。

当然，随着工业资本主义的发展，不列颠社会将出现重大变化。但是，英格兰独特的“商业社会”历史中的转型时刻，更多属于17世纪甚至16世纪而非18世纪。这些转型为资本主义工业化奠定了基础，它们创造了一种新的经济体系，这种经济体系不仅独特地使农业生产者服从于市场指令和竞争性生产的需求，还推进了大规模剥夺强占行为——这为全新形式的工业生产创造了劳动力和一种新的消费市场。[1] 诚然，17世纪的思想家几乎无法想象18世纪那样的市场机制，但是，他们可以也确实做到了使作为其根本条件的财产制度概念化。无论18世纪“话语”中出现了何种新事物，它们都不是一种陡然转变，而是已确立原则的巩固。例如，人们将日益依靠议会和法院将17世纪已经崭露头角的财产权概念付诸实践，而对这些原则的抵制并非来自有产阶级，而是来自底层。1688年和解（它在议会中巩固了财产制度）之后，国家不再像之前经常做的那样，通过干预圈地来反对地主利益。这个事实再清楚不过地揭示了早期转型与随后的事情之间的联系。议会本身变成了圈地者的主要代理人。

洛克当然没有发明这种财产制度，他也没有发明一种全新的话语来捕捉它。在国内财产权争论中，在帝国辩护中，财产权源于“改良”和价值创造这种观念以不那么系统的形式发挥作用已经有一段时间了。它确实呈现在17世纪的改良文献中，呈现在地主或资本主义佃农同那些使用权受到改良和资本积累阻碍的人们之间的争执中。正如我们所见，同样的观念早在17世纪就出现在对英格兰帝国政策，特别是殖民爱尔兰政策的辩护中。然而，洛克第一次对这种概念进行了系统阐述，而且在此意义上，他的理论将英格兰财产制度革命予以了概念表达。我们在18世纪观察到的事情，正是这种仍在充分发挥作用的制度的结果。 284

在这个意义上，在18世纪的英格兰，洛克范式仍然存在——甚至可以说大展宏图。该世纪最伟大的不列颠哲学家（被许多人认为是最伟大的用英语写作的哲学家）是这样一位思想家，他的主要哲学建树的影响恰恰是否认洛克式政治理论的可能性，那么我们该如何解释这个事实？大卫·休谟不是一

1　详细内容参见拙文：《市场依赖问题》，第80—84页。

位政治理论家，但是，关于何种使政治理论化的方式是不可能的，他大有可说，而且其中就包括洛克的政治观念。休谟从一种表面上接近洛克的“经验主义”前提出发，即一切知识最终都源于感觉经验，他最终得出的哲学怀疑主义恰恰挑战了居于自然法、自然权利、社会契约这些传统观念之核心的人类理性的抱负。

休谟告诉我们，理性能做的仅仅是确立观念之间的联系，观念本身是原始感觉印象的微弱派生物。理性无法超越原始感知达至终极真理。我们可以探究前提与结论之间的联系，但我们永远无法确定前提本身的真实性。这意味着，我们的信念，甚至关于基本原理如原因和结果的信念，更不用说我们的道德判断和政治判断，所有这些都不能被认为是基于必然真理或普遍、不变的自然法。当然，存在一种人性，除其他事情以外，它使人类愿意承认，为维护他们的利益需要政治共同体、财产权和契约保障，这些我们可称之为正义原则。但是，基于抽象“理性”原则或自然法、用来评判政体形式的基准是不存在的。

休谟有些悖论性地认为人性中具有一种“同情”倾向。表面上看它很像卢梭的“怜悯”，即我们自己对他人感觉的投射，它是人的社会性甚至还有道德性的基础。一种自然仁慈或一种人道感甚至构成正义的基础，尽管它主要是在要求财产安全的匮乏性环境中，通过习俗、约定的中介出现的。但是，休谟发现自己无法在不质疑自己哲学的情况下为同情观念提供连贯的支持，他自己的哲学不承认超越与我们每一个感觉印象有联系的简单意识之上的自我概念。然而，他没有放弃同情观念，他最终宁可质疑自己的哲学体系并接受一种甚至比之前更深入的怀疑主义，不再试图解释作为一种自我投射的
285 同情。[1]

休谟哲学看来代表着一种对洛克政治理论的有力挑战，然而，他的著作最终肯定了已达成的共识的深度和我们所谓的洛克范式的持久性。如果说他的认识论质疑了洛克政治哲学的可能性，那么，他的经典著作《英格兰史》（他终身最伟大的成就）则使我们更多了解到他对政治和财产权的观点。诚

1 关于这一点的探讨，参见拙著：《思想与政治：理解自由主义个人主义与社会主义个人主义的一种进路》，尤见第 66—73 页。

然,在休谟对罗马时代以来英格兰史的解释中,他没有明确主张英格兰“混合政体”的优越性,仍然忠于他的哲学怀疑主义:似乎任何根据某种规范、稳固的法律运作的政体形式都应该得到支持。但是,休谟似乎将英格兰独特的农业资本主义财产制度视为理所当然,这一点可以告诉我们更多关于洛克式共识的事情。当他像古典政治经济学家那样把商业社会与进步联系在一起时,他并没有用不动产的美德反对商业。这不仅仅是因为对他来说,商业促进繁荣、自由甚至文明。他还歌颂“新兴绅士”,这是一个有活力的农村阶层,与“古代贵族”大不相同。这个新的地主阶级没有挥霍财富,反而“努力使其土地在利润方面达到最高价值”,而且在这个过程中,他们使城市增多,使“中间阶层”的财富和权力得到提升。[1]

休谟的朋友亚当·斯密同样信奉“同情”观念,尽管他对“道德情感”和一种自然“人道感”的信念似乎与《国富论》背道而驰,在那里自利追求压过仁慈成为社会交往的驱动力。他不信任商人阶层及其自利倾向,但他可以鼓吹“商业社会”的进步,并调和同情和正义的道德要求与自我利益。然而,他能够这样做是因为,可能也只是因为他(尽管错误地)确信市场准则将促进“富裕”,同时也将促进公平甚至平等。他之所以更容易形成这种确信,是因为英
格兰特殊的条件。英格兰不仅具有一个高度一体化的市场和一个高度一体 286
化的国家。它还比其他贸易国家更接近他的“自然的富裕进程”模式,在这种模式里,商业成功更多是由高产农业而非商业利益推动的。重农主义观念适应了英格兰的条件,这或许促使斯密对市场自我维续的一体化力量及其自发熔铸共同善的能力持更加乐观的态度。

因此,“商业社会”根植于之前一个世纪的转型,而且在18世纪,洛克财

1　大卫·休谟:《英格兰史》第三卷(David Hume, *History of England*, Vol. 3, Appendix 3, London: T. Cadell, 1773),附录3,第488—489页。可以说18世纪另一位重要人物埃德蒙·柏克同样如此。对他的政治思想的讨论,有待另一卷涵盖美国革命和法国革命(无论是好是坏,它们很大程度上激发了他的政治思想)的书来完成。现在我们仅有必要指出,当他在印度对帝国发起抨击(这可能是他最著名的政治行动)时,作为一个议会委员会的领导,他的主要不满在于,帝国“已经把它变成了贡赋工具,从而彻底腐化了”,而此时它本应该“将其商业建立在一种商业基础上”,参见《致特别委员会的第九份报告》,载于彼得·马歇尔编:《埃德蒙·柏克演讲和著作集》(‘Ninth Report of the Select Committee’, in ed. Peter Marshall, *The Writings and Speeches of Edmund Burke*, Oxford: Oxford University Press, 1985),第241页。

产权理论捕捉到的那种财产制度正生气勃勃。洛克的政治话语或许不是艾迪生或笛福的语言——尽管他们确实共享着改良伦理。它或许也不是大卫·休谟的哲学语言。洛克的契约和自然权利语言或许不是 18 世纪政治或经济理论的语言。但是,这种财产制度的话语,比以往任何时候都更多地成为议会在界定侵犯财产罪、处置财产争议和审议圈地时使用的语言。如果洛克范式在某种程度上是隐而不显的,那是因为它代表着统治精英内部已经达成的共识。比起 17 世纪捍卫议会、反对国王的他们的前人,18 世纪的他们可能较少使用基于自然权利或契约的论证。在一个革命时代,他们也越来越有理由避免使用可以被底层转而用来反对他们的语言。但是,他们一致同意某些非常基本的原则,它们正是洛克比其他政治思想家更系统地予以阐述的原则。

这些原则构成了一种非常特殊的财产概念,其中包括对生产性和营利性使用财产(特别是以农业改良形式)的信奉,包括高于公有权利和习惯权利的财产纯经济价值的首要地位。这是一种支持资本主义生产和占有(相对于非资本主义形式,包括法兰西人和大陆其他精英仍倾向的那种政治占有)的财产概念。英格兰统治部分内部关于美德和商业或不动产与动产的争论能够展开,是因为有下述可靠的认识:说到底对手共同站在同一个牢固基础上。
287 对此无须多费口舌,至少不能以礼貌的方式再多谈论。

第八章　启蒙运动抑或资本主义？

> 他们的目标主要不是对物理世界取得更深入的理解，而是给物理世界中带来理性以影响人的空间，也就是说，把道德和政治完全带到理性质询的范围之内等。表面上看，这些雄心壮志实现了。启蒙运动的观念改变了世界。他们的遗产是西方的现代性……西方从 18 世纪智识斗争中继承的遗产是自由主义和资本主义。无论是好是坏，正是这些创造了西方。

这种对启蒙运动的描述假设了，无论西方历史中存在何种国家差异，启蒙运动中的"西方"都一起塑造了一种共同的自由主义和资本主义"现代性"。这种说法并非来自某部学术论著，而是来自 20 世纪 90 年代《经济学人》发表的一篇文章。[1] 然而，它对西方现代性的描述（在这种描述中，自由主义、资本主义和启蒙运动的智识工程共同代表着一种单一文化构造，其第一原则是理性主义）加以这样那样的文体调整后，就和一大批历史学家和社会思想家所写的如出一辙：从马克斯·韦伯或更早的黑格尔到当今反启蒙运动的后现代主义者，无论他是启蒙运动的支持者还是批判者（或两者都是）。从热情鼓吹者到无情批判者，无论说它是好是坏，评论者都以大致相同的方式描述现代性。无论将启蒙运动视为人类解放的巅峰，还是视为可悲的失败［往最好说是没

1　《理性之罪》（'Crimes of Reason', *The Economist*, 16 March 1996），第 97 页。

有预先阻止现代悲剧（“启蒙辩证法”），往最坏说本身就是这些悲剧的源头，是种族屠杀和核毁灭威胁的原因]，情况都是如此。如果说今天有一种约定俗成的“现代性”观念，那么它仍然是根源于启蒙运动“理性主义”的资本主义
289 市场、形式民主和技术进步组成的复合物。

当然，存在各种不同的改进版“启蒙运动”历史解释。现在我们不只有一种启蒙运动，而有许多种民族文化创造的许多种启蒙运动；我们还有一种源于17世纪，特别是源于斯宾诺莎的“激进启蒙”，它先于历史学俗套通常承认的那种更温和的类型，并将继续影响更激进、更民主的力量。“多种启蒙运动”的增殖可能甚至使这一点成为疑问：是否存在任何可界定的配称为“启蒙”或者其他特殊称谓的时刻或运动。“启蒙运动正在变成任何事情，”一位著名学者写道，“也因此什么也不是。”[1]但是，所有这些都没有取代这种现代性描述：在其中，各种文化、政治和经济上的“理性化”进程相互交织，尽管它们在某些地方比在其他地方实现得更加充分。

接下来的论证旨在拆开这些异质的进程中的一些。更具体地说，旨在拆开“启蒙工程”与资本主义文化。此处的问题不单纯是各民族文化、地方文化之间的诸多差异——这些差异构成例如法兰西、尼德兰或德意志的特殊启蒙运动的特征。关键问题是最常见地与“（多种）启蒙运动”和独特的资本主义文化结合在一起的智识主题和政治主题之间的联系（或没有联系）。

现代性与“资产阶级范式”

“没有历史学家或哲学家，”乔纳森·伊斯雷尔告诉我们，“能够非常深入地讨论‘现代性’，除非他或她从异于保守（或）温和的主流启蒙运动的激进启蒙运动着手。”任何试图研究作为“民主价值观和个人自由的体系”的现代性之兴起的人，他接着说，必须比一般研究更密切地关注“使这些价值观发源和发展的熔炉——激进启蒙运动”。[2]

1　罗伯特·达恩顿：《乔治·华盛顿的假牙》。

2　乔纳森·伊斯雷尔：《激进启蒙：哲学与现代性的创造（1650年—1750年）》（Jonathan Israel, *Radical Enlightenment: Philosophy and the Making of Modernity 1650 – 1750*, Oxford: Oxford University Press, 2002）。第11、13页。

由于我们此处的目标正是探究“现代性”,特别是探究其民主和自由价值观,让我们从伊斯雷尔对两种相互竞争的启蒙运动线索的区分开始。关键的区别在于“单独的理性和结合了信仰与传统的理性之间的差别,这是普遍、绝对的差别”。一方面,与牛顿和洛克联系在一起的“温和主流” 290

> 志在通过哲学征服无知与迷信,确立宽容,使观念、教育和态度革命化,但是,他们却保留和保护了那些被判定为旧结构根本要素的东西,结果造成了一种可行的新与旧、理性与信仰的综合。

另一方面,斯宾诺莎奠定了其最重要根基的激进启蒙运动,

> 无论基于无神论还是自然神论,都拒绝与过去的任何妥协,并力图彻底扫清既有结构,拒斥犹太-基督教文明传统上理解的上帝造物,否认具有神意的上帝对人类事务的干涉,否认奇迹和来世奖惩的可能性,嘲弄一切形式的教会权威,不承认存在上帝规定的社会等级制,不承认特权或土地所有权在贵族手中的集中,不承认对君主制的宗教认可。源于17 世纪 50 年代和 60 年代欧洲早期启蒙运动的哲学激进主义,典型地把对科学、对数学逻辑的无限尊崇同某种形式的无神意自然神论(如果不是具有明白无误的共和主义倾向甚至民主倾向的彻底唯物主义和无神论的话)结合起来。[1]

有理由去追问,在理解现代民主和自由观念上,伊斯雷尔对两种“启蒙运动”的区分能把我们带到多远。无论这种区分有什么其他的长处(或弱点),它都明显夸大了“温和主流”的保守主义和“激进”启蒙的“民主倾向”之间的鸿沟。在处理宗教和教会权威上,斯宾诺莎本人确实比洛克更激进。但是,在从洛克到例如平等派(更不用说其他更激进的力量)的政治谱系上,这位荷兰哲学家的寡头共和制可能在精神实质上更接近洛克的议会制政府(尽管可以

1　乔纳森·伊斯雷尔:《激进启蒙:哲学与现代性的创造(1650 年—1750 年)》,第 11—12 页。

说，在其哲学激进主义上，或者因此在其宗教态度上，这两位哲学家的接近程度超过了他们中任何一位与英格兰革命中奉行激进民主的宗教派别的接近程度）。

即使我们搁置哲学激进主义、宗教激进主义和政治激进主义之间关系的所有复杂性（即使我们也放过这样一种有着严格限定以至于使“激进的”斯宾诺莎与“保守的”洛克截然对立的“民主倾向”概念），我们仍有必要追问，通过
291 聚焦“激进启蒙运动”，我们能就“现代性”和“民主价值观”学到多少东西？问题不仅在于，当放在这样一种有限的谱系上时，“激进”与“温和”的差异看上去可能比实际上大。关键问题是，即使关于平等或自由问题似乎存在实质性哲学共识时，如果我们忽视那些或许会赋予民主、平等、自由概念不同含义的语境差异，这种哲学共识就现代民主价值观所告诉我们的东西仍是有限的。我们可以谨慎地谈论一种跨越“葡萄牙和俄罗斯、爱尔兰和西西里”的“欧洲启蒙运动”，所有这些国家“不仅关注同样的智识问题，甚至也关注同样一些书籍”。[1] 然而，即使我们为一种兼收并蓄的“欧洲”启蒙文化留出余地，也无法取消重要的语境差异，例如（法兰西）绝对主义和（英格兰）资本主义的语境差异，这些差异造成了不同的平等、自由概念并留下了大相径庭的政治遗产。

归根结底，有益的做法是像罗伯特·达恩顿建议的那样开始，即“收缩”启蒙运动——不是贬低其重要性，甚至也不是低估欧洲文化的共性，而是把至少一种“启蒙运动”当作一种具体的历史现象，当作一个特定时空中一场“改变思想和变革制度的运动、事业、战役”来加以思考。达恩顿告诉我们，这场从 18 世纪早期法兰西发轫的运动，其起源确实可以追溯至前一个世纪甚至更早的欧洲其他部分的智识发展，它也确实与其他地方的文化动向有密切关系。但是，法兰西启蒙运动的教育和改革使命仍然是独特的。

在 18 世纪的法兰西，特别是在巴黎，知识分子和文人活力爆发，无论他们有什么别的相似和不同之处，他们都有意识地将自己等同于

1　乔纳森·伊斯雷尔：《激进启蒙：哲学与现代性的创造（1650 年—1750 年）》，第 v 页。甚至例如当伊斯雷尔承认英格兰拥有土地的绅士造成了与荷兰共和国的“城市和商业”阶层“明显不同的”文化影响时，他也强调要忽视国家差异（第 22 页）。

> 一种新的精神,即参与一种世俗圣战的意识。它以嘲讽开始,是嘲笑那些与文雅社会格格不入的偏执者的尝试,它以占领道德高地告终,是一场人类[包括奴役者和被奴役者、新教徒、犹太人、黑人和女人(例如在孔多塞那里)]解放运动……(它)源于路易十六统治最后几年的危机,
> (并)在法兰西遭受一系列人口、经济、军事灾难,(国家)风雨飘摇时达到 292
> 高潮。依附于宫廷的文人……质疑波旁王朝绝对主义及其推行的宗教正统的基础。[1]

这场“世俗圣战”很快就远远超出宫廷文人交谈的范围。正如我们所见,启蒙哲学家承担了一项远比嘲弄文雅社会中的偏执者更具雄心和包容性的使命。从康德哲学到美洲的革命性学说,启蒙哲学家的著作将在一切事物中种下种子。但是,通过对一场具有明确地理和时间范围,具有一个或多或少清晰的实践目标的“运动”的明智叙述,达恩顿恰如其分地考察了启蒙运动,而这是其他更宏大、容量更大的“启蒙运动”概念做不到的,甚至是那些区分了“温和”与“激进”启蒙的“启蒙运动”概念也做不到的。

一方谈论作为一种无特定历史所指的,跨欧洲甚至全球的现象的启蒙运动,另一方谈论许多具有特定时间地点的特殊启蒙运动,这两方或许存在差异。但是,双方都预设了一个共同点,即一种“理性”文化。而且,即使当他们承认这种文化挑战例如英格兰、法兰西、德意志、意大利、俄罗斯或罗马尼亚的迷信与信仰的不同方式和不同程度时,他们可能(如果不是明确地,也往往是默认地)完整保留了一种杂糅科学“理性”、政治“理性”、经济“理性”,或杂糅自由主义民主与资本主义市场的现代性模式。

在这种模式中,被许多人视为现代性肇兴中关键时刻的启蒙运动,通常与资本主义联系在一起。不仅在最简化形式的马克思主义中是如此——它认为启蒙运动是一种资产阶级的阶级意识形态,因此也是一种通常用法上的资本主义的阶级意识形态。在韦伯式的“理性化”概念中,启蒙运动与资本主义也相互纠缠,在它看来,“理性”(官僚制)国家与“理性”(资本主义)生产组

1　乔纳森·伊斯雷尔:《激进启蒙:哲学与现代性的创造(1650年—1750年)》,第35页。

织，无论是好是坏，都属于启蒙运动高举理性，战胜无知和迷信这同一个历史进程。无论这个进程是一个值得欢呼还是应该哀痛的事业，无论它造成了个人的解放还是“铁笼”，抑或是模糊的“祛魅”所预示的两者皆有，这些经济、政治、文化上的表现都代表着一个单一历史趋势的众多方面。在这里，资产阶级同样是首要主体，是经济、政治、文化上的理性化无差别的承担者。

293 思考资本主义及其历史的传统方式往往遮蔽了其特殊性，视它为理所当然并使它自然化，就好像其运动的原理和规律是普遍的自然法则。[1] 资本主义总是以某种形式存在，它至少存在于萌芽状态，或存在于人性深处，或者它是历史的自然结局。即使它是一个长期历史进程的最终结果，这个结局似乎也是通过这样的历史运动实现的：它们本身就是被本质上的资本主义运动规律（例如为增加劳动生产率对持续的技术进步的需求）所驱动的。言下之意是真的不需要解释资本主义的起源。由于历史学家们几无例外地从资本主义出现开始论述，因而鲜有一种解释不是从假设一个恰恰需要解释的事物开始的。对资本主义起源的解释根本上是循环的：他们假定了资本主义事先存在，以便解释其产生。通过已经是资本主义性质的进程，通过一种已经存在的资本主义理性，资本主义诞生了。它只是古老商业实践的成熟阶段，是这些商业实践从各种政治和文化束缚中的解放。在解释资本主义发展时，历史学家们必须要做的仅仅是说明一种古老、永恒的历史动力如何移除障碍、自由发展，而非说明一种全新的历史动力如何出现。

这种资本主义概念深深嵌入西方文化中。它表现在对“资产阶级”和“资本主义”通常的混淆中，还表现在或明或暗地基于这种混淆的现代性（还有现在的后现代性）概念中。在将资产阶级和资本主义等同这种做法下面，是一种西方历史发展模式，我称之为“资产阶级范式”[2]，它把资本主义表现成商业化、城市增长、贸易扩张的自然产物。这个模式是下述常见的、往往紧密联系的二分法的基础：农村对城市、农业对商业和工业、身份对契约、贵族对资产

---

1 罗伯特·布伦纳的著作是对这种倾向最重要的背离，特别参见他在《布伦纳争论：前工业欧洲中的农村阶级结构和经济发展》中的论文。在《资本主义的起源：一种更长期的视野》第一到第三章中，我以更长篇幅讨论了资本主义历史编纂学及其起源。

2 在拙著《资本主义原生文化：关于旧制度与现代国家的历史论辑》中，我第一次提出这个说法。

阶级、封建主义对资本主义,当然还有迷信(或魔法、宗教)对理性。在这些解释中,市民或资产阶级(依定义是城里人)是进步的主要动力,无论他通过资产阶级革命还是通过变动较小的方式来实现其目的。

我们的论证从一种不同的资本主义及产生它的历史进程的概念出发。当然,这种论证也背离了那些“商业社会”解释,后者把资本主义的出现当作一场突然的语言变迁而非一场社会转型,以此逃避历史问题。这里的论证坚 294
持资本主义作为一种具有独特指令的系统、一种独特地被驱使着通过技术手段提高劳动生产率以满足竞争和利益最大化需要的系统的特殊性。它与农村和城市、农业和商业或工业之间的区别无关。正如农业和地主可以是资本主义性质的(而且目前我们的论证的预设是资本主义诞生于英格兰农村),城市、商业、工业和资产阶级也可以是非资本主义性质的。这意味着资产阶级现代性和启蒙运动是一回事,而资本主义完全是另一回事。

在英格兰资本主义和法兰西启蒙运动的历史语境之间做出区分,并不是否认它们具有某些共同的历史前提,也不是否认资本主义文化表现出某些我们经常与启蒙运动联系在一起的特性——例如对科学和技术的兴趣。关键在于,资本主义独特的经济逻辑伴随着其自身非常特殊的、使它有别于他者的文化和意识形态构造,这些文化和意识形态构造明显不符合与启蒙运动相联系的文化模式,有时甚至与启蒙运动的原则截然相反。

资产阶级但非资本主义

法兰西启蒙运动的观念在某种程度上是“资产阶级”性质的,如果说在这个简陋的命题中有一点真理的话,那么肯定不是因为这些观念是资本主义性质的。这里相关的语境不是资本主义,而是绝对主义。正如我们在前几章看到的那样,在国家是一种首要的经济资源、是一种“政治建构的财产权”形式这种意义上,绝对主义国家同时构成一种政治体系和一种经济体系。国家官职是一种私有财产形式,因为许多官职是可买卖的,更一般地说,因为官职使其所有者有机会通过税收中介(这既是公共收入来源,也是私人财富来源)获取农民生产的剩余。还有其他分散的、政治建构的财产权形式,不仅有封建领主权的残余，还有其他各种法团权力与特权。法团的自治地位、作为占有手段的权利和特权有助于解释法兰西法团原则在理论和实践上的强大。

18 世纪法兰西的资产阶级不是一个资本主义阶级，或者说，它在很大程度上甚至不是任何类型的商人阶层。一个典型的法兰西资产者，例如组成
295 1789 年革命资产阶级的那种人，很可能是一个官员、专家，甚至知识分子（稍后我们将予以讨论）。这个法兰西资产者的物质利益很可能与国家有密切联系。或者是通过官职或国家薪俸有直接联系，或者有间接、否定性联系：反对特权的排斥，反对为出身或财富保留的更高级官职的排斥，反对贵族最重视的特权——使第三等级不堪重负的免税权。

这些物质利益如何在启蒙运动的原则中寻求表达？这些非资本主义的资产阶级的利益典型地表达为对公民平等的信奉，例如表达为那些后来具体化成“职业向才能开放”（这尤其是指获得国家官职的机会）口号的原则。同样的利益还表达为与特殊主义相对的普遍主义主张，特别是与法团特权结构相对的，与特殊地位、私法、排他性权利等相对的**国民**或**公民身份**的普遍性，最终还有人本身的普遍性——换言之，与排他性原则相对的包容性原则、与特权相对的普遍性。

这不是说资产阶级的阶级利益本身创造了对平等的关注，甚至也不是说启蒙运动的观念独属于资产阶级。毕竟开明贵族发挥了突出作用。但是，在一个由法团等级构成的社会中，资产阶级的阶级利益有助于解释启蒙文化中平等和普遍主义的突出性。

然而，关于相关的资产阶级文化，还有一些更具体的问题要说明。启蒙文化并不是铁板一块的资产阶级的某种意识形态，而是资产阶级中一个特殊部分，即知识分子的特殊表达。就很多方面而言，法兰西启蒙运动的特殊特征源于一种新型专业知识分子的精神倾向——他们的法团意识、团体意识，甚至等级意识，进而源于他们的物质利益。但是，也需要强调，法兰西知识分子的专业化与其说是“现代性”的征兆，不如说是旧制度的特征、绝对主义国家的法团结构的特征。它是这种体系（在其中国家和官职是首要的经济资源）的重要组成部分。因此这里的关键问题是，在一个官职是一种占有方式的社会中作为一种官员的知识分子的专业化。它也是一个按照法团主义原

则组织的社会,而这也与法兰西启蒙知识分子的精神倾向有很大关系。在法兰西的法团主义组织的语境中,智识职业具有构成法兰西政治体和法兰西政治思想重要部分的“中间团体”的某些特征,它具有自己的法团团结和意识,
甚至还具有某种法团自治权,或至少有对这种自治权的渴望。 296

这种构造最清楚、最重要的例证是巴黎学术院。首先我们看看伏尔泰在《哲学通信》中如何比较法兰西学术院与英格兰皇家学会。我们可以不考虑他写作这些短论时带有的深深讽刺,因为在主要一点上,伏尔泰的解释是准确的,而且径直切中问题要害:

> 英格兰人早在我们很久之前就有一个科学院,但它没有我们组织得好……伦敦的皇家学会缺少两样对人最必要的东西:报酬和规则。对一位几何学家或化学家来说,在(法兰西)学术院取得一个席位,就等于一笔虽小但可靠的财富。相反,在伦敦他们进入皇家学会要花钱。[1]

伏尔泰接着区分了皇家学会的业余爱好者和巴黎学术院的专家,他还用志愿军与纪律严明、报酬优厚的士兵加以类比。这个精辟的对比点出了英格兰知识分子和法兰西知识分子之间的某些真实且重要的差异,也点出了英格兰和法兰西之间更根本的社会、经济、政治差异。需要强调,两个学术机构之间的区别并非在于一个对应用更感兴趣,另一个对纯科学或理论科学更感兴趣。两者都从事“纯”科学,两者也都因其科学概念经世致用的程度而闻名遐迩。但是,它们经世致用的对象是不同的,更具体地说,它们在回应着不同的需求。

在大革命之前,巴黎学术院的成员是绝对主义国家的推动者,学术院本身也是将文化集中在国王周围的绝对主义计划的组成部分。它为国家履行根本职能,其研究计划往往也是直接由国家需求规定的——例如其早年的长期计划与航海术、绘制法兰西领土地图、军事机械学、为建造喷泉发展一种水力理论(这是最具标志性的)有关。学术院还日益成为技术事务的官

---

1 伏尔泰:《哲学通信 关于昂格莱斯舞的信》(Voltaire, *Lettres philosophiques, ou Lettres anglaises*, ed. Réne Pomeau, Paris: Garnier Frères, 1964),第 24 封,第 154 页(这段是笔者自己翻译的)。

方仲裁者，判断将哪些发明呈送国王。相比之下，1660 年实际建立（尽管得到第一份特许状是在 1662 年）的皇家学会有意使自己远离国家。皇家学会没有选择同时代的另一种模式，即塞缪尔·哈特利布的“通识研究机构”——它本来应该会得到国家支持，相反，皇家学会有意选择使会员捐赠成为其收入来源。

“皇家学会，”科学史学家查理·韦伯斯特写道，“有意避免与国家政策有牵连。相应地，皇家学会不受国家管制，但它也放弃了‘通识研究机构’的大部分人道主义和乌托邦主义因素。”[1] 正如他指出的，皇家学会的特征是“没有公共责任”。还有必要补充指出，在这个方面，巴黎学术院和皇家学会的差别，对应着前资本主义社会与资本主义社会之间的一个根本差别：前资本主义的占有权力通常与某些集体或公共职能（司法、军事、政治职能）的履行不可分割，而资本主义财产权，就占有与此类公共职能履行的分离程度而言是独一无二的，换句话说，它的显著特征正是“没有公共责任”。

显然我们不应被伏尔泰认为皇家学会全是业余者和初涉者的评论所误导（在其活跃成员中有当时或任何时代最著名的科学家，从波义耳到牛顿）。但是，他的评论中有一个重要的真相。皇家学会的一般成员（当然他们并不一定活跃）大部分来自地主阶级特别是绅士阶层，这种人不把自己的智识追求当作一种专业活动。[2] 活跃的核心成员，包括那些无论依何标准都可称为科学家的人，确实不会把自己的科学追求视为一种有偿服务形式，更不会视为一种公职行为。他们的集体意识，如果说有的话，显然不同于法兰西专业

1　查理·韦伯斯特：《伟大复兴：1626 年—1660 年的科学、医学和改革》（Charles Webster, *The Great Instauration: Science, Medicine and Reform, 1626－1660*, London: Duckworth, 1975），第 97 页。

2　关于皇家学会早期的社会构成，例如可参见洛特·穆里根：《内战时期的政治、宗教和皇家学会》，载于《17 世纪的智识革命》（Lotte Mulligan, ‘Civil War Politics, Religion and the Royal Society’, in *The Intellectual Revolution of the Seventeenth Century*, ed. Charles Webster, London and Boston: Routledge & Kegan Paul, 1974），第 317—346 页。穆里根考察了皇家学会会员中年龄足以参与内战的人，并根据他们的社会等级、职业、政治和宗教倾向等因素予以分类。特别参见第 340 页的表格，它表明这些会员的 55%是绅士，18%是贵族（有商人或手艺人出身背景的占 14%）。在导论中，编者指出了这种纯统计学方法在试图推定英格兰科学的社会、政治和宗教起源时具有的缺陷——原因部分在于皇家学会会员中仅有一小部分是活跃的。但是，这些数据仍然是重要的，而且正如我们随后将指出的那样，在学会要员和不太积极的业余成员之间，存在利益上的某些根本共同之处。

知识分子的法团意识。更具体地说,他们的不同地位,他们与国家的不同关 298
系,都表现在皇家学会关注的非常特殊的事务中。

这并不是否认英格兰和法兰西的学者有很多共同关注的问题。但至少在一个方面,英格兰人是独特的,甚至独一无二的。例如,如果我们考虑下皇家学会的创立者——包括科学家和非科学家的著名人物,如罗伯特·波义耳、约翰·伊夫林、罗伯特·胡克、威廉·配第、克里斯托弗·雷恩,以及学会第一任秘书亨利·奥尔登伯格和约翰·威尔金斯,更不用提沙夫茨伯里勋爵和洛克这样的会员,如果我们考虑下他们关切的问题,就会发现其中一个突出问题是他们对农业,特别是对其"改良"、对其**生产力**提高的共同关注。皇家学会最早的规划之一是挨个测量英格兰每个郡的农场,测量依据的调查表或许是古往今来第一份系统性针对一个技术问题的调查表——可能是波义耳编制的。这种关注构成一个更大趋势的组成部分:17 世纪致力探讨农业
改良实践的文献的爆发式增长。[1] 就此而言,哪怕学会最活跃的核心成员,也 299
与来自贵族或绅士的不太活跃的业余成员有着根本的共同利益。

即使在 18 世纪,法兰西也不存在 17 世纪英格兰那样的"改良"文献,这个文化事实符合一种物质现实。尽管时有人说 18 世纪法兰西农业的生产力

1　该研究是由皇家学会"农业"委员会实施的。在其成员和关系密切者之中,不仅有波义耳、伊夫林、威尔金斯这样的要人,还有洛克的庇护人沙夫茨伯里,他是早期资本主义地主的典范,他的农场位于农业资本主义的核心。参见尼尔·伍德:《约翰·洛克与农业资本主义》(Neal Wood, *John Locke and Agrarian Capitalism*, Berkeley: University of California Press, 1984),第 21—22 页、第 26 页。这至少暗示了地主利益与学会核心成员的科学关注的融合迹象。还有必要指出,皇家学会的创立者,如波义耳、伊夫林、奥尔登伯格、配第和威尔金斯,早期都参与了哈特利布的通识研究机构,参见韦伯斯特:《伟大复兴:1626 年—1660 年的科学、医学和改革》,第 99 页。正如韦伯斯特指出的:"农业比其他主题更多地被哈特利布用来证明他的研究机构的目标是'促进爱国'。"(第 472 页)

最后要说的是,一些论者指出,在皇家学会建立后的几十年,它经历了一次重要转变,甚至经历了一次衰落,玛格丽特·埃斯皮纳斯的《科学复兴的衰亡》(Margaret Espinasse, 'The Decline and Fall of Restoration Science', in ed. Webster, *Intellectual Revolution*,第 347—368 页)将这种"衰落"与下述事情联系在一起:一种贵族观点的支配地位,对有利于工业和商业的技术(这些技术更适合绅士)的兴趣的丧失。但是,这个判断中的"资产阶级范式"可能太过了。皇家学会在其黄金时代关注的问题与后一个世纪绅士的追求之间一开始就具有明显的连续性。无论如何,"改良"观念表明,从"资产阶级"对商业或工业的兴趣到"绅士"或"贵族"对例如农业的兴趣,这样一种转变并不预示着对生产力或利润的兴趣衰减。在科学上,皇家学会的前十年或前二十年或许比后一个世纪更加引人注目,但后一个世纪无疑是改良文化真正施展身手的时代。在此意义上(正如在其他意义上),17 世纪皇家学会的科学关注,进而还有这个时期的"贵族"利益,在 18 世纪瓜熟蒂落。

与此时英格兰的不相上下，但这只意味着总产出或土地总生产力大致相同。然而，同样是创造这个总产出，法兰西却比英格兰花费了更多的劳动力。英格兰人有而法兰西人没有的东西是提高劳动生产率（每个劳动单位的产出）的指令，这种指令源于与法兰西盛行的社会、经济关系极其不同的社会、经济关系组成的体系，该体系在 17 世纪已经使英格兰农业生产者服从一个竞争性市场（换言之，农业资本主义）的要求。

可以简单、粗略地将英格兰和法兰西之间的比较总结如下：18 世纪法兰西的科学通常回应着国家需要，而英格兰的科学即使在一个世纪前就已经在回应着财产（而且是一种日益具有资本主义形式的财产）的需要。

通过一个耐人寻味的悖论，或者说从资产阶级范式及与之联系的现代性概念的视角来看似乎具有悖论性质的事情，主要差别将更鲜明地凸显。如果我们用常见的现代性标准来比较 18 世纪法兰西的学者和 17 世纪英格兰的科学家，那么即使不考虑时代差异，法兰西学者也无疑看起来更加“现代”：他们是一个所谓的理性官僚制组织中的专家。英格兰科学家是一个形式上不够理性的体系中的业余者和初涉者。法兰西学者严格来说主要是资产阶级。皇家学会成员中占绝对优势的是地主，他们主要来自绅士阶层，但也有来自贵族的。

但是，从一个不同的角度看，哪一个更“现代”？是法团主义法兰西的为绝对主义国家服务的资产阶级专业学者，还是英格兰的对资本主义式劳动生产率提升具有“业余”科学兴趣的改良地主、皇家学会成员？

进步与文人共同体

关于知识分子的物质利益和制度利益塑造启蒙文化的方式，巴黎学术院
300 的例子或许为我们提供了一些线索。首先，在一个社会中，接近国家的机会，即获取国家薪俸、退休金和特权这些丰厚资源的机会是首要物质关切，而且那里获得高级官职的机会取决于出身或财富，因此，官职资格问题是一个热点议题。

法兰西启蒙文化的一个重要部分与重新界定官职资格有关，这样说大概

并不为过。这种重新界定采取的形式是一种意识形态,它试图用具有天资和才智的贵族取代具有好出身或财富的贵族。无疑,所谓的贤能社会一般都可以为知识分子带来一种物质利益,而在一个生活机会与国家和公共职位紧密联系的社会中,情况尤其如此。

知识分子与绝对主义国家的共生关系也表现在其他方面。绝对主义国家的官僚化文化促进了某些独特的文化模式,特别是语言的标准化——这是绝对主义国家最青睐的计划,或者是法兰西古典主义及其严谨、有条理的美学和哲学法则。[1] 这种文化构造有助于促进知识分子作为一个具有自身内在法律和文化的法人共同体的意识。在这些条件下,在知识分子具有一种非常自觉的法团意识,且这种意识具有非常特殊的制度表现的情况下,一个知识分子共同体,即文人共同体的观念获得了非常具体的含义。文人共同体观念如何在启蒙运动中,特别是在进步概念中发挥作用,这一点不难观察。

关于启蒙运动的进步概念,最明显一点在于其来源和典范是科学知识,是这种特殊知识形式的定向、可积累性质。进步观念最终可归结为:无论还有其他什么恶,首先都是开倒车和道德过失不时打断了人类历史,在这种观点看来,精神,特别是以科学知识为形式的精神是我们可以指望进步的一种事物,尽管进步是缓慢、艰苦的,尽管任何类型的知识的完善很大程度上都被投入了一个不确定的未来。

就其本身而言,作为知识发展的进步观念可能并没有多么独特。这肯定不足以区分英格兰和法兰西,或区分英法任一启蒙运动和所有其他“启蒙运动”。说法兰西人对物质进步不感兴趣,这也不真实。例如,人类文明已经经历了各种物质组织阶段,或人类历史的特征是几种相继的生存模式——从狩
猎社会到畜牧社会到农耕社会到“商业”社会,这类观念既归功于英格兰人, 301
或更准确地说,归功于将英格兰资本主义经验加以理论化的苏格兰政治经济学家,也同等地归功于法兰西思想家。但是,法兰西知识分子的法团意识使这种进步概念具有一种特殊意味。我们将之与法兰西启蒙运动联系起来的进步观念,在构想文明史时最主要是把它构想成文人共同体的历史,这并不

1　在《资本主义原生文化:关于旧制度与现代国家的历史论辑》中,我就法兰西的这些文化模式和英格兰的资本主义文化进行了对比——从语言到园艺的各个领域都进行了阐释。

是匪夷所思的。把这种进步观念与技术进步（我们将之同资本主义和以技术为手段的劳动生产率提升联系在一起）观念混为一谈，完全是不得要领。

启蒙运动的进步概念的最强音，某种意义上也是绝响，即孔多塞的《人类精神进步史表纲要》。它出版于 1795 年，此前启蒙运动的观念早已在两场重要革命中赢得支持，而且他写作此书时正躲避着雅各宾党人，性命堪忧。当然可以认为孔多塞不是一个代表性人物，可以认为他的乐观主义同他的普遍主义和平等主义（至少是进步预期中的平等主义）即使在伟大的启蒙思想家之中也是例外的。乐观主义无论如何也只是启蒙运动画面的一面。世俗历史观使这种进步概念有别于宗教千禧年主义，世俗历史观必然有两面：它不仅假设人的可完善性，或人类能动性可以实现的历史可能性。出于同样的理由，它也悲观地看透了人类生活的阴暗面。这两者之间的张力是启蒙运动的一个持久主题。

但是，即使孔多塞是例外，使他成为例外的那些品质也使他有可能成为最具启示的例子。进步即人类理性对无知和迷信的普遍胜利，他的这种进步观念或许比同时代其他人的更加坚定不移。但是，它确实毫无疑义地是一些主题的结晶，这些主题使所有启蒙运动人物联为一体，并赋予“启蒙运动”概念所具有的一切含义。恰恰因为他对人类理性之恩泽的乐观主义如此坚定不移，因为他的普遍主义如此广泛和具有世界性，换句话说，因为他把启蒙运动的原则推向了批评者眼中的极端，所以他的《纲要》提供了一个简单明确的衡量标准，据此可以检验针对“启蒙工程”的一般批评——关于其理性主义固有的压迫性、其普遍主义原则的帝国主义。

首先，孔多塞这样总结人类进步的目标：“我们对人类未来境况的期许可以归入三个重要方面：国家之间不平等的废除、国家内部平等的推进、人类的
302 真正完善。”“社会技艺的最终目标”，孔多塞以最明确的措辞说，是“真正的平等”。[1]

1　孔多塞：《人类精神进步史表纲要》（Antoine-Nicolas de Condorcet, *Sketch for a Historical Picture of the Progress of the Human Mind*, trans. June Baraclough, London: Weidenfeld & Nicholson, 1955），第 172、173 页。（译文参见孔多塞：《人类精神进步史表纲要》，何兆武、何冰译，三联书店，1998 年，第 177 页，有改动。——译注）

他对帝国主义的看法如下：

> 考察我们在非洲或亚洲殖民和经商的历史，你将看到我们的贸易垄断，我们的背信弃义，我们对另一肤色或信仰的人们残忍的鄙视，我们肆无忌惮的篡夺，我们的教士的阴谋诡计和对改变他人信仰的过度热情，你将看到这一切是如何摧毁了我们知识的优越性和我们商业的好处最初为我们在原住民那里赢得的尊敬和善意。[1]

对性别压迫的看法：

> 在人类精神的种种进步事业中，我们应把彻底扫除偏见列为对普遍幸福最重要之事，它导致了性别之间的权利不平等，这种不平等即使对有利一方也是致命的。试图以男女在生理结构、智力、道德感受力上的差异为这种原则辩护，实属徒劳。这种不平等的起源唯有强力的滥用。[2]

在持此种观点的强烈程度上，孔多塞可能不是典型的，但即使后现代主义的启蒙运动批判者可能也难以解构这种平等话语，或把它转变成某种邪恶、压迫性的东西。我们也不应忽视启蒙运动遗产中的众多模糊之处，或对人性完善的过度乐观所固有的危险，更不消说以进步之名犯下的罪恶。但是，这一点仍然显而易见：在启蒙乐观主义的经典篇章中，国家、种族、性别之间和内部的平等，并非与理性主义和普遍主义对立或难以并列，而是后者的逻辑结论，是进步的最终目的。

孔多塞绝妙地展现了，法兰西人对精神叙事和文人共同体的关注是如何联系着一种普遍主义和（程度或深或浅的）平等主义的。无疑，法兰西知识分 303

1　孔多塞：《人类精神进步史表纲要》，第175—176页。（译文参见孔多塞：《人类精神进步史表纲要》，第179页，有改动。——译注）

2　孔多塞：《人类精神进步史表纲要》，第193页。（译文参见孔多塞：《人类精神进步史表纲要》，第196页，有改动。——译注）

子（除了显著的例外如狄德罗，卢梭则完全是个另类）认为自己是才智贵族、精英阶层，这使他们有意识地与工匠和较普通的职业人士拉远距离。但是，在这个极其特殊又非常短暂的历史关头，智识精英主义，甚至还有知识分子的物质利益，产生了一些有趣和悖谬的结果。首先，在其自身的历史语境中，这种信奉“职业向才能开放”理想的贤能制，具有一些温和的民主寓意。但这里还有其他更广泛的寓意。这些思想家把传播知识视为自己的特殊使命，这是法兰西启蒙运动最独特、最重要的特点。

例如，孔多塞提倡大众教育，而且他确实构想了一种把学术院变成管理大众教育系统的机构的计划。他拥护的那种平等主义，他坚持从增进平等和社会包容性的角度来界定进步的做法，同他对知识分子使命的看法不可分离。在某种意义上，他的平等主义和他的精英主义是一枚硬币的两面。对他来说，正如对其他启蒙运动人物来说那样，知识分子所主张的特殊地位和权威就是他们在教化世界中的地位。

我们无意在这里夸大启蒙运动对平等的信奉。即使孔多塞这样的思想家所设想的平等显然也是有严格限制的，更不用说例如伏尔泰，而且无论如何，这种平等很大程度上被交给了不确定的未来。但是，它仍是一种重要的抱负，而且，在这些非常特殊的历史条件下，智识精英主义的逻辑如何将启蒙思想家推向这个方向，推向那些可以也确实被更激进和革命的力量化为己用的观念，这一点仍然重要。

毋庸置疑，启蒙运动的普遍主义可以也确实具有压迫性的种族主义、帝国主义表现形式。但是，记住后现代主义批评者全然置之脑后的事情也是重要的，这就是启蒙运动的普遍主义和一种批判气质之间的联系，这种批判气质使欧洲知识、欧洲权威、欧洲文化受到的批评比任何其他事物受到的批评更尖锐。即使被视为启蒙运动欧洲中心主义本质的进步概念也具有反帝国主义寓意。作为人类精神和知识进步的进步概念，理所当然地认为知识增长是一个漫长积累的过程，其展开即使不是在无限的时间中至少也是在不确定的未来中。这种概念确实意味着，如果不是在可见的未来，那么至少在某个时间点，某些真理可以也终将被发现；它还意味着，某些文化比其他文化更先
304 进，因而也更优越。但是，它也意味着（这一点也许更根本）任何既有的知识

都欢迎质疑,一切权威都可以受到挑战,没有人能垄断真理。

知识分子将历史据为己有的做法,无疑表现出一种深深的傲慢自大。然而,当这些知识分子擅自宣称历史属于自己时,他们也同时肩负起了人类易错性的重担和人类过错与罪恶的整个黑暗史。一种刻骨铭心的悲观主义从未远离启蒙乐观主义。实际上它正是同一个硬币的另一面。如果启蒙运动的知识和进步概念建立在某种普遍主义之上,那么,这是一种包含着开放式结局、灵活性和怀疑主义的普遍主义。即使考虑到启蒙运动普遍主义的一切危险,它仍然为解放工程提供了一种理论基础,而这些解放工程比后现代主义者所能设想的任何东西都有效得多。进步概念同样如此。因此,它给我们提供了某种东西,是后现代主义者对多样性和差异的赞美没有也无法提供的东西:一种承认和尊重他性(otherness)的**理性**——哪怕仅仅因为人类知识的积累和开放性质、人类精神进步要求我们小心不要关闭任何一道门。

在重视启蒙运动的解放逻辑的程度上,孔多塞或许不是典型的。但是,这个启蒙运动乐观主义和普遍主义的最经典例子,恰恰也最明确地抨击了当代批评者扣在启蒙运动乐观主义头上的那些罪恶:种族主义、男性主义、帝国主义。这说明了启蒙运动的复杂性,也说明了当代许多批评的空洞。孔多塞的普遍主义和他对人类进步的乐观主义,正如他对平等的信奉、他对其他文化的真实性和完整性的尊重、他对帝国主义的攻击一样,都建立在同一个基础上,它们的并立共存也不是偶然或矛盾的。

资本主义意识形态

在法兰西启蒙运动中,我们逐渐接近一个漫长历史的终点,在这个历史中,政治权力和经济权力密不可分的统一体构成了西方政治思想的核心关注。在法兰西绝对主义的特殊条件下,这种关注聚焦于特权和获取高级官职的机会,这使平等观念大放异彩。诚然,除了个别显著的例外,伟大的启蒙运动人物大体上都是精英主义者,而且他们将等级制视为理所当然——更不必说他们自己在这个等级制中的地位或渴望。即使对孔多塞来说也是如此。然而,由于非常具体的历史原因,甚至物质原因,18 世纪的法兰西创造了一种具有或多或少的民主和平等主义寓意的普遍主义意识形态。大革命将把这种意识形态推进到大多数启蒙哲学家不曾想到的地步，而革命遗产携着远远
305 超越法兰西边界的广泛影响，也无疑会继续存在。但是，在西方政治话语主流中，启蒙“工程”将被一种不同的文化构造所取代。后者产生了不同的平等观念并塑造着现代民主概念，其根源可以溯及英格兰早期资本主义。

无须赘言，英格兰与其欧洲邻国有很多共同之处，但它有一种独属于自己的东西，即一种独特的**资本主义**文化。像法兰西文化一样，英格兰文化确实继承了同一些普遍主义遗产的一部分，例如基督教和自然法的普遍主义。正是一位英格兰人，也就是牛顿实际创造了世界被某些普遍的数学法则统治的观念。至于平等，在阐发人的自然平等观念上英格兰人确实独占鳌头。而且，平等观念，至少是一种模糊的、有限制的平等观念，确实构成英格兰统治阶级在反对君主滥权的斗争中使用的意识形态的一部分，就像在洛克政治理论中那样。因此，整个启蒙运动的进步概念很大程度上应归功于洛克，尽管可以认为，法兰西的进步概念更多应归功于他的认识论，而盎格鲁—苏格兰的进步概念与他的财产理论有更密切的关系。然而，这里的要点在于，尽管有这种共同的文化遗产，英格兰资本主义仍形成了自身非常特殊的意识形态要求。让人感兴趣的问题是，当这些普遍主义和平等主义观念进入资本主义轨道时发生了什么事情。

我们已经看到，法兰西的社会结构，其依靠“政治建构的财产权”的占有形式，与此联系的法团原则的重要性，这些如何使平等作为对立原则得到凸显。英格兰的环境则大不相同。与法兰西形成鲜明对照，英格兰的法团原则在 17 世纪已经非常微弱，而且从未有那么强大。资本主义财产权形式的发展，正在掏空等级制度古老的超经济原则的根基，古老的自然不平等或规定不平等概念也已经被严重破坏了基础。这造成的结果是，基于经典的法团等级制辩护，或诉诸“存在巨链”来为不平等建构一种理论论证变得难上加难。

还有另一个要点。适用于法兰西的资产阶级革命这个老概念有很多方面的缺陷，但这些缺陷更多与资产阶级和资本主义的混淆有关，而非与资产阶级和贵族的对立有关。“资产阶级”和贵族确实有冲突，这种冲突也确实具有在革命意识形态中发挥核心作用的物质内涵。但是，冲突中资产阶级的紧

要利益较少与资本主义有关,而更多与特权体系和获取更高国家官职的机会
有关。这给平等渴望注入了特殊力量。在英格兰,情况再次截然不同。这里 306
确实存在一种资本主义利益,但它既是"资产阶级的",也是"贵族的",而且在维护这种利益至上性的斗争中,目标显然不是平等。实际上,平等观念会变成真正的累赘,正如在 17 世纪英格兰以激进主义形式出现的平等观念那样。如果说法兰西资产阶级面对的主要问题是法团等级制度和特权的自然不平等或规定不平等理论,那么对英格兰资本主义阶级来说,问题相反是一种自然平等理论。在古老的法团原则和等级制度阙如的情况下,他们必须找到全新的方式来为能够与自然平等相容的统治辩护。在基于自然平等建构一种不平等理论辩护上,英格兰人尤其具有创造性,尽管正如我们所见,在糅合自然平等与巨大的政治、社会不平等方面,他们所依靠的是一种悠长的西方政治思想传统。

最有启示性的例子来自约翰·洛克。他之所以是一个很能说明问题的比较对象,是因为他与他的启蒙运动后人有着共同的基础,这使他们的分歧更加尖锐。洛克无疑是对启蒙运动(特别是通过他的认识论)有重要影响的人物。虽然他从没有像后来的孔多塞那样走得那么远,但他对自然平等、宽容和反抗暴虐政府持有相当开明的态度。然而,他也有一些非常独特的观念,这些观念使他有别于法兰西启蒙运动的主要人物,而且这些观念具有独一无二的资本主义特征。实际上让人惊讶的是,尽管洛克在孔多塞之前一个世纪的资本主义发展早期阶段进行著述,但生活于发达资本主义社会中的我们对他在 17 世纪的看法会更加耳熟。

资本主义地主面对的核心问题,非常不同于非资本主义的资产阶级面对的问题。特别是,他们必须确立一种特定类型的财产权、一种史无前例的权利,它排斥并消灭了其他一切习惯的、公有的使用权。他们必须确立利润和市场高于生存权利的至上性。这一切创造了一种非常独特的意识形态模式,它同时出现在理论和实践中。构成皇家学会一个如此显著特征的"改良"文化,不仅出现在洛克政治理论中,还与日俱增地出现在英格兰财产法中,出现在法院对财产权的判决中;出现在新的政治经济科学中;出现在小生产者土地的被剥夺中。以利润为目的的生产力意义上的"改良"压倒了其他一切善。

它将日益被援引来支持排他性私有财产：这种财产不仅排斥其他个人对它的
307 使用权，也排斥会在法兰西更久盛行的那种对生产的公共监管。换言之，正如洛克清楚表明的那样，改良将把哪怕最具平等主义的观念变成对强占土地的辩护。

让我们再次思考洛克在《政府论（下）》中的著名言论："全世界初期都像美洲。"（《政府论（下）》第四十九条）这里美洲代表着人类发展的连续链条中典型的人类原始状态，而且它提供了一种可以据以评判更发达状态的标准。在此洛克提出，土地最早的、自然的状态实际是"荒废"，而人类有一种神圣义务去使土地摆脱荒废，也就是**改良**它，使土地**高产**。如我们所见，他衡量改良或生产力的标准是"利润"，它不是物质或其他方面的好处这种更古老的意思，而纯粹是交易价值或商业收益。正如我们在第七章中看到的那样，洛克明确表示，关键问题不是劳动本身，而是对财产的生产性使用，更具体地说，营利性使用。

这种论证有很多方面的寓意——例如改良或生产力和利润战胜了其他主张，如英格兰平民的习惯权利或本土居民的权利。尽管存在洛克着重坚持的人的自然平等，但生产力和利润的要求同样战胜了它。简言之，这是资本主义财产权的正当依据。这也是私占"荒废"土地的正当依据、殖民者"殖民"的正当依据。洛克甚至可以使他对人的自然自由和平等的主张与奴隶制调和：无人可以通过契约或同意使自己受到奴役，但在一场正义战争中人们可以作为战俘被正当地奴役。奴役似乎是对违背自然法的一种惩罚，这种多少有些传统的奴隶制辩护可以适用于任何时间地点。[1] 这里洛克的观点再次与孔多塞形成鲜明对比，后者认为奴隶制的废除将是进步的一个标志。

洛克从人在自然状态中是自由、平等的明确前提出发，提出他的反绝对主义论证，接着通过寻找精妙的、历史上全新的不平等辩护方式来掩护他的侧翼，他调动激进的论证来反对绝对主义，同时又临深履薄地抽掉这些论证最具民主和平等主义的寓意。他在《政府论（下）》中的自然法进路以辩证的巧思阐明了某些条件，在这些条件下自然法对财产积累的限制可以被超越而

1　参见洛克：《政府论（下）》，第二十三条。

不会违反自然法,该进路也绝佳地说明了,这种至上的普遍主义原则如何可以从属于私有财产和资本积累的需求,或至少被后者利用。在上述两种情况中,“改良”都是压倒一切的原则。

对洛克而言何者构成进步,关于这一点我们得到了一幅非常清晰的图景,他与孔多塞的对比也是显著的。思考下这两位思想家划分人类的发达状 308
态与不发达状态时所沿的主轴:对孔多塞来说是理性对无知和迷信,平等对不平等;对洛克来说是利润对浪费。洛克确实把理性等同于一种优越状态,但是,在孔多塞看来,理性的进步不可避免地联系着平等的增进,而在洛克看来,理性与“勤勉”成双成对,而且与生产力和利润难舍难分。实际上,洛克从所有人都自然平等的前提出发,并把生产力和利润原则变成一种新的、史无前例的对不平等的认可。

洛克与孔多塞的对比,使资本主义意识形态和启蒙运动意识形态之间的差别更加凸显。孔多塞的平等主义抱负尽管有诸多限制,却是一目了然的,也与洛克形成鲜明对照。如果对孔多塞来说,平等是为不确定的未来设立的一个目标,那么对洛克来说,平等是不可恢复的过去中的一种现实,或最多是一种可以与现实世界中的严重不平等轻松相容的道德原则。洛克的认识论和他的教育观或许暗示了一种根本的平等主义,它把人们之间的差别大部分归因于经验而非自然;他也确实更重视“勤勉”而非(例如)高贵出身。然而,很少有迹象表明他有志于类似孔多塞期望的那些事情:“国家之间不平等的废除、国家内部平等的推进、人类的真正完善。”如果说孔多塞的目标是人类的改良,那么洛克的目标是财产的“改良”。人类的进步从属于,或至少被纳入生产力和利润的提升。

在18世纪,“苏格兰启蒙运动”创造了非常接近法兰西的进步和平等观念,表面上看,苏格兰启蒙运动与孔多塞而非洛克有更多共同之处。然而,这里存在重要差别。在法兰西的版本(即使是最唯物主义的版本)中,进步的叙事是人类精神从野蛮和迷信发展到理性和启蒙的叙事。例如,孔多塞的《纲要》把所有类型的经济、社会、政治进步都表现成精神和理性的发展。更突出的例子来自杜尔哥。他的《论人类精神的持续进步》发表于1750年。尽管他从未写成他计划中的普遍历史,但他对这个主题的想法是有影响的,特别是影响了他的朋友孔多塞。杜尔哥的例子是重要的，不仅因为评注者视他为启蒙运动进步观念的关键人物，甚至社会经济进步理论的关键人物，而且因为
309 他主要作为一位经济学家为世人所知。作为一位理论家和国家管理者，他或许有望用最唯物主义或经济主义的形式来讲述这个故事。但对他来说，主要问题同样是“从野蛮到文雅”、从无知到知识、从迷信到理性和启蒙的进步中“人类精神走过的足迹”。历史的主要推动者是文人学士甚至院士，即构成文人共同体的那类人。

在英吉利海峡另一岸，更多是苏格兰而非英格兰的政治经济学家发展出了与法兰西的进步概念类似的概念，但他们是在英格兰资本主义的直接背景下发展的。实际上，苏格兰人比英格兰理论家更有成效地使英格兰资本主义理论化，这无疑是因为他们从苏格兰经验的角度去观察它，对其差异、他性有更清醒的认识。伟大的苏格兰知识分子非常清醒地认识到 1707 年两国联合时英格兰的繁荣与苏格兰的贫穷之间的对比，也清醒认识到已经激励了众多拥护者的经济改良的希望。尽管比起英格兰人，苏格兰更多从一种自觉与法兰西人接近的知识分子视角从事写作，但英格兰物质财富的榜样总出现在他们的历史和人类发展概念中。正如大卫・休谟的《英格兰史》那样，亚当・斯密的政治经济学核心之处是英格兰的进步模式。

苏格兰启蒙运动和法兰西启蒙运动同样关注各种进步——知识、文化、政治、道德的进步，但英格兰经济的独特发展总是处在中心。例如，论进步问题的经典英语著作之一、亚当・弗格森的《文明社会史论》，就是一部范围非常广泛，涉及社会、政治、文化、经济众多不同方面的进步叙事。可以确认关键转折点在第二部分：“论野蛮民族的历史”，在这里弗格森划分了“财产确立之前的野蛮民族”和“受到财产与利益影响的野蛮民族”。财产构成“野蛮”民族中原始民族与蒙昧民族的分界线。财产发明以后，从野蛮向文明过渡的最低条件是劳动分工。但是，商业社会的到来使一种独特的维持进步的能力准备就绪，它通过引导个人自我利益促进进步性发展实现了这一点。

当然，商业确实威胁到公民美德，保护公民美德需要政治智慧。但是，对弗格森来说，市场机制，而且恰恰是那些威胁美德的竞争指令，是唯一可以设想的自我维续的进步的引擎。与他的朋友亚当・斯密不同，斯密最终在竞争

准则中找到了解决方案,而他没有赋予市场在整合自利动机上的同等作用。 310
而且,在维护社会纽带和道德秩序方面,弗格森仍然让政治领域承担了更大作用。但是,他与斯密、休谟共享的信念是确凿无疑的,即无论人类精神演进可以实现什么,都是市场机制和以利润为目的的生产力提升启动了作为自我维续过程的进步。

因此,作为进步的引擎,科学知识的增长似乎被一种不同的历史机制、一种自我维续的经济增长(在历史现实中,那时它只存在于英格兰)取代了。亚当·斯密的著作中出现了大致相同的进步观念,而且在这里我们可以看到这样一种平等概念论证的寓意。可能斯密与孔多塞同样信奉平等,还有自由和正义,[1]但对这位苏格兰人来说,进步性发展的重任明确落在市场上。公平分配的可欲结果说到底是市场机制的一种后果。经济增长的自然结果不仅将是提升穷人的生活水平,还将是重新平衡利润与工资之间的分配,因为“资产”或资本的总额越大,利润率相对于工资就越低。

这里我们不去考虑斯密的经济学论点的缺陷。指出这一点就足矣:他关于“财富”增长和各阶级间财富分配的关系所得出的错误结论,只是使他的一些后继者更容易将他的仁慈初衷剔除,并将他的经济学简化成无情的市场运作。就我们的意图而言,重要之处在于,即使我们拒绝那些把斯密当成弗里德里希·哈耶克或米尔顿·弗里德曼那样的“自由市场”理论家的传统解释,即使我们坚持他对“道德情操”、公平分配的坚定信奉,或他对国家在实现这些目的上的作用的坚定信奉,即使他对“自由”市场的鼓吹预先假定了它对正义和公平的贡献,即使如此,要使资本主义市场的经济机制成为历史进步的引擎,仍然不可避免地冒着允许市场指令压倒其他社会善的风险。就像洛克范式那样,以利润为目的的生产力提升似乎压倒了人类的发展,成为进步的
主要标准。 311

1　参见艾玛·罗斯柴尔德:《经济情感:亚当·斯密、孔多塞与启蒙运动》(Emma Rothschild, *Economic Sentiments: Adam Smith, Condorcet, and the Enlightenment*, Cambridge, Mass: Harvard University Press, 2001)。书中提出了一个令人信服的论断:斯密和孔多塞无论有何种不同,他们在信奉这些伦理、政治原则上享有共同的基础,这与冷酷无情、理性主义的“启蒙运动”这种传统漫画式形象相反。

资本主义与民主

市场机制提升为道德律令，显然是西方社会思想中的一个重要发展。但是，资本主义在重铸政治领域上产生了更为深远的影响。资本主义独特的政治、经济权力格局完全重绘了社会地图，思考统治与支配、自由与平等的方式也相应发生转变。

简要回顾西方政治理论史中自由和平等概念的演进，我们可以观察到这些转变。在为统治权利辩护的同时，承认甚至强调人（当然通常是男人）的普遍自由和平等，这种做法已经司空见惯。在这个方面，西方政治理论令人尤其感兴趣甚至困惑的事情是，它发明了一种不仅结合了一种平等观念，甚至还基于其上的支配*辩护，这种平等观念明确否定统治者与被统治者之间的任何自然区分，或者说明确否定任何基于自然不平等的支配辩护。霍布斯或许是最极端、最具悖论性的例子，他基于一种非常激进的自然平等观念、基于对统治者和被统治者之间任何自然区分的否定，为绝对主义君主制辩护。然而，在对平等与支配的结合上，他肯定不是唯一一位。这个悖论已经成为西方政治思想的一个主要特征。这并不是说，平等和全人类共同体的观念是西方（由于缺少一个更好的术语，我们暂称为西方）文化独有的。这些观念与不平等、支配的现实在一定程度上其乐融融地共存，这也不是什么稀罕事。但是，西方正典在这一点上是独特的：在对阶级支配和帝国支配的**辩护**中，它系统地调用了平等主义学说和全人类共同体观念。

只要支配原则本身得到接受——或者是“天命”，或者仅仅建立在传统基础上，或者仅仅建立在世袭原则，也就是皇家血统的王朝原则基础上，或者源于先知，它就完全可以与全人类平等观念相容。但是，西方政治理论，至少在其历史上的一个重大时刻，在解释平等与支配的并立共存时遇到了一个非常特殊的问题。它必须找到方法在平等的**基础上**为支配提供解释和辩护。或者换句话说，它必须找到新的方式来系统地为支配本身提供解释和辩护。

---

* domination，这里作者使用的支配一词含义较广，除政治统治外，还包括社会依附、经济剥削等。——译注

当自然平等观念伴随一种政治平等观念(它正是对统治观念的根本威胁)时,且因为如此,自然平等观念就变成一个棘手问题。在希腊人创造一种
全新的公民领域和新的公民身份之前,这一点总是清楚的:国家代表支配,即 312
使(或尤其)当这里的人们被假定是自然平等的。但是,到希腊人时,国家本身(实际上尤其是国家)代表平等。换言之,平等不是一种与统治权利无关的单纯自然事实。平等存在于政治领域本身中,表现在公民的政治身份中。

在财富和支配地位根本上依赖于特权性政治权利的社会中,在经济权力如此紧密地联系着法律、政治、军事地位的社会中,公民平等概念给统治阶级带来了严重危险。在古希腊民主的情形中,公民身份和公民平等的创造尽管并没有消灭经济、社会不平等,却对经济权力的差距产生了真实的实践影响,限制了“超经济”剥削的可能性。例如,农民享有的公民身份使他们不必依附贵族或一个贪婪征税的国家,而这些在整个历史中折磨着绝大多数农民。[1]

即使公民理想在统治者和有产精英看来是一种威胁,只要这个观念扎根,就很难被拔除。因此有必要在一个公民共同体内部寻找新的支配辩护方式。希腊化和罗马时期的皇帝保留了古代的公民原则,但他们找到了改造这些原则使其服务帝国意图的方法。例如,亚历山大大帝及后继者挪用了城邦生活中出现的主题,即公民身份、法律、自由和平等的观念。接着,通过把这些观念从城邦移植到“世界城邦”,即帝国的普世城邦,他们抽去了这些观念的颠覆性力量。在帝国的世界城邦的庄严层面上,所有人在本质上都是平等的,但在日常生活的现实世界中,有人富有人穷,而且皇帝统治所有帝国臣民。后继的罗马帝国完善了这种把公民观念移植到一个不太危险的领域的策略。

诚然,世界城邦观念具有自身的平等主义可能性。例如,希腊化时期的斯多亚哲学创造了这样一种观念:一种被自然理性原则(一种可以被全人类理解的自然法)统治的普遍宇宙秩序。[2] 但是,罗马斯多亚派拔去了这种观念的尖刺。在阐述自己的世界帝国(一个唯一的被一位绝对统治者统治的世界帝国)观念时,罗马人找到了自己的方法去把城邦的古老原则转变成帝国观

1　拙著《西方政治思想的社会史:公民到领主》比较详细地讨论了古希腊人。

2　详细内容参见《西方政治思想的社会史:公民到领主》,尤见第103—114页。

念。在罗马的公民身份概念中，古代提倡政治积极能动性的公民原则被一种越来越消极的公民身份概念取代。同时，罗马思想家（如西塞罗）给自然法观
313 念打上了自己的独特印记，他们圆滑地把一种普遍道德平等观念同对社会、政治不平等与支配的明确承诺结合起来。古老的希腊公民共同体及其自由、平等原则，被移到了一个更高的抽象层次，也更远离了社会不平等和政治等级制的现实。

这种对自然法的阐述，很大部分可归因于罗马典型的国家与财产权、政治权力与所有权的二元性。存在两种权威形式，每种各有其独特领域，这种观念很容易被用来在主张恺撒的统治权时保留其臣民的所有权（他们对私有产的排他性权利），也很容易被用来在承认诸神统治时保留恺撒的权威。即使当财产权和司法权的界限因为主权分割化而变模糊时，罗马的遗产仍然存留下来。罗马人创造了一种思考财产权和诸权威领域的方式，这使下述事情成为可能：坚持一种普遍的宇宙逻各斯、一种普遍和共同的自然法，坚持全人类的平等，甚至坚持一种至高的神圣权威，同时仍然宣称私有财产的神圣性、社会不平等的正当性，宣称世俗政府的绝对权威，包括从任何合乎理性的标准来看都已经蔑视神法或自然法伦理原则的政府。迈向西方基督教及其在恺撒和上帝之间做出的独特劳动分工，只需要概念上的一小步。[1] 西方基督教传统，特别是其异端派别，无疑产生了自身的激进平等主义，但是，其官方正统观念在把人类平等流放到此世之外的一个领域上迈出了最后一步：从城邦流放到世界城邦，再流放到天堂。

在中世纪，操控一个领域中的平等与另一个领域中的支配这两者之间的平衡，变得更加困难。甚至古老的基督教二元论也不能胜任。封建领主权明确依赖以法律承认的地位差别为体现的法律、政治等级制，经济剥削也直接

1　哲学家塞涅卡（约公元前3年—公元65年）绝妙地展示了这种概念上的结果。在解释斯多亚学说时，他阐释了万物如何可以既被设想成是共有的——至少对智者来说是共有的，又仍是个体和私人的财产。他对皇帝权利做了一个重要类比："凭他的统治权，万物都是（恺撒）的"，然而，万物因统治权都属于他，其含义有别于事物作为他的个人财产属于他，后者凭借的是继承权，"凭借的是实际的权利和所有权"。塞涅卡接着把这个类比运用到诸神上："诚然，万物都属于诸神，但并非万物都供奉给诸神，而且……只有在宗教供奉给神的事物那里，才可能发现渎神行为。"参见塞涅卡：《论恩惠》，VII.vi – vii。换言之，正如恺撒的统治权并不妨碍其他人的财产权，诸神对万物的所有权也并不妨碍世俗权力在此世的统治权。

依赖这种超经济等级制。地主剥削农民劳动力的能力需要政治、军事权力的 314
垄断,需要法律正式规定的支配与依附结构。封建的支配意识形态往往明确表明其不平等基础,这意味着,基督徒的兄弟情谊和上帝面前的平等不仅必须同世俗不平等共存,还必须同上帝规定的宇宙等级制即“存在巨链”观念共存。

然而,在西方传统中,普遍道德平等的观念和政府基于自然自由之人同意的观念仍然根深蒂固。思想家们也找到办法去阐述自然自由和平等概念,使它们不会威胁到不负责和本质上无条件的统治这类观念。自然自由和平等的观念、基于同意而统治的观念,甚至可以用来为绝对君权辩护。然而,这种策略不是没有风险,这些风险被反抗学说利用了。

“启蒙时代”中存在一个短暂时刻,那时绝对主义国家的特权和官职结构使世俗平等在知识精英中得到突出表达。但这很快被一种不同的资本主义特有文化及其自身的平等概念所取代。随着资本主义到来,意识形态可能性和统治阶级的需要彻底变化了。一旦经济权力不再依赖超经济地位或特权,政治平等的公民理想就可以以全新的方式回归世俗世界。历史上头一次,民主修辞可以变成优先的、系统的支配(阶级支配和帝国主义支配)意识形态策略。在本书覆盖的“现代早期”,这种意识形态策略尚未完全成功,但是,它没有必要甚至也没有可能完全压倒公民理想。占统治地位的观念日益受到更具民主性的渴望的挑战,在新的历史条件下重新应对公民平等与社会不平等之间关系的方法也被找到了。

洛克的财产概念是西方政治思想的一个里程碑,不仅因为它代表着一种新的财产权理论,而且因为它指向政治领域的重新定义。在洛克的时代及以后,围绕财产的含义产生了影响深远的政治冲突。而且,那些与洛克的原则非常接近的原则被用来支持新的法律上的财产权概念,更不必提它们还被用来支持殖民扩张。当然,动用法律实现这些目的的能力,以及在重新界定财产权上获取国家支持的能力,都以政治过程控制权为前提。进入政治领域的特权通道,使英格兰有产阶级在塑造法律以满足自身需要上具有巨大优势。然而,以这种方式重新界定财产权的结果,是使支配关系脱离政治而进入一
个独立的经济领域。政治权利更平等地分配,还需要经历漫长时间,有产阶 315

级也继续利用国家，往往用强大暴力来规训其劳动下属。但是，当民主权利最终得到扩展时，市场准则和资本对生产的控制，已经使国家的直接强制对统治阶级来说变得不太重要：政治平等不再具有与以往相同的对社会支配和经济不平等的影响。

在18世纪英格兰，民主权利的扩展仍是一种远景，但一种有别于政治领域的“经济”领域的构造已经充分发展。“经济”成为一种新的理论化形式即经济“科学”的课题。并非古典政治经济学家历史上首次思考了作为经济学科主要课题的生产、占有和分配过程，也并非英格兰人或苏格拉人首次使自动的经济“循环”理论化。然而，在资本主义到来之前，绝不可能这样去设想经济过程：它抽离于“非经济”关系和实践，按照自身独特的法则，即市场的纯“经济”法则运行，也不需要重农学派的那种“法律专制主义”来实施整合。在此之前，绝不可能使一种具有自身强制形式、似乎不适用政治范畴的“经济”概念化。为了实现经济“科学”的目的，供需“法则”、商品的生产与分配、工资与价格的形成都可以被视为与人无关的机制；经济领域中的人类也可以被当成一种抽象的生产因素，他们彼此的关系非常不同于权力关系，即不同于构成政治领域（统治者和臣民的领域或公民和国家的领域）特征的统治与服从。

这种新型“经济”将重新界定政治领域。资本主义的发展造成历史上第一次有可能把政治权利设想成与社会、经济权力分配无关的事情。构想一种所有公民在其中都具有形式平等的独立政治领域、一种同政治领域之外的财富和经济权力不平等分离的政治领域，也成为可能。政治的进步，或哪怕民主的进步，都可以从无关社会的角度来加以思考，这种思考强调的重点是调节公民与国家关系的政治权利和公民权利，而不是公民之间社会权力和经济权力的不公分配，公民在抽象的政治领域中是平等的。

如果说在“启蒙时代”，知识精英和人民力量等刚开始挑战一种悠远的西
316 方传统——它把自然平等观念转变成对不平等和支配的辩护，那么，资本主义则通过将政治领域抽离于经济等级和强制，巧妙避开了挑战。它不仅使各种独立自主的“科学”之间的简明分工（这种分工在古典政治经济学和自由主义政治哲学中都有反映）成为可能，而且使一种完全不承认“经济”形式的权力和强制也是权力和强制的世界观成为可能。在政治领域中，或许有必要限

制权力过度或保护民主的自由。但是,政治上的自由原则和权力制约原则并不属于“经济”。甚至可以说,一种自由经济就是经济指令在其中完全自由地发出的经济。资本主义“经济”的本质是,在其他时空中受制于国家或受制于各种公共规章的一系列极为广泛的人类活动,被转移到了经济领域。在这个不断扩张的领域中,人类不仅受到各种工场等级制度的统治,而且受到市场强制力、对利润最大化和资本持续积累的无情要求的统治,所有这些都不受制于民主的自由或问责。 317

索　引

（条目后数字为原书页码，见本书边码；部分页码中的n，见该词条于原书相应页的注释）

译后记

艾伦·伍德的两卷《西方政治思想的社会史》是从现实关怀出发的、对西方政治思想史的再阐释,更是一次带有论战性质的方法论试验。其得失读者自有判断,这里仅交代一下译者对于一些译法的思考,以求教方家。

如果说此书有一条未曾言明却体现作者价值立场的红线的话,那么应该属 civic/civil 一词及其在西方政治思想史中的演化。古希腊时期形成的公民共同体在作者看来是西方最独特也最具颠覆性的创造,它改变了生产者和占有者之间的关系,使他们作为平等人面对彼此,之后的思想争夺几乎都围绕这份遗产展开。civic/civil 大致有公民的、政治的、城市的、世俗的、民政的、国内的、文明的等含义,几乎包含了西方人对于政治各个方面的理解。在翻译中,我们尽可能突出其在特定语境下的侧重点。在古希腊罗马时期,我们基本都翻译为公民的/公民政治的,古希腊的 civic law 翻译为公民法,古罗马的 civil law 翻译为公民法(至近代则多译为国内法);在中世纪时期以及现代早期意大利、荷兰的语境中,我们尽量突出其城市、市政内涵,与教会权威相对时则译为世俗的;在霍布斯、洛克那里,我们采用了公民社会的译法,但这里的公民社会实际就等于政治社会,而非现在通常所理解的政治以外的社会。

对于中世纪和现代早期语境下的 jurisdiction 一词,为了突出中世纪从法律角度进行政治思考的特征,我们勉强译为司法权。但是,正如佩里·安德森指出的,中世纪的司法包含着比现代司法广泛得多的领域,中世纪的司法权实际就等于一般意义上的权力。因此,本书频繁提及的司法权之争都应从这种意义上理解。

霍伟岸博士邀请我翻译此书,由衷感谢他的信任。刘训练老师尽管没有通读全书,但我曾就译本的多处关键概念和段落向他求教,特此致谢。由于译者水平有限造成的错误应由本人完全承担,恳请读者指正。

曹　帅

2018 年秋于北京